BEBES ASTRONOMES, BEBES PSYCHOLOGUES

L'intelligence de la première année

PSYCHOLOGIE ET SCIENCES HUMAINES

R. Lécuyer

bébés astronomes, bébés psychologues

L'intelligence de la première année

PIERRE MARDAGA, EDITEUR
LIEGE - BRUXELLES

© Pierre Mardaga, éditeur
Rue Saint-Vincent 12 - 4020 Liège
Galerie des Princes 2-4 - 1000 Bruxelles
D. 1989-0024-38

Ce travail est dédié à l'intelligence.

Si, selon la formule consacrée, il doit beaucoup aux personnes qui m'ont aidé, il doit plus encore à mes adversaires. A tous ceux pour qui la sélection est la clé des problèmes de transmission du savoir et l'intelligence la clé de la sélection. Ils m'ont obligé à défendre et donc à préciser mon point de vue. C'est surtout à eux que je dédie ce travail. Je leur rappelle le poids de l'héritage et la chance qu'ils ont de détenir cet outil de pouvoir que l'on appelle intelligence.

Cet ouvrage a comme seul but une meilleure intelligence des débuts de l'intelligence. S'il atteint ce but, je souhaite qu'il serve au développement des intelligences.

Préface

Pourquoi le mot intelligence a-t-il presque disparu de la littérature psychologique? Cognition, activités cognitives l'ont remplacé, mais tous ces termes recouvrent-ils la même notion? On peut en douter. Personne n'est prêt à proclamer que l'intelligence, cela n'existe pas, et on s'accorde à voir en elle plus et autre chose que les autres activités mentales. Et cependant, il paraît impossible d'en donner une définition claire, simple et acceptable par tous. Comme diraient les Gestaltistes, ce n'est pas une «bonne forme». L'intelligence est-elle devenue «un concept en état de coma dépassé»? L'auteur de ce sévère diagnostic, Roger Lécuyer, a, heureusement pour nous, décidé de le réanimer, à partir d'une population qui fut longtemps considérée comme non encore intelligente, les bébés humains.

Tous les progrès marquants de la science, tous les points d'inflexion de son évolution historique ont coïncidé avec l'abandon de théories usées par trop de démentis apportés à leurs prévisions par la réalité des faits, ou avec la découverte de nouvelles techniques. Au cours des 30 dernières années, une véritable révolution méthodologique et technique a bouleversé la recherche sur l'enfant, de la naissance à la fin de la première année, remettant en cause presque tout ce que nous croyions savoir de ses capacités et, par ricochet, les théories du développement précoce. Le moment est donc bien choisi pour reposer, sur des bases nouvelles, le problème de l'intelligence et de ses débuts. C'est ce qu'a entrepris Lécuyer.

Il aurait pu prendre appui sur une théorie particulière du développement pour démontrer qu'elle n'était plus valide et proposer de la rejetter ou tout au moins de la réformer, suivant ainsi une démarche courante. Il aurait pu aussi proposer un nouveau modèle théorique du développement de l'intelligence, ce qui est plus rare et beaucoup plus dangereux. Peut-être le fera-t-il un jour. Dans ce livre, il se contente, et ce n'est pas rien, d'énoncer quelques postulats simples, de les mettre à l'épreuve des données récentes de la littérature, et de tirer de cette confrontation les grandes lignes d'un cadre explicatif de l'intelligence du bébé.

Les postulats sont les suivants. Il y a intelligence dès la naissance et même avant. Elle est perceptive et elle est sociale. Le maternage est la gestion de l'intelligence des bébés. Le développement de l'intelligence est continu.

Dans la première partie de son livre, Lécuyer fait un exposé historique et critique de l'utilisation de la notion d'intelligence en général et de celle des bébés, telle qu'elle apparaît dans les tests et dans les grandes théories du développement. Dans la deuxième partie, il fait un bilan de ce que nous savons aujourd'hui sur les activités perceptives et cognitives du nourrisson et mesure la validité de ses postulats dans l'interprétation de ces données.

Il y a parfois une certaine irrévérence dans la mise en question de croyances bien assises, ses hypothèses sont souvent audacieuses, mais une argumentation serrée, fondée sur une documentation solide et abondante, entraîne bien souvent la conviction. Je citerai deux exemples qui, à eux seuls, témoignent de l'originalité et de la valeur de cet ouvrage : la nature de l'intelligence précoce et le sens des relations mère-enfant.

Depuis la publication de «La naissance de l'intelligence» par J. Piaget, la nature sensori-motrice de l'intelligence pendant les deux premières années de vie est un dogme auquel bien peu de chercheurs ont osé toucher. R. Lécuyer le fait carrément puisqu'il déclare que l'intelligence est d'abord perceptive. Pendant fort longtemps, on a pu croire que le jeune nourrisson n'avait pas de perception structurée et était incapable d'identifier et même de différencier les objets, animés ou inanimés, de son environnement, parce qu'aucun de ses comportements moteurs n'en témoignait. Il est certain que les capacités motrices d'un nourrisson sont bien frustes. Mais avait-on le droit d'inférer une incapacité perceptive et cognitive, à partir d'une incapacité motrice? Une fois en possession de techniques nouvelles permettant de solliciter des réponses qui appartiennent au répertoire du bébé dès ses premiers jours, les chercheurs ont mis en évidence des capacités perceptives d'une efficacité et d'une richesse que l'on n'aurait jamais osé imaginer auparavant.

L'importance des relations entre une mère et son enfant, l'influence du contact, de la tendresse, des échanges verbaux, etc. sur son développement n'est plus à démontrer. Mais, à trop valoriser le versant affectif de ces relations, le risque est grand de présenter une image tronquée de la réalité. Lécuyer a le grand mérite de souligner le rôle du congénère humain à la fois comme objet et comme instrument de connaissance pour le bébé. Incapable d'agir directement sur son environnement, incapable de se déplacer de façon autonome et même de saisir un objet avant le milieu de sa première année, le bébé transforme son impuissance en pouvoir, en faisant de ses parents les outils susceptibles d'exécuter tout ce que l'immaturité de sa motricité lui interdit. Dans une métaphore particulièrement heureuse, Lécuyer compare le bébé à un astronome qui envoie dans l'espace des astronautes (ses parents) afin qu'ils lui rapportent information et objets lointains sur lesquels il pourra ensuite cogiter tranquillement. La capacité de créer outils et machines étant considérée comme une marque d'intelligence, il est évident que le bébé est intelligent. Mais les parents ne limitent pas leurs interventions à satisfaire la curiosité de leur progéniture, ils produisent et gèrent les événements informatifs de manière à ce qu'ils arrivent au bon moment et soient intelligibles pour l'enfant.

R. Lécuyer m'a dit un jour avoir pris grand plaisir à écrire ce livre et espérer qu'une partie de ce plaisir serait partagée par ses lecteurs. Lisez ce livre, il vous instruira, il vous dérangera, vous ne serez pas toujours d'accord avec son auteur, mais je vous promets qu'il ne vous ennuiera pas.

Eliane Vurpillot
Professeur émérite
à l'Université René Descartes

Introduction

L'objectif principal de cet ouvrage est de faire une synthèse des connaissances actuelles sur ce qu'il est convenu d'appeler le développement cognitif du bébé. Il n'est pas de synthèse sans thèse et cette introduction est destinée à présenter sommairement celle qui guide mon travail.

Depuis 30 ans, les connaissances que nous avons sur le bébé se sont beaucoup développées, en particulier à cause de l'utilisation de nouvelles techniques. Le prix méthodologique payé pour ce développement est une parcellisation des recherches et donc des savoirs. Les difficultés de l'expérimentation avec les bébés font que les résultats contradictoires obtenus avec la même technique ne sont pas rares. A *fortiori*, il est difficile de mettre en relation des connaissances obtenues avec des techniques différentes. Une synthèse apparaît actuellement nécessaire à un grand nombre de chercheurs qui travaillent dans ce domaine, en même temps qu'elle semble être une gageure.

Accomplir cette tâche suppose une définition du champ de recherche passé en revue, une mise en perspective de ses points forts et de ses faiblesses, et donc des axes de recherche à développer, une mise en relation des savoirs avec les méthodes qui ont permis de les obtenir, enfin et surtout, une conception unifiée du développement, ce qui conduit nécessairement à une remise en question des concepts utilisés dans ce domaine de recherche.

Délimiter le champ de recherche suppose déjà cette remise en question. Parler, comme on le fait actuellement, du développement cognitif suppose que l'on sait définir ce qui est cognitif et ce qui ne le serait pas. C'est pourquoi il m'a semblé plus clair de parler d'intelligence. Qu'est-ce que l'intelligence? Au fil des années et des controverses, cette notion a subi et continue à subir des évolutions. Le point de vue que je défendrai est qu'il y a intelligence dès la naissance, et même avant. Ceci suppose une certaine conception de l'intelligence. Mon premier chapitre est donc consacré à un examen historique et critique de l'utilisation de la notion d'intelligence. Le but et l'aboutissement de cet examen est la proposition d'une nouvelle définition de l'intelligence, définition dont la portée ne se limite pas aux bébés. C'est le premier aspect de mon travail.

Parler d'intelligence au sujet des bébés peut apparaître davantage comme un retour en arrière que comme une nouveauté. C'est en fait autant l'un que l'autre. Un retour en arrière parce que l'on ne parle plus guère de l'intelligence, mais une nouveauté parce que c'est toujours avec la plus grande prudence qu'on en a parlé au sujet des bébés, et en essayant de situer sa «naissance» de manière plus ou moins tardive, aussi bien que sa forme bien particulière : «sensori-motrice». C'est à un historique de l'intelligence des bébés telle qu'elle apparaît dans les tests et les théories qu'est consacré mon second chapitre. La révolution méthodologique des années 60 a augmenté nos savoirs sur les bébés, il n'est pas certain pour autant qu'elle ait bouleversé nos conceptions, qui souvent restent déterminées par l'histoire plus ancienne. Le but de cet historique est de saisir les racines de nos manières de voir les bébés.

Révolution méthodologique, le mot n'est pas trop fort. La possibilité d'interroger ces êtres qui ne parlent pas et dont les gestes sont mal contrôlés est l'une des principales évolutions récentes de la psychologie. Mais les méthodes d'étude du nourrisson sont lourdes et coûteuses, et les capacités des bébés à participer à nos expériences sont limitées. C'est ce qui a produit des connaissances atomisées et parfois contradictoires, et rend le travail de synthèse nécessaire, mais ce travail serait partiel et donnerait une vision partielle si n'était pas fait le rapport entre nos connaissances et les méthodes qui ont permis de les obtenir. C'est pourquoi mon troisième chapitre est consacré aux méthodes.

Ces méthodes ne sont pas, pour la plupart, consacrées à l'étude de l'intelligence ou du développement cognitif des bébés. La majorité d'entre elles sert à étudier la perception, et une grande partie des autres la relation mère-enfant. Pourtant, dans les deux cas, on étudie l'intelligence des bébés. Cet état de chose vient du fait que l'intelligence des bébés est perceptive et sociale. Ce sont ses deux caractéristiques fondamentales. Elle est perceptive parce que les premiers niveaux de l'intelligence s'exercent directement sur les informations fournies par la perception. L'intelligence commence par mettre de l'ordre dans le monde perceptif des bébés. Elle est perceptive et non-«sensori-motrice» parce que les capacités perceptives des bébés sont beaucoup plus développées que leurs capacités motrices. C'est le second aspect de mon travail. Le quatrième chapitre, consacré aux relations entre perception et intelligence est donc le plus long de cet ouvrage.

Cette intelligence est aussi sociale. Elle est sociale parce que perceptive. Le stimulus perceptif situé dans l'environnement du bébé le plus porteur d'information est son congénère. Le plus souvent, nos expériences sur la perception des bébés consistent à lui présenter des objets ou des représentations abstraites de personnes. Les vraies personnes sont étudiées comme objets d'affectivité ou comme conditions de développement. Elles sont aussi l'objet de connaissance le plus riche et le plus passionnant de l'environnement du bébé.

L'intelligence du bébé est sociale aussi parce que ces personnes qui l'entourent ont avec lui une attitude spécifique qui vise à s'adapter aux capacités de son intelligence. Le maternage, quels que soient le sexe, le statut et l'âge de la personne qui le pratique, est la gestion de l'intelligence des bébés. On ne peut donc pas comprendre l'intelligence des bébés si on la cherche dans son seul cerveau puisqu'une partie de cette intelligence est située dans celui de sa mère. C'est le troisième aspect de la thèse que je défends. Le cinquième chapitre, consacré à l'aspect social de l'intelligence des bébés, est celui qui révèle les plus grandes lacunes dans nos savoirs, celui qui montre le mieux la nécessité de penser autrement l'intelligence.

Perceptive et sociale, l'intelligence le restera, mais elle acquerra d'autres caractéristiques. Y a-t-il une continuité entre l'intelligence des bébés et l'intelligence ultérieure? Cette question a été posée dans des termes divers. Non prédictivité des tests pour bébés, éventuelle prédictivité d'épreuves plus récentes, rôle de la représentation ou du langage dans une refonte éventuelle de l'intelligence, développement continu ou par stades ou révolutions... Chacun de ces points a fait l'objet de discussions nombreuses et âpres qui sont reprises dans le sixième chapitre. Le développement de l'intelligence est continu : c'est le quatrième aspect de mon ouvrage.

Le dernier chapitre a pour objet un bilan de ce panorama, bilan visant à en dégager les idées dominantes et à faire une synthèse de la synthèse. De manière concentrée et donc nécessairement schématique, il comporte en particulier un résumé en 7 propositions des thèses que je défends sur l'intelligence de la première année. Il comporte également une réflexion plus générale et une prise de position sur la fonction sociale de la notion d'intelligence, à partir de la conception défendue dans ce travail.

De l'intelligence en général

1. POURQUOI REANIMER UN CONCEPT EN ETAT DE COMA DEPASSE?

La psychologie classique, celle qui est directement issue de la philosophie, qui a pris son autonomie dans le courant du siècle, qui s'est renforcée dans son projet par la publication de manuels et de traités est précisément une psychologie de chapitres de manuels et de traités, où quelques concepts fort anciens et empruntés à la langue courante jouent un rôle central.

Si l'on s'en tient à la psychologie de langue française, le manuel de Paul Guillaume (1932) est une illustration exemplaire de ce propos. Instincts, tendances, émotions, perceptions, mémoire, volonté, imagination, personnalité, intelligence fournissent les têtes de chapitres essentiels. Il s'agit là de ce que l'on a appelé une psychologie des fonctions, même si le terme présente quelques difficultés d'application à certains des concepts évoqués ci-dessus. On ne peut en effet parler de la personnalité comme d'une fonction, et dans la mesure où il est classique d'opposer fonction à structure, la personnalité apparaît plutôt du côté de la structure que de celui de la fonction. Sans doute est-il plus difficile de se prononcer sur l'intelligence, pourtant plus fréquemment traitée comme une structure. Le même Paul Guillaume, sous le titre «définition», résume en quelques lignes une grande partie des problèmes que pose le concept d'intelligence. Le texte vaut d'être cité :

> Dire qu'un être est intelligent, c'est porter un *jugement de valeur*[1] sur le fonctionnement de son esprit. L'intelligence, a-t-on dit, est le *rendement* du mécanisme mental. Elle se définit par la possibilité de certaines opérations correctes, par le succès de certaines épreuves, par la solution de certains problèmes pratiques ou théoriques. Elle met en jeu des fonctions que notre analyse a séparées : imagination, abstraction, jugement, raisonnement, dont nous considérons maintenant le travail solidaire.
>
> Cette notion sert surtout pratiquement à *établir des différences* entre les *espèces*, entre les *races*, entre les *individus*. Nous verrons que sa définition théorique précise pose une série de problèmes (12ᵉ édition, 1966, p. 286).

On peut dire que rien ne manque, des problèmes que soulève le concept. Plus précisément, si l'intelligence est définie dès le départ à partir des différences individuelles (et du *jugement de valeur* qui semble à Guillaume en être le corrélat), et donc semble se situer plutôt du côté des structures, «elle met en jeu des fonctions que notre analyse a séparées». Il semble s'agir en quelque sorte d'une méta-fonction, qui peut sans doute être étudiée pour elle-même et d'un point de vue théorique, mais qui se singularise surtout par ce à quoi elle sert : «établir des différences».

Si l'on se tourne maintenant vers le plus récent, mais non moins classique, manuel de Reuchlin (1977), les têtes de chapitre ont changé, la motivation a remplacé la volonté, mais se retrouvent quelques grandes «fonctions» : la perception ou la mémoire par exemple. L'intelligence est remplacée par «les activités intellectuelles», titre déjà utilisé par Oléron (1963), mais le concept d'intelligence apparaît dès le début du chapitre.

La manière de traiter de la psychologie sous forme de chapitres-concepts est actuellement souvent présentée comme un archaïsme et les grands concepts qui ont fait ses beaux jours depuis la fin du siècle dernier jusqu'aux années 60 apparaissent pour la plupart comme des dinosaures. Tel est le cas en particulier du concept d'intelligence, surtout dans la psychologie de langue française. Après l'âge d'or de la mesure, puis le relais assuré par Piaget, la notion d'intelligence a pris une place sans cesse plus faible dans la littérature. Il n'existe pas à ma connaissance d'article écrit par des psychologues qui conteste cette notion de manière systématique, mais plus simplement, tout se passe comme s'il était passé de mode. Un signe très net de cette évolution est la parution du très curieux ouvrage de Lemaine & Matalon (1985). Le sujet de ce livre n'est en effet pas nouveau puisqu'il s'agit de la controverse entre innéistes et environnementalistes, mais la position des auteurs est nouvelle dans la mesure où il ne sont ni des spécialistes ni des non-psychologues portant une critique politique sur la question, mais des psycho-sociologues qui visent à analyser un phénomène historique. Certes, ils indiquent que la querelle n'est pas terminée et qu'elle ne peut avoir de fin, mais ils pensent également qu'elle a perdu de sa substance et que les enjeux sont maintenant ailleurs.

Il me semble donc nécessaire de justifier la réanimation d'un moribond dont la disparition semble provoquer peu de chagrin, tant il rappelle de fort méchantes querelles qui ont empoisonné l'existence de la psychologie et des psychologues pendant des décennies : querelles, au goût de chacun, politico-scientifiques ou scientifico-politiques sur la place de «l'inné», ou du «génétique» et de «l'acquis» ou de «l'environnement» dans l'intelligence, sur la mesurabilité, la stabilité, l'universalité, querelles encore sur la fonction sociale.

La situation paraît bien délicate pour qu'un permis d'inhumer soit délivré sans autre forme de procès. Plusieurs questions sont en effet posées par une disparition qui pour être lente n'en paraît pas plus naturelle : Pourquoi? Comment? Quels sont les candidats à la succession? Y a-t-il encore des signes de vie?

La réponse à la question «pourquoi?» est complexe et plusieurs facteurs conjuguent leurs effets, qu'il faut analyser de différents points de vue. Ce changement de vocabulaire ne concerne pas que la psychologie de l'intelligence puisqu'à la même époque s'est également fait le passage du behaviorisme au cognitivisme, mais un facteur spécifique a joué un rôle important, sans doute suffisant à un premier niveau d'analyse : le rejet des tests. Le bel optimisme de l'entre-deux-guerres sur les possibilités de mesurer de manière précise et fiable une capacité préexistant dans la nature (humaine) a rencontré des critiques très sévères qui ont incité la majorité des psychologues à la plus grande prudence. Il suffit pour s'en convaincre de voir la pratique des psychologues du système éducatif français[2]. Pour la majorité des conseillers d'orientation et plus encore des psychologues scolaires, le test est devenu un tabou, l'attribution d'une note standardisée, une pratique immorale dans un monde où la notation non standardisée et donc, moins fiable, fonctionne sans provoquer d'états d'âmes trop prononcés. Les prétentions excessives des tests ont conduit à une réaction non moins excessive d'annihilation du test.

La réponse à la question «comment?» est plus difficile, mais peut-être plus informative. Resnick (1976) observe que pendant de nombreuses années, la psychologie expérimentale et la psychologie différentielle se sont partagé le terrain, la première se centrant surtout sur l'apprentissage, la seconde sur l'intelligence. En 1957, Cronbach, Président de l'*Ameri-*

can Psychological Association (A.P.A.) constate le fait et assigne pour tâche aux psychologues de rapprocher ces deux domaines de recherche (cité par Resnick, 1976). L'ouvrage édité par Resnick est, de ce point de vue, très intéressant car il se situe à une époque charnière. Plusieurs articles de l'ouvrage (Carroll, Simon, Charlesworth, Resnick & Glaser) se fixent explicitement pour but ce rapprochement ou cette confrontation entre l'approche behavioriste régnant en psychologie expérimentale, qui accorde une place prépondérante à l'apprentissage et est donc par nature environnementaliste (cf. Watson), et les théories largement innéistes des spécialistes de l'intelligence. Par ailleurs, la possibilité d'un tel rapprochement est contestée dans le même ouvrage. Par Humphreys, pour qui les situations expérimentales ne sont pas assez variées pour permettre de rendre compte des mécanismes psychologiques mis en œuvre dans les tests d'intelligence, et par Voss, qui voit très bien que la psychologie cognitive remet en cause le concept lui-même :

> Je pense que des concepts tels que ceux qui sont présentés dans ce volume ne seront plus pertinents dans une décade ou deux. Pourquoi? Parce qu'à cette époque, on aura compris que le concept d'intelligence est une survivance de la psychologie des facultés, et le concept pourrait disparaître faute d'être usité (Voss, 1976, p. 315).

Vue prophétique, le programme proposé par le président de l'A.P.A. a été en grande partie réalisé par le cognitivisme. Il est beaucoup plus question de développement cognitif que d'intelligence. Un examen sérieux montre pourtant que l'intelligence est encore un concept usité, même si son utilisation traditionnelle s'est rétrécie, et si les utilisations nouvelles constituent un déplacement. Il l'est dans la plus pure tradition des discussions anciennes sur la part respective de l'inné et de l'acquis. L'article de Jensen (1969) et les polémiques qui l'ont suivi montrent que la notion d'intelligence, prise dans son sens le plus traditionnel, est toujours vivace. Combat d'arrière-garde? Posé dans ces termes, sans doute, mais que les enjeux économiques et politiques, les tensions sociales et raciales continueront à entretenir pendant une durée difficilement prévisible. En tout cas combat actuel; le fait que l'ouvrage de Sternberg (1985) *A triarchic theory of human intelligence* porte comme sur-titre *Beyond IQ* en est un témoignage.

1.1. L'intelligence : un nouveau concept

Le concept d'intelligence est utilisé actuellement de manière nouvelle, et fait l'objet de propositions dont la portée théorique est d'un grand intérêt; et l'on découvre que l'on n'avait pas envisagé tous les aspects, loin s'en faut, d'un sujet qui a pourtant suscité un grand nombre de travaux et d'écrits :

a) Tel est le cas du concept d'intelligence sociale proposé par Oléron (1978). Se livrant à une analyse historique des conceptions de l'intelligence par les psychologues, Oléron constate que la notion a subi ce qu'il appelle un «encadrement», c'est-à-dire une réduction considérable de son champ d'application. Que ce soit dans la tradition psychométrique ou chez Piaget, l'Intelligence, c'est l'intelligence dans le système scolaire, avec son cadre de bonnes et de mauvaises réponses, ses objets sans ambiguïté, la mise entre parenthèses du temps, ce qu'Oléron appelle «l'intelligence géométrique». Or, cet auteur montre que dans la vie quotidienne, les occasions d'exercice de l'intelligence viennent plus fréquemment d'objets fort ambigus, vis-à-vis desquels toute action présente des avantages et des inconvénients, et qui sont tout à fait situés dans le temps : les congénères. Doit-on en conclure à la nécessité d'élargir le concept pour tenir compte des formes différentes prises par l'intelligence en fonction des objets sur lesquels elle porte, ou s'agit-il de deux formes radicalement hétérogènes d'intelligence qui doivent être soigneusement séparées? La position de l'auteur sur ce point n'est pas claire.

b) A la fois très nouveau, mais ne s'écartant pas d'un pouce de la pensée piagétienne, le «Développement social de l'intelligence» de Doise & Mugny (1981) est une autre forme d'apport moderne au concept d'intelligence. La volonté de ces auteurs est de fournir une explication par l'interaction sociale des progrès cognitifs, de remplacer une psychologie ego-objet par une psychologie alter-ego-objet. Les discussions entre enfants ayant chacun un point de vue partiel et donc inexact sur un état du réel les amènent à changer de point de vue et à progresser. C'est ce mode de relation, le conflit socio-cognitif et pas seulement, ni même principalement, l'expérience faite sur les objets, qui va mettre en question le système de pensée du sujet et déclencher le processus de rééquilibration au stade supérieur. De la même manière, c'est le conflit socio-cognitif et non le travail individuel des chercheurs qui est la source essentielle du progrès scientifique.

Quelle est la part réelle du conflit socio-cognitif dans les progrès de l'enfant? S'agit-il d'un passage obligé? Ces questions font l'objet de discussions, mais quoi qu'il en soit, on est en présence d'une manière nouvelle de poser les problèmes.

c) Il faut également évoquer un point qui n'est pas nouveau, mais qui a acquis au fil des années un poids de plus en plus important. Il s'agit des différences dans les formes prises par l'intelligence suivant les cultures. La belle époque de la confiance absolue dans la mesure a donné des résultats contradictoires. Dans le cas de l'adulte, la mesure de l'intelligence, produit de la civilisation occidentale, n'a pas déçu ses promoteurs et a montré la supériorité aux tests des bienheureux membres de cette civilisation. La surprise est venue des nourrissons africains, qui réussissent mieux les tests pour bébés que les enfants européens ou américains (Geber, 1958, 1973; Geber & Dean, 1957; Leiderman, Babu, Kagia, Kraemer & Leiderman, 1973) (cf. Rebelsky & Daniel, 1976; Bril & Lehalle, 1988).

De tels constats ont conduit à trois types de stratégies explicatives. La première a consisté à rapprocher les résultats des adultes africains de ceux des noirs américains, inférieurs à ceux des blancs, et à voir là un signe supplémentaire de la supériorité génétique de la «race»[3] blanche (Jensen, 1969). La seconde a consisté à chercher dans l'environnement des enfants africains les caractéristiques qui permettent d'expliquer ce développement plus rapide au départ, plus lent ensuite (cf. Dasen, Inhelder, Lavallée & Retschitzki, 1978). La troisième enfin rejoint les préoccupations d'Oléron, dont il a été fait mention ci-dessus, dans la mesure où le sens même du concept est contesté. L'intelligence est un concept de psychologues vivant dans des pays où les psychologues ont répondu à une demande : celle essentiellement du système scolaire de ces pays, et à travers ce dernier, celle d'objectivation des critères de la réussite sociale. En changeant de civilisation, on change nécessairement de définition de l'intelligence parce qu'on change de cadre de référence dans l'application du concept (Sternberg, 1985).

La logique de cette réflexion semble être la définition de l'intelligence par les gens eux-mêmes, avant toute tentative d'évaluation (cf. Wober, 1972, 1974). Mais cette procédure met le théoricien devant une double contradiction. D'une part, il se dessaisit de ce qui semble être une tâche importante pour lui : définir son concept. D'autre part, il se place dans une situation différente de celle qui est la sienne dans sa société. En effet, il n'est pas habituel de procéder à des sondages d'opinion pour savoir quel sens donner aux concepts que l'on utilise. Cette démarche apparaît même comme totalement contradictoire avec une attitude scientifique. Le résultat en est pourtant intéressant. Comme le montre Wober (1974), la définition de l'intelligence par les populations vivant dans un cadre africain traditionnel fait essentiellement référence à des compétences sociales et est donc plus à rapprocher de l'intelligence sociale que de l'intelligence géométrique. En est-il différemment pour un échantillon représentatif de la population européenne ou nord-américaine? Rien n'est moins sûr. Des observations de ce type ont été faites (Bruner, Shapiro & Tagiuri, 1958; Sternberg, Conway, Ketron & Bernstein, 1981; Mugny, 1987). Bruner et al. ont proposé à leurs sujets (des étudiants américains) de compléter des phrases du type «Les gens qui sont intelligents sont...» par des qualificatifs, en indiquant pour chacun d'eux un degré de fréquence allant de «très souvent» à «rarement» en passant par «peuvent être ou non...» Les résultats montrés par les traits plus saillants (actifs, ingénieux, mesurés, entreprenants, efficients, énergiques, honnêtes, imaginatifs, indépendants, sérieux et responsables) dressent un portrait qui fait écrire à Wober (1981) :

> De fait, l'impression fournie par ce schéma de l'idée «intelligent» est qu'il ressemble à l'idéal qu'implique l'éthique protestante du développement individuel.

Un portrait qui mérite quelque réflexion de la part des spécialistes.

Dans la recherche de Sternberg et al., on demande à des personnes rencontrées dans des lieux publics de définir les concepts d'«intelligence», d'«intelligence académique» et d'«intelligence quotidienne». Les corrélations entre traits définissant ces trois types d'intelligence sont faibles. Dans une deuxième phase, on soumet à un nouveau groupe de sujets et à un groupe d'experts les traits les plus fréquemment proposés et on fait une analyse factorielle sur leurs réponses. Pour les non- experts, le facteur langage, important pour l'intelligence académique et pour l'intelligence, ne l'est pas pour l'intelligence quotidienne. Deux facteurs communs apparaissent : capacité de résolution de problèmes et compétence sociale, ce qui provoque l'étonnement des auteurs, cette compétence jouant un rôle relativement mineur dans la plupart des théories de l'intelligence, et ils ajoutent :

> ... et de fait, une revue de la littérature faite par Keeting (1978) conclut que les analyses factorielles n'ont pas permis de démontrer l'existence d'un facteur d'intelligence sociale. Mais même si un tel facteur manque totalement dans la théorisation explicite, c'est un élément dominant de la conception implicite de l'homme de la rue (Sternberg et al., 1981, p. 44).

L'enquête volumineuse (32 pages de questionnaires, 700 personnes interrogées) rapportée par Mugny (1987) montre des résultats similaires. Elle a de plus le mérite de soulever le problème des relations entre conception de l'intelligence et école, chez les parents et chez les enseignants, ceci en liaison avec leur responsabilité d'adultes dans le développement de l'intelligence. Mugny montre que si les parents attendent davantage, de ce point de vue, de l'école que les enseignants, ceux qui en attendent le moins et privilégient le plus le «don» sont les enseignants qui ont des enfants. La polysémie du terme, tel qu'il est compris par les enquêtés, conduit Mugny à affirmer qu'il faudrait parler des intelligences, ce qui ne simplifie sans doute pas le problème de la ou des définitions.

Ces recherches montrent que l'importance du social dans le fonctionnement de l'intelligence ne serait pas un critère de différence entre populations africaines et occidentales (en l'occurrence américaines) mais entre non-experts et experts, à quelques exceptions — notables — près dans le cas de ces derniers. Quant à ce qui différencie les conceptions des populations traditionnelles africaines de celles des populations occidentales, la recherche de Wober (1974) permet de s'en faire une idée puisqu'il oppose villageois et «élites» ougandais. Le critère de différence le plus important entre ces sous-groupes est la notion de *vitesse*. Pour les villageois, intelligence implique lenteur, ce qui est moins le cas pour les autres. Dans notre société, au-delà des mesures de vitesse dans certains tests, la vitesse est un déterminant essentiel du concept lui-même. Les interprétations de l'activité cognitive en termes de traitement de l'information renforcent ce point de vue. La vitesse d'habituation visuelle (cf. III.3. et VI.1.) en est une parfaite illustration. La vitesse de traitement est une des caractéristiques fondamentales d'un ordinateur. On voit à la fois combien un tel critère détermine des conceptions opposées de l'intelligence, et quelle relation étroite existe entre cette dimension et le système de valeurs de la société. Comme le dit Guillaume, «Dire qu'un être est intelligent, c'est porter un *jugement de valeur*».

Si, contrairement à ce que semblent penser Sternberg (1985) et Mugny (1987), la définition est le travail du spécialiste, sa prétention à définir n'est acceptable que dans la mesure où l'application ne se heurte pas à des obstacles culturels aussi importants. Dans le cas contraire, il est préférable qu'il indique lui-même le domaine de validité de la notion utilisée ou qu'il la remette en question. C'est l'une des raisons qui interdisent la définition de l'intelligence à partir des tests, à moins de déclarer que ce concept ne s'applique qu'à certaines sociétés, ce qui serait en contradiction avec l'idée d'une caractéristique biologique fondamentale des individus.

d) Un autre fait relativement nouveau qui conduit à s'interroger sur l'intelligence est le développement de ce qu'il est usuel d'appeler l'intelligence artificielle. Deux attitudes paraissent possibles à cet égard : prendre au sérieux ou non cette appellation et la place qu'y tient le concept d'intelligence. Il existe de bonnes raisons de ne pas la prendre au sérieux, c'est-à-dire de ne pas mettre en relation l'utilisation classique du concept d'intelligence par les psychologues et le sens attribué au mot dans l'expression «intelligence artificielle» par les spécialistes. La principale est que l'un des points d'accord importants entre spécialistes de l'intelligence artificielle est la contestation de cette appellation (Schank, 1980). Il peut paraître urgent d'oublier la similitude des termes et de refuser d'y voir autre chose qu'une coïncidence. On ne comprendrait pas alors le véritable engouement et les discussions que suscite l'intelligence artificielle chez les psychologues (Bonnet, Hoc & Tiberghien, 1986, plusieurs articles dans Le Moigne, 1986). Si les psychologues veulent utiliser l'expression, le prix à payer est sans doute un réexamen de ce que l'on appelle «intelligence».

e) Enfin, dernière raison de parler d'intelligence, les recherches actuelles sur le nourrisson conduisent un certain nombre d'auteurs à penser qu'il existe une continuité entre l'activité cognitive du nourrisson et ce que l'on appellera ultérieurement son intelligence (Bornstein & Sigman, 1986). Cette question fait actuellement l'objet de discussions (Lécuyer, 1987a) et il reste pour le moins à connaître la nature de ce qui est continu entre les premiers mois de la vie et l'âge scolaire. Quoi que l'on puisse dire actuellement sur ce sujet, ce courant de recherche a au moins deux mérites. D'une part, il met en question l'idée d'une discontinuité dans le développement, idée généralement acceptée pour des raisons qui prêtent à discussion; par exemple, il met en question la théorie de Piaget sur un point tout à fait fondamental. D'autre part, il conduit nécessairement à reposer la question des débuts de l'intelligence. A partir de quand peut-on ou doit-on parler d'intelligence si la préférence pour la nouveauté à quatre mois est un prédicteur de l'intelligence future (cf. chap. VI)? En posant en des termes nouveaux cette question de l'origine, ces travaux mettent en relief l'importance de la lacune de la plupart des théories de l'intelligence, en particulier de celles qui ont été élaborées à partir de la psychométrie.

Peut-on rendre compte de ce qu'est l'intelligence sans se soucier de ses origines? C'est évidemment en répondant à cette question par la négative que des théoriciens comme Wallon ou Piaget ont fondé leur théorie. En ce sens, la démarche n'est pas nouvelle, mais elle a le mérite de relayer dans la psychologie américaine la démarche du second qui a tendance à être de plus en plus oubliée, pour ne pas parler de celle du premier qui est ignorée. Evidemment, savoir quand débute l'intelligence n'est possible qu'en fonction d'une définition. Mais réciproquement, le moment auquel on la fait commencer est une contrainte très forte sur sa définition, en particulier si ce moment est très précoce.

La situation d'ensemble rapidement évoquée ci-dessus est paradoxale. Si la psychométrie traditionnelle n'a plus en psychologie la place qu'elle a tenue, et si donc le concept d'intelligence tel qu'on le considère classiquement, semble largement ignoré par la psychologie moderne, un certain nombre de faits récents paraissent au contraire de nature à redonner à ce concept une place importante. Ces faits ont en commun d'appeler à une redéfinition de l'intelligence. De ce point de vue, il est utile de mettre en relation l'histoire récente et l'histoire plus ancienne. C'est sans doute le processus d'«encadrement» décrit par Oléron qui est responsable de la diminution de l'utilisation du concept d'intelligence. Le définir de manière nouvelle peut représenter en partie un retour aux sources. En tout état de cause, l'examen de l'histoire s'impose pour fournir une définition satisfaisante. Il convient de ne pas se tromper sur l'identité du mort.

Mais quel que soit l'état de santé d'une notion dont la longue vie a été bien remplie, on peut se demander si, de nos jours, il ne serait pas judicieux de lui préférer un terme issu de la psychologie contemporaine. Que les raisons de l'oublier apparaissent bonnes ou mauvaises, il existe un état de fait : l'importance de la «psychologie cognitive» et de l'étude du «développement cognitif». Ne serait-il pas préférable de trouver dans ce cadre la ou les notion(s) qui permette(nt) de décrire et d'expliquer les comportements, les structures, les aptitudes, les fonctions auxquelles on se réfère traditionnellement en utilisant le concept d'intelligence?

Cette question reçoit difficilement une réponse simple. Le dictionnaire nous apprend que cognitif signifie «qui est capable de connaître». On parle de «faculté cognitive». L'intelligence est-elle la capacité à connaître? La question des relations entre intelligence et connaissance a fait l'objet, on le sait, de vives polémiques. Quant aux facultés, Taine (1870) définissait l'intelligence comme «la faculté de connaître», mais pour écrire quelques lignes plus bas :

> Je n'ai traité que des connaissances, et si je me suis occupé des facultés, c'est pour montrer qu'en soi, et à titre d'entités distinctes, elles ne sont pas.

Si l'on s'en tient à la définition classique, le passage au cognitif ne nous avance guère. Si l'on essaie de partir du sens actuel du terme dans la psychologie du même nom, le mot «faculté» ne fait plus problème, le point de vue de Taine semblant, du moins à première vue, une évidence largement partagée. Mais il est certain que la réduction de l'intelligence à la connaissance suscite des oppositions très fortes. Avec des vocabulaires différents, l'idée d'une faculté, c'est-à-dire d'une disposition stable, n'a jamais disparu : «mental capability» écrit Sternberg (1985). Ces problèmes sont en grande partie évacués par l'utilisation du concept sésame de la psychologie cognitive : «traitement de l'information». A la connaissance qui suppose un sujet connaissant se substitue l'information qui implique, comme chacun sait, un émetteur, un canal de transmission et un récepteur. Mais surtout, cette information est «traitée», ce qui peut désigner des opérations très diverses. L'intelligence est-elle le «traitement» de l'information? On n'aura alors guère gagné en précision. Pourtant, en ce qui concerne le nourrisson, et dans l'esprit de certains auteurs, c'est du côté de ce traitement, et plus exactement de la vitesse à laquelle il s'effectue, qu'il faut chercher l'intelligence.

En résumé, si la psychologie cognitive a largement contribué à mettre en sommeil le concept d'intelligence, celui-ci continue à exister et à être employé parce qu'aucun autre terme n'est venu le remplacer. Psychologie des processus plutôt que psychologie des fonctions, elle a laissé ce champ inoccupé. Il semble pourtant que le besoin d'une telle fonction se fasse sentir. La situation française ne doit pas leurrer sur ce point, l'intelligence semble s'être remise de la vague cognitiviste, et le programme de Cronbach paraît aboutir, après la phase hégémonique, à une deuxième phase où les théories de l'intelligence incluent les perspectives de la psychologie cognitive.

2. L'INTELLIGENCE : PETITE HISTOIRE D'UN GRAND CONCEPT

Le «Robert» nous apprend que «intelligence» est un mot qui date du XIIe siècle, et vient du latin *intelligentia* ou *intellegentia*, de *intellegere* : comprendre. Pour l'essentiel, les définitions qu'en donne ce dictionnaire sont celles que l'on trouve déjà dans l'Encyclopédie de Diderot et d'Alembert que je préfère donc citer.

> Ce mot a un grand nombre d'acceptions différentes, que nous allons déterminer par autant d'exemples.
>
> On dit cet homme est doué d'une *intelligence* peu commune, lorsqu'il saisit avec facilité les choses les plus difficiles.
>
> Les rapports infinis qu'on observe dans l'harmonie générale des choses, annoncent une *intelligence* infinie.
>
> Milton nous peint l'Eternel descendant dans la nuit, accompagné d'une foule d'*intelligences* célestes.
>
> Un mauvais commentateur obscurcit quelquefois un passage au lieu d'en donner l'*intelligence*.
>
> Un père de famille s'occupera particulièrement à entretenir la bonne *intelligence* entre ses enfants.
>
> Un bon politique se ménage dans toutes les cours des *intelligences*. Il en avoit dans cette place, lorsqu'il forma le dessin de l'attaquer.
>
> Comment ne pas succomber lorsque le cœur & l'esprit sont d'*intelligence*?
>
> Sans *intelligence*, comment saisir les principes?
>
> D'*intelligence*, on a fait *intelligent*, *intelligible* & l'on a distingué deux mondes, le monde réel & le monde intelligible, ou l'idée du monde réel.

Outre le constat immédiat que l'auteur a un peu trop tendance à définir par l'usage pour avoir un Q.I. élevé, cette définition nous offre une grande variété de significations, sans compter qu'une partie du sens qui sera ensuite donné au terme est alors portée par le terme «entendement». C'est ainsi que Taine (1870) commence la préface de son célèbre «De l'intelligence» par ces mots :

> Si je ne me trompe, on entend aujourd'hui par intelligence ce qu'on entendait autrefois par entendement ou intellect, à savoir la faculté de connaître; du moins, j'ai pris le mot en ce sens.

L'ouvrage de Taine est d'ailleurs le premier qui cherche à cerner le concept d'intelligence d'un point de vue théorique, mais comme le montrent Binet (1905) et Binet & Simon (1905a), de nombreux auteurs du XIXe siècle se sont préoccupés de la question vue sous un angle à la fois pratique et négatif, puisque leur intérêt portait sur les déficiences intellectuelles et notamment ce qu'on appelle l'imbécilité et surtout l'idiotie. C'est le cas d'Esquirol qui le premier différencie l'idiotie de la démence. Cette analyse de la pathologie de l'intelligence présente un intérêt théorique dans la mesure où elle constitue une définition de l'intelligence par la négative. Deux traits essentiels en ressortent. D'une part, l'importance accordée au langage — les niveaux d'idiotie sont définis par Esquirol en fonction du langage — et d'autre part, l'importance accordée à l'attention. Sollier (1891) définit les catégories de capacités intellectuelles par la capacité d'attention, alors que Van Biervliet (1904, cité par Binet, 1905) propose de mesurer l'intelligence par l'intermédiaire du «pouvoir d'attention».

Le langage et l'attention vont ensuite devenir deux centres d'intérêt et de vives polémiques de la psychologie de l'intelligence. Et Binet qui, en 1905, critique fortement l'importance accordée à l'attention, écrit quatre ans plus tard dans un article sur «l'intelligence des imbéciles» :

> ... nous trouvons donc chez lui (l'imbécile) une faiblesse du pouvoir de l'attention, qui se traduit par les signes suivants : on a peine à éveiller son attention et plus de peine encore à la maintenir (Binet & Simon, 1909, p. 21).

L'apport de Taine est intéressant d'un autre point de vue. En effet, définissant l'intelligence par le champ qu'elle recouvre, il écrit l'équivalent de ce que serait aujourd'hui un manuel de psychologie. L'entendement «ou la faculté intellectuelle» de l'Encyclopédie, l'«intelligence» de Taine, correspond à l'ensemble des «activités cognitives» telles que les décrit la psychologie d'aujourd'hui. Bien entendu, ceci est vrai de l'extension du concept, mais ne l'est pas de la manière dont les mécanismes sous-jacents sont envisagés. La conception de Taine est un système hiérarchique qui, à partir des signes, construit les images et les sensations et une analyse psychologique dont le sommet est l'intelligence. Mais le plus frappant chez Taine, est qu'il fait une psychologie de la machine à vapeur. Les concepts de force, de mouvement et de chaleur reviennent sans arrêt sous sa plume, et de même que la machine à vapeur sert à transformer la chaleur en mouvement, la machine humaine sert à transformer des forces physiques en sensations, puis celles-ci en idées. Cette conception énergétique de l'intelligence persistera durant la première moitié du XXe siècle (cf. Spearman, 1927, et l'interprétation qu'il donne du facteur *g* en termes d'énergie vitale). Après la seconde guerre mondiale, le développement de la fonction *information* dans l'économie et donc le déclin relatif de l'énergie conduiront les psychologues à penser plus en termes d'information que d'énergie. Dans un autre champ de recherche, c'est le passage du behaviorisme au cognitivisme, dans la psychologie de l'intelligence, le passage aux «activités intellectuelles», puis aux «activités cognitives».

Entre Taine (1870) et Binet (1905), la psychologie de l'intelligence se fait par la curieuse confrontation de Darwin, revu par Galton et de Condillac, révisé par Fechner. En effet, c'est pendant cette période que naît l'idée de mesurer l'intelligence, pour deux types de raisons presque opposées. La première qui meut Galton est la justification par la science, en l'occurrence le darwinisme, de l'ordre établi. La seconde qui hante Binet, le mot n'est pas trop fort, est la confrontation du système scolaire (l'école de Jules Ferry) à la misère sociale dans tous ses aspects, et en particulier l'échec scolaire.

Cette mesure est envisagée de deux manières différentes. D'une part la craniométrie, et d'autre part la mesure des mécanismes sensoriels élémentaires : seuils et temps de réaction. L'aboutissement logique de ces deux démarches est leur confrontation dont on sait la déception qu'elle a provoquée : on ne peut prédire les temps de réaction à partir du périmètre crânien...

Il faut noter que l'histoire de la recherche théorique sur ce qu'est l'intelligence et l'histoire de sa mesure sont dès le départ séparées, y compris chez le même auteur — Alfred Binet — homme carrefour dans l'évolution du concept d'intelligence, à la fois héritier des conceptions du XIXe siècle et véritable point de départ de la psychologie moderne de l'intelligence.

Il y a en effet un curieux dédoublement de personnalité entre Dr. Binet-Simon et Mr. Binet. Le second écrit une *Etude expérimentale de l'intelligence* (1903), dont la méthode préfigure Piaget et qui se situe dans la lignée de Taine quant au champ couvert. C'est la psychologie cognitive différentielle de quelques personnes soigneusement observées, mais surtout de ses deux filles, que raconte Binet. Pour lui, l'intelligence ne se limite donc pas à ce qu'Oléron appelle intelligence géométrique, et qui est pourtant issue des travaux de Binet... Simon.

Plus encore que les articles de Binet & Simon sur l'intelligence, celui sur «La misère physiologique et la misère sociale» (1906) révèle l'état d'esprit dans lequel la question est abordée. L'école doit être un lieu d'action sociale dans l'intérêt de l'enfant. Ainsi, des tests anthropométriques précis, exposés avec toutes les précautions à prendre pour que les mesures soient valides, et rapportés à l'âge de l'enfant, vont permettre de déterminer objectivement quels enfants auront droit à la cantine gratuite. De la même manière, des tests psychologiques adéquats vont permettre de déterminer objectivement quels enfants pourront bénéficier de classes de perfectionnement; et l'article montre que ce sont souvent les mêmes. Mais le test n'a pas de visées théoriques et n'est pas utilisé à des fins théoriques. Personne n'illustre mieux que Binet la formule de Scarr (1981) «Testing *for* children».

Il est inutile de s'étendre sur le test de Binet & Simon dans ses différentes versions. Rappelons simplement que les deux points fondamentaux qui ont fait son succès sont d'une part le fait, nouveau, de tester des fonctions intellectuelles complexes, et d'autre part la recherche de la diversité (cf. sur ce point Oléron, 1957; 1972).

L'après-Binet s'écrit différemment en anglais, allemand ou français. En anglais, c'est le développement fulgurant des tests, en particulier aux Etats-Unis d'Amérique, mais aussi en Grande-Bretagne, c'est également l'élaboration de théories de l'intelligence à partir des tests et des analyses factorielles (Spearman, 1927; Thurstone, 1938; Cattell, 1963; Guilford, 1967). En allemand, c'est la véritable découverte de l'intelligence animale par les théoriciens de la forme (Köhler, 1927) et l'analyse des mécanismes du fonctionnement intellectuel qui en résulte, une analyse trop longtemps et trop souvent oubliée, comme toute la gestalt, mais qui pourtant vaut le détour. En français, c'est la psychologie du développement de l'intelligence et les querelles Wallon-Piaget.

Dans toutes les langues, mais plus particulièrement en anglais, il existe une autre histoire de l'intelligence : la querelle inné-acquis et l'histoire des relations entre l'intelligence comme concept scientifique et comme concept politique. Quelques précisions s'imposent à ce propos.

Il est d'usage de séparer ce qui est du ressort du politique de ce qui est du ressort du scientifique. Cette séparation a parfois été défendue avec une véhémence quelque peu suspecte, la manière de revendiquer la «scientificité» des uns et d'exclure celle des autres ressemblant fort souvent à la défense d'une politique dans la mesure où cette forme de propagande présente la science comme l'inverse de ce qu'elle est, et où l'on insiste plus sur des certitudes, nécessairement provisoires, que sur les vertus du doute systématique dans la démarche.

Une telle attitude me semble erronée dans la mesure où elle risque de faire comme dupes ceux-là mêmes qui l'adoptent, et ceci pour au moins deux raisons : la première est que les psychologues n'ont pas la propriété des termes qu'ils utilisent. L'histoire de l'utilisation du concept d'intelligence depuis cent ans par les psychologues ne peut être séparée de celle de son usage dans les sociétés industrielles. Même dans le cas où un tel concept est très rigoureusement défini par les chercheurs qui l'emploient, ils ne peuvent empêcher que des extensions, des déformations, des approximations ne lui fassent recouvrir des réalités différentes. L'utilisation intensive actuelle du concept d'intelligence par les publicitaires en est un bon exemple. Or, la clarté des définitions n'est pas la qualité première des recherches sur l'intelligence.

La seconde raison de la fausseté de l'opposition science-politique est que la recherche scientifique est une activité politique. Ce qu'on appelle «la science» et qui désigne aussi bien une somme de savoirs qu'un corps social, joue un rôle politique de plus en plus important dans les sociétés qui produisent de la science (Prigogine & Stengers, 1976).

Affirmer que l'on fait de la science en voulant signifier que, par conséquent, on ne fait pas de politique, c'est refuser de voir à quoi et à qui on sert — naïveté coupable — ou tenter de faire croire qu'on ne sert à rien ni à personne, discours de plus en plus difficile à tenir en ces temps de chasse aux contrats. Dire qu'un concept comme celui d'intelligence est un concept politique, ce n'est pas s'interdire d'effectuer sur celui-ci un travail de réflexion et de test d'hypothèses, mais s'imposer comme exigence supplémentaire d'examiner la ou les fonctions politique(s) passée(s) de ce concept, et de situer la manière dont on l'utilise en relation avec ses utilisations politiques possibles.

On peut se demander dans quelle mesure innéistes, environnementalistes ou interactionnistes ont raison. C'est une question scientifique aussi difficile qu'intéressante. On peut également se demander à quoi ont servi leurs positions. Lemaine & Matalon (1985) qui décrivent la querelle entre les deux premiers types de théories, insistent sur une dissymétrie entre le caractère unitaire, systématique et organisé des théories innéistes et la diversité des théories environnementalistes. Le parallèle est frappant avec l'exercice du pouvoir et celui de l'opposition. De là à dire que les premiers ont servi à légitimer le pouvoir et les seconds à le combattre, il n'y a qu'un pas, que ne franchissent pas vraiment ces auteurs, mais d'autres (Gould, 1983; Lewontin, Rose & Kamin, 1985). Certes, il est théoriquement possible d'être innéiste et de gauche, en proposant de fournir une éducation «à chacun selon ses besoins», mais il est de fait que les arguments innéistes sont surtout utilisés par la droite.

L'héréditarisme n'est pas seulement une théorie sur l'origine génétique de l'intelligence, mais aussi l'explication des inégalités sociales devant le test par la mobilité sociale, donc la justification «scientifique» des inégalités sociales devant l'argent et le pouvoir. Il comprend l'idée que l'intelligence d'un individu est stable, y compris dans son développement durant l'enfance (ce que signifie le Q.I.). Il sous-tend donc une conception de l'éducation dans laquelle la sélection joue un rôle plus important que la formation. En bref, depuis Galton, et donc bien avant le Q.I., l'héréditarisme est prioritairement une justification de l'état des choses, décrit comme l'état de nature. De même, les adversaires de l'héréditarisme combattent davantage ce qu'il cherche à justifier que ce qu'il affirme. Les environnementalismes sont des théories de l'action sociale et politique avant d'être des théories psychologiques, quand ils ne sont pas simplement une anti-psychologie naïve, évidemment le fait de psychologues qui croient assez au pouvoir des tests pour penser que leur suppression est un pas décisif vers la suppression des inégalités sociales. Apparemment, ce courant de pensée qui a joué un rôle idéologique important dans le système scolaire français, a abouti sur le premier point : la pratique des tests n'est plus ce qu'elle était. Il ne semble pas avoir abouti sur le second : le rêve du rôle libérateur et donc révolutionnaire de l'école n'est plus non plus ce qu'il était.

Le poids de cette surdétermination politique de la psychologie de l'intelligence est tel que, comme le signalent Lemaine et Matalon, la querelle est sans fin, alors qu'aucun des points de vue en présence n'est scientifiquement tenable aujourd'hui et que les enjeux scientifiques et économiques se sont déplacés. La survivance d'un tel débat, toujours dans les mêmes termes, donne l'impression que Wallon et Piaget n'ont jamais existé. Impression fausse? Pas vraiment si elle vient de l'autre côté de l'Atlantique. Il y a un mystère de l'absence de découverte de Wallon, qu'il faudrait sans doute analyser, le rejet politique n'expliquant pas tout. Il n'est pas évident que Wallon soit lisible pour un esprit nord-américain. Quant à Piaget, si le caractère tardif de l'intérêt qui lui a été porté outre-Atlantique est souvent signalé, on sait moins que, ces dernières années, il semble quelque peu oublié. Le retour en force des conceptions innéistes classiques, symbolisé par Jensen, y est sans doute pour quelque chose, mais plus fondamentalement, l'ampleur de la crise subie par les tests est sans doute beaucoup moins forte aux Etats-Unis d'Amérique qu'en France. Ainsi, il est frappant que dans la discussion sur continuité ou discontinuité dans l'intelligence entre le nourrisson et l'enfant d'âge scolaire, la théorie de Piaget soit peu évoquée. Par contre, que le Stanford-Binet ou le WISC mesure l'intelligence est considéré comme un fait. On sait pourtant à quelles discussions âpres ce «fait» a donné lieu.

De ce point de vue, la psychologie de langue française est probablement en avance sur celle des Etats-Unis d'Amérique dans la mesure où son après-Piaget ne semble pas être un retour en arrière mais un dépassement de la perspective piagétienne. Deux courants me semblent y concourir : d'une part celui de l'«intelligence sociale», auquel j'ai fait plusieurs fois allusion, d'autre part celui du «développement social de l'intelligence» de Perret-Clermont (1979) et Doise & Mugny (1981). En ce qui concerne le premier, il pose un problème important : celui du statut du concept d'intelligence dans «intelligence sociale». S'agit-il d'une forme d'intelligence radicalement différente ou bien d'un élargissement du concept, les mécanismes intellectuels étant de même nature quand l'objet est géométrique ou social? La position des auteurs qui emploient ce concept, et en particulier d'Oléron, est ambiguë sur ce point. Pour ce qui est de la seconde démarche, elle est intéressante avant tout par son caractère paradoxal : anti-piagétienne dans la mesure où Piaget ne fait pas intervenir les interactions sociales comme moteur du développement, mais tout à fait piagétienne dans la manière dont ce développement est envisagé et testé. Il y a bien un autrui dans la situation, et il est source du développement de l'intelligence, mais il n'est pas objet d'intelligence (cf. Mugny, 1985).

Epilogue de cette petite histoire : la situation actuelle telle que décrite au début de ce chapitre, c'est-à-dire la contradiction entre les symptômes de disparition et ceux de survie du concept.

Mais à cette contradiction s'en ajoute une autre, à moins que ce ne soit la même : celle des enjeux économiques. Les conceptions classiques de l'intelligence ont été développées dans une période où le marché de l'emploi présentait un certain nombre de caractéristiques qu'il ne présente plus.

Premièrement, le changement porte sur le niveau général des qualifications nécessaires à l'économie. Globalement, ce niveau s'élève très vite, et l'époque de l'opposition entre une main-d'œuvre hautement qualifiée et très peu nombreuse et une foule de manœuvres est révolue. Il apparaît donc nécessaire d'élever le niveau général d'instruction de la population. Pour ce qu'il est convenu d'appeler la classe politique, cette opinion semble faire l'unanimité, mais ce n'est pas encore le cas pour l'ensemble de la population et particulièrement pour les enseignants du supérieur (Lécuyer, 1985).

Deuxièmement, si autrefois une personne exerçait une seule profession tout au long de sa carrière, aujourd'hui, les changements de profession sont beaucoup plus fréquents, et ils sont appelés à l'être de plus en plus, soit que les personnes changent d'emploi, soit que leur emploi change complètement.

Troisièmement, le chômage semble s'installer de manière endémique dans les pays les plus développés. Certes, il se situe à des niveaux différents suivant les pays, mais les experts ne prévoient pas de diminution importante dans les années à venir. Les périodes de chômage s'accompagnent, pour certains travailleurs, de congés de reconversion destinés à les orienter vers des professions nouvelles, et le nouvel emploi n'est pas toujours le même que l'ancien. Les pays qui ont le moins de chômage sont peut-être ceux qui savent le mieux gérer ces reconversions.

Quatrièmement, l'omnicompétence individuelle est de moins en moins possible et s'impose la nécessité de travailler en équipes de spécialistes différents qui doivent s'entendre et saisir collectivement ce qu'aucun ne peut saisir individuellement. Le système qui se met en place fait que, au-delà du diplôme, on recherche des gens dont les aptitudes sociales sont développées, que de nouvelles professions se développent, centrées sur les «relations humaines» dans l'entreprise, en bref, que l'intelligence sociale devient aussi importante que l'autre.

Tous ces changements concourent à rendre la liaison entre la formation scolaire et l'emploi beaucoup plus distendue et impossible à planifier. Dans ces conditions, le défi qui est lancé aux systèmes scolaires est de former plus de gens à un plus haut niveau et de manière plus générale, afin qu'ils soient plus facilement reconvertibles. La question la plus importante qui est posée aux spécialistes de l'intelligence n'est plus celle de la sélection, mais de la formation. Il ne s'agit plus de savoir si les 10% d'une classe d'âge qui ont le baccalauréat sont les plus intelligents, mais de pouvoir conduire 80% d'une classe d'âge au baccalauréat.

Est-ce à dire que ces évolutions vont ou doivent changer les conceptions que les psychologues ont de l'intelligence? Cette manière de voir les choses n'est-elle pas une atteinte à leur liberté scientifique? L'histoire de la psychologie en général et de la psychologie de l'intelligence en particulier a montré la capacité des psychologues à s'adapter aux questions qui leur étaient posées, directement ou indirectement. Ce changement est en route, et c'est précisément la mort lente, mais inéluctable, d'une certaine conception et d'un cetain type de débat sur l'intelligence et leur remplacement par l'étude des «processus cognitifs supérieurs en jeu dans les apprentissages», la «didactique des disciplines» ou bien l'«intelligence artificielle». Il s'agit de mieux connaître le fonctionnement du «système» pour en améliorer les performances. C'est ce qui donne tout son poids au courant actuel d'intérêt pour les recherches sur le nourrisson en général, et pour les débuts de l'intelligence en particulier.

D'un triple point de vue, économique, scientifique et déontologique, il convient de ne pas être en retard d'une guerre.

3. DE LA NECESSITE DE RECONSIDERER LE CONCEPT D'INTELLIGENCE

L'analyse factorielle est un outil statistique puissant qui permet de mieux comprendre ce qui se passe dans un domaine de recherche complexe et flou comme l'étude de l'intelligence. Elle présente toutefois un piège considérable que n'ont pas toujours su éviter les factorialistes, celui de croire que ce qui est facteur existe et que ce qui n'est pas facteur n'existe pas (de même que les expérimentalistes ont souvent confondu leur modèle et la réalité). C'est ce que Gould (1983) appelle la réification. Un exemple peut en être donné dans le domaine des besoins : sur les bases d'une analyse factorielle, Guilford (1959) a dressé une liste de besoins, au premier rang desquels il a placé la faim, en prenant soin de préciser que ce besoin n'apparaît pas dans l'analyse factorielle! Comme nous avons, par ailleurs, quelques raisons de supposer que ce besoin existe, Guilford a bien fait de le placer dans sa liste, mais cet exemple illustre le problème de la confusion entre la mesure et la réalité mesurée. «Je la mesure, donc elle est; elle est ce que je mesure», telle semble être la devise des psychométriciens à propos de l'intelligence, mais pas seulement de l'intelligence. Il y a pourtant un caractère circulaire évident à vouloir faire une théorie de l'intelligence, ou plus simplement à vouloir la définir à partir de réponses à des tests décrétés d'intelligence. Le meilleur exemple qui puisse être donné du caractère pernicieux de ce raisonnement est celui des tests pour bébés. Ces tests, visant incontestablement à l'origine à prévoir l'intelligence ultérieure, n'ont pas atteint cet objectif. Bayley le signale dès 1933. La conséquence n'a pas pour autant été un arrêt de leur utilisation ni de leur fabrication, mais la rationalisation de la démarche par l'idée que l'intelligence se développait de manière discontinue.

Le résultat inéluctable de cette croyance dans les tests comme pur et simple reflet de l'intelligence a été la construction de tests structurellement différents par des auteurs ayant des conceptions différentes : la querelle Spearman-Thurstone, et la complexification sans cesse croissante des modèles, nécessaire pour rendre compte de la diversité des résultats et de l'unicité du concept, la théorie de Guilford (1956, 1967, 1982) ou plus récemment celle de Sternberg (1981, 1985) en fournissent de bonnes illustrations. Comment se représenter un concept unique, l'intelligence, qui recouvre 150 facteurs, en principe, indépendants? A quoi un tel monstre peut-il bien servir? On trouve ces critiques sous la plume de Sternberg (1985), mais comment se représenter un concept unique, l'intelligence, qui nécessite trois sous-théories pour être expliqué? Il y a là comme un mystère. Du côté des théories qui visent, et ont toujours visé, à aller «au-delà du Q.I.», on est parvenu à une impasse et un réexamen de la question est nécessaire.

C'est aussi à un tel réexamen qu'invitent les nouvelles manières d'aborder la question évoquée plus haut :

− différences culturelles dans la manière de concevoir l'intelligence, et au-delà, modes d'exercice différents suivant les cultures.

− intelligence sociale, qui n'est ni un divertissement de spécialiste, ni une simple curiosité exotique s'adaptant mieux aux sociétés africaines qu'à la nôtre, mais qui correspond aussi aux nécessités de la gestion dans une économie où le «facteur humain» est de plus en plus important.

− développement social de l'intelligence, qui n'apparaît pas seulement comme une condition d'évolution d'une capacité individuelle, mais comme un processus de nature fondamentalement sociale (cf. V.).

− intelligence artificielle, et intelligence du bébé enfin, sur lesquelles je m'attarderai un peu plus longuement. Pour la première, son développement très rapide et la place qu'elle tient en psychologie actuellement et tiendra de plus en plus justifie cette analyse. Quant à la seconde, elle est l'objet de ce travail.

3.1. L'intelligence artificielle

Concernant l'intelligence artificielle, la question est de savoir quel rapport ce concept entretient avec celui d'intelligence. Certains ne voient dans l'utilisation du terme par des psychologues qu'un effet de mode ou de cette course après le créneau porteur que suscitent les institutions gestionnaires de la recherche. Il est vrai que nous sommes dans une situation quelque peu paradoxale puisqu'en psychologie dite «cognitive», le qualificatif d'artificielle apparaît comme une condition nécessaire pour parler d'intelligence. Le seul moyen de sortir de cette situation est de tenter de répondre à la question-titre de l'article de Schank (1980), paru dans la revue *Intelligence* : «How much intelligence is there in artificial intelligence?». Si malgré leurs dénégations, le terme convient aux spécialistes, puisqu'ils n'en ont pas trouvé de meilleur et si les psychologues l'acceptent, ce qui semble être le cas, la création d'intelligences artificielles apparaît comme une voie prometteuse dans la compréhension de ce qu'est l'intelligence.

Un numéro spécial de *La Recherche* (1985) fait le tour des problèmes évoqués en intelligence artificielle. Un premier point est l'utilisation de fonctions «sensorielles» et «représentatives» d'un espace. Ces fonctions, et en particulier la vision sont à l'origine d'un paradoxe qui montre l'une des limites de l'intelligence artificielle comme démarche de recherche sur les mécanismes cognitifs humains. Pitrat (1985) exprime très bien ce paradoxe :

> Pour nous, un joueur de football accomplit une tâche plus difficile qu'un mathématicien : comment arriver à voir où se trouve le ballon! Une fois encore, après l'euphorie qui suit les premières réalisations, ce domaine stagne, et nous n'avons pas de résultats tellement supérieurs aujourd'hui à ceux de 1970 (1985, p. 1139).

Un second domaine est la compréhension des langues, ce qui vient éventuellement en amont (reconnaissance de la parole et de l'écriture), ce qui peut aussi venir en aval (traduction assistée par ordinateur). Il s'agit peut-être du domaine le plus intéressant de l'intelligence artificielle dans la mesure où c'est le domaine où l'échec des premières tentatives a été le plus patent, mais où, en même temps, l'analyse des causes de cet échec a permis les progrès théoriques les plus importants. De l'ambiguïté du langage résulte la nécessité et la difficulté d'une théorie non ambiguë du langage.

Un troisième domaine est la simulation du raisonnement, notamment dans les jeux. L'intelligence artificielle est née pour jouer, et si Newell & Simon ont perdu leur pari de 1958 (un ordinateur champion du monde d'échecs en 1968), les programmes d'échecs se sont développés, et plus personne, pas même Dreyfus (1984), n'ose prétendre qu'un programme ne sera jamais champion du monde d'échecs. Il est évident qu'on est là au cœur du problème de l'intelligence, mais toute la question est de savoir où situer l'intelligence. L'intelligence du programme est issue de celle du programmeur. Les programmes d'échecs sont faits par ou avec de bons joueurs d'échecs.

Le dernier domaine est celui des systèmes experts, le cas où l'appellation paraît la moins légitime. En effet, l'activité intellectuelle mise en jeu est très directement celle d'un être humain, un expert. La situation l'oblige toutefois à formaliser son savoir de manière plus systématique et donc nouvelle pour lui, ce qui ne fait que le rendre plus expert. Comme l'écrit Schank (1980), ces programmes nous disent ce que les experts savent, mais pas comment on devient un expert. Mais la fabrication d'un programme est très informative dans la mesure où elle constitue une recherche sur les savoirs, leurs caractéristiques, les indices utilisés, les mécanismes mis en jeu. L'expert peut apprendre un peu plus sur la manière dont il est devenu expert.

Schank (1980) ne donne pas de définition de l'intelligence artificielle car il pense que la persistance de l'appellation n'est due qu'à l'incapacité à se mettre d'accord sur une autre, tous les candidats qu'il examine ne recouvrant qu'une partie du champ de recherche ou étant très contestés : «intelligence des machines», mais ce sont les programmeurs qui sont intelligents; «robotique», mais les robots ne sont que des automates; «épistémologie appliquée» (systèmes experts), mais ces applications ne permettent pas la compréhension des mécanismes cognitifs impliqués; «sciences cognitives», l'appellation ne semble pas alors suffisamment spécifique, car tout le monde prétend faire des sciences cognitives... Les problèmes soulevés par Schank sont à la fois des problèmes de frontière d'un champ de recherche nouveau, toujours délicats, et plus globalement de définition, problèmes d'autant plus difficiles que chacun des termes qui composent l'expression «intelligence artificielle» est lui aussi source de difficultés.

Boden (1977) fait la revue de plusieurs définitions. Elles se classent en deux grandes catégories : celles dans lesquelles on fabrique des machines remplaçant l'homme dans des fonctions impliquant la mise en jeu de mécanismes cognitifs complexes et celles dans lesquelles l'intérêt est plutôt porté vers la simulation sur la machine de mécanismes humains. C'est dans cette seconde direction que Boden se place dans sa propre définition :

> Par «intelligence artificielle», je désigne donc l'utilisation de programmes informatiques et de techniques de programmation pour mettre en lumière les principes de l'intelligence en général et de la pensée humaine en particulier. En d'autres termes, j'utilise l'expression comme un terme générique recouvrant toute la recherche sur machine qui a quelque relation avec le savoir humain et la psychologie, indépendamment des objectifs déclarés du programmeur concerné (1977, p. 5).

Au-delà du problème de la définition du concept, et de la diversité des champs d'application, il semble que l'on puisse, en effet, distinguer deux orientations principales dans l'intelligence artificielle, même si la frontière entre les deux n'est évidemment pas étanche. D'une part, il s'agit de faire accomplir par des machines des tâches habituellement effectuées par l'homme, c'est la perspective que l'on trouve dans le numéro spécial de *La Recherche* déjà cité. D'autre part, il s'agit de modéliser à l'aide de programmes informatiques les activités cognitives. En d'autres termes, l'intelligence artificielle est une nouvelle manière de faire de la psychologie de la connaissance, manière dans laquelle les psychologues sont en concurrence, bien que parfois en collaboration, avec des «cogniticiens» issus de l'informatique, des mathématiques et de l'ingéniérie.

La distinction entre ces deux courants a plusieurs raisons d'être, même si l'histoire des origines ne semble pas en être une. Le courant appliqué est souvent présenté comme une révolution, mais la question du remplacement de l'homme par la machine pour effectuer certaines tâches, avec la redéfinition du travail humain qu'elle comporte à chaque nouvelle étape, est aussi vieille que le travail. Y a-t-il saut qualitatif? Paradoxalement, cette idée est défendue à la fois par les partisans et les adversaires de l'intelligence artificielle, les premiers y voyant une justification du terme, les seconds l'indice de l'impossibilité de l'intelligence artificielle : on ne remplace pas l'homme dans ses fonctions supérieures, tel est l'*a priori*. Pourtant, si l'on prend l'exemple de la robotique, on voit que l'intérêt pour les automates est une vieille question et que la robotique industrielle a fait l'objet d'un progrès continu. En fait, s'il y a saut qualitatif, il est dans le développement très rapide de la puissance informatique par unité monétaire. Si l'on veut bien considérer donc que l'évolution des relations homme-machine est un processus continu, l'opposition entre partisans et adversaires de l'idée, que l'on peut faire faire par des machines les tâches supérieures de l'esprit humain, apparaît comme stérile. Il s'agit plutôt de savoir quelles sont les nouvelles tâches qui dans un avenir prévisible pourront être effectuées par des machines, à quelles applications économiquement viables ces possibilités techniques donneront lieu, et surtout quelles transformations seront ainsi produites dans le travail humain.

Le problème concernant la prévision est que partisans et adversaires de l'intelligence artificielle se sont lourdement trompés. Le jeu d'échecs en est un exemple remarquable. Si aux dernières nouvelles un ordinateur n'est toujours pas champion du monde d'échecs, Dreyfus (1984) qui prétendait la chose impossible, a néanmoins été battu par un ordinateur, mais surtout, personne dans les années 60 n'avait prédit que des machines capables d'un niveau de jeu très élevé seraient mises dans le commerce à des prix abordables. Il semblait alors qu'un ordinateur très puissant et très cher était de toute façon une condition nécessaire pour avoir un bon niveau de jeu.

En ce qui concerne la psychologie, ou les sciences cognitives si l'on préfère, j'ai déjà évoqué la liaison entre l'activité économique et le mode de pensée des psychologues. Le raisonnement en termes de forces, qui trouve son illustration la plus claire dans la gestalt et en particulier chez Lewin, se retrouve dans le behaviorisme classique. Mais après les débuts de l'informatique, les psychologues ont vu dans les ordinateurs des modèles pour la structure et le fonctionnement du cerveau. La théorie de l'information a été abondamment utilisée et élargie. Ici, le saut qualitatif est probablement plus lié à la pluri-disciplinarité de l'origine des acteurs qu'à la nouveauté des problématiques. C'est au fond l'opinion tant de Dreyfus (1984) que de Henry (1987) qui critiquent l'intelligence artificielle de deux points de vue assez différents, mais qui situent l'un comme l'autre le maillon le plus faible dans la psychologie cognitive.

Pour répondre à la question de Schank (1980) sur les relations entre intelligence artificielle et intelligence, il faut donc examiner les mécanismes cognitifs qui font l'objet de simulations et comparer avec ce que l'on considère comme le fonctionnement de l'intelligence humaine. La liste de ces mécanismes est à peu près toujours la même : perception, apprentissage, mémoire, langage, résolution de problèmes, inférences. Il ne manque évidemment que les aspects affectifs de la vie psychique pour que l'on retrouve là le sommaire d'un manuel de psychologie. Deux attitudes paraissent possibles face à un tel état de fait : soit on considère que ce manque est une lacune, l'intelligence humaine ne fonctionnant guère indépendamment des affects. C'est une forme classique de critique de l'intelligence artificielle. C'est aussi un élément de la critique d'Oléron sur l'intelligence «géométrique». Il est alors nécessaire de revenir à une conception de l'intelligence beaucoup plus large que celle qui est actuellement dominante. Soit on considère que les spécialistes de l'intelligence artificielle ne font que reproduire l'erreur des psychologues de l'intelligence en lui donnant un champ d'application très large, et en ne précisant pas suffisamment quelle est la fonction intelligente dans ces divers champs d'application. Il faut alors aller chercher la définition de l'intelligence dans cette fonction.

Mais tenir compte de la démarche de l'intelligence artificielle pour définir l'intelligence, n'est-ce pas accepter l'idée que l'intelligence humaine fonctionne comme une machine? En d'autres termes, le point de vue de l'intelligence artificielle n'est-il pas une forme de réductionnisme? Il n'y aurait alors rien de surprenant à ce que des mécanismes cognitifs, que la psychologie classique hiérarchise, soient analysés différemment par cette approche. Boden (1977) revient plusieurs fois sur cette question dans son ouvrage. Pour elle, l'intelligence artificielle est une démarche beaucoup moins réductionniste que le behaviorisme skinnerien dans la mesure où, contrairement à celui-ci, elle accorde une signification au comportement et donne une place centrale à la représentation. Boden va plus loin en affirmant que l'intelligence artificielle constitue le meilleur rempart contre le réductionnisme biologique. Changeux (1983) estime, lui, que la biologie moderne n'est nullement réductionniste et situe ce travers du côté de la comparaison du fonctionnement humain avec celui des machines... Le réductionnisme des uns est l'explication des autres.

Dans la mesure où elle est une démarche de formalisation logique des conceptions du fonctionnement humain, l'intelligence artificielle présente à mon sens un double intérêt. D'abord celui de la formalisation : un programme ne fonctionne pas sur des approximations, il peut donc constituer un modèle performant. Ensuite, et inversement, les différences entre ce que font les programmes et ce que font les êtres vivants sont intéressantes à considérer et nous apprennent autant que les similitudes sur leur fonctionnement. C'est ce qui amène Boden à la conclusion que nous ne sommes pas des machines. Peut-on pour autant dire que tout n'est pas programmable ? Boden, examinant les divers aspects de ce que les humains savent faire et de ce que les programmes ne savent pas faire, ne voit aucune impossibilité de principe pour un avenir plus ou moins lointain, avec toutefois une exception de taille : la vie émotionnelle et l'intervention des motivations dans le fonctionnement de l'intelligence.

Situer les relations entre l'intelligence artificielle et celle qui ne l'est pas ne peut se faire qu'en évitant la confusion parfois entretenue entre les deux courants de l'intelligence artificielle. Ce n'est pas parce que l'on sait faire effectuer par une machine une tâche usuellement effectuée par un être humain que les mécanismes mis en jeu par la machine sont similaires à ceux qui le sont par des êtres humains pour arriver au même résultat. Les contre-exemples abondent, ce qui n'empêche pas certains physiologistes de penser le cerveau en référence à l'ordinateur, certains psychologues de penser son fonctionnement en termes de programme, certains ingénieurs de s'identifier à la machine. Mais cette confusion est informative, dans la mesure où elle en reproduit une plus ancienne en psychologie. Les êtres humains non plus n'emploient pas tous les mêmes stratégies pour résoudre le même problème, des différences individuelles et culturelles considérables existent dans ce domaine. Ce qu'on appelle intelligence artificielle n'est peut-être que l'intervention de nouveaux moyens pour résoudre de vieux problèmes.

3.2. L'idée d'intelligence des bébés

En ce qui concerne l'intelligence du bébé, ou son inintelligence, on rencontre classiquement dans la littérature deux types d'attitudes. La première consiste à ignorer la question. C'est celle de la psychométrie innéiste classique. L'intelligence étant étudiée en fonction de la réussite scolaire, ce qui se passe avant l'entrée à l'école n'a guère d'intérêt. De plus, l'intelligence est une disposition héréditaire, mais les corrélations entre réussite aux tests des parents et des enfants n'apparaissent pas dans les premières années et se renforcent avec l'âge, c'est-à-dire quand l'environnement a eu davantage de temps pour exercer ses effets, un problème qu'il vaut mieux éviter de soulever. Les tests pour bébés ne sont pas prédictifs, ils ne mesurent donc pas l'intelligence. Existe-t-elle? Quelle forme prend-elle? Sinon, quand apparaît-elle? Ces questions ne seront pas posées. Le bébé est un potentiel.

L'autre démarche consiste à observer le bébé afin de savoir à partir de quand on peut parler d'intelligence et quelles sont les formes spécifiques que peut prendre cette intelligence. On reconnaît là la démarche de Wallon ou de Piaget. Mais c'est aussi celle des auteurs des tests pour bébés : il s'agit bien pour eux de mesurer l'intelligence, même si l'on a dû considérer ensuite que ce n'était sans doute pas ce que ces tests mesuraient, ce qui laisse entière la question d'une datation des débuts de l'intelligence. De plus, Wallon, Piaget et les principaux auteurs de tests, ont considéré que, chez les bébés, l'intelligence prenait une forme particulière appelée sensori-motrice. A la question des débuts s'ajoute donc celle de la continuité ou de la discontinuité entre cette forme d'intelligence et l'intelligence ultérieure. Les tests n'étant pas prédictifs, on a supposé une discontinuité.

Ce tableau traditionnel est mis en cause par le développement considérable et rapide, ces dernières années, de la psychologie cognitive du nourrisson. L'étude de la perception et en particulier de la perception visuelle a montré que les capacités cognitives précoces des nourrissons ont été largement sous-estimées. Dès la naissance, le bébé est capable d'apprentissage opérant (Papoušek, 1961); dès la naissance, et peut-être avant, il est capable d'habituation (Slater, Morison & Rose, 1984). Ses capacités de discrimination se développent très rapidement. Ceci signifie qu'il est capable de saisir des informations contenues dans un stimulus, de les stocker en mémoire, de les comparer à des informations différentes contenues dans un autre stimulus et de percevoir cette différence. Il est donc apparu possible d'envisager le bébé dès la naissance comme un système de traitement de l'information. C'est ce que fait la psychologie cognitive. Dans cette perspective, dès les premières heures qui suivent la naissance, et même avant, le bébé entretient avec son environnement des relations cognitives. Si le mot intelligence n'est pas utilisé pour décrire ces relations, si la datation des débuts de l'intelligence n'est pas directement abordée, c'est pour les raisons que j'ai exposées ci-dessus, mais dans cette perspective où tout est cognitif toujours, la question des débuts de l'intelligence ne se pose pas.

La conséquence logique de cette position est de tenter de mettre en relation les performances observées avec les techniques d'étude de la perception du nourrisson : temps de fixation relatif, habituation visuelle, réaction à la nouveauté, et intelligence ultérieure. C'est effectivement ce que font un certain nombre d'auteurs (cf. Bornstein & Sigman, 1985, 1986), mais paradoxalement ceux-ci font alors référence aux conceptions les plus classiques (et donc les moins cognitivistes) de l'intelligence en mesurant des Q.I. WISC ou Stanford-Binet, et ne soulèvent pas la question des débuts de l'intelligence, préférant parler de prévision de l'intelligence ultérieure ou de continuité. Poussant un peu plus loin la logique de cette démarche, il me semble nécessaire de considérer que ce que nous avons appris sur le bébé depuis vingt ans met en cause la manière d'envisager les débuts de l'intelligence d'un théoricien comme Piaget et conduit à (et permet de) parler d'intelligence dès la naissance, et même avant.

En résumé, plusieurs raisons aboutissent aujourd'hui à la nécessité de redéfinir l'intelligence. Une définition nouvelle doit donc tenir compte de ces raisons : différences culturelles dans l'appréhension et le fonctionnement quotidien de l'intelligence, prise en compte des relations sociales comme objet d'application et comme source de développement de l'intelligence, intelligence artificielle, intelligence du bébé.

Une telle remise en question conduit à se tourner vers les théories récentes de l'intelligence, afin de voir si elles correspondent à ces nécessités, et en particulier vers celles de Sternberg et de Case, parce que parmi les théories récentes de l'intelligence, elles me semblent être les plus représentatives des deux grands courants qui ont tenté depuis Binet de rendre compte de l'intelligence : la psychométrie pour le premier, l'analyse des mécanismes pour le second. De plus, l'exposé de ces théories me permettra de mieux situer, *a contrario*, la conception de l'intelligence que j'entends défendre.

3.3. La théorie de Sternberg

Avant de faire le point sur les capacités de la théorie «triarchique» de Sternberg à répondre à la situation décrite ci-dessus, il est nécessaire de l'exposer rapidement. Elle se compose de trois sous-théories : «contextuelle», «expérientielle» et «composantielle».

a) La théorie contextuelle

Dans cette théorie, l'intelligence apparaît avant tout comme un mécanisme d'adaptation, le mot revient souvent. Faire preuve d'intelligence, c'est, dans la mesure du possible, sélectionner un environnement qui convient à l'individu, c'est aussi transformer l'environnement pour l'adapter à soi, c'est enfin s'adapter à cet environnement. L'intelligence est largement dépendante des conditions fournies par l'environnement et la culture. Elle change donc en fonction des cultures et sous-cultures, de l'âge des personnes, et des époques. La même réponse n'est pas nécessairement adaptée, en fonction de ces différents facteurs. Il résulte de cette sous-théorie la nécessité de faire des enquêtes pour savoir ce qu'est dans une société donnée cette forme d'adaptation.

b) La théorie expérientielle

La seconde sous-théorie est largement déterminée par les problèmes de la mesure. Il ne s'agit pourtant pas de rendre compte des mesures effectuées, mais de définir les caractéristiques d'une tâche susceptible de mesurer l'intelligence. Il y en a deux : d'une part, la capacité à répondre à des tâches et des situations d'un type nouveau, d'autre part, la capacité à automatiser le traitement de l'information sur des tâches déjà connues. A l'opposition classique entre automatisme, conçu comme un fonctionnement sans intelligence, et contrôle, conçu comme un exercice de l'intelligence, Sternberg substitue une relation de complémentarité : l'automatisation a l'avantage de libérer pour des tâches nouvelles les mécanismes de contrôle et ainsi d'augmenter la performance. Il est donc intelligent d'automatiser. La vitesse de réalisation d'une tâche, pour peu que celle-ci soit complexe, est un bon critère de l'intelligence. Il n'est pas étonnant que des tâches très diverses puissent fournir une mesure (plus ou moins bonne) de l'intelligence : beaucoup de tâches, et en particulier celles qui constituent les tests, sont nouvelles, ou mettent en jeu des mécanismes d'automatisation.

c) La théorie composantielle

Cette dernière sous-théorie vise à décrire les mécanismes mentaux qui sous-tendent la performance intelligente : les «composants» de cette performance. Elle fait largement appel aux recherches de laboratoire sur les processus de traitement de l'information dans différentes tâches, surtout de résolution de problème. Un composant est un processus élémentaire de traitement de l'information qui opère sur des représentations internes des objets ou des symboles. Il est défini par trois propriétés indépendantes : sa durée, sa difficulté et sa probabilité d'exécution, et peut exercer diverses fonctions dont trois principales : une fonction de gestion de la tâche (méta-composants), l'accomplissement de la tâche (composants de performance), les changements dans la relation ultérieure du sujet avec la tâche (composants d'acquisition de savoirs).

Sternberg ne fournit pas de justification à la nécessité d'une triple théorie (sans compter les sous-sous-théories) mais il est clair que son souci est de dépasser les théories précédentes, plus encore par l'étendue du champ d'application de la théorie globale que par la pertinence de telle ou telle sous-théorie. Il considère d'ailleurs que la remise en cause de l'une des sous-théories n'ébranle pas l'ensemble de l'édifice. Son souci de rendre compte de *tout* ce que l'on a décrit sous le nom d'intelligence est à première vue légitime, mais cette volonté d'exhaustivité le conduit à une hétérogénéité des théories.

Il est possible de rendre compte de cette diversité, en ne se limitant pas à un seul concept. L'intelligence recouvre à la fois, pour Sternberg, les formes de traitement de l'information permettant l'automatisation des conduites et la recherche de la carrière professionnelle qui convient à une personne par exemple. A chaque sous-théorie pourrait correspondre une fonction et donc un concept différent. Il est possible de dire, en première approximation, que la première sous-théorie de Sternberg vise à rendre compte des performances, la seconde des compétences, et la troisième de l'intelligence. Si la véritable théorie de l'intelligence est la troisième, l'objectif global des trois sous-théories est celui de la première : rendre compte des performances. Les performances sont dues à des compétences s'exerçant dans un contexte et basées sur des mécanismes intelligents.

Il me semble que le choix de Sternberg est une source de difficultés considérables dans la conception de l'intelligence. Un progrès des théories a consisté à ne pas identifier intelligence et performance. Un autre consiste à séparer intelligence et compétence. L'un des aspects les plus étonnants de la théorie de Sternberg se situe dans les aptitudes supposées en jeu dans une tâche qui permettrait de mesurer l'intelligence (si la première sous-théorie le permettait) :

La capacité à répondre à de nouveaux types de tâches et de situations et la capacité à automatiser le traitement de l'information (1985, p.68).

Sternberg n'est pas le seul théoricien de l'intelligence à accorder de l'importance à la nouveauté. Celle-ci est, pour les bébés, une dimension essentielle de leurs relations quotidiennes avec l'environnement. C'est ce qui a conduit Sternberg (1987; Berg & Sternberg, 1985) à s'intéresser aux bébés... et m'a conduit à m'intéresser à Sternberg. Mais la seconde aptitude, qui joue un rôle central dans la théorie, est plus surprenante. On pourrait penser, au contraire, que l'intelligence se situe uniquement du côté du nouveau et non de la mise en place d'automatismes. L'argument utilisé par Sternberg pour justifier cette idée est que l'automatisation libère l'esprit pour d'autres tâches, ce qui est exact. En ce sens, l'automatisation des processus est une compétence importante, mais cet argument ne justifie pas que l'automatisation soit une tâche intelligente. Cet exemple montre que la priorité accordée par Sternberg à la performance le conduit à confondre compétence et intelligence.

Il y aurait beaucoup à dire sur la théorie de Sternberg, ses aspects positifs et négatifs, par exemple sur la manière dont l'auteur envisage les théories rivales... beaucoup trop dans le cadre présent. Simplement, elle illustre à mon sens la nécessité de redéfinir l'intelligence, parce qu'elle dépasse toutes les autres dans la volonté de globalisation, ce qui la conduit à une perte en compréhension. Par exemple, pour Sternberg, la motivation à la réussite professionnelle fait partie de l'intelligence. Dès lors, il ne s'agit plus de savoir ce qu'est l'intelligence mais ce qui n'en est pas. Il me semble beaucoup plus économique d'avoir de l'intelligence une conception plus simple, en précisant qu'elle n'est que l'un des facteurs qui déterminent la performance.

3.4. La théorie de Case

Case (1985) situe sa théorie dans la suite de celles de Piaget et de Pascual-Leone, ce qui me permettra d'évoquer plus rapidement sa structure (cf. II.2.2.). Cette filiation en fait *a priori* un meilleur cadre pour expliquer l'intelligence du nourrisson. Pour Case, la théorie de Piaget comporte un certain nombre d'imprécisions et de contradictions (par exemple les décalages horizontaux), et si Pascual-Leone a cherché à compléter la théorie de Piaget, Case vise à préciser celle de Pascual-Leone, et à pallier ses lacunes. Mais Case a en commun avec Sternberg d'être aussi l'héritier d'un autre courant : celui de l'étude de la résolution de problèmes. Pourtant, la démarche de Case est diamétralement opposée à celle de Sternberg : elle ne vise pas à rendre compte de tout ce à propos de quoi on a parlé d'intelligence, mais à ramener toute l'activité intelligente à la résolution de problèmes. Ceci conduit à une théorie qui, sans être simple, l'est cependant beaucoup plus que celle de Sternberg, et qui surtout est plus unitaire.

Comme celle de Piaget, la théorie de Case se place résolument dans une perspective développementale. De la naissance à l'âge adulte, 4 stades se succèdent. Stade sensorimoteur (de 1 à 18 mois), stade relationnel (de 18 mois à 5 ans), stade dimensionnel (de 5 à 11 ans) et stade vectoriel (de 11 à 18 ans). Chacun d'eux se décompose en 4 sous-stades successifs qui sont homologues d'un stade à l'autre : coordination opérationnelle, coordination unifocale, coordination bifocale, coordination élaborée. En ce qui concerne le premier stade, qui m'intéresse plus spécialement ici, la coordination opérationnelle va de 1 à 4 mois, la coordination unifocale de 4 à 8 mois, la coordination bifocale de 8 à 12 mois, et la coordination opérationnelle de 12 à 18 mois. Comme pour la théorie de Sternberg, il y aurait des commentaires à faire sur cette belle architecture, et par exemple sur les raisons qui font que les mêmes types de «coordination» se retrouvent nécessairement à chaque stade.

Si un tel examen, effectué de manière globale, sort du cadre du présent travail, il peut par contre être fait à propos du premier stade et des premiers sous-stades. Une théorie développementale doit rendre compte des mécanismes essentiels de l'activité cognitive à tous les âges et par exemple à ceux qui m'intéressent ici. La première remarque qui s'impose porte sur l'étendue considérable du premier sous-stade. Il se passe bien des choses de la naissance ou de 1 mois[4] jusqu'à 4 mois. Par exemple, Vurpillot & Bullinger (1983) retiennent de l'imbroglio des stades et sous-stades proposés pour découper la première année, 3 mois comme «âge clé», et ceci avec un certain nombre d'arguments (cf. VI.2.). En l'absence d'une justification précise de la part de Case, il semble qu'il ait tout simplement mis dans ce premier stade tout ce qui est avant la coordination vision-préhension, ce qui se justifie... de son point de vue, dans la mesure où cette coordination est l'une des caractéristiques du second sous-stade.

La deuxième remarque concerne la présentation des exemples pris par Case comme caractéristiques des sous-stades décrits. L'intelligence étant essentiellement résolution de problèmes, il s'agit à tous les âges et dans toutes les situations de résoudre un problème. Ainsi en est-il par exemple des premières vocalises, la «situation problème» étant un champ perceptif ennuyeux (*dull*) et «l'objectif», la production d'une stimulation intéressante. Le silence est-il un problème? Est-ce pour occuper le champ perceptif que le bébé vocalise ou pour produire des sons? Les bébés sourds aussi vocalisent. Il est vrai que leur champ auditif est ennuyeux.

Mais de manière plus fondamentale, cette idée de résolution de problèmes est l'un des facteurs qui limitent considérablement le champ des exemples avec lesquels Case illustre son propos. Il signale les développements importants de la recherche sur les nourrissons et l'enrichissement du savoir qui en a résulté, mais il ne tient compte que d'une partie infime de ce savoir, et s'appuie la plupart du temps sur des exemples empruntés à Piaget ou tirés de ses propres travaux, ce qui limite singulièrement la portée de la théorie. Comme je le montrerai, une théorie de l'intelligence du bébé (ce que vise à être la théorie de Case) ne peut être élaborée sans un recensement préalable des activités intelligentes du bébé.

La conséquence (ou la cause?) de cette limitation est que pour Case, comme pour Piaget, l'intelligence des premiers mois est sensori-motrice. C'est ce qu'indique le nom donné au premier stade, mais c'est aussi ce qu'indique la définition des situations problèmes qui supposent toujours une réponse motrice :

> Pendant la première enfance, les problèmes les plus importants que les bébés maîtrisent sont ceux relatifs à l'utilisation de leurs membres et à la manipulation d'objets dans leur environnement (Case, 1985, p. 72).

Certes, ces problèmes existent et tiennent une place importante dans les premiers mois de la vie des bébés, mais le constat de similitude ou de non-similitude entre un objet perçu actuellement et un autre qui a été présenté antérieurement est aussi une activité intellectuelle fondamentale (cf. chap. IV).

4. UNE DEFINITION, DES CHOIX, DES CONSEQUENCES

Dans un article intitulé «Pour un dépassement du concept d'intelligence», Oléron écrit :

> On dira — et avec raison — que la recherche de définitions est un exercice relativement stérile et qui correspond à une conception verbale de la connaissance (connaître serait connaître des mots et par conséquent savoir les définir et les mettre en rapport entre eux), conception dépassée au niveau de la pensée scientifique (1975, p.107).

Le même auteur rappelle que Piéron disait, en 1927, qu'on avait bien proposé une centaine de définitions de l'intelligence, ce qui, semble-t-il, n'a guère permis de faire avancer la connaissance sur le sujet.

Le lecteur peut donc légitimement se demander si trop d'importance n'est pas accordée ici à la définition. La première réponse à cette critique est que l'on a également parlé de la science comme d'une langue bien faite. En psychologie, où les grands concepts sont issus de la langue courante, ils bénéficient de la polysémie des termes qui en fait tout le charme, mais aussi le danger. Le fait que des auteurs différents utilisant le même concept n'y placent pas le même contenu n'est pas simplement un risque en psychologie, mais une réalité trop fréquente et trop peu prise en compte. Ainsi, si l'on a beaucoup écrit sur les querelles entre innéistes et environnementalistes à propos de l'intelligence, on s'est peu demandé si ces différents auteurs parlaient bien de la même chose, ce qui reste à démontrer. La même remarque peut être faite en ce qui concerne partisans et adversaires du facteur G. En d'autres termes, la définition des concepts clés n'est pas une condition suffisante de la connaissance, mais elle est une condition nécessaire. La seconde raison pour donner quelque importance à la définition d'un concept, et dans le cas précis, à celui d'intelligence, est l'usage quelque peu abusif de la non-définition. Un exemple frappant en est l'ouvrage de Goodenough (1956) intitulé *L'intelligence d'après le dessin*. La démarche de cet auteur semble originale et *a priori* intéressante dans la mesure où elle constitue une tentative de mesure de l'intelligence par des moyens complètement indépendants des mesures classiques, et qui surtout n'impliquent pas l'utilisation du langage. Cette indépendance du langage permet, en effet, chez l'enfant d'âge scolaire de diminuer le poids des biais culturels et de comparer des mesures obtenues par des moyens différents, mais le principal intérêt du test, l'auteur y insiste, se situe à un âge plus précoce où l'enfant ne maîtrise pas encore le langage mais sait déjà dessiner. Toutefois, cet intérêt n'existe que si l'on a des raisons de penser que la qualité ou les qualités du dessin reflètent l'intelligence. Ceci suppose que l'on se demande un tant soit peu ce qu'est l'intelligence. Or, la lecture de l'ouvrage de Goodenough montre l'absence de toute réflexion de ce type, le raisonnement sous-jacent à la démarche est le suivant : la qualité du dessin s'améliore avec l'âge, donc avec le développement, donc avec l'intelligence. Et Goodenough calcule un Q.I.

Enfin, il est trop schématique d'opposer une démarche stérile, la définition, et une démarche heuristique, la théorie ou le modèle. Comme je le montrerai ci-dessous, une définition implique des choix qui excluent diverses conceptions et en valorisent d'autres. C'est donc au minimum un choix théorique et ce peut être, par sa justification, une théorie. Réciproquement, toute théorie implique une définition, explicite ou non.

Avant de proposer une définition de l'intelligence, il me paraît nécessaire de préciser les contraintes auxquelles cette définition doit répondre.

A. Elle doit être suffisamment générale pour pouvoir s'appliquer à tous les cas évoqués, à moins de justifier les exclusions.

B. Inversement, elle doit être suffisamment précise pour qu'il n'y ait pas confusion avec d'autres aspects du fonctionnement psychique, même si ces aspects jouent un rôle en relation avec le fonctionnement de l'intelligence (perception, attention, mémoire, langage, motivation...).

C. Elle doit d'ailleurs permettre une mise en relation avec ces autres aspects du fonctionnement psychique. En particulier, il est nécessaire de préciser la nature des relations entre intelligence et savoir.

D. Elle ne doit pas être précontrainte par des problèmes d'opérationnalisation (observation, expérimentation, mesure) ni même par des *a priori* sur les possibilités de cette opérationnalisation (en particulier mesurabilité).

E. Elle ne doit pas non plus être précontrainte par des options portant sur sa fonction sociale. Elle ne peut être identifiée à la réussite sociale en général et, dans les sociétés où le poids du système scolaire est important, à la réussite scolaire. Ceci ne veut évidemment pas dire que l'on exclut l'idée de relations entre intelligence et performance, scolaire par exemple, mais cette performance met en jeu un ensemble de compétences qui dépasse la seule intelligence.

Répondre à l'ensemble de ces contraintes ne me semble possible que dans le cadre d'une conception fonctionnelle de l'intelligence. La réification évoquée ci-dessus a comme origine la recherche de structures stables et permanentes à travers un développement dont la caractéristique fondamentale est précisément le changement (McCall, 1979a; Lewis, 1983). Mal vue des spécialistes de la mesure de l'intelligence, la définition par l'usage a pourtant des mérites opérationnels que n'a pas la définition conceptuelle. C'est donc en essayant de savoir à quoi elle sert et non quelle est son essence que je tenterai de définir l'intelligence.

J'appelle *«Intelligence»* la fonction d'établissement de relations.

Il existe différents objets sur lesquels portent ces relations (des événements, des actions, des états, des concepts, des personnes... ou toute combinaison de ces différents types d'objets). Il existe différents types de relations (appartenance, causalité, homologie, caractérisation...) et différents niveaux d'organisation de ces relations (niveaux de complexité dans l'organisation des connaissances). Il existe différents types d'outils d'appréhension de ces relations (perceptions, langages, mathématiques...). Ces différences déterminent différentes formes d'application d'une même fonction : l'intelligence. Une telle définition peut sembler élémentaire. Elle l'est en effet. Elle est un point de départ pour envisager l'intelligence à son point de départ.

Quelles sont les conséquences de l'adoption d'une telle définition? Elles sont nombreuses et il convient de les examiner en détail afin de préciser la conception à partir de laquelle l'intelligence du nourrisson sera explorée.

A. Il n'existe pas de relations sans objet au moins potentiel d'application de ces relations. L'intelligence ainsi définie est donc l'intelligence de quelque chose. C'est le sens dans lequel le mot est pris dans le titre de de Montmollin (1984) ou de le Moigne (1986). Intelligence est considéré ici comme synonyme de compréhension : prise ensemble.

B. L'établissement de relations est un phénomène très général et qui peut faire référence à ce que l'on désigne fréquemment comme des processus élémentaires, par opposition aux processus supérieurs à propos desquels on pourrait parler d'intelligence. Par exemple, le conditionnement, qu'il soit classique ou opérant, peut être décrit comme l'établissement d'une relation. Définir ainsi l'intelligence, c'est donc supposer que le concept peut s'appliquer à des processus considérés comme élémentaires, et qu'il n'y a pas de différence de nature entre conditionnement et formes supérieures de l'intelligence, c'est-à-dire établissement de relations d'ordre supérieur.

C. La même question se pose en termes d'espèces animales auxquelles il est possible d'appliquer le concept d'intelligence, longtemps appliqué exclusivement à l'espèce humaine, et généralement réservé à un nombre d'espèces limité. En fonction de ce qui précède, toute espèce dans laquelle il est possible d'établir un conditionnement est susceptible d'intelligence.

D. Dans le cas de l'espèce humaine, la question est de savoir à partir de quel âge on peut parler d'intelligence. La réponse provisoire que l'on peut apporter à cette question en fonction de la définition donnée ci-dessus est : en tout cas, dès la naissance.

Le lecteur peut donc se demander si la mise en avant d'une «nécessité» de redéfinir l'intelligence a ici statut de cause ou de conséquence. Est-ce parce que l'intelligence doit être définie comme elle l'est ci-dessus, que l'on peut dire le nouveau-né intelligent, ou est-ce pour pouvoir attribuer une intelligence au nouveau-né qu'elle est ainsi définie? Il est certain que la définition proposée a l'immense avantage de supprimer le problème de la «naissance» de l'intelligence dans le présent cadre, mais les raisons invoquées pour justifier ma définition ne sont pas liées uniquement au bébé.

E. La conséquence des trois points précédents est qu'il existe différents niveaux d'intelligence. Une définition aussi large du terme est vide de sens si elle n'implique pas une hiérarchie de niveaux. Ceux-ci sont déterminés par les niveaux de relation pris en compte. Il y a plus d'intelligence à prendre en compte les données atmosphériques du Pacifique sud pour prévoir le temps sur l'Europe qu'à ne pas le faire. Plus généralement, il y a plus d'intelligence à prendre en compte un plus grand nombre de facteurs de variation dans un phénomène, mais aussi à mieux préciser leurs relations, les structures et sous-structures qu'ils peuvent constituer, etc. L'intelligence se trouve à la fois dans la structuration du savoir et dans la quantité des informations prises en compte.

Une autre manière de définir l'intelligence pourrait partir de la catégorisation ou de la structuration des savoirs. Il n'y a pas de contradiction entre une telle définition et celle que je propose. Simplement, cette dernière se veut plus générale. Je montrerai (IV.2.) qu'il y a une continuité entre les capacités élémentaires de discrimination et les débuts de la catégorisation. La construction des premières catégories ne saurait être un critère des débuts de l'intelligence, même si la structuration des savoirs est l'acte d'intelligence par excellence (Bruner, Goodnow & Austin, 1956).

F. Une question très débattue est de savoir si l'on doit considérer «l'intelligence ou les intelligences» (Chateau, 1983; Gardner, 1983), ou encore, mais ce n'est pas exactement la même question, si l'on doit accorder plus d'importance à l'intelligence générale ou aux aptitudes spécifiques. La définition ci-dessus comporte un choix à cet égard : il existe un mécanisme général de l'intelligence. Est-ce à dire que les formes prises par l'intelligence sont indépendantes des objets sur lesquels portent les relations établies? La réponse doit être nuancée. Si les déterminants de la relation sont tous connus (ou tous connaissables), la relation est parfaitement déterminée. Le prototype est la logique. Si au contraire ces déterminants ne sont pas tous accessibles, comportent des incertitudes ou des contradictions, la relation est probabiliste. Dans le premier cas, il s'agit pour l'essentiel de ce qu'Oléron appelle «l'intelligence géométrique», dans le second, il s'agit pour l'essentiel de ce qu'il appelle «l'intelligence sociale».

En d'autres termes, la compréhension des relations est aussi la compréhension des types de relation, de leur fréquence et leur degré de contrainte de leurs évolutions. L'objet d'intelligence ne détermine pas radicalement des formes d'intelligence, comme le montre l'application de mécanismes de causalité comportant une intention à des objets physiques (superstition) et l'application de systèmes de catégorisation souvent trop rigides à des êtres vivants (psychologie). Les règles de fonctionnement des relations et les indices disponibles permettant la découverte de ces relations varient considérablement en fonction des objets sur lesquels portent ces relations et des circonstances d'observation. L'intelligence d'un type de relations entretient avec l'intelligence d'un autre type des relations qui dépendent de la distance qui les sépare.

La même question peut être envisagée sous l'angle des distinctions classiques entre intelligence sensorimotrice et conceptuelle ou entre intelligence pratique et abstraite par exemple. A propos de la première distinction, le chapitre VI montrera pourquoi l'idée d'intelligence sensorimotrice doit être reconsidérée. A propos de la seconde, et des distinctions de même type, elles n'ont aucun fondement dans la perspective présente. Les bases d'opposition sont d'ailleurs diverses et variables (Mounoud, 1987).

G. Une autre question très débattue est celle qui consiste à savoir quelles relations entretiennent intelligence et mémoire d'une part, intelligence et savoir d'autre part. Sur le premier point, les recherches anciennes ont amené à conclure à l'absence de relations entre capacités de mémorisation et intelligence vue à travers les tests (Stevenson, 1970), mais les travaux plus récents ont permis de montrer au contraire que de telles relations existaient bien (Hunt, 1980; Jenkinson, 1983). Comme le fait observer Jenkinson (1983), la différence entre les deux types de recherche est située dans le degré d'organisation du matériel proposé. Longtemps, les recherches sur la mémoire ont entretenu ce que Jenkins (1981) appelle l'erreur d'Ebbinggaus qui consiste à éliminer la signification pour mieux étudier les règles de fonctionnement de la mémoire. Or, le facteur le plus important dans la mémorisation est l'organisation, comme le montrent les expériences de Chase & Simon (1973). Le nombre d'éléments de base (*Chunks*) mémorisables à court terme est à peu près constant (5 à 7) chez un même sujet, mais la taille des éléments de base peut varier considérablement : lettres, mots, phrases, ou bien position d'un pion (pour un débutant) ou d'un groupe de pions (pour un joueur confirmé) sur un échiquier. S'il s'agit d'apprendre des listes de non-mots, l'intelligence ne sert à rien. S'il s'agit d'apprendre des savoirs organisés, elle sert à organiser les savoirs et donc à accroître considérablement les possibilités de mémorisation. La supériorité des joueurs d'échecs confirmés quant au nombres de positions de pièces mémorisées n'existe que dans des situations de parties significatives. Si les pions sont posés au hasard sur l'échiquier, leurs performances ne sont pas supérieures à celles des profanes.

L'intelligence des relations est donc la source des connaissances organisées, mais, en même temps, la connaissance est source d'intelligence. Elle est une condition nécessaire : je ne puis établir quelque relation que ce soit entre A et B si j'ignore l'existence de A et B. Si A est la forme de la côte est de l'Amérique du Sud, et B la forme de la côte ouest de l'Afrique, la comparaison me révèle une relation de similitude. Un tel constat peut ne conduire à rien, mais il peut aussi permettre l'établissement d'autres relations que ne permet pas aussi facilement la comparaison : Amérique du Nord-Europe par exemple. Cette première relation va en effet pouvoir être mise en relation avec un certain nombre d'autres données : existence des dorsales océaniques, localisation des phénomènes sismiques et volcaniques, des fosses océaniques et des chaînes de montagnes et datation de leur formation, température de fusion des différents types de roches et température de l'asthénosphère. A un certain niveau, la prise en compte d'une partie de ces faits permet d'effectuer un type de relations : théorie descriptive de la dérive des continents. A un autre niveau, elle implique des hypothèses sur la dynamique de cette dérive et établit donc d'autres relations : théorie de la tectonique des plaques. Les savoirs sont des produits de l'intelligence des relations et les conditions nécessaires à l'établissement de nouvelles relations. De plus, l'utilisation de mécanismes d'établissement de relations et de relations entre relations est un entraînement à l'établissement de nouvelles relations, soit d'un niveau plus élevé, soit dans des domaines différents. L'innovation est souvent le fait de personnes dont la formation est plurielle ou étrangère au domaine d'innovation, sans doute parce que la pluralité de formation nécessite et permet l'établissement de nouvelles relations et que seules ces personnes peuvent mettre en relation les phénomènes les plus étrangers, faire les relations les plus étranges.

H. Il a été envisagé ci-dessus l'existence de différents outils de l'intelligence. Il est nécessaire d'examiner les relations qu'entretient l'intelligence avec ces outils, en particulier avec le langage, mais aussi avec l'activité perceptive qui joue un rôle important bien avant le développement du langage. Tout d'abord, cette appellation d'outils ne doit pas prêter à équivoque. Elle ne signifie nullement que la perception ou le langage ne sont que les outils de l'intelligence. On a longtemps pensé que le langage était un support nécessaire à l'intelligence. Pour le moins depuis Köhler (1927), nous savons qu'il n'en est rien, mais cette erreur s'explique facilement du fait que ce support, sans être nécessaire, est tout de même fort utile. De plus, sa nécessité apparaît très vite dans l'organisation hiérarchique des relations. Si l'on reprend l'exemple d'une théorie scientifique classique comme celle de la tectonique des plaques, cette nécessité apparaît comme une évidence. Dans ces conditions, Wallon a raison quand il suppose un saut qualitatif entre l'intelligence d'avant le langage et celle d'après le langage, que ce soit d'un point de vue phylogénétique ou ontogénétique. Et ce saut qualitatif en permet un autre : la transmission des connaissances, et donc la transmission de l'intelligence de ces connaissances. On l'oublie trop souvent, l'essentiel de ce que sait chaque être humain ne lui vient pas du constat direct, mais de la transmission par l'intermédiaire du langage. Il existe même dans certaines sociétés des institutions spécialisées, appelées écoles, qui servent en principe à transmettre des savoirs et dont l'importance dans le fonctionnement social ne cesse d'augmenter.

Enfin, il n'existe pas seulement Le langage, mais des langues. Celles-ci ne diffèrent pas uniquement par le mot qu'elles appliquent à chaque chose, mais par les relations entre ces mots. Or, notre manière de penser les relations est souvent trop rigide en fonction du cadre fourni par la langue et la tradition culturelle. Parler deux ou plusieurs langues, connaître plusieurs sociétés, c'est pouvoir établir sur les mêmes réalités plusieurs types de relations, c'est pouvoir relativiser les relations connues; c'est donc être plus intelligent. Par exemple, si la définition de l'intelligence n'incombe pas à l'homme de la rue, la connaissance du point de vue d'hommes de la rue de différents pays et la connaissance des champs sémantiques des diverses traductions possibles du mot intelligence dans différentes langues sont susceptibles de rendre notre définition plus intelligente.

Pour ce qui est de la perception, elle est évidemment la source de tous les savoirs, et donc le pourvoyeur de matière première pour l'intelligence. Voir signifie aussi comprendre. Dans le cas particulier du nourrisson dont les possibilités d'action motrice sur l'environnement sont extrêmement limitées, l'activité perceptive permet l'établissement de relations : similarité ou nouveauté d'un stimulus par rapport à un autre, coïncidence de stimulus visuels, olfactifs et auditifs, succession répétée régulièrement de différents types de stimulations. Ces exemples le montrent : les instruments de l'intelligence vont aussi être les moyens d'étudier son fonctionnement.

I. Part du génétique et part de l'environnement? Il n'est guère original de refuser de raisonner en ces termes, mais on ne peut pour autant se contenter de l'idée d'interaction (cf. Lécuyer & Pêcheux, 1983a). Nous savons que, très jeune, le bébé est capable d'appréhender une relation comme figure-fond par exemple. Il paraît donc hautement probable que la capacité d'intelligence de telles relations est génétiquement programmée et doit très peu à l'expérience. C'est sur de telles relations que d'autres sont construites, qui dépendent cette fois des expériences faites par l'enfant. Y a-t-il des différences génétiques dans cette capacité d'intelligence, ou celles-ci sont-elles essentiellement explicables par les différences dans l'exercice de l'intelligence? Le mode de relation décrit ci-dessus entre intelligence et savoir implique un rôle considérable du fonctionnement antérieur de l'intelligence dans son état à un moment donné, et ce d'autant plus que ce moment est situé plus tard. Dire que l'intelligence est nécessairement l'intelligence de quelque chose implique qu'elle s'exerce. Par ailleurs, l'expérience individuelle peut varier considérablement dans les objets sur lesquels elle s'exerce, et donc l'intelligence spécifique de ce type d'objets s'en trouve développée. Les factorialistes ont constaté que pendant la période scolaire, le facteur G tenait une place importante dans la «mesure» de l'intelligence, alors qu'ensuite, les aptitudes spécifiques étaient prépondérantes. C'est sans doute que le milieu scolaire est beaucoup plus homogène que les milieux professionnels dans lesquels les gens exercent ensuite leur intelligence.

J. La question des relations entre intelligence et attention a déjà été évoquée à propos de Binet, elle le sera plus en détail au sujet de l'habituation visuelle. Signalons simplement que si l'une peut être définie indépendamment de l'autre, et c'est bien le cas dans la définition proposée ci-dessus, dans la pratique l'accès à l'une ne peut se faire en mettant l'autre entre parenthèses. On sait que les enfants qui ont des difficultés scolaires sont souvent décrits comme peu attentifs (Beugnet-Lambert, 1985; Lécuyer, 1987a, 1987b). L'intelligence conçue comme une activité de mise en relation permet de concevoir l'importance de l'attention : mettre en relation suppose une durée d'attention suffisante pour prendre en compte à la fois les divers éléments ou propositions à mettre en relation. C'est ce qui explique que, contrairement à ce que pourrait laisser penser l'intuition, les lecteurs rapides ont une meilleure compréhension de ce qu'ils lisent que les lecteurs lents.

K. Les relations entre intelligence et motivation sont souvent évoquées comme ayant une importance capitale. La motivation est conçue comme un facteur de l'intelligence ou comme ne pouvant être séparée de l'intelligence. Si l'on attribue à l'intelligence une fonction précise, l'établissement de relations, cette fonction est totalement indépendante de la motivation dans son concept, ce qui ne veut pas dire qu'elle l'est dans son exercice. Pour établir des relations, il faut en avoir l'envie, ou en ressentir le besoin. De ceci, il résulte que les domaines spécifiques dans lesquels l'intelligence sera développée par une personne correspondent à ses intérêts, dans les deux sens du terme. Il en résulte également que les personnes les plus intelligentes sont celles qui sont les plus intéressées par l'activité d'intelligence. La curiosité, ou ce que White (1959) appelle la motivation de compétence, et que l'on appelle également motivation intrinsèque (Hunt, 1965), est une condition de l'exercice et donc du développement de l'intelligence. Il est important de situer la notion de compétence par rapport à celle d'intelligence. Cette notion a, elle aussi, fait l'objet d'utilisations diverses et parfois abusives, en particulier chez le nouveau-né. Pêcheux (1985) a montré les glissements de sens que ces utilisations impliquent. La compétence, si l'on ne se réfère pas au sens initial, juridique, du terme, suppose une intelligence de la situation et une capacité d'action sur cette situation.

L'intelligence ne se construit pas indépendamment de l'action. Piaget a insisté sur ce point à juste titre, mais il convient de bien séparer intelligence et action compétente résultant de cette intelligence. Pour reprendre une distinction du même Piaget (1974), l'intelligence est du côté du «comprendre» et non du «réussir», même s'il est préférable de comprendre pour réussir... et si réussir permet en général de mieux comprendre. L'idée d'une motivation de compétence n'est donc pas simplement celle de la recherche des relations comme but, ce que signifie le mot curiosité, mais la recherche du plaisir d'exercer un pouvoir sur les choses ou sur les personnes à partir de la compréhension de ces relations. Dans quelle mesure existe-t-il une motivation d'intelligence indépendante du pouvoir que permet cette intelligence? Pourquoi comprendre sans chercher à réussir?

L. La motivation peut être envisagée en termes d'intérêt pour la nouveauté. Sternberg (1985) fait de cet intérêt l'une des composantes fondamentales de l'intelligence. Au sens où je l'ai définie, l'intelligence ne comporte pas de composante de ce type, mais en attribuant un rôle important à l'exercice de l'intelligence, on pose la question de savoir ce qui détermine cet exercice. L'activité de jeu quand elle est pratiquée individuellement — le jeu social comporte d'autres finalités — correspond précisément à l'exercice de l'intelligence sans enjeux en termes de pouvoir, au moins directement. L'origine du plaisir est à rechercher ici dans l'attrait de la nouveauté. Il en va de même pour toutes les activités exploratoires dont on sait également le rôle important qu'elles jouent dans beaucoup d'espèces animales, et plus spécialement chez l'homme, que cette activité s'oriente vers le fait divers ou la recherche scientifique. C'est l'un des fils conducteurs qui doit permettre de relier les comportements exploratoires des bébés et les formes ultérieures de comportements intelligents. Plusieurs auteurs ont montré que chez le bébé la recherche de la nouveauté tend vers un optimum (cf. IV.2.1.2.). Ce qui est trop nouveau n'est pas recherché, ce qui ne l'est pas assez ne l'est pas non plus, ou bien n'est pas discriminé. Il est possible que cet optimum varie de manière importante suivant les individus et que la recherche plus ou moins intense de nouveautés soit l'une des clés du développement de l'intelligence. Ce qui sépare le point de vue défendu ici de celui de Sternberg n'est pas l'importance attribuée à la nouveauté, mais le fait que pour Sternberg, il s'agit d'une composante de l'intelligence, pour moi d'une condition de son exercice.

M. Dernier point qu'il me semble utile de préciser comme corollaire de ma définition de l'intelligence : ses conséquences sur l'idée de mesure de l'intelligence. Système de structuration de connaissances, et non-ensemble de connaissances structurées, l'intelligence ne peut être estimée directement par les connaissances. Celles-ci ne peuvent constituer qu'une approche indirecte et qui suppose pour avoir quelque validité que soient remplies deux conditions. La première est la mise en relation des connaissances d'une personne donnée avec le champ des connaissances qui lui sont accessibles, ceci en fonction du degré d'accessibilité de ces connaissances. Ainsi, l'intelligence peut s'exercer sur des objets extrêmement divers, et le danger est grand d'accorder une priorité à certains types de connaissances pour en juger. La seconde condition est que toute connaissance testée ait fait l'objet d'une analyse précise de son intelligence, c'est-à-dire de son degré d'organisation. Il n'y a pas d'intelligence à savoir par cœur la table de multiplication ni la liste des départements avec préfectures et sous-préfectures. Il y en a à savoir que la quantité de liquide est indépendante de la forme du vase, plus encore à savoir que la quantité de gaz est indépendante de la température (Weil-Barais, Séré & Landier, 1986; Weil-Barais, Lemeignan & Séré, 1987). Mais même dans un tel cas, il n'y a pas accès à l'intelligence, mais à la compétence issue de cette intelligence de la situation.

Si l'utilisation des connaissances comme témoins de l'intelligence se révèle donc délicate, on peut se demander si la compétence à produire des connaissances ne peut pas elle-même faire directement l'objet d'une mesure. C'est après tout ce que visent certains tests comme le Raven. La réponse de principe est qu'un test qui demande de trouver des relations doit être un bon moyen d'évaluer la capacité d'établir des relations, aux problèmes généraux de mesure près, en particulier avec la garantie de la diversité des domaines d'application de ces relations, et de leur représentativité par rapport à la culture ou la sous-culture de la personne «mesurée». Il s'agit alors de savoir dans quelle mesure la standardisation, élément clé du test, reste possible (Sternberg, 1985). En tout état de cause, un tel test évalue la compétence, non l'intelligence.

En résumé, une conception fonctionnelle de l'intelligence est contradictoire avec l'idée même d'une mesure, faisant nécessairement référence non à une fonction mais à une capacité. Dans une conception fonctionnelle, l'idée de Q.I. n'a donc pas de sens. Ce n'est pas le lieu ici de discuter dans le détail de ce problème du Q.I. Plusieurs fois dans la suite de ce texte, il en sera fait mention, de manière non systématiquement critique. Les tests de Q.I., dont on connaît les ravages qu'ils ont produits dans la prédiction de l'évolution des différences *individuelles*, sont des instruments qui peuvent apporter des informations intéressantes, bien que grossières parce que très générales, quand il s'agit de comparer des performances de groupes, les moyennes étant moins sujettes à l'erreur et plus stables que les performances individuelles. Constater que le Q.I. moyen d'une génération n'est pas celui de celle qui la précède par exemple est tout à fait intéressant. En particulier, les relations entre intelligence et savoir exposées ci-dessus impliquent nécessairement une augmentation de l'intelligence moyenne avec une augmentation du degré moyen de connaissance, alors que les conceptions classiques de l'intelligence impliquent une stabilité de celle-ci d'une génération à une autre, d'où les difficultés d'interprétation de l'augmentation observée (Flieller, Saintigny & Schaeffer, 1986). Le Q.I., instrument lié à cette seconde conception, peut aussi servir à l'invalider.

Ce premier chapitre m'a permis de justifier le choix du concept d'intelligence pour décrire le développement des activités cognitives des bébés. Ce choix, ainsi que d'autres éléments, conduisent nécessairement à remettre en cause la manière classique d'envisager l'intelligence. C'est donc à partir de la définition de l'intelligence que j'ai proposée que je tenterai de rendre compte de celle des bébés en offrant une nouvelle manière de concevoir leur développement.

Si ce choix vise à offrir des perspectives nouvelles, il se situe néanmoins dans une tradition, celle de l'étude de l'intelligence des bébés, coupée des connaissances récentes. Mon objectif en décrivant l'intelligence des bébés est d'intégrer ces connaissances, ce qui nécessite d'abord de rappeler la tradition, c'est-à-dire d'examiner l'histoire de l'intelligence des bébés.

NOTES

[1] Ce qui est en caractère gras ou souligné dans la citation l'est dans le texte.
[2] Il est important pour le lecteur francophone de situer le poids de la psychométrie et son mode de fonctionnement dans la tradition anglophone. Ce poids a été bien moindre en France, d'une part à cause du phénomène Piaget, d'autre part à cause de l'existence d'une psychologie différentielle à la fois critique et plus centrée sur l'explication des différences individuelles que sur leur mise en évidence.
[3] Le mot «race» est ici placé entre guillemets d'une part parce qu'il est actuellement de plus en plus contesté par les généticiens, d'autre part parce que la signification qui lui est accordée varie considérablement selon les auteurs et les époques (les deux raisons n'étant sans doute pas indépendantes). Ainsi, si l'on se contente de remonter à Binet (1906), on trouve le mot «race» pour différencier les Parisiens des Auvergnats.
[4] La manière de situer le début du sous-stade varie chez Case. La plupart du temps, c'est 1 mois, il écrit d'ailleurs que son sous-stade 0 correspond au stade II de Piaget, mais dans son tableau récapitulatif (p. 413), le début est situé à la naissance. Ces variations ne sont pas purement anecdotiques et sont liées à l'étendue du stade, et au fait que les exemples sont le plus souvent pris entre 2 et 4 mois.

De l'histoire
de l'intelligence des nourrissons

L'histoire de la psychologie de l'intelligence des nourrissons est, par certains côtés, la copie décalée de l'histoire de l'intelligence des enfants d'âge pré-scolaire et scolaire et des adultes. Par d'autres, elle est tout à fait originale. Mis à part le travail resté sans suite de Chaille (1887), les premiers tests pour bébés datent des années 1920, et sont fortement marqués par le travail de Gesell. Ils ont donc environ 20 ans de retard sur les tests pour enfants d'âge scolaire. Ce décalage vient de l'existence d'une demande forte du système scolaire, comme le montrent les écrits de Binet, demande qui pouvait conduire à s'intéresser à l'enfant d'âge pré-scolaire, mais ne nécessitait pas, ou en tout cas pas immédiatement, de données sur le nourrisson. De plus, l'absence de langage chez le bébé ne permettait pas une transposition directe des mêmes techniques, ce qui n'a pu que retarder la mise au point des tests pour bébés.

L'originalité de cette histoire se trouve dès le début des tests dans une caractéristique qui joue un rôle décisif dans leur fonctionnement social : ces tests ne sont absolument pas prédictifs du Q.I. ultérieur. Gesell (1926,

1928; Gesell & Amatruda, 1974) est d'une très grande prudence sur cette question et se refuse au calcul de tout quotient et même de toute note résumant les performances des bébés à son test. Dès 1933, Bayley signale ce qu'elle démontrera très clairement par la suite (Bayley, 1949, 1955, 1968) : les tests pour bébés ne sont pas prédictifs.

Ce résultat a des conséquences importantes. Il place les tests pour bébés largement en dehors de la querelle inné-acquis, alors que les premiers mois de la vie peuvent être considérés comme une période particulièrement propice à la mise en évidence des effets génétiques, où l'environnement joue un rôle moindre dans le développement, où, en tout état de cause, il a eu moins de temps pour exercer une influence. L'intérêt pour le nouveau-né est en grande partie lié à l'idée d'un degré zéro de l'influence de l'environnement.

Bien entendu, les environnementalistes auraient pu songer à tirer parti de cette situation : si la mesure de l'intelligence n'est pas stable, c'est qu'elle n'est pas déterminée génétiquement. Mais, autre conséquence de la non-prédictivité des tests, les spécialistes des tests pour bébés leur ont coupé l'herbe sous le pied en affirmant que leurs tests ne mesurent pas l'intelligence. Il s'en suit que les tests pour bébés ne sont pas un enjeu politique comme les tests pour enfants d'âge scolaire. Ils sont donc moins critiqués, mais aussi moins utilisés et moins nombreux.

En effet, une autre originalité de l'étude de l'intelligence chez le nourrisson est qu'elle intéresse beaucoup moins de chercheurs que l'intelligence de l'enfant d'âge scolaire ou de l'adulte. Ce qui est vrai dans le cas des tests l'est bien plus encore dans le cas des théories. Cette lacune pourrait surprendre si elle n'apparaissait chez ces psychométriciens comme une conséquence de la non-prédictivité des tests pour bébés. La position des théoriciens de langue française, Wallon et Piaget, est donc tout à fait originale, puisque leur démarche ne part pas des tests, même si le premier a préfacé l'ouvrage de Brunet & Lézine (1949) et si la théorie du second a inspiré le Casati & Lézine (1968), les deux tests pour bébés français. Pour comprendre l'intelligence, Wallon, comme Piaget, pense nécessaire d'en saisir les débuts. Il est inutile de redire combien ce point de vue s'est avéré heuristique.

Pour envisager la question de l'intelligence du bébé telle qu'elle se pose aujourd'hui, il est nécessaire de voir comment on l'a posée au préalable. C'est pourquoi j'examinerai tour à tour l'histoire des tests pour bébés et l'histoire des théories portant sur «la naissance de l'intelligence».

1. LES TESTS POUR BEBES

Dans leur historique des tests pour bébés, Brooks-Gunn & Weinraub (1983) signalent qu'en 1887, c'est-à-dire à l'époque des tout premiers tests d'intelligence, un médecin de la Nouvelle Orléans nommé Chaille, publiait dans un journal médical local un test de développement des enfants jusqu'à trois ans, contenant déjà l'idée d'âge mental. Ce test fut sans lendemain, comme tous ceux qui furent publiés avant le Binet-Simon, que l'on considère comme le premier véritable test d'intelligence.

Concernant le bébé, plusieurs périodes successives peuvent être distinguées. La première va de Binet-Simon (1905, 1908) à Gesell (1926). Les travaux sont inspirés de l'échelle de Binet & Simon, bien que ceux-ci aient fait commencer leur test à un âge plus avancé dans la version révisée de 1908 que dans la version initiale de 1905. Cruchet (1911) fait un travail d'observation qui peut constituer une base de test. Il ne cherche pas à mesurer l'intelligence des bébés ni même à la tester, mais plutôt à fournir des points de repères sur le développement dans les deux premières années. Le tableau II.1. reproduit le «tableau récapitulatif» de Cruchet.

Pour Cruchet, à la naissance, «l'enfant n'est qu'un réflexe» (il affirme même qu'il n'y a aucune différence de comportement entre un nouveauné qui a un cerveau et un qui n'en a pas), et parle à son sujet de «table rase»... La description du développement qu'il nous fournit apparaît comme une bonne préparation aux tests qui vont suivre.

Izard & Simon (1916) ont une démarche intermédiaire entre la description normative de Cruchet et le test dans la mesure où ils font un questionnaire d'observation du bébé, appelant des réponses détaillées, donc traitables comme des questions ouvertes et non pas susceptibles d'une cotation directe. L'objectif des auteurs semble plutôt être la recherche puisqu'on demande au lecteur d'envoyer les questionnaires remplis à Simon.

En 1922, paraît la révision par Kuhlman du Binet-Simon. Il fait débuter le test à trois mois, afin de savoir si le Q.I. est constant. A partir de 1920, les tests ne sont plus seulement le fait des Français : Burt (1921), Yerkes & Foster (1923) testent des enfants jeunes (respectivement depuis 3 et 4 ans) et Linfert & Hierholzer (1928) des nourrissons âgés de 30 à 365 jours.

Mais, pour Brooks-Gunn & Weinraub (1983) comme pour Brunet & Lézine (1951), le véritable promoteur des tests pour bébés est Gesell. Ces

Tableau II.1. Le développement des aptitudes entre 0 et 2 ans,
d'après Cruchet (1911, p. 62).

A la naissance.
L'enfant n'est qu'un réflexe.

A trois mois.
Il lève la tête au-dessus du plan du berceau sans en détacher les épaules.
Le «jeu des mains» est en décroissance; l'enfant commence à s'intéresser aux objets (hochet).
Il reconnaît les personnes ou certains objets (hochet, biberon) à 4 ou 5 m; il tourne la tête dans la direction des bruits.
Rires spontanés, cris de joie et de colère. Premiers sourires aux parents, à la nourrice.

A six mois.
Il tend les bras, tire la barbe de son père et les cheveux de sa mère.
Il se redresse seul jusqu'à mi-chemin de la station étendue et de la station assise.
Peut demeurer *assis dans sa voiture* 15 à 30 minutes à condition qu'on le place ainsi et qu'il soit bien calé.
Adore le bruit de papier froissé dans sa main, le cliquetis des clés, le son d'une clochette.

A neuf mois.
Arrive en penchant fortement la tête en avant à s'asseoir presque sur son séant.
Peut saisir et tenir *avec une seule main* sans l'aide de l'autre un objet à sa portée.
Peut demeurer des heures à la chaise à condition qu'on l'y mette et qu'elle ait un dossier (*enfant à la chaise*).
Désire manifestement les objets et les rejette volontairement à terre dès qu'ils ont cessé de plaire.
A des joies et des peines plus vives; éprouve de la jalousie; de la peur et de la crainte; comprend si on le gronde ou si on veut l'amuser.
Langage : *a-ta, eu-a, ba-ba-ba, gneu, etc.*

A douze mois.
S'assoit seul et reste assis solidement sur son berceau ou à terre.
Marche à quatre pattes.
Dit *papa* et *maman* en connaissance de cause.

A quinze mois.
Se met debout en se servant d'un point d'appui.
A la connaissance des objets usuels dont il se sert (croûte de pain, clé, bouchon, boite, chapeau, etc.).
Langage : se sert de quelques syllabes pour désigner les objets désirés, aidées surtout du geste.
Début du caractère propre à chaque enfant qui commence à perdre sa régularité toute machinale.

A dix-huit mois.
Mis à terre, se relève seul avec dextérité sans aucun secours ni appui.
Monte sur les chaises et fauteuils.
Très imitateur pour des actes ou des gestes simples; peut ainsi répéter un air sur deux ou trois notes. Entêtement indiscutable; caprices.

A deux ans.
Descend seul des escaliers en se tenant à la rampe.
Reconnaissance sur des images des objets usuels ou animaux domestiques (cheval, mouton, chien, chat, âne, train, pelle, balle, table, pain, gâteau, etc.).
Terme de comparaison des plus nettes.
Demande pour ses besoins dans le jour et fait la différence entre *pipi* et *caca*. Dans les deux tiers environ des cas, doit être réglé la nuit.
Langage : parler nègre (peut faire des phrases de deux ou trois mots sans article ni verbe).
Différenciation sexuelle évidente déjà dans les jeux, les manières et le ton.

derniers auteurs présentent d'ailleurs leur test comme une adaptation du Gesell. L'importance historique du test de Gesell est à chercher dans le fait que celui-ci n'est pas seulement l'auteur d'un test, mais aussi d'un important travail de recherche sur le développement de l'enfant accompli avec Amatruda. La structure en quatre échelles du Gesell (motrice, adaptative, langage, personnel-social) se retrouve ensuite dans plusieurs tests.

Dans la même période naissent d'autres tests : celui de Bühler (1928), de Fillmore (1936), et de Bayley (1933). En 1940, est publié le test de P. Cattell, très utilisé aux Etats-Unis d'Amérique. Ce n'est qu'en 1951 qu'apparaît la première échelle française, celle de Brunet et Lézine, révisée en 1965 et suivie en 1968 de l'échelle de Casati et Lézine.

Ces échelles mesurent-elles l'intelligence, et dans le cas contraire, que mesurent-elles? L'attitude des auteurs sur cette question est tout à fait ambiguë. Par certains côtés, il apparaît que leur test ne mesure pas l'intelligence. Ainsi, Gesell ne parle pas d'intelligence mais de «développement mental», et il combat l'idée d'un résumé de ses quatre échelles par une note unique, ce qui signifie très clairement qu'il ne croit pas à l'existence chez le bébé d'un facteur général, fût-il nommé «développement mental».

On retrouve cette prudence chez Bayley qui emploie l'expression «croissance comportementale» au sujet des premiers mois de la vie et «intelligence» au sujet de ce qui se passe plus tard. Pourtant, elle défend aussi l'idée que son test mesure l'intelligence, mais que celle-ci se développe de manière discontinue. Il y a, de son point de vue, deux explications possibles à la discontinuité observée :

> a) Il se peut que, bien que nous n'ayons pas encore trouvé le bon test, la recherche future révèle des comportements de bébés qui sont caracteristiques des fonctions intellectuelles, d'une nature telle qu'ils peuvent être utilisés dans le but de prédire l'intelligence ultérieure, ou b) le développement intellectuel précoce peut être variable (intrinsèquement ou sous l'effet d'influences environnementales), rendant impossible de prédire l'intelligence ultérieure à partir de quelque aspect que ce soit du comportement du bébé (1949, p.167).

Elle penche plutôt pour la seconde hypothèse, et par ailleurs, elle relève deux âges (1 an et 15 ans) où l'écart type des scores est plus faible et donc les tests moins prédictifs, ce qui l'amène à penser à un développement s'effectuant par une alternance de périodes de dispersion et de périodes de regroupement.

Elle constate aussi que les scores aux différents sous-tests n'évoluent pas de la même manière, d'où l'idée de *«fonctions»* ou de *«facteurs»* différents dans l'intelligence, ayant des vitesses de développement différentes. Elle note enfin que les tentatives pour chercher les items les plus prédictifs n'ont pas abouti à la construction de tests meilleurs.

Brunet & Lézine, dans l'ouvrage de présentation de leur test, *Le développement psychologique de la première enfance*, affirment une fois de plus que leur test ne mesure pas l'intelligence, et reprennent de Gesell l'idée du comportement :

> comme un équivalent biologique de l'intelligence, au sens de capacité générale d'adaptation... le degré du développement s'exprime donc par le niveau des comportements : aux stades successifs de son développement, l'enfant a l'âge de son comportement qui traduit un certain degré de maturation nerveuse... (les baby-tests) ne mesurent pas l'intelligence en elle même mais seulement un rythme de développement général car les aspects diversifiés du comportement sont encore... trop dépendants les uns des autres pour rendre compte des différenciations qui se manifestent ultérieurement sur les plans distincts du physique et du mental (p. 106).

Ce point de vue pourrait être rapproché de celui de Piaget dans la mesure où celui-ci voit dans l'intelligence un phénomène qui prolonge l'adaptation biologique. La différence est que Piaget décrit effectivement cette continuité, alors que les tests de type Gesell décrivent le développement psycho-moteur de façon largement indépendante de leur aspect adaptatif et mènent à un constat — absent chez Piaget — d'hétérogénéité radicale entre ce qu'ils appréhendent et l'intelligence ultérieure.

On pourrait multiplier les exemples montrant que l'ambition des tests n'est pas de mesurer l'intelligence, mais le meilleur indicateur de cette attitude est le fait que l'indice servant à résumer la performance au test, quand il existe, ne s'appelle pas quotient intellectuel, mais par exemple dans le Brunet-Lézine, quotient de développement (Q.D.).

A l'inverse, un grand nombre de signes indiquent que le sens de la démarche est bien la mesure de l'intelligence, ou pour le moins la prévision de l'intelligence ultérieure. Mais comment pourrait-on appeler cette chose qui ne serait pas de l'intelligence et qui pourtant permettrait de la prévoir? Paradoxalement, le signe le plus évident de cette recherche de la mesure précoce de l'intelligence est la continuité... dans les recherches qui visent la continuité mais démontrent régulièrement que les tests pour bébés ne sont pas prédictifs, ce qui conduit logiquement à conclure qu'ils ne mesurent pas l'intelligence. Comme je l'ai indiqué ci-dessus, dès 1933, Bayley le signale. Elle publie pourtant en 1949 une importante recherche (longitudinale jusqu'à 18 ans; jusqu'à 36 ans en 1968) qui aboutit aux mêmes conclusions. P. Cattell (1940) indique que son test n'a pas pour objectif le pronostic et justifie ce point de vue par une recherche qui montre qu'il n'a effectivement pas de valeur pronostique.

On retrouve dans l'ouvrage de Brunet & Lézine (1951) un chapitre intitulé «Valeur pronostique des baby-tests» dans lequel les auteurs estiment que cette valeur prédictive est nulle. Elles ne présentent pas d'étude corrélationnelle, mais des tableaux indiquant les Q.D. de quelques enfants à différents âges. Entre 5-7 mois et 30-36 mois, on peut voir des gains de 30 et même 40 points! Une étude suédoise faite sur le Brunet-Lézine (Klackenberg-Larsson & Stensson, 1968) montre des corrélations négligeables entre 3 et 36 mois (.8) et entre 6 et 36 mois (-.5). Evidemment, le test n'est pas prédictif du Q.I. (Stanford-Binet) à 8 ans. Des résultats tout à fait similaires sont obtenus par Honzik, MacFarlane & Allen (1948) avec le Bayley. L'interrogation pourtant se prolonge. Citons Ames (1967), Bayley, 1970; McCall, Hogarty & Hurlburt (1972); Wachs (1975); Honzik, 1976; Ramey & Haskins (1981a et b; Kopp & McCall, 1982). Aussi bien dans la première édition (1976) que dans la seconde (1983) de l'ouvrage de Lewis sur les origines de l'intelligence, un chapitre de Honzik est entièrement consacré à la question, laquelle est également largement abordée par Brooks-Gunn & Weinraub (1976, 1983). McCall condamne la persistance de cet intérêt et intitule un article «Les indices précoces du Q.I. ultérieur : la recherche continue» (1981), article dans lequel il écrit :

> Il y a des choses sacrées. Pour la psychologie du développement, prédire les comportements ultérieurs à partir des comportements précoces est sacré, et aucune évidence contraire ne peut nous détourner de notre tâche appointée (p. 141).

A ma connaissance, aucune étude n'a été réalisée pour savoir si les tests pour bébés sont de bons prédicteurs de l'attention ou de la mémoire future. Le fait que la comparaison se fasse avec l'intelligence indique clairement les ambitions initiales. Tel est aussi le sens de la démarche de plusieurs auteurs visant à accroître la valeur prédictive des tests, soit en les conjuguant avec des observations cliniques (Escalona & Moriarty, 1961), soit en procédant à l'aide de régressions multiples à la combinaison de données provenant des tests, de données médicales et de la classe sociale des parents (Werner, Honzik & Smith, 1968), soit enfin et surtout, en ne s'intéressant qu'aux items qui semblent les plus prédictifs (Fillmore, 1936; Nelson & Richards, 1938; Richards & Nelson, 1939, Stott & Ball, 1965; Cameron, Livson & Bayley, 1967; McCall, Hogarty & Hurlburt, 1972) avec des résultats dans l'ensemble assez décevants.

Autre fait qui montre la volonté persistante de prédire l'intelligence et donc de la mesurer : les tests ont continué à se développer après les années 30 et malgré la rationalisation de l'échec par l'affirmation de l'impossibilité de prédiction. Ainsi, Brunet & Lézine (1951) expliquent que le développement de l'enfant procède par bonds, avec arrêts et régressions et justifient l'impossibilité de prédire par la conjonction de ces irrégularités et de l'action du milieu. Cette analyse n'empêche pas la sortie en 1965 d'une révision du Brunet-Lézine, ni en 1968 du test de Casati & Lézine, pas plus que des considérations similaires n'empêchent la sortie d'une révision du Bayley en 1969.

Enfin, dernière raison de penser que l'objectif des tests pour bébés est bien la prévision de l'intelligence ultérieure et donc sa mesure : les auteurs l'écrivent. Dans l'ouvrage de Brunet & Lézine (1951), la préface d'Henri Wallon est consacrée à «la mesure de l'intelligence», et dans leur introduction, les auteurs motivent leur travail dans les termes suivants :

> Nous n'avions pas, sur le plan pratique... un instrument français qui permît comme le Binet-Simon pour les enfants d'âge scolaire, l'exploration de l'intelligence chez les tout jeunes enfants (p. 1).

Quant à Casati & Lézine, elles intitulent leur test, «Les étapes de l'intelligence sensori-motrice», et justifient son existence en expliquant que :

> l'analyse des mécanismes intellectuels proprement dits restait cependant à faire, et elle est tentée dans le présent travail (1968, p. 3).

Que mesurent les tests pour bébés? Conçus à une époque où le développement cognitif du nourrisson était peu connu et où la «mesure» était considérée comme un instrument de connaissance, ils ont mesuré ce qui apparaissait comme mesurable, et leur contenu est le résultat d'observations minutieuses des comportements... observables. Il paraît donc utile d'examiner ce contenu avec le recul que nous donne le savoir acquis depuis sur les capacités et le développement cognitifs du nourrisson. Il ne s'agit pas de faire avec cinquante ans de distance, et donc de retard, un quelconque procès de la démarche. On ne fait pas l'économie de l'histoire et les tests sont un moment de cette histoire. Il s'agit de voir, à un autre moment de l'histoire, comment peuvent être analysées les relations entre les tests et ce qui est considéré actuellement comme activité cognitive. Cet examen ne peut évidemment être fait pour tous les tests pour bébés. Ce n'est d'ailleurs pas nécessaire car ils ont beaucoup de points communs. J'en examinerai quatre. Les échelles de Brunet & Lézine (1951) et de Casati & Lézine (1968), parce qu'il s'agit des seules échelles françaises, qu'elles ont été très employées, et que le passage de l'une à l'autre correspond au passage d'une génération de tests à une autre. J'examinerai succintement l'échelle de Bayley dans ses deux versions (1933 et 1969), parce que Bayley est, à 36 ans d'intervalle, l'auteur de l'un des premiers et de l'un des derniers tests et que la version de 1969 est le test le plus utilisé Outre-Atlantique, celui aussi qui est considéré comme le mieux validé (Brooks-Gunn & Weinraub, 1983).

Je n'ai pas reproduit ici l'échelle de Casati & Lézine (1968). Basée sur la théorie de Piaget, elle en reprend les épreuves les plus classiques, groupées non en fonction de l'âge, comme dans le Brunet & Lézine, mais par type d'épreuve : recherche de l'objet disparu, utilisation des intermédiaires (une ficelle puis un support et enfin un instrument : râteau ou bâton), exploration des objets, combinaison d'objets (un instrument pour obtenir un objet à l'intérieur d'un tube, ou une chaînette introduite dans un tube étroit).

L'épreuve de Brunet & Lézine sera présentée en relation avec le test passé par un certain nombre de sujets adultes à propos de cette épreuve (ou si l'on préfère, par cette épreuve auprès d'un certain nombre d'adultes).

Comme la plupart des tests d'intelligence, le Brunet-Lézine aussi bien que les deux versions du Bayley, sont composés d'épreuves hétérogènes. Ainsi que je l'ai signalé plus haut, la composante motrice joue un rôle très important et certains items peuvent paraître aujourd'hui surprenants dans la perspective d'une mesure de l'intelligence ou du développement cognitif. Le Casati-Lézine diffère fondamentalement dans sa construction, puisqu'il est un sous-produit de la théorie de Piaget et suit le développement tel que l'envisage Piaget, mais il pose les mêmes problèmes de passage par la motricité pour atteindre la cognition.

Le cas du Bayley est intéressant à considérer dans sa perspective historique. En 1933, Bayley fabrique un test qui s'inscrit dans la suite des travaux de Gesell, reprenant même une partie de son matériel. Il n'y a rien d'étonnant à cela. C'est l'époque des tests, de la mise en place des tests pour bébés, et Gesell fournit le modèle. Que, une vingtaine d'années plus tard, Brunet et Lézine adaptent aussi le Gesell montre bien son influence.

En 1969, l'environnement scientifique semble radicalement différent, les recherches sur le bébé effectuées dans une perspective cognitiviste sont en plein essor, un grand nombre d'auteurs, et en particulier Bayley, ont montré que les tests pour bébés ne sont pas prédictifs, et les tests en général sont un peu passés de mode. Fournir le travail considérable d'une révision fondamentale et d'un étalonnage sur un grand échantillon peut apparaître comme une démarche quelque peu anachronique. Pourtant, Bayley effectue ce travail et surtout, son test est souvent cité dans la littérature, ce qui signifie que le courant psychométricien n'a jamais disparu dans la recherche sur les bébés (Lewis, 1976, 1983).

Sur le Bayley, deux remarques globales et apparemment contradictoires s'imposent. La première est que l'auteur a clairement perçu le problème de la motricité. La réponse qu'elle a apportée a consisté à séparer une échelle «motrice» et une échelle «mentale». La seconde remarque est que si l'on s'en tient à l'échelle mentale, un nombre important d'items ne semblent pas être représentatifs du développement cognitif, tel en tous cas qu'il est conçu par les cognitivistes spécialistes du bébé. A tous les âges, les exemples sont nombreux de réponses ayant une composante motrice dans l'échelle mentale : motricité oculaire pour les plus petits, du cou, puis de la main ensuite. D'autres items mettent en question la sociabilité de l'enfant : sourire, babillage. En résumé, si l'échelle mentale est incontestablement plus cognitive que l'échelle motrice, elle reste très typique d'un mode de pensée ancien sur le développement du bébé.

Le même type d'analyse pourrait être fait sur le Brunet-Lézine, qui a les mêmes sources d'inspiration et dont un certain nombre d'items sont proches de ceux du Bayley. Il m'a paru intéressant de voir comment les différents items de ce type de test pouvaient être perçus actuellement. Pour cela, j'ai soumis un test à deux groupes de personnes : d'une part des spécialistes du développement cognitif du bébé, d'autre part des étudiants de maîtrise (C3, C4 de psychologie expérimentale) suivant un cours sur les méthodes d'étude du nourrisson[1]. Le premier groupe a été choisi parce qu'il représente la pensée actuelle sur l'intelligence du bébé. Mais les chercheurs ont souvent le défaut d'estimer que leurs méthodes et leurs concepts sont très supérieurs à ce qui a précédé. Le second groupe a été choisi parce que moins impliqué dans la recherche, il baigne néanmoins dans l'atmosphère cognitiviste de l'enseignement de la psychologie. Le test soumis à ce test a été le Brunet-Lézine, préféré au Bayley ou à un autre parce qu'il est en langue française, ce qui évite les difficultés de traduction. Préféré aussi au Casati-Lézine, que chez son éditeur on appelle le «test Piaget», à cause de Piaget et du poids de l'enjeu que peut constituer un jugement sur le caractère plus ou moins cognitif d'une épreuve piagétienne. Les conclusions que l'on peut tirer de ce petit test sont évidemment limitées au Brunet-Lézine, mais les similitudes exposées ci-dessus permettent d'envisager une généralisation.

A toutes les personnes qui ont participé à cette expérience, on a fourni une liste des items du Brunet-Lézine, avec la consigne suivante :

Vous trouverez dans les pages qui suivent un test de développement du nourrisson. Ce test a pour but de rendre compte du développement du nourrisson pris de manière globale. Certains des items se réfèrent directement au développement cognitif, d'autres non. La tâche qui vous est demandée consiste à mettre un chiffre devant chaque item pour donner *votre avis* sur le caractère plus ou moins cognitif de l'épreuve. La signification des chiffres est la suivante :

0 : Cet item ne comporte aucun aspect cognitif.
1 : Cet item met en jeu des mécanismes cognitifs, mais ce n'est pas son aspect dominant.
2 : Cet item a de fortes implications cognitives.
3 : Il s'agit d'un item purement cognitif.

Le premier résultat de cette expérience est la difficulté considérable à obtenir des réponses de la part des experts. Tous ont trouvé la tâche ardue, certains ont répondu après plusieurs rappels, d'autres n'ont pas répondu, d'autres encore se sont justifiés par de longs textes explicatifs. Les psychologues semblent plus à l'aise pour faire des questionnaires que pour en remplir. Au-delà de ce constat, la difficulté peut être analysée d'un double point de vue. D'une part, j'ai noté ci-dessus les ambiguïtés des auteurs de tests quant à ce que leur test mesure, d'autre part, j'ai

Tableau II.2. Echelle de développement psychomoteur de la première enfance (d'après O. Brunet et I. Lézine, 1951) et note de «caractère cognitif» attribuée en moyenne par item, par tous les sujets.
Les lettres qui figurent devant chaque item indiquent l'échelle à laquelle cet item se rattache : P pour «posturale», C pour «de coordination», L pour «langage», S pour «sociale-personnelle».

1er mois

P 1	Lève la tête de temps en temps, amené en position assise.	0,35
P 2	Couché sur le ventre soulève la tête de temps en temps en vacillant.	0,45
P 3	Couché sur le ventre, jambes en flexion et mouvements de reptation.	0,30
C 4	Réagit au bruit de la sonnette.	1,20
C 5	Suit momentanément l'anneau du côté de la position médiane.	1,20
S 6	Fixe son regard sur le visage de l'examinateur.	1,50

Questions

P 7	Serre fortement le doigt qu'on introduit dans sa main.	0,50
L 8	Emet des petits sons gutturaux.	0,80
S 9	Cesse de pleurer quand on s'approche ou quand on lui parle.	1,70
S 10	Commence une réaction de succion anticipée au moment de la tétée.	1,05

2e mois

P 1	Tient la tête bien droite un court moment en position assise.	0,50
P 2	Couché sur le ventre, soulève la tête et les épaules.	0,45
P 3	Couché sur le dos, retient la tête quand on l'amène en position assise par traction sur les avant-bras.	0,35
C 4	Suit des yeux une personne qui se déplace dans la pièce.	1,35
C 5	Suit l'anneau horizontalement d'un côté à l'autre.	1,35
S 6	Réagit par une mimique à l'approche du visage de l'examinateur.	1,70

Questions

P 7	Se retourne du côté sur le dos.	0,70
L 8	Emet plusieurs vocalises.	0,90
S 9	S'immobilise ou tourne la tête quand on lui parle.	1,25
S 10	Sourit aux visages familiers.	1,70

3e mois

P 1	Maintient la tête bien droite en position assise.	0,60
P 2	Couché sur le ventre, s'appuie sur les avant-bras.	0,50
C 3	Regarde un cube posé sur la table.	1,25
C 4	Tient fermement le hochet, le secoue par un mouvement brusque involontaire.	1,00
C 5	Tourne la tête pour suivre un objet qui disparaît lentement.	1,45
S 6	Sourit en réponse au sourire de l'examinateur.	1,15

	Questions	
P 7	Agrippe son drap, le tire vers lui.	1,20
L 8	Jase : vocalisation prolongée.	1,00
S 9	S'anime à la vue du biberon ou aux préparatifs de la tétée.	1,30
S 10	Joue avec ses mains, les examine.	1,85

4ᵉ mois

P 1	Couché sur le ventre, garde les jambes en extension.	0,70
P 2	Couché sur le dos, soulève la tête et les épaules quand on exerce une légère traction sur les avant-bras.	0,45
C 3	Assis devant la table, palpe le bord de la table.	1,05
C 4	Regarde une pastille posée sur la table.	1,35
C 5	Couché sur le dos, secoue le hochet placé dans sa main en le regardant.	1,40
C 6	Couché sur le dos, commence un mouvement de préhension dirigée vers l'anneau.	1,70
	Questions	
P 7	Recouvre son visage de son drap.	1,40
L 8	Vocalise quand on lui parle.	1,80
L 9	Rit aux éclats.	1,50
S 10	Tourne la tête immédiatement pour regarder la personne qui l'appelle.	2,05

5ᵉ mois

P 1	Tient assis avec un léger soutien.	0,75
P 2	Couché sur le dos, fait des mouvements dirigés pour se débarrasser de la serviette posée sur sa tête.	0,85
C 3	Saisit un cube au contact.	1,40
C 4	Tient le premier cube placé dans sa main et regarde le deuxième.	1,55
C 5	Tend la main vers l'objet qu'on lui offre.	1,95
S 6	Sourit au miroir.	1,90
	Questions	
P 7	Ramasse le hochet tombé à portée de sa main.	1,55
L 8	Pousse des cris de joie.	1,45
S 9	Se découvre par mouvements de pédalage, saisit sa cuisse et son genou.	1,25
S 10	Rit et vocalise en manipulant ses jouets.	1,35

6ᵉ mois

P 1	Tenu verticalement, supporte une partie de son poids.	0,60
P 2	Couché sur le dos, se débarrasse de la serviette posée sur sa tête.	0,90
C 3	Enlève le cube de la table à sa vue.	1,50
C 4	Tient deux cubes, un dans chaque main et regarde le troisième.	1,75
C 5	Tape sur la table et la frotte avec une cuiller.	1,80
C 6	Assis, saisit d'une main l'anneau balancé devant lui.	1,80

	Questions	
P 7	Peut rester assis un long moment avec soutien.	0,55
L 8	Fait des roulades.	0,95
S 9	Prend ses pieds dans ses mains.	0,90
S 10	Fait une distinction entre visages familiers et étrangers.	1,85

7ᵉ mois

P 1	Tient un court moment assis sans soutien.	0,90
P 2	Assis avec appui, se débarrasse de la serviette posée sur sa tête.	0,90
C 3	Saisit deux cubes, un dans chaque main.	1,50
C 4	Saisit la pastille en ratissant.	1,50
C 5	Soulève la tasse retournée en se servant de l'anse.	1,80
S 6	Tend la main au miroir, caresse son image.	2,10

	Questions	
P 7	Passe ses jouets d'une main dans l'autre.	1,65
L 8	Vocalise plusieurs syllabes bien définies.	1,15
S 9	Porte ses pieds à sa bouche.	1,25
S 10	Peut manger une bouillie épaisse à la cuiller.	1,30

8ᵉ mois

P 1	Se soulève jusqu'à la position assise quand on exerce une légère traction sur les avant-bras.	0,55
P 2	Couché sur le ventre, se débarrasse de la serviette posée sur sa tête.	0,80
C 3	Accepte le troisième cube en lâchant un des deux qu'il tient déjà.	1,70
C 4	Saisit la pastille avec participation du pouce.	1,80
C 5	Cherche la cuiller tombée.	2,15
C 6	Examine la sonnette avec intérêt.	2,15

	Questions	
P 7	Se retourne du dos sur le ventre.	1,00
S 8	Joue à jeter des objets par terre.	1,25
S 9	S'amuse à frapper deux objets l'un contre l'autre.	1,15
S 10	Joue à cache-cache.	1,85

9ᵉ mois

P 1	Se tient debout avec appui.	0,95
P 2	Assis sans appui, se débarrasse de la serviette posée sur sa tête.	0,80
C 3	Soulève la tasse retournée et saisit le cube caché.	2,00
C 4	Saisit la pastille entre le pouce et l'index.	2,00
C 5	Attire l'anneau à lui en se servant de la ficelle.	2,10
C 6	Fait sonner la sonnette.	2,20

	Questions	
P 7	Soutenu sous les bras, fait des mouvements de marche.	0,85
L 8	Dit papa ou mama.	1,30
L 9	Réagit à des mots familiers.	1,90
S 10	Fait les marionnettes, au revoir, bravo, merci.	1,95

10ᵉ mois

P 1	Lève un pied et le repose, placé debout avec appui.	0,90
C 2	Retrouve un jouet sous la serviette.	1,05
C 3	Met un cube dans la tasse sans le lâcher, après démonstration (ou retire le cube de la tasse).	2,40
C 4	Cherche la pastille du doigt à travers le flacon.	2,10
C 5	Retire le rond de la planchette.	1,80
C 6	Cherche le battant de la sonnette.	2,25

	Questions	
P 7	Se met debout tout seul.	1,20
L 8	Répète un son entendu.	1,30
L 9	Comprend une défense, arrête un acte sur ordre.	1,90
S 10	Boit à la tasse ou à la timbale.	1,70

12ᵉ mois

P 1	Marche avec une aide quand on lui tient la main.	0,60
C 2	Prend le troisième cube en gardant les deux qu'il tient déjà.	1,40
C 3	Lâche un cube dans la tasse.	1,70
C 4	Imite le bruit de la cuiller dans la tasse.	2,05
C 5	Remet le rond sur la planchette.	2,00
C 6	Commence un gribouillage faible sur démonstration.	2,20

	Questions	
P 7	Debout, se baisse pour ramasser un jouet.	1,50
L 8	Dit un mot en plus de papa et maman.	1,75
L 9	Donne sur ordre ou geste.	2,05
S 10	Répète des actes qui ont provoqué le rire.	2,20

15ᵉ mois

P 1	Marche seul.	1,15
C 2	Construit une tour de deux cubes.	1,50
C 3	Remplit la tasse de cubes.	2,00
C 4	Introduit la pastille dans le flacon.	2,05
C 5	Place le rond dans son trou sur la planchette.	2,30
C 6	Fait un gribouillage spontané.	2,05

Questions	
P 7 Grimpe à 4 pattes un escalier.	1,30
L 8 Dit 3 mots en plus de papa et maman.	1,55
S 9 Montre du doigt ce qu'il désire en demandant.	2,25
S 10 Tient sa timbale pour boire.	1,80

18ᵉ mois

P 1 Pousse du pied le ballon.	1,25
C 2 Construit une tour de trois cubes.	1,75
C 3 Tourne les pages du livre.	1,80
C 4 Retire immédiatement la pastille du flacon.	2,15
C 5 S'adapte au retournement de la planchette pour le bloc rond.*	2,40
L 6 Nomme une image ou montre deux images.	2,40
Questions	
P 7 Monte l'escalier debout, main tenue.	1,40
L 8 Dit au moins 6 mots.	1,65
S 9 Se sert d'une cuiller.	1,95
S 10 Demande son pot, peut se retenir.	1,65

21ᵉ mois

P 1 Donne un coup de pied dans le ballon sur démonstration.	1,45
C 2 Construit une tour de 5 cubes.	1,95
C 3 Aligne des cubes pour imiter le train.	2,40
L 4 Place sur ordre les cubes à 3 endroits différents.	2,55
C 5 Place le carré dans son trou sur la planchette.	2,60
L 6 Montre 5 parties du corps sur la poupée.	2,55
Questions	
P 7 Descend l'escalier la main tenue.	1,65
L 8 Associe deux mots.	1,85
L 9 Demande à boire et à manger.	2,30
S 10 Imite des actions simples d'adulte.	2,10

24ᶜ mois

P 1 Donne un coup de pied dans le ballon sur ordre.	1,65
C 2 Construit une tour de 6 cubes au moins.	2,00
C 3 Essaie de plier le papier une fois.	2,30
C 4 Imite un trait.	2,15
C 5 Place les 3 morceaux sur la planchette.	2,45
L 6 Nomme 2 ou montre 4 images.	2,45
Questions	
P 7 Monte et descend seul l'escalier.	1,60
L 8 Fait des phrases de plusieurs mots.	1,70
L 9 Se nomme par son prénom.	2,25
S 10 Aide à ranger ses affaires.	2,10

30ᵉ mois

P 1	Essaie de se tenir sur un pied.	1,35
C 2	Construit une tour de 8 cubes.	1,60
C 3	Construit un pont d'après modèle.	2,35
C 4	Imite un trait vertical et horizontal.	2,55
C 5	S'adapte au retournement de la planchette.*	2,65
L 6	Nomme 5 ou montre 7 images.	2,55

Questions

P 7	Peut rapporter un verre plein d'eau sans le renverser.	1,80
L 8	Emploie les pronoms.	2,10
S 9	Met ses chaussons.	2,25
S 10	Est propre la nuit.	1,05

3 ans

1) Construit une porte avec des cubes.	1,20
2) Fait le puzzle en 2.	1,80
3) Copie un cercle.	2,45
4) Compare 2 lignes.	2,50
5) Obéit à 3 prépositions.	2,70
6) Répète 6 syllabes.	2,40

4 ans

1) Copie un carré.	1,50
2) Plie le papier en diagonale.	2,06
3) Décrit l'image.	2,06
4) Obéit à 5 prépositions.	2,75
5) Répète 3 chiffres.	2,35
6) Connaît 13 verbes d'action.	2,30

5 ans

1) Construit un escalier avec 10 cubes.	1,25
2) Copie la figure complexe.	2,50
3) Fait le puzzle en 4.	2,65
4) Distingue matin et soir.	2,45
5) Répète 12 syllabes.	2,30
6) Compte 4 cubes.	2,35

* Il s'agit d'une rotation de 180°, la planchette restant à plat.

également souligné les difficultés soulevées par la cognitivite générale et le caractère abscons de ce concept. Les spécialistes de la psychologie cognitive du nourrisson ont énormément de mal à dire ce qui est cognitif et ce qui ne l'est pas. S'il y a eu progrès depuis 50 ans, ce n'est apparemment pas dans la précision des concepts.

Le tableau II.2. présente les scores moyens obtenus sur chaque item pour les 20 sujets. Globalement, les sujets ne jugent pas les épreuves du Brunet-Lézine comme étant très cognitives, puisque la moyenne globale des jugements est de 1,53. Ce résultat n'a rien de surprenant en fonction des considérations développées ci-dessus.

La différence entre experts et étudiants est plus informative. Les premiers (score moyen 1,27) considèrent comme moins cognitives les épreuves du Brunet-Lézine que les seconds (score moyen 1,78). La différence entre les deux groupes est significative : F=13,98 (1/18), P<.0005. Ce résultat pose évidemment le problème du choix des experts. En préservant leur anonymat, j'indiquerai simplement que, s'ils s'occupent tous du développement cognitif du nourrisson, ils sont d'orientations théoriques diverses, la moitié d'entre eux ayant effectivement fait passer des Brunet-Lézine. Si, comme je l'ai signalé ci-dessus, certains ont eu des difficultés à répondre, aucun n'a réagi par un rejet *a priori* du test ni par une attitude systématique d'attribution de notes basses. Il semble donc que plus on est compétent en psychologie cognitive, moins on juge le Brunet-Lézine comme étant cognitif.

Si l'on considère maintenant le facteur âge de l'item, les résultats sont là aussi intéressants : comme le montre la figure II.1., plus l'âge est élevé, plus les items sont jugés cognitifs : F = 17,65 (15/270), P<.0005. Ce résultat est à mettre en relation avec la prédictivité des tests, qui augmente également avec l'âge. Il montre évidemment la difficulté des auteurs de tests à rendre compte des activités cognitives en l'état des techniques au moment où ces tests ont été élaborés, difficulté d'autant plus grande que les enfants sont plus jeunes.

La différence entre experts et étudiants est remarquable par sa stabilité aux différents âges. La figure II.1. montre en effet le parallélisme des deux courbes, y compris dans la chute au sixième mois. Cette chute est difficile à interpréter. Six mois est un âge où se produisent des réorganisations motrices importantes qui peuvent constituer une source de difficultés pour la fabrication du test.

La figure II.2. montre l'évolution des notes attribuées en fonction de l'âge et des catégories faites par Brunet et Lézine. Comme le montre

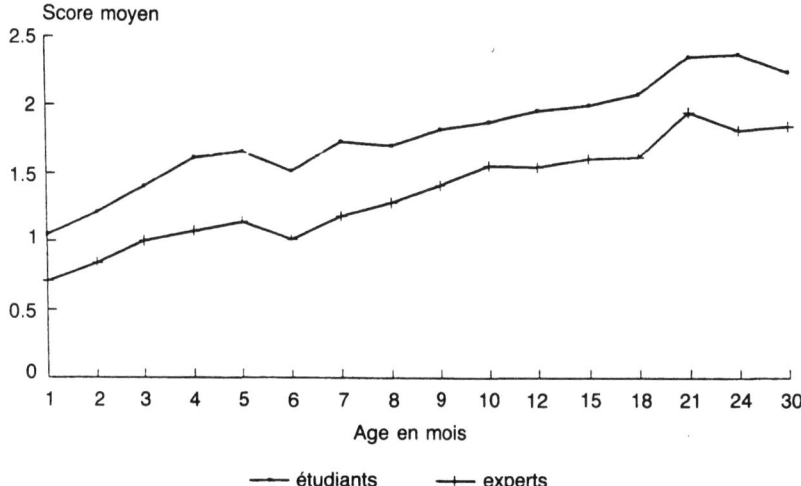

Figure II.1. Evolution des jugements en fonction de l'âge pour les experts et les étudiants.

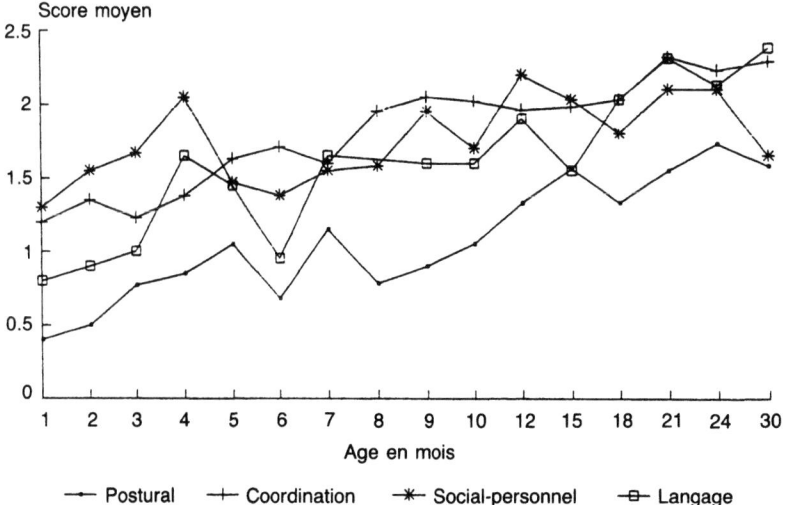

Figure II.2. Evolution des jugements en fonction de l'âge pour les 4 échelles.

cette figure, les items posturaux sont ceux qui sont jugés les moins cognitifs, à tous les âges (score moyen 1,08 contre 1,81 à l'échelle coordination, 1,76 à l'échelle sociale et 1,59 à l'échelle langage). C'est évidemment un constat de même type qui a conduit Bayley à séparer dans sa version de 1969 échelle «mentale» et échelle «posturale». C'est essentiellement sur le poids de la composante motrice que porte classiquement la critique des tests pour bébés.

Comme le montre la figure II.2., l'évolution est plus complexe pour les trois autres échelles, les courbes étant très entrecroisées. Il n'y a pas de différence globale entre ces échelles, mais, comme le soulignent Brunet et Lézine (1965), il est souvent difficile de classer un item dans une catégorie, et des chevauchements existent, spécialement entre l'échelle «posturale» et l'échelle «coordination», et surtout entre l'échelle «langage» et l'échelle «sociale-personnelle». C'est ce qui a conduit les auteurs à quelques changements entre la première version du test et la version de 1965. Si l'on effectue sur l'échelle de 1951 les changements de cotation correspondant à l'échelle de 1965, on ne constate pas de bouleversements importants. La figure II.2. montre enfin que la chute du sixième mois est essentiellement due aux échelles posturale et langage. Dans les deux cas, il faut noter que ce résultat provient d'un seul item.

Si l'on compare les scores affectés aux observations directes et ceux qui sont fournis pour les questions posées aux parents (Figure II.3.), on constate une supériorité des premiers sur les seconds (1,58 contre 1,50). Ce résultat mérite une attention particulière, car on peut se demander dans quelle mesure il est dû au fait que le contenu des items est réellement moins cognitif, ou bien au fait que l'observation n'est pas faite par le spécialiste lui-même. Les auteurs du test ont pris grand soin de choisir des questions pour lesquelles la présence ou l'absence des comportements était repérable sans ambiguïté, mais il est certain que les jugements des parents ont été largement remis en cause depuis, et la différence de scores pourrait tout simplement refléter l'évolution de la méthodologie. A l'appui de cette interprétation, on peut signaler que cette différence n'est due qu'aux experts, les scores moyens étant identiques pour les étudiants. Par ailleurs, ce facteur entre également en interaction avec l'âge de l'item; les sujets font davantage confiance aux jugements des parents dans les premiers mois, aux observations directes plus tard, ce qui est à mettre en relation avec les scores faibles donnés aux observations dans les premiers mois.

De l'ensemble de ces résultats, on peut tirer des conclusions qui dépendent largement du point de vue théorique que l'on adopte : jugement sévère sur les capacités des tests pour bébés à rendre compte de l'activité cognitive ou sur les capacités de la psychologie cognitive à savoir de quoi elle parle. Le but de cette rapide expérience n'était pas de porter ce type de jugement. Il était de mettre en relation l'échec des tests pour bébés à faire des pronostics avec leur capacité à rendre compte de l'activité cognitive, telle qu'elle peut être jugée par des producteurs et des produits de la psychologie cognitive. En ce sens, elle me semble avoir rempli son but. La psychologie cognitive contemporaine peut-elle mieux faire ? Si globalement cette idée de prévoir l'intelligence ou le développement cognitif futur n'est pas son problème, un certain nombre d'auteurs s'en sont préoccupés. La question sera reprise dans le VI.1.

Le bilan d'ensemble de la démarche psychométrique dans la connaissance de l'intelligence du bébé est donc largement négatif. La raison de cet échec est la contradiction dans laquelle se sont situés les auteurs de tests. Ayant eu au départ la volonté de mesurer l'intelligence chez le très jeune enfant, et ayant constaté que les mesures qu'ils avaient les moyens de produire n'étaient pas cognitives, ils ont tiré de la situation deux conclusions qui avec le recul ne paraissent guère raisonnables. La pre-

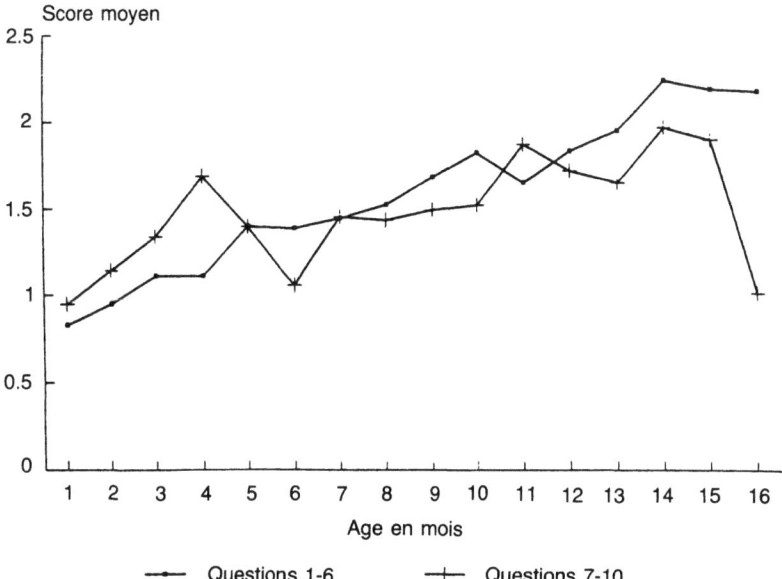

Figure II.3. Evolution des jugements en fonction de l'âge pour les observations directes (questions 1 à 6) et les questions faites à la mère (7 à 10).

mière a consisté à attribuer aux tests une valeur de mesure du développement plus globale que l'intelligence, mais que mesure-t-on alors exactement? *A contrario*, la prudence de Gesell refusant le calcul de tout indice général apparaît tout à fait justifiée. La seconde conclusion est qu'en l'absence de valeur pronostique, les tests pour bébés gardent une valeur diagnostique. C'est encore Gesell qui fait observer que tout diagnostic n'a de sens qu'en fonction d'un pronostic. De ce point de vue, toutes les recherches comportant une comparaison entre enfants «normaux» et enfants «à risques» ont montré que la valeur pronostique des tests était meilleure dans le cas de ces derniers (Brooks-Gunn & Weinraub, 1983). La conclusion à tirer de ce fait renvoie à Binet dont le test avait pour objectif de détecter les enfants en difficulté et était plus efficace dans ce rôle que dans celui de la mesure de l'intelligence. Les tests pour bébés ont incontestablement une utilité clinique pour l'objectivation du sentiment que peut avoir l'observateur de l'existence ou de l'absence d'un retard important chez un jeune enfant, retard qui en fait un enfant «à risques». Cette utilité peut toutefois être compensée par le danger que représente cette objectivation. Tout dépend alors de ce que l'on fait du «risque».

Il faut, dans ce bilan général des tests, faire une place à part aux tests piagétiens. Ils présentent en effet par rapport aux autres tests une situation tout à fait particulière. Lautrey (1979) l'a très bien analysée à propos des tests dits opératoires qui sont destinés à des enfants plus âgés. Pour l'essentiel, son analyse vaut pour les tests pour bébés. Premier constat : les tests piagétiens ont le mérite de reposer sur une théorie, alors que l'on a beaucoup reproché aux tests classiques leur empirisme. En ce qui concerne les tests pour bébés, cet empirisme a conduit à ne plus savoir ce que l'on mesurait, et donc le Casati-Lézine ou le Uzgiris-Hunt ne semblent pas devoir encourir ce reproche, puisque c'est bien d'intelligence qu'il est question.

Deuxième avantage des tests piagétiens, ils ne cherchent pas à déterminer un âge mental, encore moins à déterminer avec une précision illusoire un quotient quelconque, mais simplement à situer le stade auquel se trouve un enfant. En ce sens, chez un enfant en perpétuel changement, ils n'ont pas l'ambition — peut-être abusive — de rechercher ce qui est stable, mais simplement de le situer dans les étapes de son changement. L'argument est d'autant plus fort que le changement est plus rapide, donc dans les premiers mois de la vie. On peut néanmoins se demander si le stade n'est pas alors un simple substitut de l'âge mental. Dans ses descriptions, Piaget insiste très peu sur les âges auxquels sont atteints les différents stades, mais Casati & Lézine, comme la plupart des auteurs de tests piagétiens, fournissent des tableaux de correspondance entre âge et stade (cf. tableau II.3).

Tableau II.3. Correspondance entre items, stades et âges (d'après I. Casati et I. Lézine, 1968, p. 52).

Stades		III	IV	V	VI
Recherche de l'objet disparu					
Ecrans	Items	1	2 3	4 5	6 7
	Ages en mois	7	9 10	12-13 14	16 17
Utilisation des intermédiaires					
Ficelle	Items		1 2	3 4	
	Ages en mois		9 10	12 14	
Supports – tissus – pivotants	Items		1 2 3	4 5	6 7
	Ages en mois		8 9 10	14 16	17 18-20
Râteau Bâton	Items		1	2 3 4	5 6
	Ages en mois		10	15 17 18	20 20 et +
Exploration des objets					
Miroir Boîte	Items		1 2	3 4	5 6
	Ages en mois		9 11	13-14 16	17 20
Combinaison d'objets					
Tube et Râteau	Items			1	2 34
	Ages en mois			16	19 20 20 et +
Tube et Chaînette	Items			1	2 3 4
	Ages en mois			16-17	18 20 20 et +

Mais la principale difficulté des tests piagétiens vient du fait que les différences individuelles ne sont pas la préoccupation majeure de Piaget et, pour Lautrey, la démarche qui consiste à fabriquer un test à partir de la théorie opératoire représente deux glissements dangereux. Le premier glissement est le passage du sujet épistémique à l'individu. Pour Lautrey, l'application du modèle du sujet épistémique au sujet réel ne peut se faire sans une reconstruction, laquelle n'est pas faite par les auteurs de tests. Dans le cas du sujet épistémique, il existe à un moment donné un seul stade pour tous les secteurs de l'activité intellectuelle considérée. Les tests partent effectivement de l'idée d'un stade unique, mais ils montrent l'existence de décalages en fonction des épreuves : les enfants réels semblent se situer à plusieurs stades à la fois. Ces décalages sont de deux types : collectifs et individuels, qui posent des problèmes différents. Les décalages collectifs se retrouvent dans les tests pour bébés. Ainsi, Casati & Lézine signalent que la réussite dans la série où l'on recherche l'objet disparu précède la réussite dans les autres séries. De tels décalages mettent en cause la théorie et de nombreuses recherches ont été effectuées sur ce problème. Quant aux décalages individuels, qui, selon Lautrey, sont la règle et non l'exception, ils conduisent à se demander si le but que se fixent ces tests n'est pas lui aussi utopique. A quel stade se situe un enfant qui semble se situer à trois stades à la fois?

Le second glissement que représentent les tests piagétiens est le passage de l'«investigation critique» aux traditions psychométriques. Ceci est particulièrement vrai dans le cas des épreuves collectives qui ne sont évidemment pas pratiquées avec des bébés. Plus généralement, on peut affirmer que les épreuves des tests de Casati & Lézine ou de Uzgiris & Hunt sont plus proches des situations initiales qu'elles visent à reproduire que ne le sont les épreuves opératoires soumises à la critique de Lautrey. Il n'en reste pas moins que le comportement dont le bébé semble incapable au moment de l'examen peut fort bien apparaître en dehors de cette situation. Dans les tests classiques comme le Brunet-Lézine, on contourne cette difficulté par les questions posées à la mère (qui sont également critiquées). Le niveau de performances des bébés étant plus variable que celui des enfants plus vieux, la situation d'observation est préjudiciable dans une perspective psychométrique.

2. LES APPROCHES THEORIQUES

Le test de Binet & Simon commence à l'âge scolaire, ce qui s'explique aisément en fonction des objectifs pratiques qu'il se fixe. On pourrait néanmoins penser que Binet, en tant que théoricien de l'intelligence, eût pu s'intéresser à ce qui se passe dans la période antérieure. La lecture de son ouvrage théorique, *L'étude expérimentale de l'intelligence*, montre qu'il n'en est rien. Cette étude a été faite sur 20 sujets adultes ou enfants dont 2 ont joué un rôle particulièrement important, Marguerite et Armande, ses filles, âgées de 14 et 13 ans. Binet étudie dans le détail, à l'aide d'un certain nombre d'expériences, les divers aspects de ce qu'il pense être le fonctionnement de l'intelligence, mais il n'est nullement question dans cet ouvrage des débuts de l'intelligence. Ainsi, déjà chez Binet dont la position une fois de plus préfigure celle de ses successeurs, l'intelligence se développe pendant l'enfance, mais n'a pas d'origine. C'est qu'à cette époque, la méconnaissance du développement psychologique du nourrisson est très grande. Mais on ne peut pas en dire autant par la suite. Or, les principaux théoriciens psychométriciens se désintéressent des débuts de l'intelligence. En particulier, ni Spearman (1927), ni Thurstone (1938), ni R. B. Cattell (1963), ni Vernon (1965), ni Guilford (1967) ne s'intéressent à l'intelligence du nourrisson.

Il en va différemment pour deux théoriciens de langue française : Wallon et surtout Piaget. Aussi leurs conceptions théoriques sont-elles particulièrement importantes dans la période de la vie qui nous occupe. Ces deux conceptions, souvent opposées, ne seront pas exposées en détails car la littérature résumant, présentant ou commentant ces théories est suffisamment abondante, sans compter les écrits des auteurs eux-mêmes. Je voudrais simplement rappeler brièvement comment ils envisagent les débuts de l'intelligence et comment pour eux s'articulent ces débuts et la suite du développement de cette intelligence.

2.1. Les idées de Wallon

Wallon (1942) oppose deux définitions de l'intelligence :

> L'une se fonde sur l'analyse des aptitudes psychiques, une fois développées, en utilisant soit l'introspection, comme naguère, soit des épreuves nettement définies : des tests. Ramenée à l'essentiel par le moyen de cette dernière méthode, l'intelligence se résumerait, selon Spearman, dans un pouvoir de comparaison et de discrimination. La vérité est faite de nuances, disait Renan. L'intelligence serait donc l'aptitude à reconnaître la vérité. L'autre définition a le réel pour objectif. Elle met au premier plan les nécessités pratiques : s'accommoder, s'adapter au réel, l'utiliser et à cet effet le connaître. L'intelligence, instrument de connaissance, sort de l'action et y retourne (1942, pp. 9-10).

Il est inutile de préciser que la seconde définition est la sienne; une définition qui se situe dans la même perspective qui est défendue ici : non réifiante et fonctionnelle.

Il est pourtant difficile de rendre compte de la manière dont Wallon envisage les débuts de l'intelligence chez l'enfant. Il s'intéresse relativement peu au nourrisson, et quand il s'y intéresse, c'est surtout pour souligner l'importance des émotions et de l'affectivité. De plus, il n'est pas toujours aisé de saisir à quel âge ou à quels âges il se réfère quand il parle de «l'enfant». Il passe d'ailleurs très fréquemment du nouveau-né au bébé âgé d'au moins un an, si ce n'est à l'enfant qui commence à parler. On sait à quel point la pensée de Wallon a laissé place au travail des exégètes. Sur la première année de la vie, les observations qu'il rapporte n'ont pas été faites par lui. Il cite plusieurs auteurs, Piaget entre autres, mais surtout Bühler. Enfin, si son intérêt pour l'intelligence du nourrisson n'est pas très grand, c'est qu'il ne sépare pas la question de l'origine individuelle de l'intelligence chez le bébé de celle des formes différentes de l'intelligence dans les différentes espèces animales, et en particulier de la différence qualitative entre «intelligence pratique» et «intelligence spéculative ou pensée» (1945), dont il cherche à montrer l'unité à travers les différences entre sociétés.

Différence entre l'homme et l'animal : seul le premier peut accéder à la forme supérieure de l'intelligence dont le langage est le substrat indispensable. Car le langage permet une transmission des savoirs et une représentation. L'intelligence pratique de l'animal, même dans ses aspects les plus sophistiqués, le condamne à vivre dans le présent. Le langage permet à l'homme de vivre au contraire dans l'absent. De rapporter les situations présentes à des situations passées, de généraliser (1942).

L'intelligence de l'enfant qui ne parle pas encore, c'est l'intelligence pratique de l'animal. Mais cette intelligence n'apparaît pas dès la naissance. Le point de vue de Wallon sur les premiers mois de la vie est un mélange d'archaïsme et de modernisme. Archaïsme : tributaire des observations effectuées par d'autres auteurs, il décrit, comme la plupart de ces auteurs, le nouveau-né et le très jeune enfant comme un être manifestant une activité désordonnée «simples manifestations motrices dégradées» (1941, p. 126), «la seule incontinence dynamique des centres nerveux suffit à les expliquer» (1941, p. 126). De plus, dans la mesure où il accorde une grande importance à «l'acte», il identifie très souvent cet acte avec «le geste», voire «le mouvement», ce qui, le contrôle moteur du bébé étant ce qu'il est, renforce cette idée d'inorganisation.

> Parmi les moyens que l'être vivant a de réagir sur le milieu, le mouvement est celui qui doit à son organisation progressive dans le règne animal et chez l'homme une efficacité et une prépondérance telle que ses effets ont pu être considérés par les behaviouristes comme l'objet exclusif de la psychologie (1941, p. 140).

Avec un point de vue beaucoup plus actuel, Wallon écrit pourtant que la perception est activité tout autant que sensation. Cette idée de la perception comme activité, qui n'est d'ailleurs pas beaucoup reprise par Wallon au sujet du nourrisson, apparaît aujourd'hui comme une banalité, mais si on veut bien la prendre au sérieux, elle est capitale pour la conception de l'intelligence du bébé dans la mesure où elle ne suppose pas que l'activité soit définie par le mouvement. Si l'on suit Wallon (et Piaget) sur l'idée de l'importance de l'activité dans le développement de l'intelligence, la perception conçue comme une activité peut être la source de ce développement.

Wallon, comme Piaget, reprend à son compte la notion de réaction circulaire de Baldwin. Là encore, il est difficile de savoir à quel âge s'organise cette réaction circulaire.

Provoquer un effet connu est une des occupations préférées du petit enfant. Souvent même il le fait avec une monotonie lassante qui donne l'impression d'un plaisir lié non à l'effet particulier dont il est l'auteur, mais au simple fait d'être auteur d'un effet (1941, p. 53).

On est, semble-t-il, plutôt en présence du bébé de huit mois qui jette par terre sa petite cuiller et demande qu'on la lui ramasse que du bébé de quatre mois qui suit visuellement les évolutions largement imprévisibles de ces étranges choses qui, pour lui appartenir incontestablement, ne lui obéissent pas pour autant totalement. Dans les premiers mois de la vie, on retrouve en effet chez Wallon l'idée d'adualisme :

Mais entre lui et autrui non plus il n'y a pas de distinction préalable. Des situations se succèdent, désirables ou non, dont il acquiert l'expérience qu'elles peuvent ou non être complétées de certaines façons mais sans qu'il sache bien discerner comment. Elles tirent de lui, dès qu'elles s'annoncent, une certaine agitation, mais dont il est incapable de délimiter quelle part elle détient ou détiendra dans les conséquences. Tout ce que ses gestes déclenchent d'effets leur appartient, comme ils appartiennent d'ailleurs eux-mêmes à l'ensemble de la situation. Il ne sait pas, en particulier, les distinguer de l'aide qui leur est prêtée par autrui et qui les fait atteindre au but. Actif et passif, souvent alternés ou mêlés, demeurent confondus en lui. Le moment de son évolution où il apprend à dissocier est marqué par les jeux où il s'attribue tour à tour le rôle actif et le rôle passif (1941, p. 118).

Cette incapacité initiale à organiser la causalité est à mettre en relation avec l'incapacité à organiser le temps :

Des impressions et réactions du moment commencent par l'absorber sans réserve. Elles se modifient et se renouvellent sans doute; mais plongé dans le successif, il est inapte à saisir la succession. C'est trop de dire qu'il vit dans un perpétuel «maintenant», car il n'a rien de fixe à quoi l'opposer. C'est un maintenant indélimité, sans mise au point, sans image-souvenir et sans prévision. Graduel ou soudain, le changement est subi, il n'est pas reconnu (1941, p. 174).

L'importance de l'opposition entre les deux types d'intelligence, sur laquelle je reviendrai à propos de la notion de «continuité», au moins autant que la limitation des connaissances sur le nourrisson à son époque, a sans doute conduit Wallon à sous-estimer les capacités cognitives du bébé. Paradoxalement, en effet, si l'on trouve sans cesse dans les écrits du fondateur du *Laboratoire de Psycho-Biologie de l'Enfant* une volonté d'enracinement de la psychologie dans la biologie, on trouve chez lui un dualisme qui n'est évidemment pas l'opposition corps-âme, fort peu matérialiste, mais l'opposition entre intelligence animale, sans langage, et intelligence humaine, avec langage. Cette opposition renvoie à une opposition plus profonde : celle du biologique au social, et elle conditionne la conception qu'a Wallon de l'intelligence du bébé. Sans langage, il est du côté de l'animal et du biologique. Le chapitre de *L'évolution psychologique de l'enfant* intitulé «La connaissance» commence par cette phrase : «Les débuts de la parole chez l'enfant coïncident avec un progrès marqué de ses capacités pratiques». C'est plus qu'un symbole.

2.2. La théorie de Piaget

Piaget est *la* référence quand il s'agit de tenter de décrire les débuts de l'intelligence. D'une part, il a tenté de situer de la manière la plus précise possible «la naissance de l'intelligence» en partie en termes d'âge, mais surtout en termes d'opérations intellectuelles. D'autre part, trois au moins de ses ouvrages fournissent une description détaillée de cette naissance : *La naissance de l'intelligence* (1936), *La construction du réel chez l'enfant* (1937) et, plus succinctement, *La psychologie de l'intelligence* (1947).

Il est nécessaire pour situer l'œuvre de Piaget d'avoir à l'esprit les deux premières dates. Ces deux ouvrages complémentaires, qui ne sont pas les premiers de Piaget, mais contiennent les fondements de sa théorie, sont publiés à une époque où la psychologie de l'intelligence de l'enfant d'âge scolaire et de l'adulte est très largement fondée sur les analyses statistiques de performances à des épreuves dont on ne sait pas très bien ce qu'elles mesurent, à une époque où la psychologie de l'intelligence du nourrisson est dans l'impasse. Le transfert pur et simple des méthodes de la psychométrie aboutissant à une «mesure» dont on sait qu'elle ne porte pas sur l'intelligence au sens où le terme est alors usuellement pris. Or, dans ces deux ouvrages, Piaget propose une théorie de l'intelligence, une théorie située dans une perspective biologique, une théorie reliée à la fonction de l'intelligence — l'acquisition des connaissances — une théorie qui décrit la construction de l'intelligence, et la relie aux manifestations les plus élémentaires du comportement humain. De plus, il présente des observations de ses propres enfants, faites depuis des années, et qui montrent qu'au moment où elles ont été effectuées, la théorie était déjà élaborée. Le contraste entre les écrits de Piaget et la littérature sur le bébé ou sur l'intelligence de la même époque est saisissant : il s'agit bien là d'une révolution.

Le premier élément de cette révolution est l'idée de fonction biologique de l'intelligence. Elle s'oppose en effet à la conception classique de l'intelligence-faculté, spécifiquement humaine, étroitement liée au langage, et qui symboliserait plus que toute autre la spécificité humaine et la capacité à se libérer du biologique.

<small>Si l'intelligence n'est pas une faculté, cette négation entraîne une continuité fonctionnelle radicale entre les formes supérieures de pensée et l'ensemble des types inférieurs</small>

d'adaptation cognitive ou motrice : l'intelligence ne saurait donc être que la forme d'équilibre vers laquelle tendent ceux-ci (1947/1967, 4ᵉ édition, p. 13).

Si dans la littérature le concept de faculté a laissé la place à celui de Q.I., on retrouve dans les conceptions classiques de l'intelligence, telle que l'appréhende la psychométrie, le dualisme corps-âme qui rend incongrue la question d'une fonction biologique de l'intelligence.

Ce point n'oppose d'ailleurs pas seulement Piaget à la psychométrie, mais également à Wallon, dont la position radicale fait écrire à Piaget, lecteur de Wallon, dans l'avant-propos de la seconde édition de *La naissance de l'intelligence* (1947) :

> L'idée centrale de Wallon est la coupure qu'il introduit entre le domaine sensori-moteur (caractérisé par «l'intelligence des situations») et celui de la représentation (intelligence verbale). Aussi bien sa remarquable étude sur *Les origines de la pensée chez l'enfant*, parue depuis, fait-elle remonter les sources de la pensée à quatre ans environ, comme s'il ne se passait rien d'essentiel entre les conquêtes de l'intelligence sensori-motrice et les débuts de la représentation conceptuelle... La thèse de Wallon néglige la structuration progressive des opérations et c'est pourquoi elle oppose trop le verbal au sensori-moteur alors que la substructure sensori-motrice est nécessaire à la représentation, pour que se constituent les schèmes opératoires destinés à fonctionner en fin de compte de façon formelle et à réconcilier ainsi le langage et la pensée (1947, pp.5-7).

La critique que fait Piaget des positions de Wallon a évidemment sa symétrique : la continuité que suppose Piaget, liée à la fonction biologique de l'intelligence, l'amène à donner un poids plus faible au social dans le développement de l'intelligence, ce qui lui sera fortement, et parfois exagérément reproché. Par contre, quand, des années plus tard, un certain nombre d'auteurs feront l'hypothèse d'une continuité entre intelligence sensori-motrice et intelligence ultérieure sur la base de diverses corrélations observées, ils affirmeront s'opposer ainsi à la théorie de Piaget (cf. Berg & Sternberg, 1986; Bornstein & Sigman, 1986). Continuité ou discontinuité sont relatives.

Selon Piaget, l'intelligence est un cas particulier de l'adaptation biologique. Pour comprendre ce qu'est l'intelligence, il faut donc savoir ce qu'est l'adaptation. Concept problématique dans la mesure où son utilisation conduit facilement à un finalisme tautologique. Piaget (1936) distingue deux sens du mot adaptation : le premier désigne un état et n'est pas très utile à la compréhension du phénomène biologique d'adaptation. Le second désigne un processus, lequel est le résultat d'un équilibre entre deux fonctions complémentaires : l'assimilation et l'accommodation, c'est-à-dire un équilibre entre les actions de l'organisme sur le milieu et les actions inverses. Par ailleurs, ce processus est indissociable d'un autre : celui d'organisation. Il nous faut donc saisir ce que sont assimilation, accommodation et organisation.

Piaget place toujours en premier dans ses explications l'assimilation. C'est que pour lui l'adaptation de l'organisme à l'environnement n'est pas un processus passif mais au contraire le résultat d'une activité dirigée. Du point de vue biologique, le modèle de l'assimilation est la digestion, à laquelle Piaget fait directement référence.

Ce caractère actif de l'adaptation permet d'opposer la conception de Piaget à celles héritées de Darwin dans lesquelles l'adaptation est simplement une coïncidence entre état du sujet et état de la nature. Etat et non processus. Ce caractère actif de l'assimilation est aussi un élément clé pour comprendre la théorie de Piaget : théorie de l'intelligence, et généralement répertoriée comme telle, mais aussi théorie de la motivation, un aspect peu pris en compte dans le système piagétien, mais qui est pourtant central et sera repris ultérieurement par plusieurs auteurs. Les motivations cognitives, intrinsèques ou de compétence sont les héritières du besoin d'assimilation et d'autodéveloppement des schèmes. Enfin, ce caractère actif de l'assimilation permet de comprendre l'importance que Piaget accorde à la sensori-motricité dans les débuts de la construction de l'intelligence, comme moyen d'exercice et de développement de l'intelligence, mais aussi comme forme de l'intelligence.

Le mécanisme complémentaire de l'assimilation, l'accommodation, est le résultat de l'action réciproque du milieu sur l'organisme. Là encore, il s'agit d'un processus actif. L'équilibre de ces deux mécanismes d'assimilation et d'accommodation qui définit pour Piaget l'adaptation, se fait quand la balance penche du côté de l'assimilation, l'accommodation n'apparaissant que le résultat de situations où l'assimilation est impossible.

L'importance de l'organisation dans la théorie de Piaget est moins souvent mise en valeur que celle de l'adaptation et de ses deux fonctions compensatrices, y compris par Piaget lui-même, qui en parle moins souvent, mais pour lui accorder un rôle au moins aussi grand. L'idée d'organisation, inséparable de l'adaptation, montre que si l'adaptation est active, elle possède aussi une autre propriété fondamentale, celle d'être organisatrice. L'organisation, c'est donc l'intelligence elle-même, mais c'est aussi à un autre niveau la fonction du vivant. Or, l'adaptation est une nécessité fondamentale de la vie. La liaison entre organisation et adaptation est donc conçue comme suit :

> L'organisation est l'aspect interne de l'adaptation lorsque l'on considère, non pas le processus adaptatif en actes mais l'interdépendance des éléments déjà adaptés. D'autre part, l'adaptation n'est que l'organisation aux prises avec les actions du milieu (1936, p. 18).

Enfin, il convient de prendre en compte une caractéristique de l'organisation selon Piaget : son caractère hiérarchisé. C'est ce qu'exprime la notion de totalité et son corrélatif, celle de relation. Toute organisation se situe par rapport à des niveaux d'organisation supérieurs et inférieurs, et ce aussi bien sur le plan biologique que sur celui de l'intelligence. Dans son tableau des relations entre fonctions biologiques et fonctions intellectuelles, Piaget (1936) explique que l'organisation est le produit de la relation avec la totalité.

> Toute totalité est un système de relations, de même qu'une relation est un segment de totalité. A ce titre, la relation se manifeste dès les activités proprement physiologiques pour se retrouver à tous les niveaux. Les perceptions les plus élémentaires... sont à la fois relatives les unes aux autres et structurées en totalités organiques (1936, p. 16).

Dans le chapitre I, j'ai longuement examiné la question de la définition de l'intelligence. On peut se demander dans quelle mesure la définition finalement fournie est compatible avec un système théorique aussi élaboré. Question essentielle, puisqu'en cas de non compatibilité, la pertinence de la définition se trouve mise en cause par la théorie et réciproquement, ce qui montre bien que la définition est une prise de position théorique. Tout ce qui vient d'être dit sur la théorie de l'intelligence de Piaget, et en particulier la dernière citation, montre à l'évidence que la définition de l'intelligence fournie ci-dessus est globalement compatible avec la théorie de Piaget, comme elle l'est avec celle de Wallon. L'établissement de relations signifie bien une organisation. Ce n'est qu'en examinant de plus près les débuts de l'intelligence, tels que les décrit Piaget, qu'apparaîtront des incompatibilités. Toutefois, je voudrais souligner tout de suite une divergence fondamentale. En définissant l'intelligence par l'*établissement* de relations, j'insiste plus sur ce que Piaget appelle accommodation que sur ce qu'il appelle assimilation. Que l'assimilation soit nécessaire ne fait aucun doute, ce qui est en question c'est le fait qu'il s'agisse d'intelligence. A mon sens, l'assimilation est intelligence dans la mesure où elle contribue à l'établissement de relations, c'est-à-dire, en termes piagétiens, où elle est généralisatrice. Sinon, elle n'est que l'automatisation de Sternberg.

Quant à Piaget, la définition de l'intelligence ne semble pas être pour lui une question primordiale, puisque dans ses deux ouvrages originaux (1936, 1937), il n'en donne pas, alors que dans sa *Psychologie de l'intelligence* (1947), il donne bien pour titre à un-sous chapitre «Définition de l'intelligence» (1967, p. 16), mais il montre peu d'empressement à fournir cette définition. Le sous-chapitre commence par «Si l'on tient à définir l'intelligence...» et se termine sans qu'une véritable définition ait été donnée. Quelles raisons conduisent Piaget à ne pas définir son objet principal de recherche? La première est qu'il ne prend pas toujours le terme exactement dans le même sens : puisque l'intelligence est le prolongement d'un processus biologique d'adaptation, elle apparaît, quand Piaget expose sa théorie, comme un horizon vers lequel tend le développement.

> L'intelligence elle-même ne consiste pas en une catégorie isolable et discontinue de processus cognitifs. Elle n'est pas à proprement parler une structuration parmi les autres : elle est la forme d'équilibre vers laquelle tendent toutes les structures dont la formation est à chercher dès la perception, l'habitude et les mécanismes sensori-moteurs élémentaires (1967, p. 13).

Dans cette première utilisation du terme, Piaget court fort peu le risque de réification puisque l'intelligence, à la limite, n'existe pas. Comme tout horizon qui se respecte, celui-ci recule au fur et à mesure que la pensée avance, puisque le sens de la démarche de Piaget est l'explication de la découverte scientifique. Même Piaget bâtissant la théorie de Piaget, c'est-à-dire la théorie de la connaissance, ne constitue pas un point final au développement de l'intelligence.

Mais quand Piaget étudie concrètement le comportement de l'enfant et quand il décrit ce qu'il appelle «intelligence sensori-motrice», l'intelligence a une existence beaucoup plus concrète, il ne s'agit plus d'un horizon. Il ne s'agit pas non plus d'une faculté, mais d'un mode de fonctionnement de l'organisme réellement en actes.

Une autre raison qui empêche Piaget de donner une définition de l'intelligence est la difficulté dans laquelle il se trouve pour situer le passage des adaptations biologiques à l'intelligence. Dans sa description des stades I et II, il insiste à la fois sur l'homologie des mécanismes adaptatifs mis en jeu (assimilation et accommodation) et sur ce qui sépare ces premières formes d'adaptation (réflexes et habitudes) de l'intelligence. Dans sa description du stade IV (coordination des schèmes secondaires et leur application aux situations nouvelles), il est tout aussi net pour affirmer qu'on est bien cette fois en présence d'intelligence tout en insistant sur les limites de cette forme d'intelligence. Mais le stade intermédiaire lui pose des problèmes. Les descriptions qu'il fait du troisième stade comportent d'ailleurs des «presque» et des «prochain». Dès le début de sa «Définition de l'intelligence» (1967), il souligne d'ailleurs cette difficulté :

> Si l'on tient à définir l'intelligence, ce qui importe sans doute pour délimiter le domaine dont on s'occupera sous cette désignation, il suffit alors de s'entendre sur le degré de complexité des échanges à distance, à partir desquels on conviendra de les appeler «intelligents». Mais ici les difficultés surgissent puisque la ligne inférieure de démarcation reste arbitraire (1967, p. 16).

C'est bien effectivement là qu'est la difficulté. Il n'en résulte pas pour autant que Piaget choisit au hasard l'un des niveaux d'organisation qu'il décrit pour parler d'intelligence. Il utilise un certain nombre de critères dont l'examen nécessite un bref rappel des quatre premiers stades.

Le premier stade est celui de l'exercice des réflexes. Ceux-ci, présents à la naissance, s'ajustent progressivement aux conditions de leur exercice telles qu'elles sont fournies par le milieu. Il y a assimilation généralisatrice — des objets toujours plus variés sont assimilés au schème réflexe — et assimilation récognitive — le fonctionnement du schème se différencie en fonction des objets préalablement connus. Cette assimilation récognitive n'est pas pour autant la reconnaissance d'un objet, mais l'enfant retrouve simplement un complexe sensori-moteur et postural particulier. La raison en est que l'enfant à ce stade ne se différencie pas de son environnement. Il vit donc dans un monde sans objets, sans causalité, sans espace constitué, sans notion de temps. La vision se limite à la perception de la lumière et aux réflexes pupillaire et palpébral. Ce n'est que vers la fin du premier mois que l'enfant commence à regarder réellement. Néanmoins, l'assimilation récognitive constitue le début de la connaissance.

Le second stade est celui de l'acquisition des premières habitudes par l'intermédiaire de la réaction circulaire, au sens de Wallon, c'est-à-dire «exercice fonctionnel aboutissant au maintien ou à la redécouverte d'un résultat nouveau intéressant» (Piaget, 1936, p. 55).

L'univers de l'enfant n'est pas encore composé d'objets mais de tableaux sensoriels liés à chaque modalité et donc non coordonnés. Ces tableaux, sans relief, sans distance, «ne constituent donc que des taches qui apparaissent, remuent et disparaissent sans rien de solide ni de volumineux» (1936, p. 63). La perception du temps est très élémentaire : les actions ont une durée, mais il n'y a ni «avant» ni «après». Il n'y a pas encore d'intentionnalité, c'est-à-dire de différenciation entre moyens et buts. Il n'y a pas saisie de relations de causalité. Cette idée peut paraître contradictoire avec l'existence de la réaction circulaire, mais «le sujet doit éprouver, en percevant quelque réalité qu'il a réussi à atteindre par son action même, une impression que l'on pourrait traduire sous cette forme : «il se produit quelque chose». Mais la cause de ce quelque chose ne peut être cherchée dans un moi» (1937, p. 198).

Le troisième stade est marqué par le passage de la réaction circulaire primaire (simple tentative de prolongation du spectacle intéressant) à la réaction circulaire secondaire qui consiste à retrouver les gestes ayant exercé par hasard une action intéressante sur les choses. Il y a cette fois mise en relation de moyens et de fins perçus comme indépendants. Il y a donc perception de la causalité. Celle-ci résulte de la coordination entre la préhension et la vision. L'enfant constate avec ses yeux le résultat de l'action de ses mains. Il est curieux de noter à quel point le bébé piagétien se sert peu de la proprioception :

> Les mains examinées lui sont évidemment apparues comme des corps quelconques, au même titre que les objets observés dans le milieu ambiant (1937, p. 201).

C'est la vision seule qui sert de critère au constat de relation causale. Or, à ce stade, l'enfant tente de reproduire des spectacles intéressants avec des gestes n'impliquant aucune solution de continuité spatiale visible entre cause et effet. Pour Piaget, la causalité est donc «magico-phénoméniste», c'est à dire que l'enfant de ce stade ressemble aux pigeons superstitieux de Skinner. A ce stade apparaît également un début de permanence de l'objet, définie opérationnellement par la recherche de l'objet disparu. Celui-ci est recherché si l'enfant a un contact avec lui ou si aucun obstacle ne l'en sépare. Il ne s'agit donc pas d'une vraie permanence, car l'objet n'existe qu'en fonction de l'action de l'enfant.

Le quatrième stade est celui de la coordination des schèmes secondaires et leur application aux conduites nouvelles. L'objet disparu est recherché activement, même s'il ne l'est pas toujours au dernier endroit où il a disparu. L'enfant se conçoit très clairement lui-même comme cause d'un certain nombre d'événements qu'il provoque en en faisant varier les conditions. Il commence également à concevoir une causalité indépendante de sa propre action, mais cette causalité dépend toujours de sa présence. Par la suite (stades V et VI), c'est essentiellement l'objectivation des phénomènes qui va se développer, jusqu'à ce que l'intelligence sensorimotrice atteigne ses limites et que la révolution apportée par le développement et la maîtrise du langage permette l'accès à la pensée conceptuelle.

Deux critères principaux permettent à Piaget de distinguer les premières conduites proprement intelligentes de celles qui ne le sont pas encore :
– Le monde est constitué d'objets ayant acquis une certaine permanence.
– Il y a une certaine objectivation des relations causales et en particulier, il existe un sujet qui peut agir sur les objets.

Tout le reste, organisation de l'espace, du temps et ensemble des aspects de la «construction du réel», est lié à ces deux critères. Il est possible d'opposer en fonction de ces critères un avant et un après. Avant, c'est un monde sans objets. Or, un univers sans objets est un monde dont l'espace ne constitue en rien un milieu solide, mais se borne à structurer les actes mêmes du sujet : c'est un monde de tableaux dont chacun peut être plus ou moins connu et analysé mais qui disparaissent et réapparaissent de façon capricieuse. Du point de vue de la causalité, c'est un monde tel que les connexions des choses entre elles sont masquées par les rapports entre l'action et les résultats désirés : l'activité du sujet est donc conçue comme le premier et presque le seul moteur. En ce qui concerne enfin les limites entre le moi et le monde extérieur, un univers sans objets est un univers tel que le moi s'absorbe dans les tableaux externes, faute de se connaître lui-même, mais tel aussi que ces tableaux se centrent sur le moi faute de le contenir comme une chose parmi d'autres choses et de soutenir ainsi entre eux des relations indépendantes de lui (1937, pp. 9-10).

Comme on le voit, ce critère de l'existence des objets suffit puisque sans objet, il n'y a pas non plus de causalité ni de moi. Un monde sans objet, c'est un sujet sans intelligence, parce que c'est un monde inintelligible. On ne peut être sur ce point qu'en accord avec Piaget, mais reste à savoir si, avant le stade IV, l'enfant vit réellement dans un monde sans objets. J'y reviendrai dans le chapitre IV, mais il faut dès maintenant souligner que du propre point de vue de Piaget, cette limite et le critère qui la sous-tend sont très fragiles. Le processus de construction de l'objet est continu. L'objet du stade VI, qui a une existence permanente indépendamment de l'enfant, qui se situe dans un espace et dans le temps, n'est pas pour autant l'objet posé par la théorie scientifique, et inversement, toujours du point de vue de Piaget, dès le premier stade, l'objet a acquis quelque permanence puisqu'il y a assimilation récognitive, et que l'enfant replacé en présence du même objet retrouve un complexe sensorimoteur et postural particulier. Si l'on s'en tient à la description piagétienne des débuts de l'intelligence, il n'y a donc guère de raison de la faire naître au stade IV. Les parties les moins convaincantes, et les moins claires de *La naissance de l'intelligence* et de *La construction du réel* sont d'ailleurs celles où il tente de justifier ce choix, dont on se demande parfois s'il ne résulte pas d'un excès de prudence par peur de l'adultomorphisme. En un sens, il est possible de nos jours d'être plus piagétien que Piaget.

2.3. «The competent infant»

L'histoire de l'étude des débuts de l'intelligence, vue du côté des théories, s'arrête-t-elle à Piaget, c'est-à-dire à une théorie qui a plus de cinquante ans? Les progrès considérables dans les connaissances sur le nourrisson accomplis depuis inciteraient à répondre à cette question par la négative. Pourtant, si effectivement les connaissances sur le nourrisson en général et sur son intelligence en particulier ont beaucoup progressé, si la théorie de Piaget a fait l'objet de nombreuses critiques locales ou ayant une ampleur plus vaste, comme les positions de Bruner (1966,

1969, 1983; Connoly & Bruner, 1974) par exemple, et si, sur bien des points concernant en particulier le nourrisson, on a pu montrer une précocité plus grande que ce que ne supposait Piaget, aucune théorie générale de l'intelligence n'a provoqué un courant de recherche équivalent à ce qui a suivi la théorie de Piaget. De nouvelles théories ont été proposées (cf. chapitre VII), mais elles n'ont eu à peu près aucun impact dans les recherches sur le bébé. Aucune synthèse de nos connaissances sur le nourrisson ne nous a fourni une image globale de son intelligence. Le temps des grandes théories serait-il révolu? C'est ce qu'affirment de Schonen & Bresson dans leur introduction au compte rendu du colloque de l'Association de Psychologie Scientifique de Langue Française sur le développement dans la première année (1983).

Durant les vingt dernières années s'est produit, comme le signale un grand nombre d'auteurs, un développement considérable des connaissances sur le nourrisson, et ce pour des raisons théoriques et méthodologiques. Raisons théoriques ne signifie pas, rappelons le, que nous disposions d'une théorie puissante du développement du bébé, dans le cadre de laquelle les recherches aient été effectuées. La théorie de Piaget n'a pas pour autant constitué la base de la plupart des recherches sur le nourrisson des vingt dernières années. Ce qu'a écrit Piaget sur le nourrisson est ce qui apparaît aujourd'hui comme le plus critiquable, et l'essentiel de cette recherche s'est fait aux Etats-Unis d'Amérique où Piaget a été découvert très tard, et à une époque où l'on savait déjà que ce qu'il avait écrit sur le nourrisson était contestable. Ceci ne veut pas dire que Piaget n'a joué aucun rôle dans les développements récents de la psychologie du nourrisson. Au contraire, c'est par rapport à lui, et le plus souvent contre ses idées que se sont définies les positions sur les principaux problèmes du développement cognitif (cf. chapitre IV). Contestable et contestée, la théorie de Piaget reste d'un poids tel qu'il est difficile de poser un problème sans y faire référence.

Les raisons théoriques du renouvellement de nos perspectives et du progrès de nos connaissances sont de deux ordres. Le nouveau-né et le très jeune enfant sont apparus comme un sujet de recherche particulièrement important, avec comme perspective la connaissance d'un état initial de l'être humain, et de ses capacités cognitives. Ce ne sont donc pas seulement les psychologues du développement qui se sont intéressés au bébé, et la recherche de la mise en évidence de ce que l'on a appelé «compétences précoces» a fait l'objet d'une vaste mobilisation. Phénomène classique de retour de balancier, après que l'on a considéré le nouveau-né comme une table rase, la découverte d'un certain nombre de capacités a conduit des auteurs divers à penser que le bébé savait quasiment tout faire (Mounoud, 1986). Le titre de l'ouvrage édité par Stone, Smith & Murphy (1973), The competent infant, est la parfaite illustration d'un état d'esprit. Ces compétences ne sont pas uniquement cognitives, «le nouveau-né est une personne», et il est aussi «programmé biologiquement et dans un sens précis à s'orienter vers le congénère» (Gouin-Décarie & Richard, 1982) que capable de «connaissance avant l'apprentissage» (Mehler, 1983).

Pêcheux (1985) a fait de cette notion de «compétence» appliquée au très jeune enfant une analyse critique dont je voudrais rappeler ici succinctement l'essentiel. Partant du sens premier, juridique, du terme, elle note que son utilisation pour désigner une capacité constitue un premier glissement de sens. Un second glissement de sens, qui est l'objet de sa réflexion, consiste à désigner sous le nom de «compétences précoces» ou de «compétences de base» les comportements précâblés que la recherche des dernières années a permis de découvrir chez le bébé. En effet, la valeur adaptative de ces comportements peut être discutée et ces comportements ne suffisent pas à assurer la maîtrise de l'environnement.

Pêcheux se rallie donc à la définition de la compétence fournie par Bruner (1973/1983), qui interdit de tels glissements :

> (la compétence) suppose au moins trois choses; 1) que l'on soit capable de sélectionner dans la totalité de l'environnement les éléments qui apportent l'information nécessaire pour fixer une ligne d'action (...); 2) que, ayant défini une ligne d'action, on puisse mettre en œuvre une séquence de mouvements, ou d'activités, permettant la réalisation de l'objectif qu'on s'est fixé et 3) que ce que l'on a appris de ses réussites ou de ses échecs soit pris en compte dans la définition de nouveaux projets.

Pêcheux reconnaît comme compétence au nouveau-né «celle d'interagir avec son environnement, de donner sens à lui-même et à son environnement, et d'acquérir des compétences...» (p. 155).

Le produit de ce glissement de vocabulaire, dénoncé à juste titre par Pêcheux, est loin d'être entièrement négatif, dans la mesure où il a constitué un moteur important à la progression du savoir sur le bébé. Par ailleurs, s'il est indéniable que ce qui est appelé «compétences précoces» du bébé ne lui donne aucune maîtrise de son environnement, il est pour le moins hardi d'affirmer qu'elles n'en constituent pas une connaissance.

L'autre aspect théorique du développement récent des connaissances sur le nourrisson est l'application à celui-ci des conceptions cognitivistes en général et informationnelles en particulier. En considérant le bébé comme une machine (on dit de préférence un système) à traiter de l'information, on a sans aucun doute mis en évidence des capacités de traitement et fait progresser les connaissances sur les possibilités cognitives du bébé. Ceci ne signifie pas que les bébés soient effectivement des machines à traiter de l'information, et une application trop étroite de cette comparaison peut conduire — et a parfois conduit — à des contre-sens. Mais là encore, il reste que le bilan de cette perspective de recherche est globalement positif.

Le chapitre IV montrera que l'explosion des recherches sur le bébé, si elle a eu pour conséquence fâcheuse une dispersion des problématiques, trop souvent construites de manière étanche, a également eu une conséquence heureuse : celle d'augmenter considérablement nos connaissances. Tout le problème est actuellement de les rassembler pour aboutir à une vision cohérente.

Sans vouloir sous-estimer l'importance de ces facteurs théoriques, et pour autant que la comparaison ait un sens, il me semble que leur rôle dans le développement des connaissances sur le nourrisson a été moindre que celui du développement de techniques d'études nouvelles et appropriées aux capacités de réponse du bébé. Les problèmes étaient posés avant la mise au point de ces techniques, les réponses, du moins celles que nous possédons, ont été apportées grâce à elles. La théorie a (parfois) suivi. C'est pourquoi le chapitre III. est consacré à un exposé des méthodes d'étude du bébé développées depuis 30 ans.

Ces méthodes ont incontestablement été un puissant moteur du progrès de nos connaissances, mais leur développement a eu une conséquence négative sur l'évolution théorique : la très grande spécialisation évoquée ci-dessus. De Schonen & Bresson (1983) ont raison quand ils évoquent la disparition des grandes théories, remplacées par des modèles plus locaux. Ces modèles ont pour avantage d'être plus facilement testables, mais ils nous donnent du bébé une vision kaléidoscopique. De plus, les conditions financières dans lesquelles s'effectue la recherche, privilégiant la recherche pointue, ce qui veut aussi dire étroite, ne favorisent pas le développement de perspectives d'intelligence des savoirs sur l'intelligence des bébés. Mais le balancier finit toujours par revenir.

NOTE

[1] Je remercie A. Streri qui a bien voulu faire passer ce questionnaire aux étudiants, les étudiants qui ont accepté de bonne grâce d'y répondre et surtout mes collègues qui ont fait le gros effort de réflexion nécessaire.

Des méthodes d'étude du nourrisson

Il ne s'agit pas ici de faire un exposé détaillé des méthodes utilisées dans les recherches sur le bébé. Un tel exposé se trouve dans Pêcheux & Lécuyer (1989a). Une réflexion sur les méthodes me paraît néanmoins nécessaire, en raison de leur influence décisive sur les progrès de notre savoir sur les bébés. L'importance théorique de la connaissance du bébé a été reconnue depuis qu'existe la querelle sur l'inné et l'acquis, mais pendant longtemps, il a semblé qu'un mur difficile à franchir s'opposait à une telle connaissance. La mise au point de méthodes permettant l'étude du développement psychologique du bébé est donc apparue comme une ouverture fascinante. On sait que, loin de résoudre cette querelle inné-acquis, toujours présentée comme dépassée, les méthodes d'étude du nourrisson l'ont simplement déplacée. Les savoirs acquis sur le bébé sont partiels et largement tributaires des méthodes utilisées.

L'objet de ces méthodes n'est pas l'étude de l'intelligence du bébé, pour les raisons exposées dans le premier chapitre, mais il n'est pas davantage le développement cognitif, ou les capacités cognitives du bébé. Certes, des inférences sur ces capacités ont été faites à partir des recherches, et l'existence du présent ouvrage en est le résultat, mais les recherches elles-mêmes ont eu des objectifs souvent plus localisés, très étroitement liés à une technique d'étude, et sur lesquels les différences dans les résultats observés autant que les divergences d'interprétation ont alimenté le développement d'îlots de recherche séparés et rarement connectés. Si l'on tient à situer ces recherches par le moyen des grandes fonctions classiquement distinguées en psychologie, c'est surtout la perception, en particulier visuelle, que l'on a cherché à étudier. Il est donc logique que le premier ouvrage en français faisant le point sur la psychologie cognitive du bébé ait eu pour titre Les perceptions du nourrisson (Vurpillot, 1972). C'est par ce que le bébé perçoit que nous avons eu accès à sa manière de voir les choses. C'est ce que le bébé perçoit qui a conduit à la nécessité de réviser notre manière de penser sa façon de voir.

Mais ces découpages classiques entre fonctions psychologiques sont souvent contestés. La justification de cette contestation serait sans doute plus claire si apparaissait mieux ce qui est mis à la place, et le sésame du «traitement de l'information» ouvre un peu trop de portes pour qu'on ne se demande pas parfois si certaines d'entre elles n'étaient pas déjà ouvertes. Derrière cette formule miracle apparaissent en effet le plus souvent ce qu'il est convenu d'appeler des paradigmes expérimentaux, c'est-à-dire ce que j'ai qualifié ci-dessus d'îlots de recherche. Il est plus facile de définir une situation de recueil de données qu'une fonction psychologique, d'autant plus que cette dernière est désignée par un concept chargé d'histoire. En d'autres termes, ce qui est arrivé au concept d'intelligence est aussi arrivé, même si c'est dans une mesure moindre, à ceux de perception, de mémoire, ou d'attention, en particulier dans les recherches sur le bébé. Il suffit pour s'en convaincre de lire les titres de différents articles se référant à une même méthodologie : l'habituation visuelle. On y trouve, suivant les auteurs, les notions de vigilance (Mackworth, 1975), de sensorialité (Bridger, 1961), de discrimination (Horowitz, 1974), de perception (Strauss & Curtiss, 1981), d'attention (Cohen, 1973), de mémoire (DeLoache, 1976), voire d'intelligence (Fagan & Singer, 1982) ou de traitement de l'information (Bornstein, 1985b). Si l'on souhaitait présenter le savoir actuel sur les activités cognitives du bébé en procédant par l'examen des fonctions classiques, on serait amené à la fois à se répéter sans arrêt, un grand nombre d'expériences mettant en jeu plusieurs de ces fonctions, et à laisser de côté ou à traiter autrement certaines questions pourtant primordiales; la permanence de l'objet ou l'imitation, par exemple.

C'est donc autour des conglomérats méthodo-problématico-théorico-conceptuels que j'organiserai la revue du savoir actuel sur les activités cognitives du bébé. Mais, comme le montre la liste des problèmes évoqués, la perception y joue un rôle central. N'y a-t-il pas là un artefact de même type que celui qui s'est produit il y a cinquante ans, la perception ayant pris la place de l'activité motrice comme filtre à travers lequel est vue l'intelligence ? Si tel n'est pas le cas, il convient d'examiner en détail les raisons du lien étroit entre perception et intelligence. C'est l'objet du chapitre IV.

Les méthodes utilisées pour l'étude du développement du nourrisson dépendent évidemment des aspects étudiés. On retrouve l'opposition classique entre l'expérimentation et l'observation. L'expérimentation a été surtout utilisée pour rendre compte des activités et des capacités perceptives des bébés, l'observation pour décrire ses interactions sociales.

Les principales techniques expérimentales utilisées ont été le conditionnement opérant, la succion non nutritive, le temps de fixation relatif, l'habituation, surtout l'habituation visuelle. Les techniques d'observation sont de deux grands types : observation vidéoscopique, avec relecture et systèmes divers de cotation, et observation en direct, par exemple à l'aide d'échelles de cotation des interactions sociales.

Dans la pratique, l'ensemble de ces méthodes d'étude pose des problèmes considérables liés au caractère restreint des capacités motrices du nourrisson, à ses changements rapides d'état de vigilance, au caractère non-contractuel de la situation de recueil des données, et au refus par le bébé de toute contrainte. Ces différents problèmes ne seront pas développés ici (cf. Noirot, 1983; Lécuyer, Malcuit & Pomerleau, 1986; Pêcheux & Lécuyer, 1989a), mais ils seront pris en compte dans la manière d'envisager les possibilités offertes par les différentes méthodes considérées.

1. LA SUCCION NON NUTRITIVE

La succion fonctionne le plus souvent de manière tout à fait efficace à la naissance. L'activité orale est très importante tout au long de la première année.

Les premiers travaux sur l'activité orale de succion chez le nourrisson ont mis en relief les possibilités de conditionnement de cette activité dès la naissance et font ressortir la nécessité de distinguer entre la succion nutritive qui n'a pratiquement pas été utilisée comme méthode d'étude de l'activité cognitive du bébé, et la succion non nutritive qui se compose en fait de deux patterns d'activité :

A. Une activité régulière d'aspirations regroupées en bouffées à laquelle on devrait réserver le terme de «succion non nutritive». Pour Wolff (1968), la régulation de ce type d'activité orale est endogène. Pourtant, c'est bien ce type d'activité qui est susceptible d'une modification de paramètres.

B. Une activité irrégulière de mâchonnement ayant une fonction exploratoire. On observe effectivement des durées de mâchonnement plus longues pour des stimulus inhabituels que pour des sucettes habituelles, et une augmentation de la fréquence du mâchonnement avec l'âge (Rochat, 1983). De surcroît, la fréquence du mâchonnement diminue entre le début et la fin d'une séquence prolongée de familiarisation, ce qui peut être interprété de manière analogue à l'habituation visuelle (cf. III.3.). Cette interprétation n'est pourtant pas la seule possible : l'activité orale irrégulière peut également correspondre à des tentatives d'adapter le schème de succion à un stimulus nouveau, sa disparition attestant de cette adaptation.

En plus des difficultés d'interprétation, il faut souligner qu'aux âges où l'activité orale non-nutritive est utilisée comme indice de réponse, le nourrisson ne porte pas lui-même à la bouche le stimulus.

La succion non nutritive a été utilisée essentiellement avec une technique dite d'habituation mise au point par Siqueland & Delucia (1969). Dans un premier temps, on calcule une ligne de base correspondant au taux de succion spontané du bébé après stabilisation. Ensuite, on utilise des stimulus visuels ou auditifs, par exemple, comme renforcement de certaines variations par rapport à cette ligne de base. On peut présenter un stimulus quand le rythme de succion est plus rapide ou plus ample. On observe alors une situation de conditionnement — la présentation du stimulus provoque une augmentation du rythme — puis une situation d'habituation — au cours des présentations successives, ce rythme revient vers la ligne de base. Par la suite, si on présente un nouveau stimulus et s'il est différencié par le bébé, le rythme croît de nouveau. Ce paradigme a été utilisé pour connaître les capacités de discrimination chez le très jeune enfant, notamment par Eimas (1975) et par Mehler (1983; Bertoncini & Mehler, 1981; Mehler, Bertoncini & Barrière, 1978).

L'activité de mâchonnement comme moyen de prise de connaissance des objets a été étudiée par Rochat (1983; cf. Bullinger & Rochat, 1985). Elle a également été utilisée dans l'étude du transfert intermodal (Meltzoff & Borton, 1979; Gibson & Walker, 1984).

2. LES TECHNIQUES BASEES SUR LE TEMPS DE FIXATION RELATIF

Il est usuel d'attribuer à Fantz (1958, 1961, 1964) l'origine de ces techniques et plus généralement celle des recherches sur l'activité visuelle du nourrisson. La situation standard de Fantz consiste à présenter à un bébé deux cibles simultanément, l'une à droite, l'autre à gauche, à une distance d'environ 50 cm, le diamètre des cibles étant d'environ 10 cm et la distance inter-cible d'environ 15 cm. Entre les cibles, au milieu, un trou permet à un observateur de voir où regarde le bébé. Pour décider de la direction du regard, Fantz utilise le reflet cornéen : la cible regardée se reflète dans l'œil du bébé. Actuellement, l'observation directe est fréquemment remplacée par l'enregistrement vidéo qui permet évidemment des vérifications.

Dans la situation de Fantz, les deux cibles présentées peuvent être identiques ou différentes. La présentation de deux cibles identiques montre que certains bébés, surtout les plus jeunes, ne regardent qu'une cible, que le nombre de passages d'une cible à l'autre croît avec l'âge, et que certains bébés regardent plus d'un côté que de l'autre (Ames & Silfen, 1965, cités par Vurpillot, 1972; Pêcheux & Gaillard, 1976; Lécuyer, 1986).

En présentant des cibles différentes à droite et à gauche, et en changeant les côtés de présentation, de telle manière que chaque cible apparaisse aussi souvent à droite qu'à gauche, on constate des différences dans les durées d'exploration de chaque cible. Si la durée d'exploration d'une cible est significativement différente de 50% du temps total d'exploration, on interprète ce résultat en termes de préférence visuelle. On peut ainsi voir quel type de cible intéresse davantage les bébés. Mais l'utilisation la plus développée de la situation de Fantz consiste à passer de cibles identiques à des cibles différentes. Dans une première phase, dite de familiarisation, deux cibles identiques sont présentées pendant un nombre prédéterminé d'essais. Dans une seconde phase, l'une des cibles est changée. Si les bébés regardent alors plus la nouvelle cible que l'ancienne, on parle de préférence pour la nouveauté, et on l'interprète comme l'effet d'une capacité du bébé à discriminer les deux cibles. Une variante de cette situation a été utilisée par Fagan (1972, 1973, 1975). Elle consiste à introduire un délai, allant de quelques minutes à 24 heures pour étudier comment la discrimination est liée aux capacités de mémorisation. Fagan appelle cette situation «mémoire de reconnaissance», même si le délai entre familiarisation et test est nul. Le vocabulaire employé pour faire référence à ce type de technique est d'ailleurs très fluctuant. Haith (1985) distingue les paradigmes de préférence des paradigmes de familiarisation dans lesquels il inclut la situation de Fagan, et celle d'«habituation», où un seul stimulus est présenté à la fois.

Il est donc nécessaire de préciser le sens du vocabulaire employé. Je parlerai ci-dessous de temps de fixation relatif pour désigner l'ensemble des situations où les temps de fixation sur deux stimulus différents sont comparés. Deux situations peuvent être distinguées, celle de préférence visuelle où les deux stimulus présentés simultanément sont différents dès le départ, et celle de préférence pour la nouveauté qui comporte deux phases : la première (familiarisation) où un seul stimulus est présenté, en un ou deux exemplaires; la deuxième (test) où un second stimulus est présenté. Il y a préférence pour la nouveauté si ce second stimulus est regardé plus que le premier, ceci indépendamment de ses propriétés intrinsèques. Dans une expérience testant la préférence pour la nouveauté, le même stimulus doit donc être présenté aussi souvent en phase de familiarisation qu'en phase de test de la préférence pour le nouveau.

Ces problèmes de vocabulaire sont liés à une évolution historique : les premières expériences de Fantz, faites avec deux stimulus différents, portaient sur la préférence. On est ensuite passé à la préférence pour le nouveau, toujours avec deux stimulus, puis à la présentation d'un seul stimulus à la fois. Mais si on considère une situation d'habituation à essais fixes, avec test de la réaction à la nouveauté, le seul aspect qui la distingue d'une situation avec familiarisation puis test de la préférence pour la nouveauté est l'intérêt porté (dans le premier cas) ou non (dans le second) à la décroissance des durées de fixation dans la première phase. Du point de vue du bébé, il n'y a donc pas de différence.

Les méthodes dans lesquelles deux stimulus sont présentés simultanément (temps de fixation relatif) posent plusieurs problèmes. Le premier a été évoqué ci-dessus : certains bébés ont une préférence non pour une cible mais pour un côté. En dessous de 4 mois, les difficultés de contrôle de la motricité axiale peuvent aboutir à une orientation systématique vers le même côté tout au long de l'expérience. Il paraît alors difficile de conclure qu'il y a préférence, ce qui suppose que chaque cible a été fixée au moins une fois (Ames & Silfen, 1965).

Un autre problème posé par ce type de méthodes est lié aux bébés qui regardent autant les deux stimulus. S'il paraît légitime de conclure à la discrimination en cas de préférence visuelle, le fait qu'un bébé regarde autant un stimulus que l'autre ne permet pas de conclure qu'il ne différencie pas les deux. De même, il est abusif de considérer que plus la préférence est grande, plus la discrimination est bien établie (Rose & Feldman, 1987).

Pour pallier ces difficultés, des modifications du paradigme de base ont été proposées, notamment celle qui consiste à ne présenter qu'un seul stimulus à la fois. Dans la phase de familiarisation, on se trouve dans une situation d'habituation, Dans la phase test, on a souvent des situations intermédiaires. Ainsi, Fagan (1970) utilise une procédure dans laquelle des essais de familiarisation, de durée fixe, sur un stimulus, sont suivis d'une alternance d'essais présentant le stimulus nouveau et d'essais présentant le stimulus ancien. La comparaison des temps de fixation se fait alors entre essais, et non, comme dans le paradigme classique, à l'intérieur d'un même essai. Une procédure proche est suivie par Spelke (1986) : après familiarisation sur un stimulus, le test se fait sur deux stimulus nouveaux qui alternent. Il s'agit alors de savoir quel est celui qui représente le maximum de nouveauté (ou inversement, celui qui correspond le mieux au stimulus préalablement présenté, puisqu'il s'agit le plus souvent de savoir si un stimulus partiellement caché (familiarisation) est assimilé à un seul stimulus ou à deux parties indépendantes).

La présentation successive, si elle résout les problèmes liés aux passages inter-cibles, ne résout ni ceux qui découlent des temps de fixation identiques ni les problèmes d'interprétation de la préférence pour le nouveau ou l'ancien.

3. L'HABITUATION

Les techniques d'habituation ayant connu un succès certain, le concept a été appliqué à des phénomènes et à des procédures hétérogènes. Un accord existe pour en attribuer l'origine aux recherches soviétiques sur le conditionnement. Dans la situation de conditionnement classique, le stimulus originalement neutre provoque une réponse d'orientation. Si l'on ne présente pas le stimulus inconditionnel, cette réponse disparaît petit à petit : l'animal s'habitue. Si l'on présente alors un stimulus discriminable du précédent, la réponse d'orientation réapparaît. On dit que l'animal se déshabitue. Les recherches effectuées sur l'animal ont montré la généralité du phénomène : un très grand nombre d'organismes et des réponses diverses sont susceptibles d'habituation à des stimulus eux-mêmes très divers (Tighe & Leaton, 1976).

Chez l'homme, on a surtout étudié l'habituation vers 4-5 mois, mais on a pu montrer que l'habituation était possible chez le nouveau-né

(Friedman, 1972, 1975; Slater, Morison, & Rose, 1982; Slater et al., 1984; Slater, Cooper, Rose & Perry, 1985) et peut- être même chez le fœtus (Madison et al., 1984) et chez l'adulte (Smothergill & Kraut, 1983). Si la majorité des recherches portent sur l'habituation visuelle, on a également montré la possibilité d'une habituation auditive (Clifton & Meyers, 1969) et tactile (Streri, 1987; Streri & Pêcheux, 1986; Streri & Spelke, 1988). A un niveau différent, on a constaté que la cellule nerveuse est elle aussi susceptible d'habituation (Castellucci & Kandel, 1976). On peut donc parler de l'habituation comme d'un phénomène extrêmement général, et on a abusé de cette possibilité, la diversité étant aussi grande que la généralité. Chez les nourrissons, l'habituation est surtout un instrument de connaissance des capacités cognitives, ce qui a nécessité une évolution dans les procédures.

Les différents modèles d'habituation reflètent bien cette évolution (Cohen & Gelber, 1975; Lewis & Baldini, 1979). Pour Sokolov (1963), l'établissement d'une trace nerveuse constituant un reflet du stimulus à travers l'organisation des neurones corticaux, suffit à expliquer la diminution de la réponse d'orientation. L'étude des capacités de discrimination du bébé a nécessité l'élaboration de modèles plus cognitifs. Divers modèles d'habituation seront exposés ci-dessous. Signalons que ces modèles sont construits essentiellement pour expliquer ce qui se passe chez les enfants de 4-5 mois, mais on peut se demander si les phénomènes mis en jeu sont les mêmes à 2 mois et à 4 mois et suivant les différentes procédures (Clifton & Nelson, 1976; Lécuyer, 1987a, 1987b).

Il existe, en effet, deux grandes catégories de procédures d'habituation. La première est dite à essais fixes. On présente un stimulus pendant un nombre d'essais constant, chacun ayant une durée fixe, l'intervalle interessais étant lui aussi invariant. Durant chaque essai, on mesure les durées pendant lesquelles le stimulus est regardé. On peut ensuite calculer un taux d'habituation, en prenant comme base soit le temps total de fixation par essai, soit le temps de la première fixation de l'essai (qui est généralement la plus longue, assez souvent la seule). Le taux est le plus souvent calculé en comparant les deux premiers et les deux derniers essais.

Cette procédure présente un certain nombre d'inconvénients. Elle suppose une détermination *a priori* des durées de présentation, alors que la vitesse à laquelle s'effectue l'habituation dépend des sujets, mais aussi des stimulus, d'où le fait qu'un certain nombre de bébés ne s'habituent pas. Un autre inconvénient est l'apparition du stimulus et sa disparition à contre-temps par rapport au comportement du bébé. Ainsi est-il fréquent que l'essai s'arrête au moment où le bébé commence à regarder. Enfin, la mesure utilisée — le taux d'habituation — perd l'information contenue dans les durées des essais intermédiaires. Cet inconvénient n'est pas grave si l'on pense que l'habituation est une décroissance exponentielle de l'attention, ce qui a été fortement mis en doute (Bornstein, 1985b; Bornstein & Benasich, 1986; Lécuyer, 1987a, 1987c). Une illustration de cette difficulté est fournie par une recherche de Miller, Ryan, Short, Ries, McGuire & Culler (1977) qui montrent que les taux d'habituation basés sur la première fixation par essai et sur la somme des fixations par essais ne sont pas corrélés.

Ces problèmes ont amené la majorité des auteurs à abandonner cette procédure au profit de celle dite contrôlée par l'enfant, mise au point par Horowitz, Paden, Bhana & Self (1972). Dans cette procédure, un essai commence quand le regard du bébé est situé dans la direction du stimulus, et s'arrête quand il quitte cette direction. Il n'est alors plus possible de mesurer un taux d'habituation *a posteriori*, et il est nécessaire de fournir un critère *a priori* permettant d'arrêter les présentations, et éventuellement de présenter un stimulus différent afin de tester l'existence d'une remontée des durées de fixation (réaction à la nouveauté), ce qui permet de montrer que la diminution observée n'est pas due à la fatigue. La signification du critère est donc que le bébé est habitué, on parle d'ailleurs de critère d'habituation.

Si la procédure contrôlée par l'enfant semble mieux correspondre au comportement du bébé, elle pose deux types de problèmes. Le premier concerne la détermination des durées de fixation, qui passe par des décisions prises par un observateur, lequel peut évidemment se tromper. Le second, le plus important, est celui du critère. La plupart des auteurs ont utilisé des critères définis par un taux de décroissance des durées de fixation : 50%. Le critère le plus fréquemment utilisé est celui de Cohen (1973) : on considère qu'il y a habituation quand la moyenne des durées de trois essais successifs est égale ou inférieure à la moitié de la moyenne des trois premiers essais. Des variantes de ce critère ont été utilisées : nombre d'essais pris en compte réduit à deux, aussi bien pour la base que pour le critère, ou encore prise en compte non de la moyenne des essais, mais de deux essais successifs égaux ou inférieurs à la moyenne des deux premiers, ce qui accroît nettement la sévérité du critère.

Un certain nombre de recherches ont été consacrées à cette question du choix du critère. Dans la logique qui a conduit à de tels choix, Dannemiller (1984) a posé le problème en partant de l'idée d'une décroissance exponentielle des durées de fixation (mise en évidence par les moyennes de groupe) et en interprétant les écarts à cette courbe exponentielle comme des erreurs (de l'expérimentateur dans ces mesures, mais aussi «erreurs» du sujet, c'est-à-dire manque de contrôle de son activité oculaire). Il a montré que ces erreurs peuvent aboutir à la satisfaction d'un critère (en l'occurrence celui de Cohen), avant que les sujets ne soient réellement habitués. Il apparaît donc que le nombre d'essais n'est pas une mesure fiable de la vitesse d'habituation, et qu'il convient d'être très prudent dans l'interprétation d'une remontée post-critère. Certains auteurs (Vurpillot, Pêcheux & Jacquet, 1982; Streri & Pêcheux, 1986) utilisent un groupe contrôle dans lequel on ne présente pas de stimulus nouveau quand le critère est atteint. Bertenthal, Haith & Campos (1983) ont proposé une procédure ingénieuse pour savoir dans quelle mesure une remontée est due à une réaction à la nouveauté, dans quelle mesure elle est liée à une «régression spontanée». Pour la moitié des sujets, un stimulus nouveau est présenté dès que le critère d'habituation est satisfait, pour l'autre moitié, deux essais supplémentaires sont introduits auparavant. Ce groupe peut alors servir de groupe contrôle pendant ces deux essais, sans pour autant être consacré uniquement à cette fonction.

Une autre manière d'envisager le problème consiste à rechercher d'autres critères. McCall (1979), et Bornstein & Benasich (1986) ont procédé au classement de trois types de courbes d'habituation : «exponentielles», «croissance-décroissance», «fluctuantes». Dans les deux derniers cas, les premiers essais qui servent de référence peuvent être très courts, suivis d'essais éventuellement beaucoup plus longs. Le critère est alors très sévère et il est fréquent que les bébés pleurent avant d'y satisfaire. Pour éviter cet inconvénient, Horowitz a proposé comme référence non pas les premiers essais mais les plus longs (cf. Colombo & Horowitz 1985; Nelson & Horowitz, 1983). Ce critère a l'avantage de mieux tenir compte du comportement des bébés, mais il a pour inconvénient d'augmenter la probabilité de remontée des temps de fixation. Pêcheux & Lécuyer (1984) ont comparé *a posteriori* les deux critères cités et un troisième, élaboré pour correspondre au modèle de Cohen : trois essais consécutifs d'une durée égale ou inférieure à cinq secondes. Les résultats ont montré des corrélations importantes entre les critères de Cohen et d'Horowitz, mais très faibles entre ces deux critères et celui de Pêcheux & Lécuyer (Pêcheux, 1986). La solution la plus simple consiste à considérer que les deux premiers cités s'autovalident par leur corrélation et que le troisième est mauvais. L'inconvénient de cette solution est la nécessité de rejeter le modèle de Cohen et les modèles similaires (Lécuyer, 1987a). Il n'y a pas de critère idéal, mais les recherches sur les critères sont informatives dans la mesure où elles mettent en cause le phénomène lui-même.

Mais au-delà des problèmes méthodologiques, l'interprétation à donner à ce phénomène à la fois si général et si particulier dans ses modalités de fonctionnement concernant le bébé qu'est l'habituation, a fait l'objet de recherches théoriques. Outre le modèle de Sokolov signalé ci-dessus, diverses interprétations de l'habituation ont été fournies, lesquelles ont été pour la plupart recensées par Lewis & Baldini (1979). Ainsi, Lewis (1971) critique le modèle de Sokolov. Pour lui, il n'y a pas simple copie en miroir de la réalité, le sujet étant actif et créant une représentation construite de cette réalité. L'information est traitée à trois niveaux. Au premier niveau est déterminé l'intérêt que présente le stimulus. S'il ne présente pas d'intérêt, l'opération s'arrête. A un deuxième niveau est déterminée l'importance du stimulus. S'il est important, un processus de traitement plus complexe est mis en branle. A ce niveau, le modèle de Lewis est inspiré du modèle T.O.T.E. (Test, Operation, Test, Exit) de Miller, Galanter & Pribram (1960). Son modèle T.E.T.E. (Tune, Elaborate, Tune, Exit) vise à rendre compte d'un passage de l'énergie à l'information la plus différenciée.

Le modèle de McCall (McCall & Kagan, 1967, 1970; McCall & Melson, 1969, McCall & McGhee, 1977) vise moins à rendre compte des processus mis en jeu dans l'habituation qu'à déterminer plus globalement les conditions qui déclenchent ou non l'intérêt du sujet pour son environnement. Il porte donc autant sur la réaction à la nouveauté que sur ce qui a été appelé ci-dessus absence de réaction à l'absence de nouveauté, le critère fondamental de la réaction d'un organisme à un stimulus étant son degré de nouveauté. La réaction est maximum quand ce degré est optimum, ce qui explique à la fois l'habituation, meilleure connaissance du stimulus et donc diminution de sa nouveauté, et le fait que des stimulus très nouveaux ne déclenchent pas l'intérêt du sujet mais plutôt des réactions d'évitement. Comme le font observer Lewis & Baldini (1979), le défaut d'un tel modèle est qu'il suppose une variation unidimensionnelle du degré de nouveauté d'un stimulus, qui reste à démontrer, et donc que dans la pratique, il n'est pas méthodologiquement testable. La détermination d'un optimum, éventuellement différent suivant les sujets, paraît être une tâche insurmontable, compte tenu de l'ampleur des différences individuelles dans la vitesse d'habituation et de celle de la réaction à la nouveauté. Pourtant, cette idée d'optimum de nouveauté a joué un rôle important dans les recherches sur les capacités de discrimination du bébé (cf. IV.2.1.2.).

Le modèle de Cohen (1972, 1973) est celui auquel il est le plus souvent fait référence dans les expériences d'habituation. Pour lui, dans les expériences d'habituation, deux processus différents sont en jeu : le déclenchement de l'attention «attention getting» et le maintien de cette attention «attention holding». La preuve de l'indépendance des deux processus est que les caractéristiques du stimulus qui provoquent la réponse maximum ne sont pas les mêmes dans les deux cas, et peuvent même être opposées. Pour une surface globale égale, un damier à grandes (et donc peu nombreuses) cases attire plus le regard du bébé, les latences étant plus courtes, alors qu'un damier à petites (et donc nombreuses) cases retient plus l'attention du bébé, les durées de fixation étant plus longues.

Cette distinction établie par Cohen, pour intéressante qu'elle paraisse, a par la suite été peu reprise dans la littérature. Le processus d'habituation est la diminution des durées de fixation et n'est jamais décrit en termes d'évolution des latences. De plus, cette évolution ne présente aucun caractère systématique au cours du processus d'habituation.

Mais le modèle de Cohen ne se résume pas à cette distinction entre déclenchement et maintien de l'attention (cf. figure III.). Pour lui, si un stimulus est suffisamment attractif pour attirer le regard, il est fixé. Son contenu informationnel est analysé en fonction de ses dimensions (couleur, forme, etc.). Cette analyse permet un codage et un stockage de l'information en mémoire à court terme. Quand cette opération est terminée, le bébé regarde ailleurs. L'essai est terminé. Au fur et à mesure des essais, l'information est transférée en mémoire à long terme, la représentation devient de plus en plus précise, et à chaque essai s'effectue une comparaison entre cette représentation et le stimulus. Quand il y a équivalence entre les deux, le bébé ne regarde plus le stimulus. Il est habitué. La durée nécessaire à cette habituation dépend de la quantité d'information à coder.

Jeffrey (1976) critique cette explication par le stockage en mémoire à court terme, puis à long terme. Pour lui, cette distinction issue de la psychologie du langage chez l'adulte ne s'applique pas forcément à la perception du nourrisson. Deux mécanismes sont en jeu dans l'habituation. Le premier, un réflexe de ciblage (*targeting reflex*), a une composante émotionnelle forte et est lié dans sa motivation aux systèmes alimentaire et défensif de base. A la suite de cette première réaction, l'importance du stimulus pour l'organisme est déterminée (danger, utilité...). S'il est simple ou sans intérêt, l'habituation est alors rapide. S'il est plus complexe se déclenche un second processus d'extraction de l'information. Ce dernier sera ensuite régulé par le développement de mécanismes d'inhibition. Pour Lewis & Baldini, ce modèle fournit une bonne explication théorique du pic qui précède l'habituation, lorsque l'on construit des courbes rétrogrades à partir de l'essai où il y a satisfaction du critère. Ce pic, mis en évidence par Cohen & Gelber (1975), correspondrait à des durées d'exploration plus longues lors de l'essai précédant immédiatement l'habituation. Pour Cohen, il représenterait le moment de la constitution de l'image du stimulus en mémoire à long terme. Mais McCall a montré qu'il s'agissait là d'un simple artefact statistique, ce que Cohen & Menten (1981) ont reconnu. Par ailleurs, Lewis & Baldini reprochent à Jeffrey de séparer complètement perception et mémoire, ce qui est contraire à tous les modèles actuels de traitement de l'information.

Le modèle d'Olson (1976), relié à la théorie de Gibson, voit dans l'habituation l'extraction et le codage des traits caractéristiques d'un stimulus. Un certain nombre de ces traits sont maintenus en mémoire de travail. Un processus de comparaison entre le stimulus perçu et le contenu de la mémoire à long terme sert de base aux régulations de la direction du regard. A un second niveau, l'information sur le contenu du stimulus et sur son contexte d'apparition est codée pour être stockée en mémoire

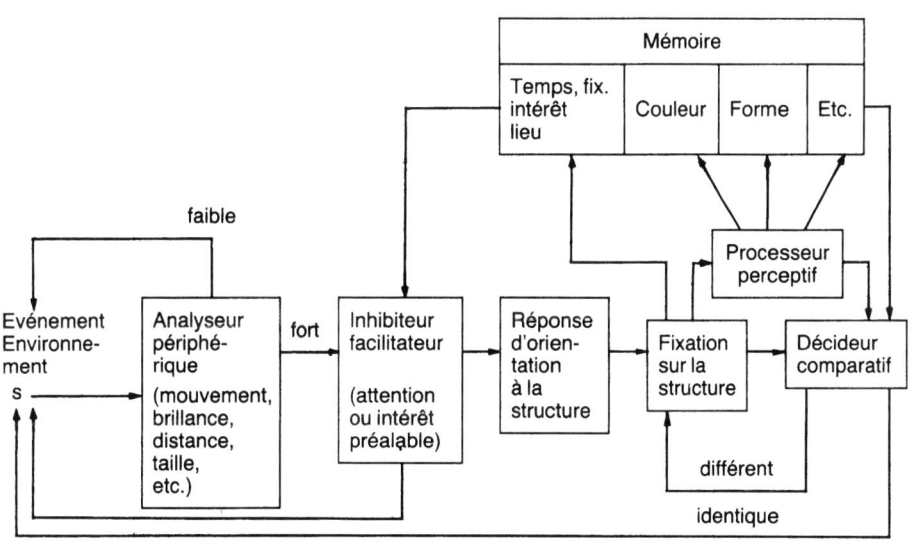

Figure III. Le modèle de l'habituation visuelle pour les enfants de 4-5 mois, d'après Cohen (1983).

à long terme. Olson est donc en accord avec Cohen sur les rôles respectifs de la MCT et de la MLT, la différence étant que, pour Olson, à chaque fixation la trace mnémonique se trouve renforcée. La constitution de la trace est donc progressive.

Fagan (1977b) a proposé également un modèle de la «mémoire de reconnaissance» basé sur l'idée que le codage d'un stimulus se fait à partir de l'extraction de dimensions du stimulus. En fonction des dimensions extraites, que les expériences de Fagan visent à déterminer par le test de réaction à la nouveauté sur des stimulus divers, un stimulus sera traité comme connu, totalement nouveau, ou partiellement nouveau. Fagan se situe, en effet, lui aussi dans la perspective de l'optimum de nouveauté, mais sur une base d'analyse statistique des dimensions du stimulus et non sur une base motivationnelle.

Bashinsky, Werner & Rudy (1985) ont testé sur le bébé le modèle d'habituation de Groves & Thomson (1970). Pour ces auteurs, la présentation répétée d'une stimulation provoque deux effets antagonistes : l'habituation et la sensibilisation. L'habituation a pour effet de provoquer une diminution de la réponse de fixation. La sensibilisation, au contraire, augmente cette réponse. Les durées de fixation observées sont la somme algébrique des effets de ces deux facteurs. Si le stimulus est peu intéressant, l'habituation est le processus dominant. Les temps de fixation diminuent rapidement et de manière monotone. Si le stimulus est intéressant, les temps de fixation augmentent avant de décroître. Bashinsky, Werner & Rudy présentent plusieurs expériences dont les résultats vont dans le sens de leur interprétation qu'ils opposent, de manière très tranchée et même abusive, à l'ensemble des autres modèles dont ils affirment qu'ils supposent un processus unique, ce qui est faux. L'intérêt de ce modèle est de constituer une tentative pour rendre compte des différentes formes de courbes d'habituation, alors que la plupart des autres modèles supposent un processus de décroissance monotone, observé seulement sur une minorité de sujets. Toutefois, les expériences présentées sont effectuées avec une procédure à essais fixes, ce qui limite les possibilités de comparaison avec d'autres données, la procédure contrôlée par l'enfant étant la plus généralement utilisée. De plus, si les auteurs affirment à juste titre qu'il n'y a pas décroissance monotone pour la plupart des bébés (McCall, 1979a; Bornstein & Benasich, 1986), ils n'opposent ce type de courbes qu'aux courbes de type «croissance-décroissance» que leur modèle explique, mais la manière dont ils rapportent leurs données ne permet pas de savoir s'ils observent les courbes fluctuantes décrites par McCall et Bornstein & Benasich, dont leur modèle ne rend pas compte.

Le point de vue de Pomerleau & Malcuit sur l'habituation est original et intéressant à plus d'un titre (Pomerleau & Malcuit, 1983; Lamarre & Pomerleau, 1985; Malcuit & Raymond, 1985; Malcuit, Pomerleau & Lamarre, 1988). Leur premier souci est de ne pas couper les recherches sur l'habituation chez le bébé de celles effectuées chez l'animal, et de bien situer ce qui différencie et ce qui rapproche les procédures utilisées dans les deux cas, ce qui est malheureusement rarement fait. Leur second souci est de fournir de l'habituation une description économique, faisant le moins possible appel à des processus cognitifs aussi complexes qu'hypothétiques. Pour ces auteurs, l'habituation est «la forme la plus simple de modification de conduite entraînée par l'interaction avec l'environnement» (1983, p. 66).

L'originalité de leur point de vue est aussi dans le rapprochement qu'ils effectuent entre habituation et apprentissage opérant. Pour eux, en effet, la procédure contrôlée par l'enfant est une situation opérante dans laquelle deux types de réponse sont mis en jeu : la réponse d'orientation, celle décrite par Sokolov, et la réponse active de maintien de la stimulation. L'analyse qui en est faite doit tenir compte de cet aspect et se rapprocher des analyses classiques de l'apprentissage opérant. Ainsi, la stimulation est un agent de renforcement dont la valeur diminue par la succession des essais. C'est ce processus qui explique l'habituation. Sur l'origine des différences individuelles dans la vitesse d'habituation, ils reprennent l'analyse de Pêcheux & Lécuyer (1983) pour qui la vitesse d'habituation doit être mise en relation avec les modes habituels d'interaction de l'enfant avec son environnement : les bébés soumis à de fréquents changements de stimulations s'habitueraient plus vite que les bébés peu stimulés.

Mais, si dans le cas de la procédure contrôlée par l'enfant, il paraît légitime de considérer la situation d'habituation comme une situation opérante, puisque le bébé détermine lui-même le début et la fin de chaque stimulation, il n'en va pas de même dans le cas de la procédure à essais fixes. De plus, quel que soit le désir d'économie dans l'explication et quels que soient les abus dans la volonté d'explication par le «traitement de l'information», la description de l'habituation fournie par Pomerleau et Malcuit reste, à mon sens, superficielle dans la mesure où elle ne prend pas en compte l'essentiel du phénomène, à savoir les capacités de stockage d'information et de discrimination que montre la réaction à la nouveauté. Leur analyse du phénomène coupe l'habituation de la réaction à la nouveauté, ce qui est contestable tant d'un point de vue méthodologique que théorique.

Sans vouloir pour l'instant tirer de conclusion générale sur ces modèles, puisque la question de la signification de l'habituation sera reprise dans le chapitre VI, je ferai simplement quelques remarques.

Les modèles d'habituation sont très locaux. Comme je le signalais au début de ce chapitre, sous le même terme d'habituation on a placé des réalités expérimentales très diverses, mais chez le bébé, et pour des raisons pratiques de facilité d'expérimentation, l'habituation est une technique qui a servi la plupart du temps dans une tranche d'âge très étroite, entre 3 et 5 mois, et les modèles se rapportent à cette période. Cohen (1973, 1976), par exemple, est très explicite sur ce point.

Les différences importantes entre les modèles n'ont que peu donné lieu à des tentatives de tests contradictoires. On peut donc caractériser la situation actuelle en disant que l'habituation, en particulier l'habituation visuelle, est un outil très puissant pour connaître les capacités cognitives du bébé, mais que nous ignorons son fonctionnement.

Malgré ces différences, des similitudes apparaissent. Deux grandes catégories de modèles peuvent être opposées. D'une part, les modèles purement cognitifs, dont le prototype est celui de Cohen, qui voient dans l'habituation un processus de traitement de l'information. D'autre part, les modèles motivationnels-cognitifs qui accordent une place plus ou moins importante à l'intérêt que présente le stimulus pour le bébé comme source de variation dans les durées d'habituation. Le point de vue de Pomerleau et Malcuit apparaît comme la limite de ce second type de position. L'exemple qui illustre le mieux cette opposition est celui de la complexité du stimulus. Plus le stimulus est complexe, plus l'habituation est lente. Pour Cohen, c'est parce que la quantité d'information à traiter est plus grande, pour Bashinsky et al. (1985), c'est parce que le stimulus le plus complexe intéresse plus les bébés, ce que Pomerleau & Malcuit (1983) expriment en disant que le stimulus complexe a une plus grande valeur renforçante.

4. LA REACTION A LA NOUVEAUTE

Il n'existe pas une méthode particulière d'étude du nourrisson que l'on pourrait appeler «réaction à la nouveauté», mais le rôle de cette réaction est central aussi bien dans le temps de fixation relatif que dans l'habituation et un certain nombre de problèmes à la fois théoriques et méthodologiques dans l'utilisation de ces deux méthodes sont liés à la notion de réaction à la nouveauté.

Comme le font remarquer Pomerleau & Malcuit (1983) ou Bloch (1985), l'habituation peut en quelque sorte être définie par la négative : c'est l'absence de réponse à l'absence de nouveauté. Ceci signifie que les organismes qui sont susceptibles d'habituation sont des consommateurs de nouveauté.

Une condition nécessaire pour qu'il y ait réaction à la nouveauté, que ce soit dans une expérience d'habituation ou de temps de fixation relatif, est qu'il y ait discrimination. C'est ce qui fait la puissance de ces moyens d'étude des capacités perceptives et, à travers elles, des capacités cognitives du nourrisson. Le but du chercheur est de poser une question au bébé en termes de discrimination, donc en termes de réaction à la nouveauté. Un bon exemple en est fourni par la méthode utilisée par Spelke (1986) où après une familiarisation sur un stimulus, ce sont deux stimulus nouveaux qui sont présentés alternativement au bébé pendant la phase test, la question étant de savoir quel est pour lui le plus nouveau.

Dans ces conditions, se pose la question des raisons de la réaction à la nouveauté, question posée généralement de manière plus locale et opérationnelle sous les formes : 1. Est-ce bien à la nouveauté que les bébés réagissent? 2. Quand réagissent-ils à la nouveauté et quand n'y réagissent-ils pas? La première question débouche sur des précautions méthodologiques simples, même si, comme le fait remarquer Bloch (1985), elles ne sont pas toujours prises : le stimulus nouveau peut tout simplement être plus attractif que l'ancien. Il n'est parfois pas possible, comme le suggère cet auteur, de contrebalancer entre sujets, stimulus de familiarisation et stimulus test. Une expérience préalable est alors nécessaire pour s'assurer de cette équivalence. Le plus souvent, la solution adoptée consiste à présenter des stimulations dont l'intérêt a été testé par un autre auteur et, par exemple, par Fantz.

La seconde question est beaucoup plus complexe. Si, comme nous l'avons vu, en cas de non discrimination il n'y a pas de réponse à la nouveauté, l'absence de réponse ne signifie pas qu'il n'y a pas discrimination. De plus, la comparaison des résultats individuels ne met pas en œuvre simplement la présence ou l'absence d'une réaction, mais aussi l'importance de cette réaction, censée refléter le développement cognitif. Le schéma explicatif est ici un peu plus complexe que dans le cas de l'habituation. En effet, le phénomène ne peut s'expliquer en termes de vitesse de traitement de l'information, puisque l'ampleur de la réaction à la nouveauté implique un temps de fixation long aux essais test. Ce paradoxe n'est pas clairement relevé par les auteurs qui utilisent cet indice. La réaction à la nouveauté, ou la préférence pour le nouveau, ou au contraire l'habituation, constituent la base même des méthodes les plus largement utilisées dans l'étude de la cognition du bébé. Or, les modèles de l'habituation envisagée comme un processus de traitement de l'information sont nombreux, mais il n'existe pas de modèles de la réaction à la nouveauté. Celle-ci est simplement considérée comme un témoin de la capacité de discrimination, ce qui ne nous dit pas pourquoi les bébés réagissent à la nouveauté (cf. IV.2.).

5. LE CONDITIONNEMENT

Le conditionnement tient dans les méthodes d'étude du nourrisson une place radicalement opposée à celle tenue par l'habituation visuelle. Un certain nombre de recherches ont été effectuées avec les techniques de conditionnement, aussi bien classique qu'opérant, mais on ne peut pas dire pour autant que le conditionnement soit une technique fréquemment utilisée pour l'étude du développement cognitif. C'est d'ailleurs ce que déplore Rovee-Collier (1986). Dans le cas de l'habituation, notre ignorance est grande sur les mécanismes en jeu et les recherches portant sur les méthodes elles-mêmes sont très peu nombreuses. De plus, il n'y a pratiquement pas de liens théoriques entre l'habituation animale et l'habituation chez l'enfant de 4-5 mois, âge auquel cette technique a été utilisée de préférence. L'habituation est néanmoins un outil très utilisé pour mettre en évidence les capacités cognitives du bébé. Dans le cas du conditionnement, il existe, et depuis longtemps, un contexte théorique qui a fait l'objet de nombreuses discussions, et une doctrine générale largement basée sur le conditionnement pour expliquer l'ensemble des comportements : le behaviorisme. Ce contexte et les controverses qu'il a suscitées, ont fortement orienté les recherches sur le conditionnement chez le bébé. La plupart de ces recherches ont, en effet, porté sur les possibilités de conditionnement et les facteurs influençant ces possibilités. Ceci est particulièrement vrai du conditionnement classique. Ainsi, la revue très bien documentée de Fitzgerald & Brackbill (1976), qui fait référence en la matière, ne porte que sur les possibilités de conditionnement classique, examinées en fonction des caractéristiques du stimulus conditionnel, de la modalité sensorielle dans laquelle il est présenté, des caractéristiques du stimulus inconditionnel, de l'état du sujet, de son âge, et des relations entre ces différents facteurs.

La possibilité d'effectuer ou non un conditionnement de manière très précoce peut en effet être considérée comme un enjeu théorique important, pour plusieurs raisons et de plusieurs points de vue. Dans la perspective behavioriste classique, elle est à la fois la démonstration de la généralité du phénomène de conditionnement et de possibilités d'apprentissage très précoces. L'idée d'une *tabula rasa* à la naissance et l'explication des différences individuelles par des différences d'apprentissages, et notamment de conditionnements précoces, s'en trouvent ainsi renforcées, «Que l'on me donne une douzaine d'enfants bien portants...». Par ailleurs, et toujours dans la même perspective théorique, si l'on envisage les apprentissages de l'adulte humain comme des complexifications en principe réductibles aux mécanismes élémentaires du conditionnement, il est nécessaire de montrer qu'avant la mise en place de procédures complexes, le conditionnement est *le* mécanisme ou au moins *un* mécanisme d'apprentissage important chez le bébé.

Une autre raison de l'importance théorique du conditionnement chez les bébés est la spécificité éventuelle des mécanismes du conditionnement dans l'espèce humaine et du rôle de la prise de conscience. Perruchet (1979, 1980) a bien montré dans deux revues successives, l'une consacrée au conditionnement végétatif, l'autre au conditionnement moteur, que la prise de conscience d'une relation entre S.C. et S.I. est, chez l'adulte humain, une condition nécessaire à l'établissement d'un conditionnement. Recensant les arguments des adversaires de cette thèse, il signale la position de Grings (1965) et de Razran (1971) pour qui la possibilité d'établir un conditionnement chez le nouveau-né est une preuve de la possibilité d'un conditionnement sans prise de conscience dans l'espèce humaine. Perruchet réfute cet argument sans se pencher plus avant sur la question du conditionnement chez les bébés qui n'est pas son sujet, mais on touche là à un problème théorique capital : celui de la signification qu'il faut donner au conditionnement, donc des capacités cognitives qu'il met en jeu.

Du fait que le conditionnement nécessite prise de conscience chez l'adulte, Perruchet conclut à la nécessité d'un renversement de perspective : le conditionnement n'est pas le mécanisme de base de l'activité cognitive, mais cette activité est un préalable à l'établissement d'un conditionnement. Appliquée au bébé, cette conclusion amène à envisager le conditionnement comme la construction de relations de causalité. C'est, par exemple, la perspective théorique de Riksen-Walraven (1978) ou de Rovee-Collier (1986). Envisagé ainsi, le conditionnement peut, à la limite, être interprété dans une perspective radicalement opposée au behaviorisme. Témoin d'une capacité à saisir des relations de causalité, il permet de renforcer le tableau du nouveau-né compétent, l'inverse de la *tabula rasa*.

Enfin, le conditionnement peut être envisagé comme le moyen de relations entre *L'enfant et son environnement* (Pomerleau & Malcuit, 1983) et en particulier son environnement social. Dans les premiers mois de la vie, en effet, le bébé a des possibilités d'action sur les objets qui sont très limitées et la maladresse de ses actions fait qu'une même action produit rarement le même effet. Par contre, comme le souligne Lamb (1981), dans la même période, les adultes qui entourent l'enfant ont un comportement dont l'une des caractéristiques essentielles est la prédictibilité, ce qui permet à l'enfant de recevoir un maximum de renforcements à la suite de ses actions et facilite les apprentissages (Watson, 1972, 1985).

L'itinéraire scientifique de H. Papoušek est de ce point de vue intéressant. Premier auteur à avoir clairement démontré la possibilité d'apprentissages opérants précoces (1959, 1961, 1967), il en est venu à l'étude du maternage, c'est-à-dire des conditions produites par les adultes pour permettre le développement cognitif (Papoušek & Papoušek, 1984). On retrouve une orientation théorique comparable dans l'ouvrage de Pomerleau & Malcuit (1983), qui vise à montrer comment, dans la vie quotidienne, les occasions d'effectuer des apprentissages opérants sont multiples. De manière symétrique, la position théorique de Watson (1972, 1979, 1985) ou de Bower (1974, 1982) vise à expliquer l'intérêt spécifique que portent les bébés aux êtres humains qui les entourent, par les caractéristiques des fréquences de renforcements qu'ils procurent. Un effet suivrait l'action de l'enfant avec une probabilité suffisante pour être repérée, mais non systématique. C'est le taux moyen de la relation de contingence qui provoquerait un maintien de l'intérêt.

Mais si le conditionnement a été surtout étudié pour montrer qu'il était possible, et rarement pour mettre en évidence, par exemple, les capacités discriminatives du bébé, c'est sans doute parce que la procédure d'habituation remplit très bien ce rôle. Comme le soulignent divers auteurs (Fitzgerald & Brackbill, 1976; Olson & Sherman, 1983a, 1983b; Pomerleau & Malcuit, 1983), le conditionnement classique est difficile à établir chez les bébés, et le conditionnement opérant est instable. D'un point de vue purement pratique, l'habituation est plus facile à mettre en œuvre, et d'un point de vue théorique, personne ne conteste son existence. Comme l'observent Lamb (1981) ou Pomerleau & Malcuit (1983), ce n'est pas le cas du conditionnement. Des expériences très anciennes ont visé à mettre en évidence un conditionnement chez de jeunes enfants (Marquis, 1931; Wickens & Wickens, 1940), pourtant Sameroff (1975; Sameroff & Cavanaugh, 1979) conteste encore cette possibilité. Pour lui, il s'agirait de simples sensibilisations répondant à des prédispositions organiques.

Si l'on veut dresser un bilan des réponses conditionnelles utilisées, il est plus commode de séparer conditionnement classique ou répondant et conditionnement opérant, même si la pertinence de cette distinction est contestée par un certain nombre de spécialistes, et si des procédures mixtes sont parfois utilisées. Ainsi, Papoušek (1959, 1961) renforce la réponse de rotation de la tête par de la nourriture (biberon), mais pour faciliter la mise en place de ce conditionnement, il provoque la rotation de la tête, si elle ne se fait pas spontanément, par la stimulation du réflexe de fouissement ou même en effectuant cette rotation.

Pour le conditionnement classique, Fitzgerald & Brackbill (1976) recensent comme principales stimulations utilisées la durée, les stimulations tactiles, auditives et visuelles. Le cas de la durée est intéressant dans la mesure où, comme le soulignent ces auteurs et d'autres, c'est l'un des premiers apprentissages qui est demandé aux enfants (rythme nyctéméral et rythme des tétées). La vie quotidienne des bébés montre qu'un tel apprentissage est possible, même si les différences individuelles existent en ce domaine. Par ailleurs, Little (1971) s'est intéressée aux relations temporelles entre stimulus inconditionnel et stimulus conditionnel. Elle a montré que le conditionnement de délai (S.C. encore présent au moment de la présentation de S.I.) est efficace chez les jeunes bébés, et que le conditionnement de trace (temps entre la fin de S.C. et le début de S.I.) ne l'est pas. Comme pour l'adulte, la stimulation tactile la plus fréquemment utilisée est un jet d'air provoquant le réflexe palpébral (Fitzgerald & Brackbill, 1971).

La réponse la plus fréquemment observée est la modification (ralentissement ou accélération du rythme cardiaque) (Malcuit & Pomerleau, 1985), mais on a aussi utilisé la réponse psycho-galvanique, le réflexe pupillaire, le réflexe palpébral et la succion.

Fitzgerald & Brackbill (1976) insistent à plusieurs reprises sur le fait que tout n'est pas possible dans les relations entre stimulus inconditionnel, stimulus conditionnel et réponse. Il y a nécessité d'une relation fonctionnelle entre ces trois composantes du conditionnement classique. C'est probablement ce qui rend inefficaces les stimulations nociceptives et en particulier les chocs électriques. Par ailleurs, les mêmes auteurs montrent que des différences individuelles importantes existent dans les possibilités d'établissement d'un conditionnement, et que l'état du sujet joue un rôle important, ainsi que son âge.

Le conditionnement opérant a été plus étudié que le conditionnement classique chez les bébés. Là encore, il s'agit de savoir si un conditionnement est possible, à quel âge, et dans quelles conditions. Rovee-Collier

& Lipsitt (1982) montrent que la caractéristique générale des réponses utilisées est leur coût énergétique faible. Pour Rovee-Collier en effet, l'échec d'un certain nombre de tentatives est dû à un rapport entre coût et bénéfices trop peu avantageux pour les bébés (Rovee-Collier & Gekoski, 1979). Pendant la période néonatale, c'est donc essentiellement la succion qui est utilisée, alors que les mouvements du pied ne sont pas utilisés par les bébés dans cette période pour obtenir un effet. Pourtant, dans une série d'expériences de Rovee-Collier vers 2-3 mois (Rovee-Collier, Sullivan, Enright, Lucas & Fagen, 1980; Rovee-Collier, Griesler & Earley, 1985), les bébés agitent leur jambe, un ruban étant attaché à leur cheville, pour voir bouger le hochet situé au-dessus de leur tête. Dans une première phase, le ruban n'est pas attaché au hochet, et on enregistre un rythme de base de l'agitation de la jambe. Ensuite, le ruban est attaché au hochet. On constate alors une augmentation de l'agitation. Suit une phase d'extinction, le ruban étant de nouveau détaché, et une phase de récupération, l'effet étant de nouveau possible.

Watson (1979, 1985) s'est intéressé plus spécifiquement aux contingences de renforcement. Il a montré que, pour des bébés de 4 mois, un renforcement efficace à 100% donnait d'aussi mauvais résultats qu'un renforcement à 10%, alors que des taux de 50% ou 75% donnaient des résultats bien meilleurs. Pour Watson, cette observation surprenante doit être interprétée en termes motivationnels : une situation de renforcement à 100% n'intéresse pas les bébés et il n'y a donc pas apprentissage. Quoi qu'il en soit, cette observation est susceptible d'expliquer bien des échecs dans les tentatives de conditionnement.

La succion a été utilisée dans des paradigmes très différents. On peut citer, par exemple, une étude de DeCasper & Fifer (1980) montrant une accélération ou un ralentissement du rythme de succion avec, comme renforcement, la présentation de la voix de la mère de préférence à une autre voix.

C'est aussi la succion non nutritive qui est observée dans une technique dite mixte, mettant en jeu à la fois un processus d'habituation et un conditionnement, technique mise au point par Siqueland & Delucia (1969) et décrite au III.1.

Une technique mixte de même type a été utilisée par Demany (1979, 1982; Demany, McKenzie & Vurpillot, 1977) dans l'étude de la perception des rythmes. Les bébés sont situés face à un écran hémisphérique où apparaît un spot lumineux, à 20° du centre. Quand l'enfant regarde dans la direction du spot, une séquence sonore lui est présentée comme renforcement. Quand il cesse de regarder, la séquence s'arrête. La présentation de la même séquence, lors de plusieurs essais successifs, donne lieu à habituation. On présente alors une nouvelle séquence et la discrimination est testée par une éventuelle remontée des temps de fixation.

En résumé, le conditionnement a peu servi, en tout cas beaucoup moins que l'habituation, comme témoin de capacités cognitives diverses, mais il a été considéré comme le témoin d'une capacité cognitive, celle d'apprendre, et comme une condition de son développement. Par ailleurs, des techniques ayant une composante opérante ont joué un rôle important dans l'étude du développement cognitif, la plus importante étant, comme le signalent Malcuit & Raymond (1985) et Malcuit, Pomerleau & Lamarre (1988), l'habituation utilisant une procédure contrôlée par l'enfant.

6. LES METHODES D'OBSERVATION

L'observation du nourrisson a été utilisée abondamment, avec des objectifs divers et dans des perspectives théoriques également diverses. Je ne rapporterai ici que les techniques qui visent à des observations liées directement ou indirectement au développement cognitif. Comme le font observer Pêcheux & Lécuyer (1988b), l'observation, pour être fructueuse, nécessite qu'un certain nombre de choix préalables aient été faits :

– choix des unités de comportement. Celles-ci dépendent du problème posé et doivent être adaptées au répertoire de réponses du bébé;

– observation directe ou videoscopie. La seconde technique, qui permet plusieurs relectures par des personnes différentes, est de plus en plus utilisée. Elle n'est pourtant pas une garantie d'objectivité ni d'exhaustivité (Lécuyer & Pétard, 1984; Pétard & Lécuyer, 1984). Elle est très coûteuse en temps et elle nécessite également des choix : angle de prise de vue, cadrage, etc.;

– observation en continu ou prise d'échantillons temporels, utilisation éventuelle d'enregistreurs d'événements ou d'un simple signal sonore ou lumineux indiquant les périodes d'observation et de cotation des observations, prise en compte ou non de l'organisation séquentielle des événements;

– degré de standardisation des situations et corrélativement degré d'intervention de l'observateur dans la situation.

Les observations directes destinées à l'étude du développement cognitif ne sont pas légion. La méthode «clinique» de Piaget n'a guère été reprise. On sait pourtant que les critiques auxquelles elle a été soumise se sont révélées le plus souvent sans fondement, puisque les mêmes observations refaites avec un plus grand nombre de sujets et dans des situations plus contrôlées ont donné à peu près les mêmes résultats, ce qui semble indiquer que les hypothèses de départ constituent un facteur plus important de réussite que le degré de standardisation. Il est possible qu'une méthodologie fructueuse à un stade du développement de la recherche ne le soit plus, quand on peut s'appuyer sur les connaissances acquises à ce stade pour aller plus loin, mais la nécessité de recherches exploratoires se fait encore sentir sur bien des points. Toutefois, les normes de publication dans les revues sont ce qu'elles sont. Lors d'observation de bébés à domicile faites avec M.G. Pêcheux, nous avons constaté que certains bébés regardaient plus la caméra située à environ 3 mètres d'eux que le hochet agité à 40 centimètres, et ce dès 5 semaines, c'est-à-dire à un âge où ils étaient censés être incapables d'accommodation. Nous n'avons pourtant pas publié cette observation avant d'avoir fait une expérience en bonne et due forme (temps de fixation relatif) qui a montré ce que nous savions déjà, c'est-à-dire que les bébés regardent autant ce qui est loin que ce qui est près (Lécuyer, 1986).

Les observations portent donc soit sur les relations milieu familial-enfant, et en particulier mère-enfant, avec pour but de rendre compte de ces interactions comme source des différences individuelles dans le développement cognitif (Ruddy & Bornstein, 1982; Bornstein & Ruddy, 1984), soit sur le milieu familial lui même, évalué de manière globale avec le même objectif. Tel est en particulier le but des échelles d'évaluation du milieu de vie de l'enfant, comme l'échelle HOME (Home Observation for Measurement of the Environment – Bradley & Caldwell, 1976), reproduite dans Pêcheux & Lécuyer (1989a). L'ouvrage édité sous la direction de Gottfried (1984) fait le point sur ces méthodes et les résultats qu'elles ont permis d'obtenir.

L'ensemble des méthodes rapidement exposées ci-dessus a permis dans les 30 dernières années une meilleure compréhension du nourrisson et en particulier de ses activités perceptives et cognitives. On a souvent présenté leur développement comme la source d'une véritable explosion des connaissances, ce qui est en partie vrai. Sur chacune des techniques, j'ai donné un aperçu des problèmes méthodologiques qu'elle pose et qui demanderaient souvent une discussion plus approfondie. Ces problèmes tempèrent quelque peu le triomphalisme souvent de mise quand on parle des connaissances récentes sur le nourrisson. Les savoirs que nous possédons sont souvent très dépendants des techniques utilisées. Le travail de mise en correspondance des savoirs ainsi acquis n'est pas suffisamment développé. Il est nécessaire de ne pas l'oublier quand on considère les capacités réelles ou supposées du bébé.

Des relations entre perception et intelligence

La perception joue un rôle considérable dans l'étude de l'activité cognitive du nourrisson. Ce rôle est-il justifié? N'y a-t-il pas là un biais important dans la manière d'aborder l'intelligence des bébés? La possibilité d'observer facilement les activités motrices des bébés et même d'effectuer des mesures sur ces activités a conduit les psychologues du nourrisson dans les années 30 à une surestimation du rôle de la motricité dans le développement de l'intelligence, et à une sous-estimation des capacités cognitives précoces du nourrisson, bien illustrées par le concept d'intelligence sensori-motrice. Les chercheurs qui étudient la perception du nourrisson s'émerveillent de leurs propres découvertes et des capacités cognitives qu'elles semblent impliquer. Il est de fait que ces découvertes ont conduit à la nécessité de réviser la manière d'envisager l'intelligence du bébé. Mais pas plus que durant la période précédente, les chercheurs n'ont d'accès direct à la pensée des bébés, et il est nécessaire de se demander si le filtre de la perception est meilleur que celui de la motricité, s'il existe des liens fondamentaux entre perception et intelligence.

Cette question ramène à Piaget. Dans la *Psychologie de l'intelligence* (1947), le chapitre III porte sur «L'intelligence et la perception» (pp. 61-

93). La première partie de celui-ci, historique, est consacrée à un exposé critique de la théorie de la forme. En effet, pour les gestaltistes, il y a une relation très étroite entre perception et intelligence. Les expériences de Köhler (1927) sur les singes supérieurs ont montré le rôle fondamental de la perception dans la découverte de solutions et on retrouve cette importance dans le terme «insight» qui décrit la découverte brutale de solutions. La seconde partie est consacrée à l'exposé des différences et ressemblances entre perception et intelligence.

Piaget pose le problème de la manière suivante :

La perception est la connaissance que nous prenons des objets, ou de leurs mouvements, par contact direct et actuel, tandis que l'intelligence est une connaissance subsistant lorsque interviennent des détours et qu'augmentent les distances spatio- temporelles entre le sujet et les objets. Il se pourrait donc que les structures intellectuelles, et notamment les groupements opératoires qui caractérisent l'équilibre final du développement de l'intelligence, pré-existent en tout ou en partie dès le départ, sous la forme d'organisation communes à la perception et à la pensée (1967, p. 61).

C'est le point de vue de la psychologie de la forme dont Piaget montre que l'apport théorique a été important, aussi bien dans la compréhension de la perception que de l'intelligence, mais auquel il s'oppose très nettement, surtout sur le caractère inné de l'organisation, qu'elle soit perceptive ou intellectuelle. Un tel point de vue se heurte au constructivisme piagétien. Les «formes» sont des schèmes qui ont une histoire. S'il n'y a pas d'opposition fondamentale entre les théoriciens de la forme et lui dans la description de la psychologie de l'adulte, le désaccord est total sur la genèse.

La différence entre perception et intelligence est, pour Piaget, que dans le cas de la perception, il n'y a pas de «groupements» au sens de la logique, et il montre à partir d'un certain nombre d'exemples centrés sur la constance perceptive et les illusions qu'il n'y a dans la perception ni additivité, ni réversibilité, ni associativité. La cause profonde de la différence entre perception et intelligence est l'existence dans la perception de l'erreur de l'étalon qui consiste, lors de la comparaison de deux stimulus, à surestimer celui qui est le plus observé. Lorsque l'intelligence compare deux termes, ils ne sont pas déformés. Une considération qui peut sembler étrange de la part de quelqu'un qui s'intéresse aux théories scientifiques. Dans l'établissement d'une théorie, et encore plus quand deux théories s'opposent, les faits ne sont pas regardés de la même manière selon qu'ils vont ou non dans le sens de la théorie de chacun. La confrontation de deux théories prend souvent la forme de l'affrontement de deux «erreurs de l'étalon». C'est d'ailleurs ce qu'écrit Piaget (1962) dans ses remarques sur les critiques de Vygotsky, à propos de la notion d'égocentrisme. Il signale que la discussion théorique est vaine si on ne se place pas du point de vue de l'autre.

Retenons que cette différence ne s'oppose pas à une relation étroite entre l'intelligence à ses débuts et la perception. La perception et l'intelligence sont particulièrement proches pendant les premières étapes du développement, celles qui nous intéressent ici. «On aurait peine à dire exactement où s'arrête l'activité perceptive et où commence l'intelligence» (1967, p. 87). Ce n'est que plus tard, et au fur et à mesure que l'intelligence s'objectivise, que les différences de fonctionnement apparaissent.

Piaget a repris plus en détail cette question des relations entre perception et intelligence dans *Les mécanismes perceptifs* (1961). Dans le chapitre VI de cet ouvrage, il montre, dans un premier temps, que si l'on compare les formes les plus abstraites de la pensée logique aux formes les plus élémentaires de la perception — ce qu'il appelle les mécanismes primaires — il y a de grandes différences. Ceci ne l'empêche pas de montrer ensuite qu'il y a une continuité entre perception et intelligence. Dans le chapitre VII, il prend plusieurs exemples montrant que la formation des schèmes ne provient pas de la seule perception, mais il les choisit tous, sauf l'erreur du stade IV de la période sensori-motrice, à l'âge scolaire. Il serait beaucoup plus difficile de faire la même démonstration dans les débuts de l'intelligence, où la perception joue un rôle majeur. Ainsi, Piaget suppose que le schème de l'objet ne peut être acquis que bien après la coordination entre vision et préhension, parce que le schème suppose en plus de la perception une activité sur l'objet.

En effet, la perception n'a pas pour Piaget le rôle le plus important dans les débuts du développement de l'intelligence. Ce rôle est tenu par la sensori-motricité. C'est dans le chapitre IV de la *Psychologie de l'intelligence*, «L'habitude et l'intelligence sensori-motrice», qu'il expose sa théorie et ce que sont pour lui les premiers stades du développement de l'intelligence. La motricité a un rôle fondamental, parce que l'intelligence se construit par l'action. Le rôle de la perception est d'effectuer les constats portant sur les différents états de la nature avant et après ces actions. C'est même l'activité motrice qui sert de témoin des capacités perceptives, puisque Piaget voit dans les échecs de la préhension par mauvais ajustement de la distance le résultat d'une accommodation et d'une convergence binoculaire non encore stabilisées. Certes, Piaget écrit qu'il considère la perception comme une activité, mais pour l'essentiel, le champ de cette activité se limite au constat des résultats d'une activité beaucoup plus importante : l'action motrice sur les objets. Sur ce point, on retrouve d'ailleurs une convergence entre Piaget et Wallon puisque ce dernier écrit que «la perception est activité tout autant que sensation...», mais pour lui assigner immédiatement le même rôle de source d'information en retour sur le résultat des actions : «... elle est essentiellement adaptation. Tout l'édifice de la vie mentale se construit, à ses différents niveaux, par l'adaptation de notre activité à l'objet, et ce qui dirige l'adaptation, ce sont les effets de l'activité sur l'activité elle-même» (1941, p. 51). On trouve un point de vue un peu différent chez Michotte (1950), pour qui «la perception n'est qu'une phase de l'action», ce qui n'a pas les mêmes implications.

Il n'est pas question pour moi de nier l'importance de l'activité dans le développement de l'intelligence, mais de prendre au sérieux l'affirmation du caractère actif de la perception. Si la perception est un processus actif, cette activité peut servir de base au développement de l'intelligence avant que le contrôle efficace de la motricité des bras et des mains ne se développe. Si la perception est un processus actif, la mise en relation des informations en provenance de modalités sensorielles différentes peut s'effectuer avant la coordination préhension-vision. Si la perception est un processus actif, la perception des objets, et non de simples tableaux sensoriels peut s'effectuer avant qu'il y ait possibilité d'action efficace sur ces objets. En particulier, l'activité motrice de recherche de l'objet disparu n'apparaît pas comme une condition nécessaire à la construction de l'objet. Si la perception est un processus actif, les relations de causalité entre les mouvements des objets, entre les sensations proprioceptives et tactiles et les mouvements des objets, entre diverses conduites telles que pleurs, sourires, etc., et l'activité des personnes doivent donner lieu très tôt à une construction plus élaborée que la simple «impression» que «il se produit quelque chose» (Piaget, 1967, p. 198). Enfin, si la perception est un processus actif, elle doit permettre de différencier rapidement le sujet de cette activité de son objet.

En résumé, l'activité perceptive peut être une source de construction de l'intelligence largement sous-estimée durant une longue période, faute de moyens pour tester les capacités perceptives des bébés. C'est d'ailleurs ce que reconnaît Piaget quand il écrit :

> Comme en ce qui concerne l'espace et les objets, les premiers stades de la causalité sont surtout remarquables par leurs caractères négatifs. Par conséquent, l'analyse de cet état initial ne saurait guère être conduite autrement que par une méthode récurrente, laquelle consiste à prolonger en sens inverse les lignes du processus génétique révélé par l'étude des stades ultérieurs. Le bien-fondé des interprétations relatives au point de départ d'une notion ne peut donc être démontré qu'*a posteriori*, par la vraisemblance de l'explication fondée sur l'évolution totale de cette notion (1937, p. 193).

Bien entendu, il ne suffit pas d'affirmer que la perception est un processus actif pour démontrer que Piaget et ses contemporains se sont trompés dans leur reconstruction des états initiaux. Les méthodes d'étude de la perception mises au point depuis trente ans ont permis une meilleure connaissance, parce que plus directe et moins reconstruite, de ces états précoces. L'histoire de ces années est, en effet, marquée par l'étude d'un enfant de plus en plus jeune, qui ne s'arrête pas au nouveau-né à terme, puisque le prématuré et le fœtus ont fait et font l'objet de nombreuses recherches. Mais, plus précisément, beaucoup de recherches ont été faites sur les mois qui précèdent la coordination vision-préhension et le développement des possibilités d'action motrice du bébé sur son environnement. Or, cette période n'est pas seulement celle où le chercheur était contraint de «prolonger en sens inverse les lignes du processus génétique révélé par l'étude des stades ultérieurs», mais aussi celle où le bébé, incapable d'agir directement sur son environnement physique, ne peut exercer son intelligence que de deux manières : en effectuant des constats de relations causales entre divers phénomènes, que permet la perception, ce qui lui donne une importance qu'elle n'aura plus ensuite; ou bien en obtenant un certain nombre de choses des adultes qui l'entourent, car ses capacités d'action sur son environnement social précèdent et dépassent pendant fort longtemps ses capacités d'action sur son environnement physique. C'est ce qui fait l'importance de l'étude de ce stimulus bien particulier qui non seulement semble être, dès la naissance, fort agréable à regarder, à écouter, à sentir, à toucher et même à consommer, mais qui, de plus, bouge, stimule la poursuite visuelle, l'accommodation, la convergence... mieux, que les pleurs, les sourires, les vocalises font réagir. Un bel objet d'étude.

La suite de ce chapitre sera consacrée à faire le point sur ce que nous savons sur les capacités perceptives du bébé, et à voir ce que nous pouvons en conclure pour son intelligence. Ces aspects, qui constituent autant de problématiques de recherche, sont la psychophysique, les capacités de discrimination et de catégorisation, les relations entre modalités sensorielles, et la perception des objets. La question du dualisme ou de l'adualisme initial sera ensuite examinée. Celles de la perception du langage et de l'imitation seront traitées dans le chapitre VI.

1. PSYCHOPHYSIQUE

Quel rapport y a-t-il entre intelligence et psychophysique? On les situe plutôt aux antipodes des capacités humaines sur lesquelles on exerce une mesure. Pourtant, dans le cas du nourrisson, faire le point sur ses capacités sensorielles est un préalable à l'étude des capacités cognitives. Il faut que le message passe par les sens pour être accessible à l'intelligence.

Il est courant de présenter le savoir actuel sur les «compétences» du bébé comme un phénomène extraordinaire, tant du point de vue des «compétences» elles-mêmes, que de la réussite constituée par leur mise en évidence. Ceci n'est pas complètement faux, mais il existe un phénomène bien plus extraordinaire dans l'histoire de la connaissance, celui de la constitution préalable d'un «savoir» sur les «incompétences», en particulier sensorielles du nourrisson. Il est d'usage sur ce point de faire référence à William James (1912) et à l'état de «buzzing, blooming confusion» dans lequel il situait le nouveau-né. Mais, plus près de nous, Piaget (1936, 1937) lui accorde, nous l'avons vu, la perception de la lumière, le réflexe palpébral et le réflexe cornéen, ce qui est déjà mieux que ce qu'affirme la rumeur selon laquelle le bébé est aveugle pendant les premières semaines de sa vie. Il serait d'ailleurs très intéressant de connaître l'origine de cette rumeur, origine dont il semble qu'elle soit savante. Les mères qui «savent» que le bébé ne voit pas avant trois semaines voient qu'il voit et se comportent non en fonction de ce qu'elles savent mais de ce qu'elles voient. D'autre part, on trouve cette affirmation sous la plume d'auteurs aussi récents et respectables que Lazorthes (1982, 1986), membre de l'Académie des Sciences et de l'Académie de Médecine, pour qui «le nouveau-né est sourd, aveugle et agnosique» (1982, p. 27).

La diffusion très large d'une telle croyance et sa persistance, même si elle semble actuellement largement minoritaire, posent le problème de l'origine de la volonté de croire quelque chose d'aussi important et qui ne résiste pas au moindre examen. Fort heureusement, il ne semble pas que les mères qui, actuellement, croient que leur bébé ne voit pas communiquent moins avec lui que celles qui croient l'inverse, mais cette croyance est une survivance et l'on sait que la manière de considérer l'enfant a beaucoup changé selon les époques (Badinter, 1980).

Ainsi donc, le nouveau-né voit... et ses autres modalités sensorielles sont également fonctionnelles à la naissance. Il ne s'agit pas ici de résumer l'ensemble de ce que nous savons actuellement de la psychophysique du nourrisson, mais de présenter ce qui est nécessaire à la compréhension de son fonctionnement perceptivo-cognitif.

Par certains aspects, les capacités perceptives des nourrissons sont connues depuis longtemps, mais des progrès importants ont été effectués ces dernières années, plus dans la manière de les appréhender et d'en tirer toutes les conséquences que dans celle de les mesurer, laquelle a pourtant, elle aussi, fait des progrès. Ce qui apparaissait parfois comme des incapacités (accommodation) ou des particularités (préférences pour certaines formes) est aujourd'hui présenté par certains auteurs comme simple conséquence des capacités sensorielles (cf. VI.2.1.1.).

Ce que nous avons appris, dans les dernières années, sur les capacités perceptives du bébé est intéressant avant tout par ce que ces capacités impliquent. Dès la naissance, toutes ses modalités sensorielles sont fonctionnelles, et, pour certaines d'entre elles, depuis plusieurs mois (Lecanuet, Granier-Deferre & Busnel, 1988). S'il a de telles possibilités, c'est sans doute qu'il s'en sert. Il n'y a pas de raison de faire commencer à la naissance la période où l'absence d'exercice d'une fonction produit une perte de capacité. S'il s'en sert, cet usage peut l'amener à avoir l'intelligence de son environnement. C'est ce que je vais tenter de montrer à partir d'un certain nombre d'exemples.

2. DISCRIMINATION ET CATEGORISATION

2.1. Discrimination

S'il est une question à propos de laquelle différentes méthodes d'étude du nourrisson exposées ci-dessus ont été utilisées abondamment (conditionnement opérant, succion de haute amplitude, préférence visuelle, habituation), c'est celle des capacités discriminatives des bébés. Des centaines d'expériences ont été faites avec des bébés d'âge et de sexe différents, nés à terme ou prématurés, dans des modalités sensorielles différentes, avec des indices différents. C'est, en fait, un vaste bilan des capacités de discrimination du bébé à différents âges qui est entrepris depuis trente ans.

Il ne s'agit pas ici d'en dresser un panorama global (cf. en français Vurpillot, 1972; Moal & Pêcheux, 1981; Pomerleau & Malcuit, 1983; en anglais, par exemple, Appleton, Clifton & Goldberg, 1975; Olson & Sherman, 1983). Certaines des capacités ainsi mises en évidence font l'objet de débats d'interprétation dont les enjeux ne sont pas étrangers aux questions posées par cet ouvrage. J'en examinerai successivement quatre :
– la relation entre l'âge et la préférence pour un niveau de complexité;
– la question de l'optimum de nouveauté;
– la relation entre l'âge et la préférence pour l'ancien ou le nouveau;
– la relation entre préférence pour le nouveau et intelligence.

2.1.1. Optimum de complexité et âge : cognition, motivation ou limites sensorielles ?

L'idée selon laquelle plus les bébés vieillissent, plus ils s'intéressent à des stimulus complexes est une des constantes de la littérature sur la perception visuelle du bébé. Elle est illustrée le plus souvent par une expérience de Brennan, Ames & Moore (1966) dont les résultats sont particulièrement spectaculaires. Ces auteurs présentent des damiers de 4, 64 et 576 carreaux à des bébés âgés de 3, 8, et 14 semaines. Les bébés de 3 semaines regardent d'autant plus les damiers que le nombre de cases est plus faible. Ceux de 14 semaines, au contraire, les regardent d'autant plus qu'ils sont plus complexes. Enfin, ceux de 8 semaines s'intéressent davantage au damier intermédiaire de 64 carreaux.

Ainsi semble se confirmer l'hypothèse faite par Dember (1960; Dember & Earl, 1957) de l'existence d'un optimum de complexité en fonction de l'âge, d'autant plus que des résultats similaires ont été produits par la plupart des auteurs qui ont procédé à de telles comparaisons : Fantz (1958) avait déjà montré la préférence des nouveau-nés pour un stimulus structuré par rapport à un fond gris de même luminance, et Ames & Silfen (1965) avaient déjà trouvé, chez des bébés de 8 semaines, une préférence pour des damiers de 16 carreaux (par rapport à 4 ou 144), alors que ceux de 12 semaines préféraient les damiers de 144 cases. Caron & Caron (1968, 1969) ont montré que des bébés âgés de 15 semaines ont une habituation d'autant plus rapide que la cible visuelle qui leur est présentée comporte moins de carreaux. Un résultat comparable est trouvé par Cohen, DeLoache & Rissman (1975) pour des enfants de 17 semaines, avec des damiers de 4 et 576 cases, mais ces auteurs n'indiquent pas si une différence significative est trouvée entre ces deux damiers et celui de 64 cases également présenté. Lécuyer, Douin & Pintenat (1988) trouvent une différence non significative entre les durées d'habituation à des damiers de 15 et 160 cases. Greenberg, O'Donnell & Crawford (1973) ont également montré que les bébés qui s'habituent le plus vite, mis en situation de préférence visuelle, préfèrent les damiers comportant le plus grand nombre de cases. Globalement, les résultats vont donc dans le même sens : celui d'une liaison entre degré de complexité, défini par le nombre de cases d'un damier, et l'âge auquel ce damier intéresse prioritairement les bébés. Mais ces recherches posent deux problèmes : celui de la définition de la complexité et celui de l'interprétation que l'on peut donner à ces différences.

Le problème de la définition de la complexité a été discuté dans le détail par Vurpillot (1972). Elle part d'une définition en termes d'information :

La complexité d'un stimulus est définie par sa valeur informative, l'incertitude qu'il présente... Dans cette perspective, un dessin sera plus complexe s'il est irrégulier que régulier, asymétrique que symétrique; un damier régulier fait de carrés noirs et blancs sera d'autant plus complexe qu'il contiendra plus de carreaux (Vurpillot, 1972, p. 80).

Passant ensuite en revue les recherches effectuées sur la complexité, elle montre que ce facteur, défini en termes d'information, n'a pas toujours été isolé d'autres facteurs dont le rôle est important dans les préférences des enfants. Ainsi, beaucoup de recherches portant sur ce thème ont procédé à la comparaison de figures simples et complexes, ces dernières étant des schématisations de visages humains (Stechler, 1964; Thomas, 1965; Fantz, 1966; Haaf & Bell, 1967), ou au contraire, les figures complexes étant des non visages[1], les traits du schéma étant tous présents mais situés dans des endroits inadéquats, ce qui augmente la complexité par disparition de la symétrie. Il est bien évident, comme le souligne Vurpillot, qu'on ne manipule pas seulement alors la complexité.

De même, lorsqu'on utilise des damiers pour faire varier la complexité, on manipule en même temps ce que Berlyne (1958) appelle le taux de contour.

Celui-ci est mesuré par la somme des longueurs de toutes les frontières qui séparent les surfaces noires des surfaces blanches contenues dans un pattern (Vurpillot, 1972, p. 98).

Plusieurs recherches ont donc été faites pour séparer taux de contour et complexité. Ainsi, McCall & Melson (1970) maintiennent constant le taux de contour entre différentes cibles : il s'agit toujours de 9 petits carrés de même taille, mais ils font varier la complexité en les disposant de manière plus ou moins irrégulière. Ils ne constatent aucune différence entre situations dans la durée de la première fixation oculaire, ni dans le rythme cardiaque à 22 semaines. McCall & Kagan (1967) et Karmel (1969) font varier indépendamment taux de contour et complexité. Ils montrent que le taux de contour est la variable efficace (cf. Karmel & Maisel, 1975). Ceci ne résout pas pour autant l'ensemble des problèmes dits de complexité, cette «variable» étant multi-dimensionnelle. S'il paraît nécessaire de considérer de manière séparée les stimulus qui ont une signification particulière pour l'enfant (visages), il n'est pas forcément nécessaire ni profitable d'analyser de manière séparée différentes manières d'introduire la complexité, les effets produits étant, semble-t-il, les mêmes. Le problème est surtout de savoir comment interpréter cette liaison entre âge et préférence pour un niveau de complexité.

La question de l'interprétation des différences observées, quel que soit le vocabulaire utilisé pour les décrire, constitue un exemple prototypique des oppositions entre grandes catégories d'explications en psychologie.

Trois types d'hypothèses ont, en effet, été fournis pour rendre compte de ces résultats. Une hypothèse cognitive : l'enfant regarde le plus ce qui correspond au niveau d'information qu'il est capable de traiter. Une hypothèse motivationnelle : l'enfant regarde le plus ce qui l'intéresse le plus. Enfin, une hypothèse sensorielle : l'enfant regarde le plus ce qui sollicite le plus son système sensoriel (Karmel & Maisel, 1975) ou ce qui correspond à un optimum dans sa fonction de sensibilité au contraste (Banks & Salapatek, 1981).

L'interprétation en termes cognitifs et informationnels est, bien sûr, celle qui définit la problématique. C'est aussi celle qui semble la plus intéressante ici. La manière même de définir la complexité illustre ce propos. Il paraît logique de considérer que l'intelligence, ou la capacité des bébés à traiter de l'information croît avec l'âge, donc qu'il existe une liaison entre niveau de complexité et capacité de traitement. S'ils sont placés en situation de préférence visuelle, les bébés passent davantage de temps à explorer un stimulus qui correspond à leur optimum de complexité qu'à explorer un stimulus plus simple, dans lequel il y a moins d'information à traiter ce qui demande moins de temps. Ils y passent aussi plus de temps qu'à explorer un stimulus plus complexe parce que la quantité d'information dépasse alors les capacités de traitement. S'ils sont placés dans une situation d'habituation, la vitesse à laquelle ils s'habituent dépend de la quantité d'information à traiter, mais avec la même limite des capacités de traitement. Cette dernière hypothèse n'est pas exprimée de manière explicite dans la littérature, elle l'est indirectement par la question des différences individuelles dans la vitesse d'habituation : les bébés qui s'habituent vite traiteraient plus vite l'information que les bébés qui s'habituent lentement, et on trouverait là l'explication de la liaison entre vitesse d'habituation et Q.I. ultérieur (cf. Bornstein, 1985b; Bornstein & Sigman, 1986).

Mais si l'idée de complexité appelle celle d'information, et donc l'interprétation cognitiviste, l'idée de préférence appelle celle de motivation. Les nombreuses recherches de Fantz et d'autres, utilisant la technique de la préférence visuelle, sont basées sur l'idée que l'une des cibles qui est présentée au bébé l'intéresse plus que l'autre, même si c'est davantage la discrimination que la préférence qui intéresse le chercheur. A la suite de Fantz, on a d'ailleurs cherché à faire un bilan des caractéristiques préférées par les bébés, qui ne se limitent pas à un degré de complexité. Avant trois mois, les bébés préfèrent les courbes aux droites (Fantz, 1965; Fantz, Fagan & Miranda, 1975), les structures symétriques aux asymétriques (Fantz, Fagan & Miranda, 1975), les figures concentriques aux non-concentriques (Ruff & Birch, 1974). Il s'agit alors de savoir ce que signifie préférence, donc quelle signification est attribuée aux réponses observées. Si l'on s'en tient à la fixation visuelle, on peut dire que de deux cibles présentées simultanément, celle qui est la plus regardée est préférée. Il faut alors choisir la variable dépendante : durée totale de fixation pendant un essai ou une série d'essais dont la durée est préalablement fixée, ou bien simplement durée de la première fixation à l'intérieur de chaque essai. Mais on peut également penser que le stimulus préféré est celui vers lequel s'oriente d'abord le regard de l'enfant, indépendamment de la durée du regard. Or, quand plusieurs indices de ce type sont utilisés, ils donnent rarement des résultats concordants. Les résultats ne sont évidemment pas meilleurs si l'on utilise des réponses différentes : potentiels évoqués, réponse cardiaque (Appleton et al, 1975). Si nous en revenons à la durée de fixation, le raisonnement sous-jacent à l'idée de préférence est que ce qui détermine la durée de la fixation est l'intérêt que présente le stimulus. Si l'on applique ce même raisonnement aux différences individuelles dans l'habituation, on en conclut que les bébés qui s'habituent le plus lentement sont ceux qui s'intéressent le plus aux stimulus, et non pas, explication plus usuelle, ceux qui traitent l'information le plus lentement.

Cette opposition entre deux conceptions, dont l'une attribue la priorité à la saisie et au traitement de l'information, l'autre au niveau de motivation que les stimulus proposés sont susceptibles de provoquer, est donc un phénomène très global. Quel intérêt présentent pour le bébé les différents stimulus qui lui sont présentés? C'est le problème que pose, par exemple, von Hofsten (1983) en présentant l'approche gibsonienne de la perception. Il fait l'hypothèse que les capacités perceptives des bébés sont largement sous-estimées, car le nouveau-né a des capacités pour percevoir des stimulus écologiques, non pour percevoir les damiers, les rayures et les cercles concentriques qui lui sont présentés par les chercheurs. Ajoutons un autre aspect non écologique de la situation qui explique pourquoi les bébés regardent néanmoins les trames et les damiers : il n'y a rien d'autre à voir dans la situation. Pour appuyer son point de vue, von Hofsten (1983) donne un exemple auditif : la réponse de saccade oculaire à la présentation d'un clic sonore chez le nouveau-né a donné lieu à des controverses, dans la mesure où elle n'a pu être reproduite de manière systématique (Wertheimer, 1961; McGurk, Turnure & Creighton, 1977). Le remplacement du clic par la voix humaine donne des résultats sans ambiguïté (Mendelson & Haith, 1976; Alegria & Noirot, 1978). Il est de fait, également, que le mouvement joue un rôle considérable dans la perception, et que la plupart des recherches utilisent des stimulus statiques, ce qui ne peut que conduire à mésestimer les capacités perceptives.

L'existence d'une composante motivationnelle dans la détermination des durées de fixation, que le stimulus soit présenté seul ou par paires, paraît difficilement niable. En fait, cette hypothèse apparaît plutôt complémentaire que contradictoire avec l'hypothèse cognitive. Si les bébés préfèrent un stimulus structuré à un fond gris, c'est probablement parce que l'ennui naquit un jour de l'absence d'information.

Ces deux hypothèses ont à l'évidence un point commun, celui d'être l'objet d'une contestation virulente de la part d'un courant que l'on pourrait appeler psychophysique, et qui vise à expliquer les préférences des bébés par les propriétés du système sensoriel intéressé.

Le point de vue de Karmel (Karmel, 1969; Karmel & Maisel, 1975) est centré sur le taux de contour et non sur la complexité. Davantage de contour, c'est davantage d'information, mais c'est aussi une probabilité plus grande pour le système visuel de rencontrer des éléments qui jouent un rôle important dans son fonctionnement précoce. Les recherches célèbres de Hubel & Wiesel (1959, 1962, 1968) ont en effet montré l'importance des contours dans les mécanismes élémentaires de la perception. A chaque âge, un taux de contour particulier provoque une réponse maximale de la part des récepteurs visuels, et ce taux de contour optimum augmente au fur et à mesure que la maturation neurologique le permet.

Un point de vue proche est défendu par Haith (1980). Ses observations ont montré que le nouveau-né et le très jeune bébé concentrent l'essentiel de leurs fixations visuelles sur les zones de changement, c'est-à-dire les contours. Haith exprime son point de vue sous forme de «règles» suivies par l'exploration visuelle du bébé. Les règles 3, 4 et 5 concernent directement mon propos. La règle 3 consiste à chercher des contours par de larges mouvements dans le champ, la 4 à rester aux abords du contour en le franchissant dans les deux sens, la 5 à diminuer l'amplitude des mouvements quand la densité de contour augmente. Si cette dernière règle est exacte, elle permet de rendre compte d'une relation entre taux de contour et quantité d'exploration du moins jusqu'à un maximum. Mais cette approche, comme d'ailleurs l'approche motivationnelle, permet plus difficilement de rendre compte d'un optimum, c'est-à-dire du fait qu'au-delà d'un plafond, l'augmentation de la complexité ne provoque plus une augmentation des durées d'exploration, mais au contraire une diminution, bien qu'on se situe alors nettement au-delà du seuil d'acuité visuelle.

Cette absence de coïncidence entre seuil d'acuité et diminution d'intérêt pour le complexe est une difficulté pour l'explication sensorielle de l'optimum de complexité. En effet, l'une des méthodes utilisées pour mesurer ces seuils consiste à présenter conjointement une cible uniforme et une cible composée de bandes alternées noires et blanches plus ou moins fines, et à mesurer un temps de fixation relatif (Fantz, Ordy & Udelf, 1964). L'hypothèse sous-jacente est que toute structure est préférée à un fond uniforme, et donc que, aussitôt que le bébé différencie les rayures d'un fond gris, il les regardera préférentiellement. Les seuils mesurés par cette méthode sont plus élevés que ceux mesurés par le nystagmus optokinétique (largeur des raies à partir de laquelle un mouvement est perçu) et surtout que ceux mesurés par la méthode des potentiels évoqués visuels (Salapatek & Nelson, 1985).

L'ensemble de ces faits semble trouver une interprétation cohérente dans la théorie de Banks et Salapatek (Banks & Salapatek, 1981, 1983; Banks, 1980, 1985). Ces auteurs utilisent la notion de «fonction de sensibilité au contraste» qui correspond au relevé des contrastes justes nécessaires pour détecter une trame sinusoïdale, en fonction de sa fréquence spatiale (Atkinson, Braddick & Braddick, 1974; Atkinson, Braddick & Moar, 1977). En effet, deux facteurs déterminent la possibilité de percevoir une trame et non un fond uniforme. Le premier est la largeur angulaire des bandes de la trame, c'est-à-dire sa fréquence spatiale, le second est la différence de luminance entre les parties les plus noires et les parties les plus blanches de la trame, c'est-à-dire son contraste. Si le contraste est à son maximum, seule joue la fréquence spatiale de la trame. On mesure alors un seuil d'acuité au sens classique du terme. La sensibilité au contraste est donc la réciproque du contraste au seuil. La fonction de sensibilité au contraste n'est pas linéaire. Chez l'adulte, elle passe par un maximum situé aux environs de trois cycles par degré. C'est pour cette fréquence spatiale que la trame est détectée avec un minimum de contraste. Cette valeur est nettement supérieure au seuil situé aux environs de 60 cycles par degré (plus le nombre qui exprime la fréquence spatiale est grand, plus les angles visuels sont faibles). Cette fonction, notamment son maximum, change avec l'âge. Par exemple, chez le bébé de trois mois, le maximum est situé aux environs de 0,5 cycles par degré (Banks & Salapatek, 1981).

La théorie de Banks est que les préférences visuelles sont essentiellement déterminées par la fonction de sensibilité au contraste. Les stimulus qui sont présentés aux bébés dans les expériences portant sur la complexité ne sont pas des trames sinusoïdales, mais, sur tout stimulus visuel, une analyse de Fourier permet une décomposition en ondes sinusoïdales donnant le poids de chaque fréquence spatiale. Plus précisément, la théorie de Banks prévoit donc que les bébés préfèrent les stimulus pour lesquels la composante principale de l'analyse de Fourier correspond le mieux au maximum dans la fonction de sensibilité au contraste. A partir de cette hypothèse, Banks & Salapatek (1981) réanalysent les résultats d'un certain nombre d'expériences antérieures et montrent qu'effectivement ceux-ci sont entièrement compatibles avec leur explication.

Banks & Salapatek (1983) et Banks (1984, 1985) reprennent sur ces bases l'ensemble de l'histoire des recherches sur la préférence visuelle en la présentant, surtout dans le dernier article, comme l'histoire d'une gigantesque erreur scientifique, due plus spécialement à Fantz et ses élèves dont les recherches sur les caractéristiques respectives des stimulus préférés et non préférés auraient abouti à une impasse, faute d'une bonne analyse des caractéristiques des stimulus. Les choses ne sont sans doute pas aussi simples. Certes, l'intérêt de la démarche de Banks est tout à fait évident et ses démonstrations élégantes. Des résultats comme ceux de Vurpillot, Ruel & Castrec (1977), qui montrent que la prise en considération des configurations globales ou des éléments dépendent de la taille des éléments sont interprétables de manière économique avec la théorie de Banks. De plus, la même analyse appliquée aux problèmes d'accommodation a prouvé, là encore, son efficacité en permettant d'abandonner l'idée d'un nourrisson n'accommodant pas avant 4 mois (Banks, 1980; Lécuyer, 1986). Enfin, ce type d'analyse est évidemment séduisant dans la mesure où l'explication purement sensorielle permet de faire l'économie d'hypothèses plus hasardeuses. Pour autant, il est abusif d'affirmer que Fantz n'a rien montré, et surtout, toutes les préférences constatées ne peuvent s'expliquer en termes de fréquences spatiales. Les stimulus dans lesquels les mêmes éléments (même forme, même taille) sont présentés avec une disposition différente ne varient pas par la fréquence spatiale (Fantz, 1967; McCall & Melson 1970).

Quelles conclusions tirer de l'examen de cet exemple de la psychophysique? D'abord que son histoire est à contre-courant de ce qui s'est passé ces dernières années dans l'étude du développement cognitif, dans la mesure où l'intérêt pour la question de la complexité a été, dès le départ, conçu dans une perspective cognitiviste, et où les développements les plus récents vont dans le sens d'une interprétation sensorielle plus élémentaire. La conclusion de cette première conclusion est qu'il faut se garder de voir trop rapidement développement de l'intelligence là où des mécanismes plus élémentaires peuvent être en jeu.

Au stade actuel des recherches, il est douteux que la fonction de sensibilité au contraste soit une explication universelle. La manière quelque peu manichéenne de raconter l'histoire de Banks (1985) est sans doute trop jolie pour être vraie. De même que l'on a acquis une meilleure compréhension des mécanismes en jeu en faisant varier séparément taux de contour et complexité, il serait nécessaire actuellement de faire varier séparément fonction de sensibilité au contraste et information. Dès maintenant — quelques exemples cités le montrent — tout ne paraît pas explicable en termes de fonction de sensibilité au contraste, c'est-à-dire de développement neurologique.

Plus généralement, on peut se demander dans quelle mesure les effets de la complexité, du taux de contour ou de la fonction de sensibilité au contraste fonctionnent indépendamment de ceux de la signification des stimulus et de la valeur qu'ils peuvent acquérir au cours des expériences que l'enfant en a. L'un des aspects fondamentaux qui semblent déterminer l'intérêt des bébés pour un stimulus est la dimension familiarité/nouveauté. Cette question a fait l'objet d'une réflexion centrée autour de trois problématiques quelque peu décalées et dont le fonctionnement est souvent relativement indépendant dans la littérature, même s'il paraît raisonnable de penser que cette indépendance ne se retrouve pas dans le fonctionnement du sujet, et si, par conséquent, un rapprochement s'impose entre la théorie de l'optimum de nouveauté, l'idée d'une relation entre l'âge et la préférence pour le nouveau ou pour le familier, et la problématique de la liaison entre préférence pour la nouveauté et l'intelligence.

2.1.2. La théorie de l'optimum de nouveauté

Vurpillot cite sur ce point Piaget (1937, p. 66) :

... le sujet ne regarde ni le trop connu, parce qu'il en est en quelque sorte saturé, ni le trop nouveau, parce que cela ne correspond à rien dans ses schèmes (1972, p. 92).

Dans la tradition de la littérature américaine, la théorie de l'optimum de nouveauté, développée par McClelland, Atkinson, Clark & Lowell (1953) a été introduite par Hebb (1949). Le modèle de Hebb (Stimulus pattern model) est une réponse à la conception hullienne classique développée par Miller & Dollard (1941), centrée sur la notion d'incitateur (*drive*). McClelland et al. (1953) appellent cette conception «modèle de l'intensité du stimulus». En effet, dans ce modèle, l'intensité de l'effet incitatif d'un stimulus est directement liée à la force du stimulus lui-même. Hebb fait une critique de ce modèle classique de la motivation en soulignant son caractère tautologique et en citant des exemples dans lesquels, au contraire, c'est une diminution de l'intensité du stimulus qui provoque une augmentation des réponses. En fait, si pour Hebb il existe une relation entre intensité du stimulus et motivation, cette relation n'est pas simple et passe par la nouveauté, le caractère inattendu de la stimulation :

> L'hypothèse que je fais est que, jusqu'à un certain point, le manque de correspondance entre l'attente et la perception peut avoir simplement un effet stimulant et agréable... au-delà de ce point, un effet de rupture désagréable (Hebb, 1949).

Aussi bien Piaget que Hebb ou McClelland, ont un modèle motivationnel des relations entre le sujet et son environnement. L'opposition entre Miller & Dollard (1941) et Hebb (1949) correspond tout à fait au passage du behaviorisme au cognitivisme décrit dans le chapitre I, l'effet de la force du stimulus étant remplacé par celui de sa valeur informative.

Si l'on applique cette conception à la perception des bébés, on a là une explication motivationnelle de l'habituation et de la réaction à la nouveauté. De l'habituation : si ce qui motive les réponses est la nouveauté des stimulations, il est logique que la répétition de la même stimulation provoque une diminution des réponses. Il faut noter que ce type d'explication ne s'oppose en rien aux modèles cognitifs de l'habituation, mais qu'il met l'accent sur un autre aspect du phénomène, il est nécessaire que le contenu informationnel du stimulus ait été traité pour que celui-ci cesse d'être nouveau, mais peut-être faut-il qu'il soit nouveau pour être traité. En tout état de cause, le traitement ne saurait être le même sur un stimulus nouveau et un stimulus déjà connu. Toutefois, c'est plus du côté d'un modèle incluant une perspective motivationnelle comme celui de McCall que d'un modèle purement cognitif, comme celui de Cohen, que l'on va trouver une prise en compte de cette forme de relation à l'information.

Mais c'est surtout pour la réaction à la nouveauté que cette théorie présente un intérêt. Là encore, on trouve une interprétation motivationnelle de cette réaction, compatible avec son interprétation cognitive, mais de plus, on a l'idée d'un optimum, c'est-à-dire l'idée que si le stimulus est trop nouveau, il n'y aura pas d'augmentation des durées d'exploration. C'est le point de vue qu'ont développé notamment McCall et ses collaborateurs. McCall & Kagan (1970), Kagan (1971), McCall, Kennedy & Appelbaum (1977), McCall (1979a, 1979b) ont montré que la réaction à la nouveauté était maximum pour un optimum de nouveauté : au delà de cet optimum, les bébés auraient une réaction d'évitement du stimulus.

Un jugement sur cette hypothèse peut et doit être porté en fonction des phénomènes dont elle permet de rendre compte et des prédictions qu'elle permet. L'idée d'optimum implique que si la différence entre le stimulus ancien et le stimulus nouveau est faible, la réaction à la nouveauté sera elle aussi faible ou nulle, mais on se heurte sur ce point à une difficulté : l'impossibilité de séparer les origines motivationnelles et simplement perceptives de cette absence de discrimination. Est-ce parce que le stimulus n'est pas assez nouveau que le bébé ne s'y intéresse pas plus, ou est-ce parce qu'il n'est pas nouveau du tout, la différence n'étant pas perçue? Il est évidemment impossible de le dire. McCall & McGhee (1977) ont tenu à faire la différence entre nouveauté et divergence (*discrepancy*) : pour eux, le stimulus nouveau n'aurait pas d'intérêt en soi, mais par comparaison avec l'ancien. Avoir une forte réaction à la nouveauté serait donc effectuer cette comparaison de manière approfondie. Malheureusement, cette distinction ne paraît guère opérationnelle. C'est quand la différence se situe au-delà de l'optimum que l'hypothèse devient intéressante, et c'est bien ainsi que l'entend McCall. Les expériences réalisées montrent que des stimulus très différents (dans leur orientation par exemple) de ceux sur lesquels l'habituation s'est effectuée provoquent moins de réaction à la nouveauté que des stimulus moins différents.

Malgré son intérêt, cette théorie a fait l'objet de critiques, à cause de son caractère non réfutable (Olson & Sherman, 1983). On peut penser, en effet, que la hiérarchie des différences pour le bébé n'est pas la même que pour l'adulte expérimentateur. Si l'on tient ce point pour acquis, on peut admettre facilement que l'optimum en question varie, par exemple, en fonction de l'âge (Kagan, 1971), mais aussi en fonction des individus. Il y a alors là une explication toute trouvée au fait que pour un même taux d'habituation, certains bébés ont une réaction à la nouveauté, alors que d'autres n'en ont pas : le stimulus nouveau serait éventuellement trop, ou pas assez nouveau. L'argument est imparable et l'explication universelle.

Néanmoins, cette hypothèse de l'optimum s'étaie sur une théorie plus générale, et permet, elle aussi, de fournir une explication aux courbes d'habituation que McCall (1979a) et Bornstein & Benasich (1986) appellent «croissance-décroissance», et à la nécessité méthodologique qui s'est imposée de présenter avant le stimulus d'habituation un stimulus de mise en situation (*warming-up*), pour laisser le bébé s'accoutumer à la situation. Certains bébés ont en effet des premières fixations très courtes lors de ces premiers essais, indépendamment du stimulus présenté. La situation globale est alors nouvelle et ce ne sont, par la suite, que des éléments de cette situation qui seront changés. De même, cette hypothèse rendrait compte, au moins en partie, des tenues de l'objet très courtes en habituation manuelle, laquelle s'organise dans le temps différemment de l'habituation visuelle (Lécuyer & Streri, 1986).

Enfin, il semble intéressant de rapprocher cette idée d'optimum de nouveauté d'une hypothèse de Watson (1985) sur la relation entre contingence et attention. Pour Watson, deux facteurs doivent être pris en compte séparément dans l'effet qu'exercent les résultats de leurs propres actions sur le comportement des bébés. D'une part, la perception de la relation de causalité qui est directement et linéairement fonction du degré de contingence, et, d'autre part, l'attention que les bébés portent à la relation de causalité qui varie suivant le degré de contingence selon une courbe en U inversé : l'attention est minimum quand la contingence est nulle ou parfaite, elle est maximum pour une contingence moyenne. Le rapprochement va sans doute au-delà de l'existence d'un optimum dans les deux cas. La situation de contingence parfaite est une situation sans information nouvelle. La situation sans contingence est inanalysable. La situation de contingence partielle est, comme une situation où un peu de nouveauté est introduite, un problème, soluble pour l'enfant, une occasion d'établir des relations.

La théorie de l'optimum de nouveauté peut être envisagée, dans ses relations avec l'intelligence, à deux niveaux. Elle décrit le bébé comme un consommateur d'information, et à ce titre, elle participe des explications cognitivistes classiques : l'intelligence comme capacité de traitement. Si les moyens de situer un optimum de nouveauté individuel existaient, il serait envisagé, par certains auteurs, comme une mesure précoce possible de l'intelligence.

De manière plus spécifique, l'existence d'un optimum implique un certain mode de fonctionnement de l'intelligence : regarder le nouveau, c'est effectuer une mise en relation avec le connu, laquelle est limitée par les possibilités offertes par le stimulus, par les connaissances du bébé et ses capacité de mise en relation, donc par son intelligence. On peut dire que la théorie de l'optimum de nouveauté et la théorie de Watson, sont des théories de l'intelligence, au sens que j'ai donné à ce mot dans le chapitre I : établissement de relations.

2.1.3. *La relation entre l'âge et la préférence pour l'ancien ou le nouveau*

Une autre question très débattue est celle de savoir si les jeunes bébés préfèrent un stimulus familier ou un stimulus nouveau. Un certain nombre de recherches ont montré une préférence pour le familier (Greenberg,

Uzgiris & Hunt, 1970 ; Weizmann, Cohen & Pratt, 1971 ; Wetherford & Cohen, 1973), mais on peut s'interroger sur la généralité du phénomène. En effet, on a pu montrer l'existence d'habituation et de réaction à la nouveauté chez le très jeune bébé (Slater et al., 1984). L'habituation signifie bien que le déjà vu est moins regardé que le nouveau, la réaction à la nouveauté que le nouveau est plus regardé que le déjà vu. Il y a là un exemple supplémentaire de la nécessité de fournir au bébé des temps d'autant plus longs qu'il est plus jeune, tant pour se familiariser que pour fournir des réponses. On peut rapprocher cette absence de préférence pour le nouveau de la part des bébés les plus jeunes de l'absence d'habituation ou de réaction à la nouveauté observées pour un nombre important d'enfants dans la procédure d'habituation à essais fixes (McCall & Kagan, 1970 ; McCall & Melson, 1969 ; Melson & McCall, 1970). DeLoache (1976) a montré que si l'on utilise la procédure contrôlée par l'enfant, et si on égalise ainsi le taux d'habituation (critère de 50%), tous les enfants s'habituent, et habituateurs rapides et lents ont le même taux de réaction à la nouveauté.

Dans le même ordre d'idée, on peut noter un résultat observé par Kellman, Spelke & Short (1986) : ces auteurs habituent des bébés à un bâton partiellement caché derrière un bloc de bois et testent la réaction à la nouveauté soit avec un bâton entier, soit avec deux morceaux correspondant aux parties visibles du bâton. Si le bâton est immobile dans la phase d'habituation, il n'y a pas de différence entre les deux stimulus test. Par contre, s'il est déplacé avec un mouvement alternatif latéral, le bâton brisé est préféré au bâton entier, ce qui indique qu'il est plus nouveau. Dans le cas où les déplacements du bâton se font dans le sens de la profondeur, il y a une tendance non significative à la préférence pour le bâton brisé. Les auteurs se demandent si tous les bébés ont bien perçu ce mouvement, moins visible qu'un mouvement latéral, ceci d'autant plus que les durées moyennes d'habituation dans le cas du mouvement en profondeur sont plus proches de celles qui sont obtenues dans le cas de l'objet immobile que dans le cas du mouvement latéral. Ils calculent donc la corrélation entre la durée d'habituation et le taux de préférence pour le bâton brisé. Celle-ci est de .92. Les auteurs refont alors leur expérience en augmentant l'amplitude du mouvement en profondeur. Cette fois, la préférence pour le bâton brisé est nette, et la corrélation entre cette préférence et la durée d'habituation tombe à .38. Ces résultats indiquent que le degré de préférence pour le nouveau est fonction de la quantité d'information extraite au préalable. Si la plupart des sujets ont le temps d'extraire suffisamment d'information, il y a préférence pour le nouveau.

Il faut pourtant noter que dans certaines conditions, par exemple l'introduction d'un changement dans la situation, les bébés semblent préférer l'ancien au nouveau. Ainsi, quand un objet partiellement caché devient entièrement visible (Spelke, 1987) ou dans le cas de changement de modalité sensorielle (Meltzoff & Borton, 1979). Meltzoff & Borton s'interrogent sur ce type de préférence, mais se contentent de souligner les spécificités de leur expérience (âge des sujets, intermodalité, tri-dimensionnalité, durée de familiarisation) sans chercher de cause précise à ce comportement. Gibson & Walker (1984) observent des résultats exactement inverses : dans une expérience de transfert intermodal de la modalité orale à la modalité visuelle, des bébés d'un an préfèrent le familier au nouveau, alors que ceux d'un mois préfèrent le nouveau au familier. Ce résultat est d'autant plus étonnant que la durée de familiarisation est plus courte (60 secondes) que celle utilisée par Meltzoff & Borton (90 secondes). Il est évidemment possible d'expliquer cette contradiction dans les résultats par les différences de situation : les objets sont différents, et surtout, dans le cas de Gibson & Walker, en présentation visuelle, ils sont mobiles. Comme il s'agit de différencier un objet dur d'un objet mou, ce dernier subit des déformations. De telles différences peuvent jouer un rôle, mais on a plus l'impression de mettre bout à bout des explications locales que de cerner les facteurs de variation. Dans ce type d'expérience, on contrebalance les ordres de présentation, mais il est possible que les effets obtenus soient dus davantage à un objet qu'à l'autre, la préférence n'étant pas alors pour le nouveau ou le familier, mais pour l'un des deux objets. Gibson & Walker (1984) ne fournissent pas cette information.

D'un point de vue cognitif, le fait qu'il y ait changement de situation pourrait nécessiter un complément d'information qui expliquerait la préférence pour le familier. Ce type de préférence est compatible avec l'idée d'optimum de nouveauté : un peu de nouveauté (apportée par la situation) est préféré à beaucoup (apporté par un stimulus différent). L'explication dans la contradiction des résultats serait à chercher dans le poids relatif des deux facteurs de différence, suivant les objets présentés.

Il convient de préciser ce que l'on entend par nouveauté. Dans le cas présent, il s'agit de la nouveauté contenue dans le stimulus perceptif, ce qui veut dire que le mot nouveauté est parfaitement équivalent de celui d'information. Le raisonnement développé ci-dessus signifie donc simplement que le nouveau-né, comme l'enfant plus âgé, recherche l'information. Ce fait est indéniable, comme le confirment les expériences de succion de haute amplitude par exemple. Une autre question est le plaisir que l'enfant peut tirer de la répétition de ses actions sur le milieu, laquelle peut durer un certain temps, excédant parfois la patience des adultes, mais qui est, elle aussi, susceptible de disparition quand l'enfant maîtrise la situation, ce qui va dans le sens de la théorie de Hebb.

En résumé, le problème de la préférence pour le nouveau ou le familier chez les très jeunes enfants reste à explorer. L'état actuel de nos connaissances nous permet pourtant d'affirmer que la mise en relation entre le familier et le nouveau est une activité sensible au fonctionnement de l'intelligence, même s'il est actuellement impossible d'établir une relation univoque entre type de préférence et développement. Cette impossibilité doit être reliée aux limites du paradigme de préférence visuelle. Un adulte mis en situation de comparaison regarde sans doute autant les deux cibles à comparer. Dira-t-on, pour autant, qu'il est incapable de discrimination? Si l'on conçoit l'activité à laquelle se livre le bébé dans les situations de temps de fixation relatif comme une mise en relation, il est possible que les informations à extraire pour effectuer cette mise en relation soient parfois situées davantage dans le stimulus ancien, d'autres fois dans le stimulus nouveau. Rose & Feldman (1987) observent ainsi des renversements de tendance du nouveau vers le familier entre 6 et 8 mois.

2.1.4. La relation entre préférence pour le nouveau et intelligence

Si l'on combine l'idée d'un optimum de nouveauté, qui pourrait varier avec l'âge, avec celle qu'il existe une relation entre l'âge et la préférence pour le nouveau, si l'on ajoute que l'intelligence se développe avec l'âge, on arrive tout naturellement à l'idée d'une liaison entre préférence pour la nouveauté et intelligence. Les bébés qui auraient les plus forts taux de préférence pour le nouveau seraient les plus intelligents. Un tel point de vue est exprimé, par exemple, par Sternberg (1985; Berg & Sternberg, 1986). Pour tester une telle hypothèse, on a effectué des corrélations entre test de réaction à la nouveauté dans une expérience d'habituation ou de discrimination perceptive et Q.I. ultérieur (Bornstein & Sigman, 1985, 1986; Lécuyer, 1987a, 1989). Elle est donc étroitement liée à l'idée de «continuité» dans le développement de l'intelligence discutée par ces auteurs. Cette discussion sera reprise dans le chapitre VI.

Dans la conception développée ci-dessus, l'intelligence intervient à un moment précis du processus d'apprentissage et de développement des connaissances, celui où existe une nouveauté dans la situation et où il est nécessaire pour apprendre de comprendre, c'est-à-dire d'établir de nouvelles relations. La nouveauté est l'aliment de base de l'intelligence, et pas seulement un facteur de son fonctionnement. Ceci veut dire que l'idée même de préférence pour le familier n'a pas de sens : elle signifierait de la part du bébé un refus d'intelligence de son environnement qui rendrait tout progrès cognitif impossible. Sans doute le mot «préférence» a-t-il été trop pris au pied de la lettre. Qu'à certains moments les bébés aient besoin de continuer à explorer un objet qu'ils ont déjà vu pour s'en faire une image plus précise ne signifie pas qu'ils *préfèrent* le familier au nouveau de manière globale. De même que la théorie de l'optimum de nouveauté éclaire cette question de la préférence pour le familier, l'inverse est également vrai : l'optimum pourrait correspondre à un maximum dans les possibilités de mise en relation d'informations.

Si l'on dresse un bilan d'ensemble de ce que nous savons sur les capacités de discrimination du bébé, on s'aperçoit que la discrimination est l'une des capacités cognitives les plus importantes du bébé, des plus précoces sans doute, des mieux mises en évidence par les méthodes qui sont à notre disposition aussi. Il y a là un mode d'établissement de relations très primitif, fonctionnel dès avant la naissance et qui constitue un moyen simple et puissant d'analyse de l'environnement. Mais l'analyse ne suffit pas, il faut la synthèse. Il est nécessaire d'effectuer des regroupements, c'est-à-dire de catégoriser.

2.2. Catégorisation

La catégorisation, les capacités qu'elle met en jeu, les formes qu'elle peut prendre et les conditions dans lesquelles elle se met en place jouent un rôle central pour une compréhension des débuts de l'intelligence. Discriminer, c'est établir un premier type de relation qui ne suppose pas nécessairement une activité cognitive de haut niveau. Pour un nouveau-né, un doigt appliqué sur le côté de la bouche, n'est pas la même chose qu'une douleur intestinale, une photographie de locomotive ou un air de rock. Ses réponses ne sont pas les mêmes et il est certain qu'il discrimine. Mais catégoriser, c'est établir un type de relation d'un niveau différent : trouver le même à travers le différent est plus difficile que constater la différence. Les débuts de la catégorisation apparaissent donc comme une étape très importante dans le développement de l'intelligence (Bruner, Goodnow & Austin, 1956). Hélas, si les recherches sur la catégorisation ne sont pas rares, leur nombre est sans commune mesure avec celui des recherches sur la discrimination. Il y a là un domaine difficile, où les problèmes théoriques et d'opérationnalisation sont ardus, et dans lequel notre ignorance est grande. Comme toujours quand on essaie de situer un avant et un après dans le développement, les réalités sont complexes. Tout dépend de la manière dont on conçoit la catégorisation. C'est donc simplement à une réflexion sur cette question que je vise.

Ici aussi, il est nécessaire de commencer par des précisions de vocabulaire. Dans les recherches sur l'adulte ou l'enfant d'âge scolaire, «catégorisation» et «formation de concepts» sont souvent utilisés comme équivalents. Cette équivalence peut éventuellement être contestée dans ce cadre, ce n'est pas mon propos, mais il me paraît indispensable de faire la distinction dans le cas du nourrisson, et cela pour trois raisons.

La première est que «ce qui se conçoit bien s'énonce clairement...», ou en d'autres termes que le concept de concept est le plus souvent utilisé, comme la notion de notion, avec l'implication d'une représentation verbale. Dans les expériences classiques sur «la formation de concepts» on donne d'ailleurs dès le départ un nom à l'abstraction qu'il s'agit de découvrir. S'il existe des catégories chez les bébés d'un an, on sait, en tout cas, que «les mots pour le dire» manquent.

La seconde raison est que si toute catégorisation est une abstraction, les éléments sur lesquels elle porte peuvent être eux-mêmes concrets ou abstraits. Dans ce second cas, on parle encore de concept, mais plus de catégorie. Nous n'avons pas les moyens de savoir si les bébés possèdent le concept de liberté ou celui de nation, mais nous avons quelques raisons de penser que ce n'est pas le cas. Chez l'enfant plus âgé, on sait que l'acquisition de tels concepts est plus difficile que celle de concepts-catégories tels que celui de chien ou d'animal, pour reprendre les exemples les plus classiques.

La troisième raison vient de Piaget. En effet, il existe pour lui une coïncidence entre les débuts de la catégorisation et ceux de l'acquisition du langage, qui nous ramène à la première raison. Il s'agit donc de savoir si les bébés sont capables d'effectuer des catégorisations avant de maîtriser le langage.

Kagan (1979) établit une hiérarchie entre catégorie et concept : pour lui, un concept est la réunion de plusieurs catégories. Ainsi, le concept d'eau porte à la fois sur le contenu d'une carafe, l'eau de mer, H_2O, la vapeur, la glace... Le concept serait donc plus abstrait que la catégorie. Quels que soient les concepts utilisés, il est de fait que les catégories s'emboîtent les unes dans les autres, et qu'il est possible de construire des classifications complexes. Il ne s'agira évidemment pas de telles classifications chez les bébés, puisque bien plus tard, ils auront quelques problèmes avec les fleurs et les marguerites, et que plus tard encore, la question de savoir où classer les chimpanzés par rapport aux hommes divise les spécialistes.

Enfin, dernière précision, pour que l'on puisse parler de catégorisation, il est nécessaire de séparer nettement ce processus de l'incapacité à discriminer. Si l'on effectue une habituation à un damier de 24 × 24 cases, et que le test montre une absence de réaction à la nouveauté pour un damier de 25 × 25 cases, cela ne signifie pas que le bébé a acquis le concept de damier, mais plus probablement qu'il ne fait pas la différence entre les deux. Resnick & Kagan (1983) incluent donc cette idée de discrimination dans leur définition :

> Nous définissons une catégorie comme la représentation structurée d'une dimension commune à un ensemble particulier d'événements discriminables (p. 80).

La capacité à discriminer entre les différents éléments de chaque catégorie n'est pourtant pas toujours testée, loin s'en faut.

A partir de quand un bébé est-il capable de catégorisation? Question simple dont la réponse est pourtant moins simple. Mettre en évidence cette capacité pose des problèmes de méthode. De plus, la catégorie envisagée peut être plus ou moins étendue, plus ou moins homogène, et se prêter plus ou moins à la constitution d'un prototype. Ce problème de méthode est central et la catégorisation est un exemple classique d'une situation qui s'est reproduite plusieurs fois dans les relations entre les recherches sur l'enfant et celles sur le bébé : une méthode utilisable avec l'enfant permet de situer le «début d'une capacité», une méthode radicalement différente permet de montrer que cette capacité est présente beaucoup plus précocement, et on se demande si à la différence de méthode ne correspond pas, de fait, une différence de fonction, éventuellement masquée par une identité de vocabulaire. Dans le cas présent, la méthode utilisable par l'enfant est la classification : dans la situation classique (Inhelder & Piaget, 1955), on présente à des enfants une collection d'objets pouvant être classés à partir de traits communs et on leur demande d'effectuer cette classification. Dans une telle situation, qui en principe nécessite une consigne verbale minimum, une catégorisation stable apparaît tardivement. Pourtant, si l'on maximise les différences entre catégories, et si l'on minimise le nombre de catégories (deux) et les critères de réussite (toucher et groupement), on aboutit à une classification dès 9 mois, mais pas à 6 mois (Starkey, 1981).

Le problème de ce type de recherche est que la multiplication des critères de différence entre catégories fait qu'on n'a aucune idée de la ou des dimensions prises en compte pour catégoriser, et le contraste est si important, et le nombre d'éléments si faible (4 par catégorie), qu'on est là à la limite entre catégorisation et simple discrimination. Inversement, l'incapacité à trier ne signifie pas incapacité à constituer des catégories.

Les situations de classement de collections sont, en effet, des situation perceptivement complexes. Ainsi, Markman, Cox & Machida (1981) ont montré que des enfants de 3 et 4 ans réussissent mieux des classifications si les objets appartenant aux diverses catégories sont placés dans différents sacs immédiatement après l'opération de classement que s'ils restent visibles.

Avec l'enfant plus jeune, on utilise soit le temps de fixation relatif, soit la procédure d'habituation. Dans le premier cas, on effectue une familiarisation sur différents objets appartenant à la catégorie, et on présente conjointement dans le test un objet appartenant à cette catégorie et un objet n'y appartenant pas. S'il y a catégorisation, l'objet n'appartenant pas à la catégorie, plus nouveau, doit être préféré et donc regardé plus longtemps.

Dans le cas de l'habituation, le déroulement classique de l'expérience consiste, dans un premier temps, à habituer des enfants à un stimulus, puis à tester leur réaction à la nouveauté avec un autre stimulus appartenant à la même catégorie. Quand on s'est ainsi assuré que tous les objets de la même catégorie sont discriminables (avec des enfants différents pour chaque paire d'objets), on effectue une habituation en présentant à chaque essai un exemplaire différent de la catégorie, et au test, un objet n'appartenant pas à la catégorie. S'il y a réaction à la nouveauté, il y a catégorisation. L'intérêt de ces procédures est de ne nécessiter aucune activité motrice (mise à part l'activité oculaire) de la part du bébé. Il faut toutefois rappeler que l'absence de préférence ou de réaction à la nouveauté ne signifie pas nécessairement absence de discrimination ni *a fortiori* absence de catégorisation.

Bornstein (1981, 1983a, 1985a) a ainsi montré que des bébés de quatre mois sont capables d'utiliser la catégorie couleur, de la généraliser à un nouveau stimulus, et de la distinguer de ce qui est «non couleur». Au même âge, McCluskey & Linn (1977), cités par Resnick & Kagan (1983), ont montré que des bébés familiarisés avec des fruits ou des visages de femmes réagissent à la nouveauté quand on leur présente des objets n'appartenant pas à la catégorie. Milewski (1979) a montré que, dès 3 mois, des bébés habitués à une configuration de trois point présentés en ligne ou en triangle, avec des variations de localisation dans le champ et de distance inter-points, ont une réaction à la nouveauté si la configuration est changée, mais pas si la densité des points est modifiée, ce qui indique une catégorisation de la configuration.

Mais la plupart des expériences ont été faites avec des bébés plus âgés, 7 à 8 mois au minimum. Deux types de stimulus ont essentiellement été utilisés : des figures géométriques et des représentations de visages (dessins ou photographies pour l'essentiel). Fagan (1976, 1979) procède à une série d'expériences dans lesquelles il montre que des enfants de 7 mois sont capables de différencier des visages selon le sexe : la familiarisation s'effectuant, par exemple, avec différents visages d'hommes et le test avec un visage d'homme et un visage de femme. Ce dernier est plus regardé. Si la familiarisation est effectuée avec un visage de face, et le test avec un autre visage, de face et de profil, c'est le profil qui est préféré (invariant de la position). De même, si la familiarisation est effectuée sur un visage présenté de face, et le test sur le même visage présenté de profil et un autre visage présenté de profil également, ce dernier est préféré (invariant de la personne). Avec des visages jugés très semblables par des adultes, les bébés échouent dans ce dernier cas, mais le même visage présenté de face, de 3/4 et de profil est ensuite différencié du visage très semblable présenté, comme lui, de profil.

Les différentes recherches citées montrent bien l'acuité des problèmes soulevés au début de ce chapitre. Il semble qu'il y ait catégorisation et catégorisation. Dans les situations de tri qui sont proposées à l'enfant ou à l'adulte, le plus souvent, plusieurs catégories sont représentées, parfois conflictuelles. Dans les recherches sur le bébé, quel que soit son âge, on s'en tient généralement à deux. De plus, on peut se poser sur les catégories la question célèbre sur les tas de grains : combien d'éléments faut-il au minimum pour faire une catégorie ? Très souvent, l'une des catégories confrontées n'est représentée que par un seul élément, qui sert de test. Parfois, comme dans les recherches de Fagan citées ci-dessus, la catégorie la plus nombreuse comporte deux éléments. Si le nombre d'éléments dans chaque catégorie est réduit à 1, on est tout simplement dans une situation de discrimination. On peut donc penser que l'un des aspects du développement de la capacité à catégoriser est le nombre d'éléments qui peut être pris en compte. Un autre aspect est l'ampleur des différences. Pris en commun, ces deux aspects établissent une continuité entre discrimination et catégorisation, la seconde étant en quelque sorte une généralisation de la première, passage obligé pour qu'il y ait catégorisation : l'analyse avant la synthèse. Mais on peut envisager que les catégories soient issues de la constitution d'ensembles plus flous, à l'intérieur desquels la discrimination inter-éléments serait loin d'être la règle : la synthèse avant l'analyse. En d'autres termes, si le test préalable de la capacité des bébés à discriminer l'ensemble des éléments qui constituent une catégorie est une précaution méthodologique nécessaire pour pouvoir parler de catégorisation, elle ne doit pas pour autant être prise pour un mécanisme constitutif.

Comment se constituent les catégories? La théorie longtemps dominante dans les recherches sur la «formation de concepts» (Bruner, Goodnow & Austin, 1956) a été celle de la formation d'un prototype, les discussions portant sur le caractère moyen ou modal de ce prototype. Je ne m'étendrai pas sur cette discussion fort intéressante concernant l'adulte, et que l'on retrouve dans les recherches sur l'animal. On a pu montrer en effet depuis quelques années l'existence d'une forme de catégorisation, en particulier chez le pigeon. Par exemple, l'expérience de Herrnstein, Loveland & Cable (1976) consiste à présenter des diapositives de paysages dans lesquels il y a ou non des arbres et à ne renforcer que celles où il y a des arbres. Les pigeons apprennent à différencier les deux types de situation. Pearce (1987) essaie de savoir si les pigeons construisent un prototype ou si cette réussite ne peut pas s'expliquer par les mécanismes classiques du conditionnement pavlovien. Pour cela, il présente une figure composée de trois barres verticales de hauteur variable et de couleur différente placées côte à côte et présentées sur un fond d'une autre couleur. La hauteur des barres varie de 1 à 7 unités. Dans une condition expérimentale (barres courtes), la hauteur de chacune des barres varie d'un essai à l'autre, mais la longueur moyenne est toujours de 3 unités, alors que dans l'autre condition (barres longues), elle est de 5 unités. Seule la première condition est renforcée. Différentes expériences effectuées sur cette base et variant par la situation test, amènent l'auteur à conclure qu'il n'y a pas constitution d'un prototype. En effet, la fréquence des réponses est inversement proportionnelle à la longueur moyenne des barres et donc maximum quand les trois barres ont une longueur 1, situation pourtant nouvelle pour le pigeon, puisque jamais présentée pendant l'apprentissage. Pearce explique ses résultats en termes de généralisation du stimulus. Ce rejet de l'hypothèse du prototype n'est pas convaincant parce qu'il repose sur l'idée qu'un prototype correspond nécessairement à la moyenne. Mais on peut penser au contraire qu'un bon prototype correspond à la différence maximum entre stimulus renforcé et non renforcé, et puisque la dimension qui oppose les barres est la longueur, le prototype correspondrait à la longueur minimum. Ce qui est important dans une expérience de discrimination n'est pas chaque stimulus pris séparément, mais la relation entre les deux. Il en va de même pour la catégorisation : ce qui est important est la différence entre catégories.

Par contre, Pearce est plus convaincant quand il oppose l'idée d'un stockage par image ou par code symbolique, dont on sait qu'il fait l'objet de discussion chez l'adulte (Clark & Chase, 1972), ce qui nous ramène au rôle du langage. Pour Pearce, qui reprend sur ce point Premack

(1983), le codage par image ne permet pas de stocker une relation, à la différence du codage symbolique. Pearce présente donc soit trois barres égales, renforcées, soit trois barres inégales, non renforcées. Les pigeons sont incapables d'une telle discrimination, ce que l'auteur interprète, avec prudence, comme allant dans le sens d'un codage par image.

Ce détour par le pigeon, ses performances et ses limites, n'est pas destiné à effectuer des comparaisons directes qui n'auraient guère de sens entre un organisme mature et très limité et un autre au potentiel considérable mais très immature. Il vise à situer l'extension du concept de catégorisation. S'agit-il d'une activité intelligente si on la trouve chez le pigeon, qui n'est pourtant pas capable de certains transferts d'apprentissages assez simples, comme le montre Pearce (1987)? Si le pigeon le peut, pourquoi pas le nouveau-né, dont on nous vante les compétences? Une interprétation en termes de conditionnement permet d'envisager une possibilité de catégorisation dès la naissance, puisque le nouveau-né est capable de conditionnement. Le fait que l'on n'ait pas, pour l'instant, mis en évidence un tel mécanisme ne démontre nullement que le nouveau-né n'en est pas capable, mais la forme que prennent la plupart des comportements du bébé à cet âge, en particulier dans les situations de discrimination, ne va pas dans ce sens. Il semble au contraire que la catégorisation nécessite chez l'enfant une construction dont les tout débuts se situent vers trois mois, et qui commence à avoir quelque efficience vers sept mois et au- delà.

Pour ce qui est du pigeon, il est très important de noter que l'une des conditions fixées ci-dessus pour parler de catégorisation, condition acceptée par la plupart des auteurs, n'est pas testée : la capacité à discriminer entre les stimulus appartenant à la même catégorie. En l'absence d'un tel test, on ne peut pas parler de catégorisation. D'autant qu'il existe de sérieuses raisons de penser que les pigeons sont de fait incapables de cette discrimination. On ne peut pas considérer pour autant qu'il s'agit d'une simple discrimination, puisque les stimulus appartiennent effectivement à deux catégories. On est donc en présence d'une capacité intermédiaire entre différenciation et catégorisation : une forme de généralisation de la différenciation.

Si l'on revient au bébé, il est probable que de telles formes intermédiaires existent, comme je l'ai évoqué ci-dessus, et si certains auteurs n'hésitent pas à parler de concept chez le nourrisson ou le pigeon, d'autres sont plus prudents. Ainsi, Fagan (1979) ne parle pas de catégorisation, mais d'extraction d'invariants. Cette extraction semble possible beaucoup plus tôt, puisque Antell, Caron & Myers (1985) l'ont mise en évidence chez des nouveau-nés âgés en moyenne de 56 heures. D'après la définition de Reznick & Kagan (1983), l'extraction d'invariants est bien l'un des déterminants de la catégorisation (*common dimensions*), mais de plus, celle-ci est une «représentation structurée» de ces dimensions.

Cette remarque nous amène à la fonction de la catégorisation. Resnick & Kagan (1983) posent la question : «pourquoi former des catégories?» et leur réponse est stupéfiante. La catégorisation demande de l'énergie, n'a pas de valeur évidente, ne fournit aucun gain et n'est accompagnée d'aucun plaisir sensoriel visible. Aussi l'hypothèse explicative la plus plausible leur paraît-elle que la catégorisation fonctionne parce que la capacité existe.

En fait, contrairement à ce que pensent ces auteurs, la catégorisation est une source d'économie considérable dans la mesure où elle constitue un mode d'organisation du réel, ce qui évite tout simplement de le repenser complètement à chaque fois que se présente un élément nouveau dans une situation. En ce sens, s'il existe un fossé important entre les capacités des nourrissons telles quelles sont mises en évidence séparément et son inefficience globale quotidienne, l'une des clés de cette contradiction est l'absence, chez le très jeune enfant, de catégories à mettre en œuvre face au réel. Il existe des niveaux de catégorisation, et un sujet, animal ou humain, est d'autant plus performant qu'il est capable de catégoriser à un niveau plus élevé. Bruner, Goodnow & Austin (1956) assignent à la catégorisation 6 fonctions : elle réduit la complexité de l'environnement, elle permet l'identification des objets, elle réduit la nécessité d'apprentissages constants, elle fournit des directions pour l'action, elle permet une classification structurée des événements, elle a, enfin, une fonction anticipatrice et exploratoire.

Kagan (1979) fait une observation qui peut permettre de situer le développement de la catégorisation. Si l'on mesure les temps de fixation visuelle ou d'attention auditive chez les bébés, on constate qu'ils diminuent jusqu'à 7 mois environ, avant d'augmenter de nouveau ensuite. Kagan a fait ce constat sur des bébés des Etats-Unis d'Amérique, mais aussi au Guatemala, en ville et en zone rurale, sur une population indienne. Que les bébés aient besoin de moins en moins de temps pour extraire l'information contenue dans un stimulus n'est pas étonnant. Ce qui l'est plus, c'est la courbe en U. Kagan explique ces résultats par le fait que les bébés, entre 3 et 6 mois, analysent chaque événement séparément. Vers 7 mois, ils font la même chose plus vite. Après 12 mois, ils font une comparaison entre les événements, ce qui demande plus de temps.

Catégoriser nécessite des comparaisons entre les événements. Si l'interprétation de Kagan est justifiée, cette augmentation des temps d'exploration pourrait correspondre aux débuts de la véritable catégorisation. Ceci ne veut pas dire qu'il n'y a pas de catégorisation avant 12 mois. En fait, la recherche d'une datation du début d'un processus est généralement vaine, et c'est bien ce qui se passe dans le cas précis. Les formes les plus élémentaires de la catégorisation sont plus précoces, mais la place que prend la catégorisation dans le fonctionnement du sujet croît avec l'âge, et l'âge de 7 mois est certainement un moment important dans le développement du processus de catégorisation.

Ce n'est pas par hasard que Bruner, Goodnow & Austin (1956) font de la catégorisation l'axe essentiel de A study of thinking. La catégorisation est le prototype même de l'acte d'intelligence.

3. LES RELATIONS ENTRE MODALITES SENSORIELLES

La question des relations fonctionnelles entre modalités sensorielles, qui a été traitée en détail par Hatwell (1986) n'est abordée ici que dans la mesure où l'inter-modalité est une point important de la discussion sur les capacités précoces des bébés. Il s'agit de savoir si la mise en relation des informations en provenance des différentes modalités est une construction progressive supra-modale (Piaget) ou un donné initial amodal (J. Gibson), problème qui a fait et fait encore l'objet d'une très vive polémique. Pour Piaget, à la naissance, la sensorialité est très peu efficiente et chacune des différentes modalités sensorielles fonctionne de manière indépendante. Ce n'est qu'à la suite d'un long processus d'assimilation et d'accommodation que les schèmes d'action des différentes modalités sensorielles vont se coordonner. Vers le cinquième mois apparaît une coordination qui intéresse particulièrement Piaget et sur laquelle il a fait de nombreuses observations : la coordination préhension-vision.

Le fait qu'à cet âge le bébé coordonne sa préhension et sa vision et commence à prendre des objets en les regardant et en regardant sa main, que cette coordination s'affine ensuite et soit pleinement maîtrisée dans les mois qui suivent, n'est contesté par personne. Néanmoins, la théorie de Piaget est remise en cause sur ce point pour des raisons à la fois empirique et théorique : d'une part, l'atteinte des objets existerait de manière beaucoup plus précoce (Bower, 1972, 1974), d'autre part, à la naissance, les modalités sensorielles fonctionneraient de manière indifférenciée (J. Gibson, 1966; E. Gibson, 1969; Bower, 1974).

L'existence, controversée, de mouvements du bras dans la direction d'un objet présenté au nouveau-né n'est pas un argument direct en faveur de l'existence de relations étroites et précoces entre modalités sensorielles. Elle montrerait plutôt 1) une bonne évaluation des distances par rapport aux possibilités réelles d'atteinte, puisque, selon Bower (1974) les gestes en direction de l'objet sont deux fois plus nombreux si celui-ci est effectivement accessible que s'il est nettement trop loin. Ces gestes sont suffisamment bien calibrés pour qu'il y ait effectivement contact avec l'objet. Si l'objet est en mouvement, ce mouvement donne lieu à une anticipation qui permet une atteinte effective; 2) une coordination sensorimotrice (vision-préhension) innée, laquelle disparaîtrait ensuite avant de se reconstruire de manière à la fois plus fine et plus souple, puisque prenant en compte les informations en retour pour effectuer des corrections éventuellement nécessaires. L'œil et la main n'agissent pas de manière coordonnée sur le plan *sensoriel*. D'après Bower, l'une des différences entre l'atteinte manuelle des nouveau-nés et celle des enfants plus âgés est que ces derniers touchent avant de prendre, alors que les premiers effectuent le tout en un seul geste (cf. Hay, 1985).

Ces phénomènes d'atteinte manuelle précoce sont fréquemment cités en liaison étroite avec les questions de relations intermodales, et ceci à juste titre. Comme l'écrit Mounoud (1986), la préhension peut être envisagée d'un point de vue moteur, perceptif ou cognitif. La coordination visuo-motrice est une coordination entre deux modalités sensorielles : la vision et la proprioception. Ajuster l'ampleur du geste ou la grandeur de l'ouverture de la main à la distance et à la taille de l'objet perçu visuellement, c'est utiliser conjointement des informations en provenance du stimulus par le canal visuel, et en provenance du corps par le canal proprioceptif. Toujours selon Bower (1974), si l'on présente à l'enfant un objet virtuel, sa main rencontre le vide au moment de l'atteinte, ce qui provoque chez lui une réaction de surprise indiquée par une modification du rythme cardiaque. Le bébé avait donc anticipé une sensation tactile au moment du contact avec l'objet. Ceci suppose une forme de coordination toucher-vision. L'existence de relations entre modalités sensorielles n'implique pas nécessairement l'existence d'une coordination sensori-motrice, mais cette dernière implique nécessairement une intermodalité.

Le problème est le même en ce qui concerne les anticipations de collision également décrites par Bower (1974, Bower, Broughton & Moore,

1971), mais aussi par Ball & Tronick (1971), et Ball & Vurpillot (1976) (cf. Ball & Vurpillot, 1982). Selon ces différents auteurs, un mouvement d'approche d'un objet donne lieu à une réaction de recul. Une telle réaction peut être envisagée comme l'anticipation d'un contact. C'est ainsi que Bower l'interprète.

Comme le note Hatwell (1986), Bower décrit sa méthodologie de manière peu précise et les nombreuses tentatives de réplication de ses expériences n'ont pas toujours été couronnées de succès. Ces échecs ont en général provoqué une critique méthodologique de la part de Bower. En retour, cette situation a conduit à un scepticisme systématique, voire à une complète ignorance de la plupart des chercheurs d'Outre Atlantique, très épris de méthodologie, vis-à-vis des travaux de Bower. Il y a là une injustice évidente à l'égard d'un chercheur qui a profondément renouvelé et souvent créé la problématique et la méthodologie de l'étude du nourrisson telles qu'elles fonctionnent actuellement. Mais ce n'est pas le seul cas qui montre que dans la traversée de l'Atlantique, les idées, les écrits et les citations sont fortement influencés par la direction des vents dominants. Actuellement, un résultat semble être considéré comme intéressant s'il a été retrouvé par un autre chercheur que Bower, ce qui, il faut le noter, est plus fréquent qu'il y a quelques années...

Sur l'atteinte manuelle précoce d'objets, les expériences effectuées par von Hofsten (1982, 1983, 1984) avec tous les contrôles nécessaires amènent à conclure à son existence. La différence la plus importante avec les résultats de Bower est le taux de réussite de cette atteinte nettement plus faible, mais l'état du bébé est un facteur très important dans ce type d'expérience et peut éventuellement expliquer les différences de résultats. Par ailleurs, Bresson, Maury, Piéraut-le Bonniec & de Schonen (1978), et Bresson & de Schonen (1984) signalent que dès le cinquième jour, mais pas plus tôt, les bébés couchés font des tentatives d'atteinte manuelle d'un cube de 2,5 cm de côté placé latéralement avec un angle de 30 ou 60. La main s'ouvre, paume vers l'objet, aux deux tiers du trajet. La réussite est assez fréquente, plus importante que dans les observations de von Hofsten (1983) où les bébés sont assis. Des observations de Fontaine (1984) effectuées sur des enfants de même âge en motricité libérée (Amiel-Tison & Grenier, 1980) montrent une latence de la réponse nettement plus courte, et un geste plus lent. Bresson & de Schonen indiquent que l'ensemble de ces résultats sont comparables à ceux obtenus par Bower et al. (1970a et b). Von Hofsten signale ensuite une amélioration de la performance jusque vers 7 semaines, puis une dégradation jusqu'à 10 semaines, les performances ne revenant au niveau maximum que vers 16 semaines. A cet âge, l'organisation du geste est tout à fait différente, des ajustements de la trajectoire étant possibles et un freinage du geste précédant l'atteinte de l'objet. Toutefois, Bresson & de Schonen (1977) observent encore des gestes balistiques simples, sans correction ni freinage, entre 17 et 21 semaines.

Sur les réactions à l'approche réelle ou simulée d'un objet, la discussion a surtout porté sur la signification qui doit être accordée au mouvement de recul de la tête. S'agit-il d'un geste de défense, comme le pense Bower, ou d'une simple poursuite visuelle du bord supérieur de l'objet en expansion, comme le suggère Yonas (Yonas, Berthold, Frankel, Gordon, McRoberts, Norcia & Sternfels, 1977; Yonas, Petterson & Lockman, 1979)? On ne voit pas très bien pourquoi les bébés suivraient le bord supérieur plutôt qu'un autre. De plus, dans l'expérience de Ball & Vurpillot (1976), il n'y a pas une seule forme, mais un nombre important de points : il faudrait alors que les bébés suivent les points supérieurs. Une expérience de Bower (1977) produisant un abaissement du bord supérieur pendant l'expansion provoque néanmoins un recul de la tête... Enfin, Yonas et al. (1979) observent, eux, un clignement des yeux qui semble bien avoir le même sens.

Ces faits, ainsi que les réponses d'orientation du nouveau-né vers une source sonore, tactile (réflexe des points cardinaux) ou odorante, conduisent Bower à l'idée de l'existence d'un état initial amodal. Ajoutons que l'amodalité n'est pas seulement située dans les stimulus, mais dans les réponses, comme l'ont montré Alegria & Noirot (1978) : la réponse d'orientation à la voix se fait par rotation de la tête, mais aussi ouverture des yeux, et de la bouche. A la naissance, les différentes modalités sensorielles seraient indifférenciées, et ce n'est que plus tard, après une phase de réorganisation des comportements, qu'elles se différencieraient, pour aboutir enfin à une coordination. Ce mécanisme de développement, différenciation puis coordination expliquerait la baisse des performances du bébé dans une période intermédiaire, vers deux ou trois mois. Cette idée d'une amodalité initiale, Bower la tire des travaux de J. et E. Gibson dont les conceptions exercent actuellement une influence importante sur les spécialistes du développement perceptif et sont souvent présentées comme une alternative à la théorie de Piaget.

Ce qu'il est convenu d'appeler la théorie de J. Gibson est, pour l'essentiel, une idée qui a la simplicité des idées de génie et dont on se demande après coup comment il a été possible de penser autrement avant. On est là en présence d'un des meilleurs exemples des artefacts produits par l'expérimentation en laboratoire et de leurs conséquences théoriques.

L'histoire de l'approche expérimentale de la perception, que ce soit chez le nourrisson, chez l'enfant ou chez l'adulte, est très souvent celle de la présentation de figures géométriques simples et bidimensionnelles dans un contexte réduit au minimum, ou sans contexte du tout. Les spécialistes du nourrisson sont à la pointe de la réflexion sur la recherche quand ils s'interrogent sur la «mortalité expérimentale» qu'ils jugent, à juste titre, très importante dans leurs expériences, mais qu'ils sont les seuls à publier. Que serait la perte de sujets dans les expériences sur l'adulte, quelles qu'elles soient, si les sujets étaient puisés dans l'ensemble de la population, comme c'est le cas pour les bébés, et non simplement chez les étudiants en psychologie, prêts à tout et acceptant les situations les plus absurdes? Certes, la recherche de ces conditions «pures» a pu conduire à la découverte de situations comme celle dans laquelle on observe le phénomène autocinétique, mais le danger de ce type de situations consiste à penser l'ensemble des mécanismes perceptifs en fonction de ces seules conditions, dans lesquelles des éléments d'information fondamentaux sont absents. Un danger dont l'histoire montre que les spécialistes ne se sont pas assez méfiés. Prenons l'exemple de la perception de la distance : soit un stimulus bidimensionnel constitué par une figure géométrique, dont la taille est par conséquent arbitraire et ne fournit aucun indice de distance. Ce stimulus est présenté immobile dans un environnement plongé dans l'obscurité ou le plus «neutre» possible, et qui, lui non plus, ne fournit pas d'information. Le seul indice qui permet d'évaluer cette distance est la convergence binoculaire, ce que confirme l'incapacité des sujets à l'évaluer en vision monoculaire. La conclusion d'une telle recherche est que le seul moyen d'évaluer la distance est la vision binoculaire ou, en d'autres termes, que cette évaluation est impossible en vision monoculaire.

Le lecteur peut penser qu'une telle situation expérimentale n'a jamais été produite et que «toute ressemblance avec la réalité...». Pourtant, la plupart des expériences sur la perception s'effectuent dans des conditions comparables, notamment celles qui sont faites avec des bébés. Elles ne portent pas toutes sur la perception de la distance, mais «l'impossibilité» de percevoir la distance en vision monoculaire est illustrée par la chambre d'Ames, classiquement considérée comme une situation clé dans le fonctionnement de la perception visuelle. Quand on recueille des données dans de telles conditions, on est amené à penser que la construction de l'espace perceptif est bien difficile, qu'il faut faire le passage délicat du bi- au tridimensionnel. Or, on sait que le stimulus proximal (la projection rétinienne) est bidimensionnel, puisque la rétine est une surface. On sait aussi que la perspective a été acquise fort tard dans l'histoire de l'humanité, ce qui montre bien que ce passage est délicat. Pour l'enfant, cette troisième dimension ne peut donc être acquise que tard, puisqu'elle doit faire l'objet d'une reconstruction dont les mécanismes, basés sur la disparité rétinienne, sont complexes.

L'apport de J. Gibson (1966) a consisté, en somme, à sortir du laboratoire, qui peut n'être qu'une chambre d'Ames généralisée, et à examiner les indices qui sont à la disposition d'un sujet placé dans une situation habituelle de perception et décidé à ouvrir les deux yeux. Gibson passe de la mathématique à la physique, puisque son analyse n'est pas basée sur la géométrie des figures tridimensionnelles, mais sur les propriétés optiques des surfaces des objets. Comme l'écrit Costal (1982, p. 37) :

> son idée de base était de concevoir un espace non comme le vaste contenant sans structure d'un object ou d'une collection d'objets, mais comme une surface continue pourvue d'une texture, ou un ensemble de telles surfaces.

La conception de Gibson constitue donc par rapport à ce qui la précède, un double renversement : l'espace est perçu comme un ensemble de *surfaces*, et pourtant, la tridimensionnalité est immédiate, car elle peut être extraite des propriétés de ces surfaces, et tout spécialement de la *texture*. En effet, la différence essentielle entre les objets réels et les figures géométriques qui en constituent une représentation tridimensionnelle, c'est qu'ils possèdent une texture, un grain qui contient de l'information. Il n'est pas nécessaire de construire une représentation de l'espace à partir de l'image rétinienne. Celle-ci contient toutes les informations sur les propriétés de l'espace qui nous entoure.

La psychologie de Gibson se veut écologique. Il oppose à l'idée d'un environnement indéfini celle d'une niche qui se définit par l'ensemble des relations qu'entretient un individu avec son environnement. Dans le même lieu peuvent se trouver des niches différentes en fonction de l'espèce et donc des relations avec l'environnement. On trouve là une conception très proche de la «complémentarité individu-environnement» chère à Nuttin (1980). Cette conception a des conséquences sur la manière d'envisager l'étude de la perception. Pour J. Gibson, dans les recherches classiques, on n'étudie pas la perception mais la devinette (*guessing*). Elle a aussi des conséquences sur la manière dont est envisagée l'information. Il est en effet classique de considérer, dans le cas de la perception visuelle, que l'information est véhiculée par la lumière et que nous percevons de la lumière. Gibson distingue la sensation, qui dans ce cas a effectivement pour origine la lumière, de la perception qui, elle, porte sur des objets. Nous percevons des objets par l'intermédiaire de différents canaux sensoriels, et donc par l'intermédiaire de différentes sensations, mais la perception n'est pas liée à un phénomène physique précis ni à une modalité sensorielle. Dans sa version la plus récente, la théorie de Gibson (1979) débouche sur l'idée de relations étroites entre la perception et l'action. C'est la théorie des utilités (*affordances*, cf. Rochat & Reed, 1987) : nous ne nous intéressons pas aux objets en fonction de propriétés isolées qu'ils peuvent présenter, mais en fonction des possibilités qu'ils offrent. En d'autres termes, la perception n'est pas une fonction isolée. Elle s'intègre dans l'ensemble du comportement où elle joue un rôle de contrôle. Gibson est souvent opposé à Piaget, mais il le rejoint par ce rôle attribué à la perception.

Si J. Gibson est aujourd'hui à la mode, en particulier chez les spécialistes de la perception du bébé, il faut noter que la révolution décrite ci-dessus n'est pas son seul fait. On trouve dès 1950 un point de vue très proche chez Michotte, qui avance deux idées importantes : celle que nous percevons des objets, et non des ondes sonores ou lumineuses, que ces objets entretiennent entre eux des relations et ne sont pas isolés dans un monde abstrait, celle aussi que ces objets ne sont pas perçus indépendamment de leur utilité possible. Pour Michotte (1950, 1962), nous ne percevons pas les choses sans savoir ce que nous pouvons en faire, ce qu'elles peuvent nous faire, ce qu'elles peuvent se faire.

La théorie de J. Gibson fournit une analyse des conditions réelles dans lesquelles s'effectue la perception, mais elle ne dit directement rien sur la perception chez le nourrisson. En effet, ce n'est pas parce que des indices sont disponibles qu'ils sont utilisables par un organisme. Toutes les radiations électromagnétiques sont disponibles. Celles qui sont effectivement utilisées, la lumière visible, n'en représentent qu'une partie très faible, et qui varie selon les espèces. La théorie ne dit pas si les indices à partir desquels l'adulte organise son espace perceptif peuvent être effectivement utilisés par le nouveau-né, ou bien doivent être lentement appris.

L'analyse de Gibson ne permet pas de trancher entre ces deux hypothèses, elle indique néanmoins que, si un apprentissage est nécessaire, il est d'une nature différente de la construction d'une géométrie de l'espace où placer des objets, comme le supposent les théories classiques dont celle de Piaget. C'est l'une des raisons pour lesquelles cette théorie intéresse les psychologues du nourrisson.

Par ailleurs, une part importante de la démarche de E. Gibson a consisté à appliquer aux perceptions du nourrisson la théorie de son époux sur la perception en général. L'idée la plus importante est celle d'amodalité.

Si l'information n'est pas située au niveau de la sensation, mais de la perception, c'est-à-dire de propriétés *higher-order* des objets, les différentes modalités sensorielles permettent d'obtenir la même information. Ce n'est évidemment pas le cas pour la couleur ou la température, mais c'est le cas pour la forme, la texture ou la distance. Ces informations sont donc amodales et il n'est pas nécessaire de construire des relations entre modalités sensorielles fonctionnant de manière initialement indépendantes. Les bébés ne vivent pas dans des mondes sensoriels séparés, ils perçoivent des stimulus qui ont des propriétés visuelles, tactiles, auditives, olfactives, éventuellement gustatives, cohérentes. On pourrait peut-être les appeler des objets.

Dans une perspective gibsonienne, Rochat & Reed (1987) vont même jusqu'à affirmer que les nouveau-nés perçoivent les utilités, les discriminations entre objets reposant sur des aspects fonctionnels de ces objets. Ils illustrent ce propos par l'exemple de la différence des modalités de succion entre ce qui ressemble à un mamelon et ce qui n'y ressemble pas. Comme le signalent d'ailleurs les auteurs, une interprétation plus classique en termes de capacités de discrimination non finalisées est également possible.

Dans ce contexte théorique, les possibilités de transfert intermodal précoce prennent l'importance d'un test. Ou bien, suivant la théorie de Piaget, les jeunes bébés vivent dans un monde de schèmes séparés dans chacune des modalité, ou bien, suivant la théorie de Gibson, l'amodalité est première et les modalités vont ensuite se différencier. Dans le premier cas, la coordination entre les modalités est le fruit d'une longue élaboration résultant de l'activité et une information recueillie dans une modalité ne peut être utilisée dans une autre. Dans le second cas, c'est possible.

L'existence de transferts intermodaux vers la fin de la première année a fait l'objet d'un grand nombre de recherches (Rose, Gottfried & Bridger, 1978, 1981a, 1981b, 1983; Rose & Ruff, 1987, pour une revue de questions), mais ces recherches sont beaucoup moins nombreuses avant l'établissement de la coordination vision-préhension. Bower, Broughton & Moore (1970) ont été les premiers à poser le problème d'un tel transfert. En fait, leur expérience est destinée à remettre en cause l'idée classiquement acceptée que le toucher joue un rôle dans la mise en place de la perception visuelle de la troisième dimension : le *touch teaches vision*. Aussi ont-ils montré que jusqu'à 5 mois, des bébés qui tentent de saisir un objet virtuel sont désappointés par l'absence de contact physique. Cette réaction de surprise implique l'attente d'une sensation tactile, donc l'existence d'une forme d'intermodalité.

Cette expérience a fait l'objet de polémiques et ces résultats n'ont pas été retrouvés par Gordon & Yonas (1976), ce à quoi Bower a répondu que le moyen utilisé pour présenter un objet virtuel n'était pas le même. Si l'on accepte les conclusions de Bower, on n'a là qu'une preuve indirecte de relations entre modalités. L'existence d'une preuve plus directe a longtemps été entravée par l'incapacité à saisir les objets et à les tenir en main dans les premiers mois de la vie. Cette difficulté a été contournée d'abord par Meltzoff & Borton (1979) qui ont eu l'idée de ne pas utiliser la main, mais la bouche du bébé, capable d'une activité motrice tout à fait fonctionnelle à la naissance, comme récepteur tactile. Leur expérience a consisté à présenter tactilement, pendant une période de 90 secondes, une sucette ayant la forme d'une boule, soit lisse, soit comportant des petits picots cylindriques. Dans un deuxième temps, deux boules comparables aux deux tétines étaient présentées visuellement côte-à-côte, suivant le paradigme classique de préférence visuelle. Les résultats montrent, chez des enfant d'un mois, une préférence pour l'objet préalablement sucé. Les auteurs concluent à l'existence d'un transfert intermodal de l'information. Gibson & Walker (1984) ont obtenu un tel transfert au même âge en faisant d'abord sucer un cylindre dur ou mou et en présentant ensuite visuellement un objet homologue subissant des déplacements (objet dur) ou des déformations (objet mou). L'objet nouveau est plus regardé que celui qui a été préalablement sucé.

Mais bien avant d'être capables d'une coordination préhension- vision, les bébés peuvent garder dans leur main un objet de taille appropriée. Sont-ils pour autant capables d'extraire des informations sur ces objets? Une réponse positive à cette question est apportée par les travaux de Streri (1987, Streri & Pêcheux, 1986a). Streri & Pêcheux ont procédé à une habituation tactile sans contrôle visuel chez des enfants de cinq mois, c'est-à-dire à un âge où la coordination vision-préhension ne permet pas encore une exploration systématique des objets. Elles ont utilisé la procédure contrôlée par l'enfant, un essai commençant au moment où l'expérimentateur introduit l'objet dans la main du bébé, et se terminant au moment où le bébé lâche l'objet. Dans ces conditions, Streri & Pêcheux observent une habituation et une réaction à la nouveauté. Streri (1987) obtient le même résultat sur des bébés de deux mois. Ceci implique non seulement que les bébés extraient des informations des objets qui leur sont présentés, mais également qu'ils exercent un minimum de contrôle sur leur motricité manuelle.

Cette méthode ouvre la possibilité d'une étude du transfert intermodal, les mêmes stimulus pouvant faire l'objet d'une habituation tactile et visuelle (Streri & Pêcheux, 1986b; Streri, 1987). L'expérience se déroule en quatre phases : la première est une habituation dans l'une des modalités visuelle ou tactile. Dans la seconde phase, le même objet (groupe expérimental) ou un autre objet (groupe contrôle) est présenté dans l'autre modalité. En cas de transfert, l'exploration de l'objet familier doit être plus courte que celle de l'objet nouveau. Dans la troisième phase, le premier objet est de nouveau présenté dans la première modalité. Ceci permet de s'assurer que l'objet est reconnu. Dans la quatrième phase enfin, le deuxième objet est présenté dans la première modalité, ceci afin de contrôler la différenciation des deux objets. Les résultats montrent un transfert dans le sens vision-toucher mais pas de transfert dans le sens toucher-vision à 5 mois, dans le sens toucher-vision mais pas dans le sens vision-toucher à 2 mois. Ces différences dans l'évolution du transfert sont expliquées par des différences de vitesse de développement des modalités sensorielles et par l'interférence de la motricité dans la capacité perceptive et exploratoire de la main (Lécuyer & Streri, 1986).

Ces expériences établissent la possibilité très précoce d'une mise en relation des informations recueillies dans deux modalités différentes. Elles vont donc dans le sens de l'idée d'une amodalité initiale et de la théorie de Gibson, même si les transferts observés ne concernent pas le nouveau-né. Il est clair en particulier que la coordination préhension-vision n'est pas une condition nécessaire à l'établissement de relations intermodales.

L'existence de tels transferts indique qu'ils ont une base physiologique qu'il serait souhaitable de connaître. Il est possible, comme l'envisage Gibson, de considérer que l'information est amodale et que la perception fonctionne donc de manière amodale, alors que les sensations seraient spécifiques aux modalités. Il est certain pourtant que les supports physiques des messages sensoriels sont radicalement différents, et que la mise en relation des messages sensoriels est nécessairement un processus complexe.

Il est généralement admis que, pendant les premiers mois de la vie, le cortex cérébral exerce un contrôle très faible sur les comportements et que ce contrôle est essentiellement sous-cortical. Or, si les aires sensorielles sont bien localisées et nettement différenciées au niveau cortical, il n'en va pas de même au niveau sous-cortical. On a constaté en effet l'existence de projections en provenance des divers organes sensoriels dans le coliculus supérieur (cf. Banks & Salapatek, 1983), les bases physiologiques d'une amodalité initiale semblent donc bien exister.

Les répercussions de cette démonstration sont importantes. Si les informations en provenance de modalités différentes sont mises en relation très tôt, c'est tout un processus de construction, de «coordination des schèmes» qui peut être économisé. Dès lors, les «tableaux sensoriels» séparés apparaissent superflus, et l'idée d'une forme précoce de conception de l'objet est possible. Les bébés vivent dans un monde intelligible.

4. DES OBJETS

Comme je l'ai rappelé, la conception de l'objet est, pour Piaget, un critère décisif dans le développement de l'intelligence. Ce n'est pas le seul auteur à considérer qu'il s'agit d'une question centrale. En effet, un objet a des propriétés spatiales et se situe dans un espace dans lequel il entretient des relations avec d'autres objets. Avoir une conception de ce qu'est un objet, c'est donc nécessairement saisir des relations spatiales. Une forme minimum d'organisation de l'espace est une condition nécessaire à l'acquisition d'une forme minimum de conception de l'objet. En retour, l'espace n'est pas d'abord celui des mathématiciens, mais un ensemble de relations entre des surfaces dont certaines se déplacent en permanence de manière cohérente relativement à l'observateur.

Une propriété informative de ces surfaces est qu'elles s'organisent de manière tridimensionnelle. Percevoir des objets, c'est donc nécessairement vivre dans un espace en trois dimensions. L'objet structure l'espace comme l'espace structure l'objet.

Une autre propriété des objets présente également un grand intérêt cognitif : la stabilité. Un objet digne de ce nom ne profite pas du fait qu'on ne le perçoit plus pour cesser d'exister. Propriété utile, si l'on veut se construire une représentation du monde. Concevoir les objets nécessite de leur attribuer une permanence, mais le repérage des formes de permanence dans l'environnement à travers les changements qu'il subit peut constituer une base dans le développement des conceptions de l'objet. L'objet entretient donc une relation très étroite avec l'un des aspects de l'organisation du temps : la stabilité et le changement. Percevoir des objets c'est vivre dans un monde en quatre dimensions.

Une troisième propriété informative des objets est d'entretenir entre eux ou avec le sujet des relations qui ne sont pas simplement temporelles ou spatiales, mais peuvent être causales. Pour Michotte (1962), chez l'adulte la causalité n'est pas construite mais perçue. Le lancement d'un objet par un autre, effet causal, est une gestalt, et peut être provoqué avec des figures géométriques simples. S'il a raison, les bébés pourraient très tôt percevoir des relations causales entre objets, avant même de pouvoir agir sur eux de manière efficace. C'est la raison pour laquelle Bower, puis d'autres, se sont intéressés aux expériences de Michotte.

Enfin, percevoir des objets et non simplement éprouver des sensations ou saisir des tableaux sensoriels, c'est être capable d'une organisation du monde telle qu'elle permet/suppose un sujet qui se différencie des objets qu'il perçoit. Ce que l'on a appelé «l'adualisme» ou «le dualisme» comme conception du monde chez le nouveau-né est étroitement lié au problème de la notion d'objet. Poser la question de savoir à partir de quand les bébés perçoivent des objets, c'est donc aussi tenter de savoir à partir de quand existe un sujet.

Question centrale, question difficile, l'objet apparaît à la fois comme la condition préalable à une forme d'organisation de l'environnement et comme le produit de cette forme d'organisation. Comme pour beaucoup de problèmes en psychologie, on a eu tendance à raisonner en tout ou rien dans la datation de l'apparition d'une conception de l'objet. Qu'est-ce qu'un objet? Suivant la réponse apportée à cette question et les critères, ou plus souvent le critère mis en avant comme décisif, on infère, ou l'on démontre l'apparition d'une conception de l'objet plus ou moins précoce.

Incontestablement, l'objet pourrait à lui seul être le sujet d'un livre (dont toutefois l'objet serait aussi le sujet). Ce qui suit ne vise donc pas à détailler le développement du concept d'objet, mais est centré sur deux points nodaux des querelles sur l'objet, points qui permettent de soulever l'ensemble des problèmes et d'exposer les principales conceptions de l'acquisition de l'objet. Le premier de ces centres d'intérêt est ce qui est parfois appelé l'erreur du stade IV. Le second est l'idée d'une conception innée des objets.

4.1. L'erreur du stade IV

Piaget constate un jour, à sa grande surprise, que son neveu Gérard, alors âgé de 13 mois, va chercher une balle non pas là où elle vient de disparaître sous ses yeux, mais dans un autre endroit où elle avait disparu une première fois. Intrigué par ce comportement, il fait plusieurs fois l'expérience avec ses propres enfants qui reproduisent le même comportement plusieurs fois. C'est la célèbre erreur du stade IV, encore appelée erreur de la place, erreur $A\overline{B}$, puisqu'un objet d'abord caché en A et recherché avec succès dans ce lieu, puis caché en B sous les yeux de l'enfant, est d'abord recherché en A, ou encore erreur AAB parce qu'on présente en général l'objet plus d'une fois en A avant de le présenter en

B. Pour Piaget, cette erreur a une importance théorique considérable, car elle montre qu'à ce stade, l'objet n'a pas encore acquis, pour l'enfant, une existence indépendante de ses propres actions, pas de localisation spatiale précise, en un mot, pas de permanence, laquelle ne sera acquise qu'au stade VI. Il s'agit d'un argument essentiel et incontournable de sa conception de l'acquisition de la notion d'objet chez l'enfant.

Cette erreur de la place a eu la même importance chez les adversaires de la théorie de Piaget, dans la mesure où elle doit être expliquée si l'on prétend que la notion d'objet est acquise par le bébé bien plus tôt que ne le suppose Piaget. La position de Bower est sur ce point originale, puisqu'il considère que ce phénomène n'est pas capital.

Un certain nombre d'expériences ont donc été effectuées pour essayer de trouver des conditions dans lesquelles l'erreur ne se produirait pas, ou en tout cas beaucoup moins fréquemment, et des explications théoriques ont été proposées. Comme le note Maury (1980) dans une revue de question sur le sujet, l'importance théorique du problème n'est sans doute pas le seul facteur qui a suscité ces recherches. La théorie de Piaget concernant la notion d'objet est contestée pour d'autres âges et avec d'autres arguments. Maury attribue cet intérêt au fait que le phénomène est très localisable dans le développement, et surtout au fait qu'il met en jeu les relations entre objet et espace, ce qu'exprime bien le titre de Maury : «De l'objet à l'espace», titre qui implique un type d'explication de l'erreur du stade IV. De plus, il est probable que le caractère spectaculaire de ce comportement qui heurte la logique de l'adulte a constitué une provocation à la recherche, empirique et théorique. Ce bébé qui ne croit pas ce qu'il voit ou qui ne voit pas ce qu'on croit, fait scandale.

Schuberth (1983) a fait une revue des recherches sur la question et des explications proposées. Le titre de son article : «La recherche d'objets par le bébé : autres interprétations que la théorie de Piaget sur le développement du concept d'objet» montre à la fois la volonté de donner une portée générale aux théories avancées et le fait que la recherche de l'objet disparu est considérée comme un critère décisif de validité de ces théories.

Classique dans son exposé, la revue de Schuberth (1983) va de la théorie qui lui paraît la moins valide à celle qui lui semble la mieux fondée. Le mot théorie, qu'il emploie, est d'ailleurs parfois abusif dans la mesure où il s'agit plus d'hypothèses sur l'origine de l'erreur de la place que de conceptions générales sur le développement de la notion d'objet. Tel est le cas en particulier de l'hypothèse de Cummings et Bjork qu'il examine en premier (Cummings & Bjork, 1981a, 1981b; Bjork &

Cummings, 1979). Pour ces auteurs, l'explication de l'erreur de la place doit être fournie en termes de codage en mémoire et de rappel de l'information sur la situation, mais ils ne donnent pas davantage de précisions sur la source des difficultés des bébés. Toutefois, ils attribuent un rôle spécifique au fait que seules deux localisations sont proposées pour l'objet dans la situation classique AB. Ils font donc plusieurs expériences dans lesquelles l'objet caché peut se trouver dans cinq emplacements différents placés en ligne droite. A et B, endroits où l'objet est successivement caché, sont situés aux extrémités de cette ligne droite. Dans ces conditions, lors des premiers essais, les bébés cherchent en A ou près de A, puis après le changement, ils réorientent leur recherche vers B ou près de B, dès le premier essai. Schuberth fait un certain nombre de critiques à l'hypothèse de Cummings & Bjork. Outre le manque de précision, elle ne permet pas d'expliquer pourquoi l'erreur se produit parfois alors que l'objet est visible en B, comme l'ont montré différents auteurs (Piaget, 1937; Bower & Wishart, 1972; Harris, 1974; Butterworth, 1977; Willats, 1979). De plus, Schuberth cite une observation de Piaget (1937) dans laquelle ce ne sont pas deux, mais plusieurs lieux différents qui sont en jeu, ce qui n'empêche pas l'erreur de se produire. Il est d'ailleurs difficile d'imaginer par quel mécanisme l'augmentation du nombre de lieux possibles faciliterait la mémorisation. Enfin, Schuberth n'a pas réussi à reproduire les résultats de Cummings & Bjork : Schuberth & Gratch (1981) trouvent en effet autant d'erreurs de place avec cinq emplacements possibles qu'avec deux.

Moore (1973, 1975; Moore, Borton & Darby, 1978; Moore & Meltzoff, 1978; Moore & Myers, 1975), s'oppose à Piaget sur deux points. D'une part, la capacité à se représenter mentalement ce qui a disparu n'est pas, pour lui, l'achèvement mais le début du processus de permanence de l'objet. D'autre part, le développement de la compréhension du caractère permanent des objets ne passe pas par la coordination des schèmes, mais par l'élaboration de règles déterminant l'identité de l'objet. Moore reprend de Bower l'idée que le problème essentiel est celui de l'identité de l'objet et non celui de sa permanence et celle que la tâche du chercheur consiste à déterminer les règles d'identité utilisées par le bébé aux différents stades de son développement. Moore & Meltzoff (1978) distinguent trois niveaux de règles : 1) de 0 à 4 mois, un objet en mouvement reste identique à lui-même, un objet fixe aussi; 2) de 5 à 8 mois, un objet visible qui passe de l'immobilité au mouvement ou du mouvement à l'immobilité reste identique à lui-même; 3) de 9 à 18 mois, la disparition momentanée d'un objet derrière un écran n'altère pas son identité.

L'interprétation de l'erreur du stade IV à partir de ces principes est qu'à ce stade, un objet peut disparaître dans un endroit et apparaître dans un autre sans pour autant perdre son identité. Conséquence logique de cette position, si l'objet caché en B peut être clairement identifié comme différent par sa forme de l'objet précédemment caché en A, l'erreur ne doit pas se produire, alors que si l'on cache en B un objet identique à l'objet précédemment caché en A, l'erreur reste possible. C'est ce que montrent Moore & Clark (1975) en utilisant deux objets, le premier caché en A puis le second caché en B. La tâche est alors réussie. La critique faite par Schuberth à Moore est que, centré sur les questions d'identité de l'objet, il ne prend pas en compte l'utilisation par le bébé des indices spatiaux qui lui sont fournis et qui permettent d'améliorer sa performance.

Par contre, ce type de critique ne peut être adressé à Butterworth (1977, 1983, 1976, 1978, cité par Schuberth, 1983). Pour lui, en effet, l'erreur du stade IV est une erreur de la *place* due à la manière dont les bébés organisent leur espace. L'espace des bébés est égocentrique, donc instable et insuffisamment structuré. Or, la place qu'occupe un objet est une caractéristique importante de son identité. Par la suite, ils construisent un système de repères allocentriques qui leur permet un meilleur repérage dans l'espace. Pour éviter qu'ils ne commettent l'erreur de la place, il faut donc leur fournir des repères spatiaux, ce que font Butterworth, Jarrett & Hicks (1982) en utilisant des écrans de tissus de couleurs différentes et des fonds de couleurs différentes. Les résultats indiquent que de tels repères permettent d'améliorer la réussite à la tâche. Inversement, Butterworth (1977) et Jarrett (1981, cité par Butterworth, 1983) montrent que des enfants qui peuvent retrouver un objet caché sont néanmoins incapables d'effectuer un détour pour prendre un objet parfaitement visible derrière un écran transparent. Ils essaient d'enlever l'écran. Si on déplace l'objet jusqu'à une fenêtre percée dans l'écran, ils le saisissent immédiatement.

Un certain nombre de faits viennent donc étayer la théorie de Butterworth, mais Schuberth en montre les limites. Dans la logique de l'interprétation de Butterworth, si on substitue un objet à un autre à l'insu de l'enfant, il ne s'agit pas pour lui d'un changement et il confond les deux objets. Ce n'est pourtant pas ce que l'on constate. De même, si seule la place compte, rien ne garantit à l'enfant que l'objet retrouvé en B est bien celui qui avait été précédemment caché en A. La théorie de Butterworth mériterait en outre une discussion sur les problèmes de relations entre espace égocentrique et espace allocentrique qui sort du cadre de la présente réflexion (cf. Maury, 1980; McKenzie & Day, 1984; Acredolo, 1985).

La théorie de Bremner (1978a, 1978b, 1980, 1981 cité par Schuberth, 1983, 1985; Bremner & Bryant, 1977; 1985) est centrée sur l'idée de savoirs parcellisés chez l'enfant, la difficulté résidant dans la coordination de ces savoirs. Pour Bremner, il existe un savoir spatial sur les objets — une connaissance des possibilités de relations entre objets — et un savoir fonctionnel — une connaissance des fonctions que peut exercer un objet. De plus, ces types de savoirs, construits sur les objets qui sont familiers aux enfants, sont élémentaires et liés aux expériences antérieures. Ainsi, le nourrisson apprend que les objets familiers se trouvent très souvent à la même place. Certaines places ont donc une fonction particulière de contenants d'objets, et un comportement efficace consiste à chercher un objet dans un tel endroit. Bremner interprète les résultats de Butterworth et al. (1982) comme le produit d'une facilitation dans la perception des déplacements. Bremner a montré que si en A l'objet est placé sans être caché, il ne se produit pas d'erreur lors du changement de place, ce que les auteurs expliquent par le fait que A n'a pas alors acquis un statut «d'endroit où chercher». Ces savoirs et les habitudes qui en découlent exercent une influence sur les méthodes utilisées par les enfants dans la recherche d'objets.

Par ailleurs, Bremner remarque à juste titre que le stade IV est souvent contemporain d'un changement capital dans la relation entre l'enfant et les objets, changement dont les conséquences sont rarement prises en compte : le développement de la reptation, de la marche à quatre pattes ou dans certains cas de la marche, c'est-à-dire le passage de la prépondérance de l'immobilité et des déplacements involontaires aux déplacements volontaires. Pour Bremner, un enfant qui ne se déplace pas peut retrouver ses jouets autour de lui en effectuant le même acte moteur à chaque fois. Le contrôle visuel n'est pas capital. Par contre, quand l'enfant bouge, ce contrôle est nécessaire. Si les déplacements accroissent considérablement les possibilités d'exploration et favorisent la diversité et la relativité des points de vue, ils peuvent être à court terme une source de complications et de désorganisation dans la conception des déplacements. On retrouve ici le problème décrit classiquement comme celui du passage d'un espace égocentré à un espace exocentré. Ainsi, Bremner & Bryant (1977) ont montré qu'après un déplacement du bébé autour de la table ou une rotation de celle-ci, la réussite est meilleure si l'objet est changé de côté de la table, le geste du bébé restant le même, que si l'objet est à la même place, la réponse devant changer. Benson (1980 citée par Schuberth, 1983), a montré que les bébés de 10 mois, après avoir changé de côté du dispositif, retrouvent plus facilement un objet dans le cas d'un déplacement actif que dans celui d'un déplacement passif. Bremner & Bryant (1985) concluent une revue de questions sur la recherche de l'objet dans la période du stade IV en affirmant que, s'ils se sont plus intéressés dans cette revue aux mouvements du sujet qu'à ceux de l'objet, c'est qu'effectivement ceux-ci sont plus importants.

La situation classiquement proposée à l'enfant dans l'étude de l'erreur du stade IV se compose de deux problèmes solubles séparément : un problème de contenant et un problème de déplacement. Un bébé au stade IV de Piaget peut trouver un objet caché derrière un écran. Il peut aussi trouver un objet déplacé. Mais si un objet est d'abord caché en A, l'endroit A acquiert le statut de contenant d'objet. Le fait de déplacer l'objet et de le cacher dans un endroit B qui n'a pas acquis ce statut de contenant dépasse les capacités cognitives de l'enfant, qui revient à la fonction de contenant exercée par A. Pour permettre à l'enfant d'éviter l'erreur de la place, il faut donc lui faciliter l'un des deux aspects de la tâche : statut de contenant exercé par le cache ou déplacement. Une expérience de Freeman, Lloyd & Sinha (1980) réalise l'une de ces conditions. Les auteurs utilisent des gobelets pour cacher l'objet soit en les retournant sur l'objet (position classique dans les expériences de recherche d'objet), soit en mettant l'objet dedans (position usuelle, efficace en particulier quand le contenu est liquide). Les erreurs sont moins nombreuses dans la seconde situation que dans la première.

Harris (1983) part de la remarque simple que dans l'environnement de l'enfant, un grand nombre d'objets existent en plusieurs exemplaires. Il n'est donc pas évident qu'un objet ne se trouve qu'à un seul endroit à la fois. De plus, ce n'est pas parce que l'on change de place l'un de ces objets qu'un objet identique bouge ou reste en place. En résumé, les positions des objets et les relations entre objets sont largement imprévisibles, ce qui rend très difficile l'apprentissage des déplacements d'un objet. Pour Harris (1983), les erreurs commises par les bébés dans leurs recherches d'objets sont dues au fait qu'ils pensent être en présence de plusieurs exemplaires du même objet. Plus précisément, dans le cas de l'erreur du stade IV, ce n'est pas parce que l'enfant a vu un déplacement de A vers B qu'un objet ne peut être trouvé en A. Dans ces conditions, tout ce qui renforce la recherche en A (nombre de recherches fructueuses) augmente le nombre d'erreurs, alors que tout ce qui attire l'attention sur B (recherche immédiate ou objet visible) diminue le nombre d'erreurs.

Schuberth fait à Harris deux critiques. La première repose sur la capacité de discrimination à l'intérieur d'une même catégorie d'objets, capacité présente au stade IV et qui montre que tous les objets similaires ne sont pas pour autant considérés comme un seul objet. Cette critique n'est guère convaincante dans la mesure où les situations de discrimination sont radicalement différentes des situations de recherche d'objets, et plus propices, précisément, à la discrimination. La seconde critique est basée sur les expériences de Butterworth qui montrent que des indices spatiaux peuvent être utilisés par le bébé et que sa recherche n'est pas le simple résultat de la direction préférentielle de son regard, comme le suppose Harris.

Malgré ces critiques, les conclusions de Schuberth sont favorables à la conception de Harris, même s'il ne s'agit pour lui que d'une simple révision de la théorie de Piaget, ce en quoi il est d'accord avec Bower, mais une révision constructive, ce en quoi il s'oppose à Bower.

La théorie de Bower, surtout exposée dans *Development in Infancy* (1974), est reprise et précisée dans un article plus récent de Wishart & Bower (1984). Les auteurs font un examen critique des théories exposées par Schuberth et, à la lumière de nouvelles observations expérimentales, tentent de montrer que seule la théorie de Bower permet de rendre compte de leurs observations.

Ce qui oppose Bower à Piaget est la place prépondérante donnée par le second à l'idée de *permanence* de l'objet, alors que pour le premier ce qui est essentiel est l'*identité* de l'objet et les règles qui la définissent. Cette identité se construit progressivement pendant le développement, le bébé ayant une définition de plus en plus précise et de plus en plus complète de ce qu'est un objet (règles d'identité), et agissant en fonction de cette définition (règles de recherche). La raison fondamentale du passage de la notion de permanence à celle d'identité est située dans les problèmes posés au bébé par des déplacements d'objets qui restent visibles, et par les objets posés sur un support. Selon Wishart & Bower, aucune des théories examinées par Schuberth ne permet de rendre compte de ces difficultés, parce qu'elles sont toutes faites pour expliquer la seule situation où l'objet n'est plus visible. Ce point est donc central dans la réflexion et l'argumentation de ces auteurs, et fait l'objet d'une expérimentation systématique. Leur recherche n'est donc pas limitée à l'erreur de la place telle qu'habituellement décrite, mais combinée avec un autre problème classique de la littérature piagétienne et post-piagétienne : l'incapacité à saisir un objet quand il est placé sur un autre.

Wishart & Bower exposent leur théorie sous forme d'un certain nombre de règles suivies par le bébé dans sa relation aux objets, en fonction du stade piagétien auquel ils se trouvent. Ces règles sont présentées dans

Tableau IV.1. Séquences hypothétiques du développement de la recherche et des règles d'identité (d'après Wishart & Bower, 1984, p. 61, traduction R. L.).

Stades 1 et 2

Règle d'identité (1)	Un objet est un volume limité dans l'espace, situé dans un lieu particulier ou ayant une trajectoire particulière.
Règle de recherche (1)	Pour trouver un objet stationnaire, le chercher dans un endroit où il se trouve habituellement. Pour trouver un objet en mouvement, le chercher le long de sa trajectoire.

Stade 3

Règle d'identité (2)	Un objet est un volume limité dans l'espace, ayant une taille, une forme et une couleur définies, qui peut bouger d'un endroit à un autre sur diverses trajectoires.
Règle de recherche (2)	Pour trouver un objet, le chercher dans son lieu habituel, ou, s'il a bougé, sur sa trajectoire. Si, cependant, un autre objet, de taille, forme ou couleur différente est maintenant à la même place ou sur la même trajectoire, ne rien faire (disparition mystérieuse).

Stade 4

Règle d'identité (2)	(la même qu'au stade 3)
Règle de recherche (3)	Pour trouver un objet mystérieusement disparu, enlever l'objet qui le remplace.

Stade 5

Règle d'identité (2)	(la même qu'au stade 3)
Règle de recherche (4)	Pour trouver un objet mystérieusement disparu, enlever l'objet qui se trouve maintenant là où il a été vu pour la dernière fois.

Stade 6

Règle d'identité (3)	La même qu'au stade 3 plus : deux objets (ou plus) peuvent cependant être au même endroit ou sur la même trajectoire simultanément *si* ils entretiennent une relation spatiale qui implique le partage de frontières communes.
Règle de recherche (5)	Pour trouver un objet disparu, enlever l'objet qui se trouve maintenant là où il a été vu pour la dernière fois, en prenant en compte les mouvements subséquents de cet objet.

le tableau IV.1. extrait de Wishart & Bower. Ce tableau est lui-même repris, avec quelques modifications, de Bower (1974, p. 215).

La recherche empirique effectuée par Wishart & Bower a consisté à présenter 4 situations de recherche d'objets dans 3 conditions de «disparition» à 12 enfants par groupes d'âge, entre 4 et 22 mois, à raison d'un groupe d'âge par mois, chaque situation étant présentée 4 fois.

La première situation consiste simplement à cacher un objet en le plaçant sur une plate-forme, derrière un écran ou sous un gobelet. On observe alors si l'enfant saisit l'objet. Les autres situations peuvent être décrites de la manière suivante dans la condition écran prise comme exemple. Dans la seconde situation, il y a deux écrans A et B. L'objet est d'abord caché derrière l'écran A, deux fois de suite, puis derrière l'écran B. Il s'agit de savoir si, dans cette deuxième phase, l'objet sera recherché en A ou en B. Dans la troisième situation, l'objet est placé derrière l'écran A et les deux écrans A et B sont transportés sous les yeux de l'enfant, l'objet restant caché derrière. L'écran de droite est placé à gauche et réciproquement. Il s'agit encore de savoir de quel côté sera recherché l'objet. Dans la quatrième situation enfin, l'objet est présenté à l'enfant dans la main ouverte de l'expérimentatrice. Ensuite, celle-ci cache l'objet en fermant sa main, place sa main derrière l'écran A où elle le dépose, avant de ressortir sa main fermée. Les auteurs supposent alors que le bébé va chercher l'objet dans la main de l'expérimentatrice, où il a été vu initialement. Comme il ne s'y trouve pas, la réussite à la situation consiste alors à chercher l'objet derrière l'écran. Des situations homologues sont présentées dans les conditions gobelet et plate-forme. La figure IV.1. donne l'évolution des réussites avec l'âge en fonction des conditions.

Globalement, la condition plate-forme se révèle plus facile que les deux autres, ce qui n'est pas étonnant puisque l'objet «caché» est toujours visible. Si l'on effectue cette comparaison situation par situation, on constate qu'il n'y a pas de différence entre la condition plate-forme et les autres dans le cas de la première situation. Ceci s'explique par le fait que cette première situation donne lieu à une réussite parfaite dès 6 mois dans toutes les conditions, alors que c'est avant 6 mois que l'on constate l'incapacité du bébé à saisir un objet sur une plate-forme. Ce résultat n'a donc rien de nouveau.

Dans le cas des situations 2 et 3, le décalage entre la condition plate-forme et les autres est maximum, la réussite étant de 100%, dès 10 mois, pour la situation 3, 12 mois pour la situation 2 dans la condition plate forme, alors que la situation 2, réussie à 10 mois dans les deux autres conditions, donne lieu ensuite à quelques rechutes des performances. La stabilité n'est obtenue qu'à 18 mois dans le cas des gobelets. Quant à la situation 3, à 22 mois, la réussite n'est encore que de 50% aussi bien dans la condition écran que dans la condition gobelet. Ici encore, ces résultats ne sont guère surprenants, et leur intérêt principal réside dans le suivi des groupes d'âge.

L'apport de cette expérience est surtout lié à la situation 4, dans laquelle la condition plate-forme donne lieu à un taux de réussite plus faible que les autres. La situation 4 est la plus difficile dans la condition

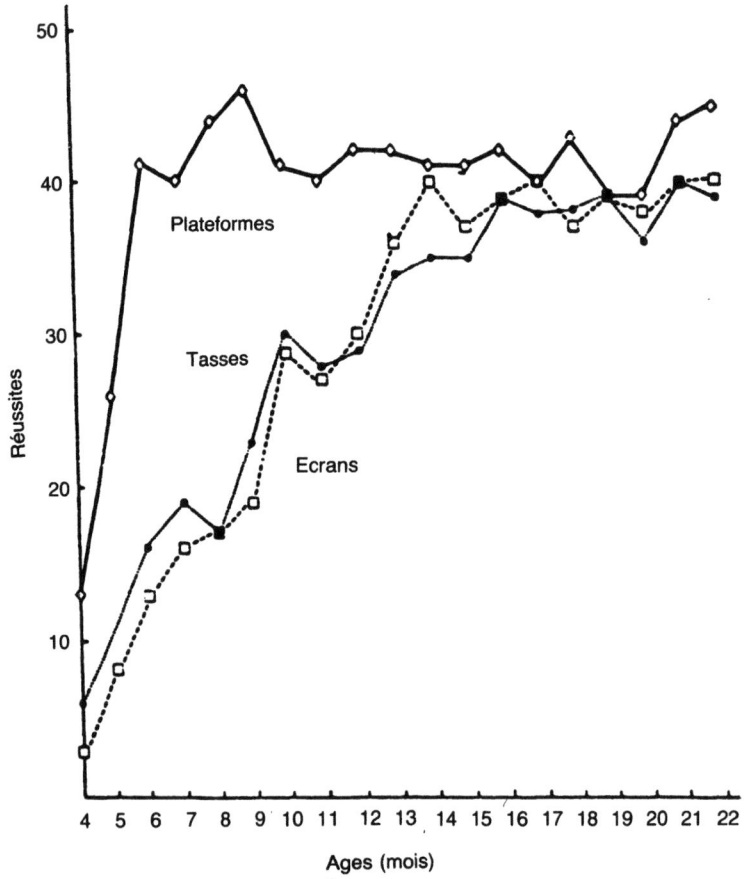

Figure IV.1. Effet des conditions de disparition sur la performance (d'après Wishart & Bower, 1984).

plate-forme, alors que c'est la situation 3 qui l'est dans les deux autres conditions. L'erreur la plus fréquente est la suivante : les bébés qui voient l'objet posé sur la plate-forme par l'expérimentatrice vont cependant chercher cet objet dans sa main. Sur le groupe d'enfants qui produit cet erreur, Wishart & Bower font un test consistant à fermer la main vide devant leurs yeux. Un quart d'entre eux ouvrent alors cette main, en montrant clairement par leur comportement qu'ils s'attendent pourtant à la trouver vide. Les autres (62 sujets) ne cherchent pas à ouvrir la main de l'expérimentatrice. L'interprétation que donnent les auteurs de leur comportement est qu'ils ne considèrent pas que l'objet est *unique*. Bien qu'ayant vu l'expérimentatrice poser l'objet sur la plate-forme, ils font l'hypothèse que le même objet peut en même temps se trouver dans la main de l'expérimentatrice. Ces bébés auraient la même idée que des physiciens qui constatent qu'un photon peut se trouver dans deux endroits à la fois. C'est également ce que semble montrer le fait que dans la situation 2, certains bébés vont voir en A avant que l'objet soit complètement caché en B.

On ne peut toutefois pas exclure l'hypothèse d'un artefact expérimental dans la situation plate-forme. Il n'y a aucun problème d'espace, puisque l'objet est posé devant les yeux du bébé sur la plate-forme, mais cette facilitation crée un problème d'identité d'objet largement conditionné par les situations précédentes. Les bébés ont pu apprendre une règle non prévue par les auteurs : «Dans cette expérience de magie, tout peut arriver à un objet, y compris être dans deux endroits à la fois». L'identité de l'objet serait donc mise en cause par l'expérience elle-même.

La conclusion que tirent Wishart & Bower de leurs observations est qu'elles confirment leur modèle et infirment les autres. Les modèles qui visent à expliquer l'erreur du stade IV par une insuffisance de la capacité de traitement (essentiellement Cummings & Bjork) ne peuvent rendre compte de ce qui se passe dans la condition plate-forme où toute l'information est disponible en permanence. De plus, en termes de traitement de l'information, la situation 3 est plus difficile que la situation 4. Or, en moyenne elle n'est pas moins bien réussie. Quant aux autres explications, Wishart & Bower leur adressent essentiellement deux critiques : la première est qu'il ne s'agit que de modifications de détail de l'interprétation de Piaget. L'explication de l'erreur de la place est cherchée dans des problèmes d'organisation de l'espace et non dans les règles d'identité de l'objet. Les conditions expérimentales destinées à diminuer la fréquence de l'erreur du stade IV consistent surtout à fournir des repères spatiaux supplémentaires, alors que pour Wishart & Bower, le problème n'est pas là. La seconde critique est qu'elles ne s'intéressent qu'au seul stade IV, aussi bien du point de vue théorique qu'expérimental, et ne saisissent donc pas la construction de l'identité de l'objet dans sa dynamique.

Enfin, deux remarques de Wishart & Bower méritent d'être mentionnées. La première est méthodologique : la plupart des auteurs qui ont expérimenté sur l'erreur du stade IV n'ont produit qu'une seule forme de disparition de l'objet, alors que les résultats changent suivant la forme de disparition, mais surtout, ils n'ont soumis la situation aux sujets qu'une seule fois. Or, il est évident que si la recherche s'effectue au hasard, les bébés ont une chance sur deux de réussir, ce qui a amené certains auteurs à l'idée que 50% des bébés échapperaient à l'erreur de la place. Il y a là une difficulté méthodologique, déjà signalée par Maury (1980) et Maury & Streri (1981), et qui n'est pas toujours prise en compte. Pour Wishart & Bower, il est donc nécessaire de procéder à plusieurs essais pour chaque situation et chaque condition, ce qu'ils font effectivement, mais ceci présente un autre inconvénient : ce sont 72 situations qui sont soumises successivement aux bébés! Même en deux séances, et parfois trois pour les plus jeunes d'entre eux, c'est beaucoup. Mais leur conclusion est formelle : tous les bébés passent par l'erreur du stade IV et, quand ils ont réussi, aucun ne commet plus l'erreur.

La seconde remarque est pourtant que cette erreur est un «accident» et non pas «une composante nécessaire du développement du concept d'objet». Pour appuyer cette idée, ils rapportent une recherche de Wishart (1979) dans laquelle les bébés ont été entraînés à suivre des déplacements d'objets depuis l'âge de 12 semaines. Entre 20 et 23 semaines, suivant les situation de test, ces bébés sont capables de réussir une tâche de recherche d'objet du niveau du stade V. Bower & Paterson (1974) avaient déjà montré la possibilité d'accélérer l'accès au stade V par un entraînement à la poursuite visuelle de déplacements.

Pour conclure sur l'erreur du stade IV et ce qu'elle peut apporter dans la compréhension des propriétés des objets, il semble que sur un point fondamental, Wishart & Bower aient raison, alors que sur un autre point, non moins fondamental, ils ont très probablement tort.

Le caractère spectaculaire de l'erreur de la place a sans doute conduit à exagérer son importance théorique et à en fournir des explications statiques, sans véritable prise en compte de la dynamique du processus de construction de l'objet. Certains auteurs ont cherché avec trop de persistance la clé du problème de l'objet en A, peut-être faute de pouvoir localiser B. Bower, qui appelle sa théorie «théorie de l'identité», pense avoir trouvé B en passant de la permanence à l'identité. Il a raison d'affirmer que l'acquisition de l'objet n'est pas un mécanisme simple, mais une somme de changements. Ceci implique qu'il faut aller voir plus tôt les premières formes de la perception des objets et les conditions dans lesquelles les bébés attribuent aux objets les mêmes propriétés que les adultes.

Mais il se pourrait que l'objet objet ne soit pas localisé dans un seul endroit. Que les problèmes d'identité de l'objet, tels que les envisage Bower, jouent un rôle dans l'erreur de la place est une conclusion nécessaire de ses recherches, mais cela ne signifie pas que d'autres facteurs, d'organisation de l'espace notamment, ne jouent pas un rôle. Il faut aussi concevoir les problèmes spatiaux en jeu dans la situation du stade IV dans une perspective continue. Ainsi, McKenzie & Day (1984) ont montré à la fois l'incapacité de bébés de 12 mois à se repérer dans un espace simple après une rotation de 180°, et la possibilité pour des enfants de 6 mois d'utiliser des repères extérieurs pour localiser un objet stable, après qu'eux-mêmes aient subi une faible rotation. L'espace et les objets ne peuvent être distingués qu'artificiellement, et l'entraînement effectué dans la recherche de Wishart (1979) porte sur les relations entre objets. C'est bien de ce type de relations qu'un certain nombre d'auteurs ont montré qu'il avait une importance, quelque peu minorée par Bower.

Les critiques faites par Schuberth (1983) aux différents auteurs dont il expose les théories peuvent se résumer en deux grandes catégories, parce que ces théories peuvent être classées en deux grandes catégories : aux théories centrées sur l'espace, il reproche de ne pas assez prendre en compte l'objet, aux théories centrées sur l'objet, de ne pas assez prendre en compte l'espace, et dans les deux cas, ces critiques reposent sur des observations en contradiction avec les deux types d'explications offertes de manière exclusive. Peut-être l'une des propriétés fondamentales de l'objet est-elle d'être situé dans un espace ? Maury (1980), qui privilégie les facteurs spatiaux par rapport aux facteurs d'identité, n'en note pas moins que «tous les facteurs semblent jouer». Bremner (1985) énumère les points qu'une théorie satisfaisante du problème doit pouvoir expliquer :
– influence des facteurs perceptifs;
– effets des manipulations spatiales;
– erreurs quand l'objet est visible;
– absence d'erreur quand la réponse est immédiate;
– fonction de contenant assurée par certains objets, en particulier des objets familiers;
– amélioration de la réussite dans certains cas de déplacement de l'enfant;
– amélioration de la réussite dans certains cas de rotation de l'enfant.

Incontestablement, Bremner a raison d'affirmer qu'aucune des explications proposées ne prend en compte l'ensemble de ces facteurs. Malheureusement, les explications qu'il donne ne font pas exception à cette règle et apparaissent plus comme une suite de réponses locales à chaque problème pris séparément que comme une synthèse. C'est sans doute que nous avons autant de mal à penser l'erreur ou les erreurs de la place, que le bébé en a à ne pas la ou les commettre, et pour des raisons similaires : le bébé a du mal à mettre en relation tous les éléments de la situation, le chercheur à les penser tous de manière coordonnée.

Dans la théorie du développement de Case (1985), toutes les situations sont conçues comme des situations de résolution de problèmes, et c'est le cas en particulier de la situation du stade IV. Il ne prend en compte ni les difficultés des enfants à penser les rapports spatiaux, ni leurs problèmes de conception de l'objet. Il fait simplement une analyse de la tâche en terme de nombre de structures (schèmes et opérations) à prendre en compte simultanément. Pour Case, ce nombre atteint 4 (une opération motrice et 3 schèmes) au moment de la prise de l'objet, ce qui dépasse les capacités de stockage de la mémoire à court terme des bébés et provoque l'échec. Cette explication présente des avantages sur toutes celles proposées par les spécialistes : elle tient compte de toutes les données de la situation et se situe dans la perspective d'une théorie plus globale. Mais en se plaçant d'un point de vue purement quantitatif, et en ne prenant pas en compte le contenu des schèmes, elle ne permet pas d'expliquer les modalités de l'échec : le retour à l'emplacement antérieur. Si l'on suit l'analyse de Case, d'autres types de réponses pourraient apparaître, mais la réponse la plus fréquente devrait être de ne rien faire du tout.

L'erreur du stade IV est donc une situation prototypique pour comprendre les relations entre perception et intelligence : les difficultés que les bébés de 8 mois ne peuvent résoudre globalement sont liées aux limites de leurs capacités de mise en relation. La situation suppose, en effet, que soient mises en relation des relations. C'est pourquoi tout ce qui facilite la tâche dans ses deux versants de base (espace et objet) améliore les performances : une meilleure maîtrise des relations élémentaires permet plus facilement de construire des relations de niveau supérieur. Inversement, tout ce qui complique la saisie des relations élémentaires ou celle des relations entre relations aboutit à un échec. Si ce qui précède est exact, l'erreur du stade IV ne serait un cas particulier que de manière circonstancielle, mais il devrait être possible d'observer des erreurs de même type à d'autres âges, erreurs dues à des échecs dans la mise en relation de relations. Un tel rapprochement peut par exemple être effectué avec l'expérience de Markman, Cox & Machida (1981) montrant que des enfants de 3 à 4 ans réussissent mieux une tâche de catégorisation si cette tâche leur est facilitée sur le plan spatial. Köhler (1927) avait déjà observé une erreur de même type chez le chimpanzé. Si cette analyse est exacte, le stade IV constitue bien une période importante dans le développement de l'intelligence. Il faut se souvenir que c'est aussi la période du développement de la catégorisation.

4.2. Les débuts de l'objet perçu

L'approche piagétienne peut être contestée de manière plus radicale que par une réinterprétation de l'erreur du stade IV. Une telle mise en cause passe par la recherche de manifestations plus précoces d'une conception de l'objet. Cette contestation a d'abord été le fait de Bower (1967, 1971, 1972, 1974, 1977; Bower, Broughton & Moore, 1970a, 1970b, 1971) et elle est actuellement largement reprise par Spelke (Baillargeon, Spelke & Wasserman, 1985; von Hofsten & Spelke, 1985; Kellman, Gleitman & Spelke, 1986; Kellman & Spelke, 1983; Kellman, Spelke & Short, 1986; Kestenbaum, Termine & Spelke, 1986; Spelke, 1976, 1979, 1986a, 1986b, 1986c, 1987; Spelke & Cortelyou, 1980; Spelke & von Hofsten, 1986; Streri & Spelke, 1988).

Pour savoir si les bébés ont, comme le dit Spelke (1986a), une théorie physique innée permettant un concept d'objet, ou bien simplement la notion d'une permanence plus précoce que ne le suppose Piaget, on peut aborder le problème sous différents angles. Les recherches sur les réactions d'évitement à l'approche d'un objet évoquées ci-dessus au sujet des relations entre modalités constituent déjà un indicateur. Il en va d'ailleurs de même pour toutes les relations intermodales. La rotation de la tête vers une source sonore semble bien indiquer que «ce qui fait du bruit peut être vu» et que des propriétés différentes des objets sont mises en relation. L'existence de relations de ce type entre modalités sensorielles n'implique pas nécessairement l'existence d'un concept d'objet, mais il y a là un exemple tout à fait typique d'application de la règle suivante : quand le nombre de liaisons entre éléments augmente, la meilleure application de la loi de parcimonie consiste à supposer un système d'organisation des éléments.

Les autres indicateurs étudiés sont la préhension précoce, les réactions à la disparition et à la réapparition d'objets identiques ou différents derrière un écran, la perception des objets partiellement cachés, les réactions des bébés aux situations «impossibles».

Bower (1972; Bower, Broughton & Moore, 1970) a été le premier auteur à signaler l'existence, dès la seconde semaine, de gestes visant à atteindre un objet situé à portée de la main, dans le cas où les bébés étaient placés de telle manière que les mouvements du bras étaient facilités. Ce fait n'implique évidemment pas l'existence chez le nouveau-né d'un concept d'objet, mais il signifie qu'une perception visuelle est mise en relation avec une possibilité d'action motrice, et un tel geste semble plus adapté à un objet tridimensionnel qu'à un tableau bidimensionnel.

Mais l'intérêt essentiel de l'expérience de Bower et al. (1970b) consiste à présenter aux bébés un objet virtuel : un objet est éclairé par deux sources lumineuses munies de filtres polarisants. L'ombre de cet objet est projetée sur un verre dépoli, et un sujet muni de lunettes à verres polarisants voit un objet virtuel devant le verre dépoli. Comme le signalent les auteurs, toute la difficulté est de faire porter de telles lunettes à des bébés d'une semaine sans les faire pleurer. Quand cette difficulté est résolue, tous les bébés tentent d'atteindre cet objet, ce qui veut dire qu'ils le localisent correctement dans l'espace, et de plus, ils sont surpris de ne rencontrer que du vide (modification du rythme cardiaque), ce qui veut dire qu'ils mettent en relation le visible et le tangible. Bower signale, outre cette surprise, le fait que les tentatives persistent, alors que dans l'expérience de Bower (1972) où les objets (réels) sont à portée ou hors de portée de l'enfant, les échecs, quand l'objet est hors de portée, aboutissent à une disparition des tentatives. Ceci semble indiquer une perception visuelle qui n'est certes pas totalement fiable, puisqu'il y a une tentative de saisie d'un objet non saisissable, mais dans laquelle l'enfant a une confiance suffisante pour être surpris quand l'expérience la contredit et persister dans son comportement en dépit ou à cause de cette contradiction.

Pour aller au-delà de ce que peut nous apprendre l'atteinte manuelle, deux approches de ce qu'est un objet ont été mises en œuvre. La première cherche les règles de définition de l'objet, les caractéristiques d'une situation perceptive qui permettent d'isoler des éléments de cette situation, éléments auxquels le spectateur accorde une unité et qu'il est usuel d'appeler objets. La démarche vise à dégager des règles d'organisation : c'est celle de la psychologie de la forme. Or, l'un des fondements de cette théorie est que les lois de la forme sont innées. Il y a donc une certaine forme d'équivalence entre recherche des caractéristiques de la notion d'objet à un certain âge et recherche de la présence ou de l'absence de chacune des différentes lois de la gestalt à ce même âge. Même si les aspects cognitifs de la définition de l'objet ainsi mise en jeu sont importants, il est notable que cette définition est avant tout perceptive, ce qui se conçoit dans le cadre de la gestalt.

La seconde démarche vise à définir l'identité d'un objet. L'opérationnalisation d'une telle question revient à se demander quelles sont les transformations subies par l'objet qui respectent son identité, quelles sont celles qui produisent un changement d'identité. C'est ce qu'a fait Michotte (1962) sur l'adulte. Opérationnellement, un objet est identifié par sa place (ou sa trajectoire), sa taille, sa forme et sa couleur. Si l'on change une seule de ces caractéristiques à la fois, les adultes considèrent qu'il s'agit du même objet ayant subi une transformation ou des transformations successives, et non d'un nouvel objet. Si l'on change plusieurs caractéristiques simultanément, les adultes pensent qu'il y a substitution. Dans le cas du bébé, étudier sa conception de l'objet consiste à voir dans quelles conditions de transformations il considère qu'il est toujours en présence du même objet, dans quelles conditions il s'agit pour lui d'un autre objet.

Bower a suivi ces deux démarches. Il s'est demandé si les lois de la gestalt fonctionnaient dès la naissance et, comme ce n'est pas le cas, à quel âge elles étaient mises en œuvre. Dans une expérience célèbre (1967a), il effectue un conditionnement avec un triangle partiellement caché par une barre rectangulaire les bébés étant âgés de 6 semaines. Il teste ensuite la généralisation du stimulus avec quatre figures dont aucune ne comporte la barre. Cette généralisation est plus grande pour le triangle complet que pour différentes formes de triangles incomplets. Bower en conclut qu'à cet âge, la loi de bonne continuation est prise en compte.

Mais un grand nombre d'expériences de Bower montrent l'importance du mouvement dans le fonctionnement perceptif des bébés, ce qui l'amène à conclure que la loi de destin commun est sans doute la plus précoce et à se demander si une possibilité de prise en compte des autres lois n'est pas en fait inhibée par l'importance du mouvement. Cette hypothèse est séduisante, et séduirait les gestaltistes, mais les travaux récents vont plutôt dans le sens d'une prépondérance du mouvement dans la ségrégation des objets et donc de la loi de destin commun, les autres lois étant peu à peu construites à partir de celle-ci.

Les problèmes d'identité de l'objet, tels que les voit Bower, ont été abordés ci-dessus à propos de l'erreur du stade IV. Sans revenir en détail sur sa conception, il convient de signaler l'apport de Bower sur une autre observation de Piaget concernant cette fois le stade III. Si on place un morceau de tissu sur un objet placé devant l'enfant, celui-ci ne tente pas de soulever le morceau de tissu et paraît se comporter comme si l'objet n'existait plus. L'interprétation de Piaget est qu'effectivement cet objet n'existe plus pour l'enfant. Bower en revanche pense qu'il s'agit d'un problème moteur. Il vise donc à produire un certain nombre de situations dans lesquelles le bébé n'a pas besoin d'un acte moteur pour montrer à l'expérimentateur qu'il croit à l'existence d'un objet caché. Dans une première expérience (1966), un écran vertical passe lentement devant un objet placé face à l'enfant. Quand l'écran est passé, l'objet est ou non présent. Si comme le suppose Piaget, l'objet situé derrière l'écran n'existe plus pour le bébé, celui-ci ne doit pas manifester de surprise quand l'objet est ensuite absent. Or, l'enregistrement du rythme cardiaque montre une réaction de surprise dans ce cas, mais non pas quand l'objet est toujours présent. La conclusion de Bower est que l'objet continue à exister pour l'enfant.

Si c'est l'objet qui est mobile et non l'écran, et qu'il disparaît sur un côté de l'écran, le bébé peut anticiper sa sortie et orienter son regard vers l'autre côté. C'est ce que constatent Bower et al. (1971) avec des enfants de 8 semaines. Il semble donc y avoir une certaine permanence de l'objet ou, en tout cas, de «quelque chose» à cet âge. Pour comprendre la nature de ce «quelque chose», il faut procéder à des transformations de l'objet. La technique consiste à faire disparaître un objet sur le côté d'un écran et à en faire réapparaître un autre à l'autre extrémité. Dans ces conditions, les bébés âgés de plus de 20 semaines arrêtent de suivre l'objet et retournent voir l'autre extrémité de l'écran. Les plus jeunes, par contre, paraissent accepter sans problème des transformations complètes de l'objet (taille, forme, couleur) sans être troublés et sans chercher l'objet initial. Une explication possible de ce comportement serait une incapacité motrice des bébés les plus jeunes d'effectuer le retour en arrière que font les plus vieux. Deux contre-expériences permettent aux auteurs de rejeter cette explication. Dans l'expérience, l'objet qui sort de l'écran est parfaitement identique à celui qui était rentré, mais étant donnée la vitesse de celui-ci, il sort trop tôt. Les bébés effectuent alors le retour en arrière à l'entrée de l'écran. Dans une autre expérience, il n'y a pas d'écran mais un miroir semi-transparent orienté à 45°. Deux objets différents, dont un seul est éclairé, effectuent un mouvement homologue. En changeant brusquement l'éclairage de côté (principe du tachistoscope), on donne l'impression d'une subite transformation d'objet. Dans cette situation, les adultes perçoivent une substitution et les bébés de plus de 20 semaines ont une réaction de surprise. Ce n'est pas le cas des bébés de moins de 20 semaines. Si dans les mêmes conditions les objets sont immobiles, la substitution brutale ne provoque pas de comportement de recherche de l'objet disparu avant la fin de la première année. Cette brusque substitution paraît normale, sauf dans le cas où l'objet disparu est la mère du bébé. Une recherche apparaît alors plus précocement.

Dans ces conditions, on peut s'interroger sur la conception de l'identité qu'ont les bébés, et même se demander s'il est possible de parler d'identité au sujet d'une telle conception. Pour Bower, chez les très jeunes bébés, cette identité est définie par la place dans le cas des objets immobiles, par la trajectoire dans le cas des objets mobiles. C'est la règle d'identité N 1 du tableau IV.1. : «Un objet est un volume limité dans l'espace, situé dans un lieu particulier ou ayant une trajectoire particulière».

Ceci signifie que la nature se compose de deux grandes catégories d'objets : les objets mobiles, les plus intéressants, et les objets immobiles qui ne doivent toutefois pas être dédaignés. S'il en est ainsi, un objet mobile qui s'arrête ou un objet immobile qui se met en marche change d'identité, hypothèse forte. Bower interprète en ce sens le fait que les bébés continuent à regarder à l'endroit où se trouvait un objet, après qu'il s'est mis en mouvement, et le fait qu'ils continuent à suivre la trajectoire d'un objet, après qu'il s'est arrêté. Mais pour tester cette hypothèse plus directement, il fait, avec des bébés de 16 à 20 semaines, l'expérience suivante (Bower, 1974) : un objet va alternativement de A en B en s'arrêtant à chaque fois 10 secondes en A et B. A est situé devant le bébé et B à sa droite. Au début, le bébé a le comportement décrit ci-dessus. Puis il regarde alternativement les deux points fixes A et B (donc, suivant l'interprétation de Bower, les deux objets apparaissant et disparaissant alternativement). Si à ce moment l'objet se dirige non vers B mais vers C, à la gauche du sujet, celui-ci regarde néanmoins en B. Le fait qu'un objet-en-mouvement ait quitté A dans la direction opposée à B n'est pas une raison pour que la règle «Quand un objet-immobile disparaît en A, un autre objet-immobile apparaît en B» ne s'applique pas.

Si les hypothèses proposées par Bower ont le mérite de la cohérence et sont étayées par un certain nombre d'expériences astucieuses, son explication en termes de difficultés motrices du fait que les bébés ne soulèvent pas un morceau de tissu pour prendre un objet dessous est inadéquate. En effet, les mêmes bébés ne semblent pas avoir de problèmes moteurs pour prendre l'objet lui-même quand il est visible. Il y a là une difficulté à laquelle se sont heurtés un grand nombre d'auteurs et qui ne semble pas trouver de réponse satisfaisante. Par ailleurs, l'idée que les objets mobiles sont différents des objets immobiles est critiquée de Bremner (1985). S'il en est ainsi, les bébés vivent dans un monde où des objets apparaissent et disparaissent sans arrêt. Dans ces conditions, leur étonnement à la non-réapparition d'un objet derrière un écran étonne. En outre, la construction d'un monde stable paraît difficile. Ces restrictions ne remettent pas en cause l'idée que les bébés ont la permanence de l'objet bien plus tôt que ne le pensait Piaget. Elles conduisent au contraire à penser que les bébés font très tôt des relations entre objets immobiles et objets mobiles. Plutôt que de considérer, comme le fait Bower, qu'il y a deux catégories d'objets, il semble plus réaliste de penser que les bébés maîtrisent mal ces relations, d'autant plus mal que les déplacements sont complexes.

Sur l'atteinte manuelle, j'ai signalé ci-dessus les observations de Bower et de ses collègues, tant sur les objets réels que sur les objets virtuels, ainsi que celles de von Hofsten (1982, 1983; von Hofsten & Fazel-Zandy, 1984), et de Bresson et al. (1978), et Bresson & de Schonen (1984). Les expériences de Bresson & de Schonen (1977) et von Hofsten & Spelke (1985) apportent des informations complémentaires.

L'explication fournie par Bower à la non saisie d'un objet sur un support est que l'objet «disparaîtrait» par fusion de ses limites avec celles du support, les deux ne faisant alors plus qu'un. Cette explication a été contestée par Bresson & de Schonen (1977). Ces auteurs se sont demandé pourquoi un objet posé sur un support un peu plus grand que lui disparaissait, alors que le même objet posé sur un support beaucoup plus grand ne disparaissait pas, les prises étant beaucoup plus nombreuses. Ils ont expérimenté de manière longitudinale, entre 17 et 40 semaines, avec quatre types de support : le bout des doigts, la paume de la main, un cube bleu de 5 cm de côté et une planchette de 21 x 29 cm. L'objet était un cube orange de 2 cm de côté. En procédant à une analyse fine des modes d'atteinte, ils en ont recensé 5 :

– une atteinte balistique sans correction ni freinage;
– une atteinte du support seul, celui-ci étant rapproché, avec des tentatives de saisie de l'objet par la bouche;
– une atteinte avec rôle différencié des deux mains, la première touchant le support et la seconde manipulant l'objet;
– une atteinte en deux temps, mais mono-manuelle;
– enfin, une atteinte directe.

Ces cinq types sont hiérarchisés, le premier, rare dès le début, disparaissant dès 21 semaines, le dernier devenant majoritaire aux environs de la 25e semaine, dans le meilleur des cas. En effet, il existe des différences importantes entre situations, la présentation sur le bout des doigts permettant les meilleures performances, la présentation sur un cube, les plus mauvaises. Ce qui conduit les auteurs à contester l'explication de Bower est le fait que dans le cas où les bébés saisissent le support sans toucher l'objet, ils le regardent et tentent de l'attraper avec la bouche. Sans que Bresson et de Schonen fassent explicitement cette interprétation, il semble qu'ils songent à des difficultés de la motricité manuelle. Ils insistent, en tout cas, sur le fait que le mode d'atteinte qui suit suppose une différenciation de l'action des deux mains.

Ces comportements sont explicables dans le cadre des hypothèses de Bower. Comme Bresson & de Schonen l'envisagent, il est possible que les bébés regardant le cube de 2 cm ne regardent pas ainsi un objet (le petit cube), mais la partie la plus intéressante d'un objet (le petit cube plus le gros). Le fait qu'ils cherchent à le mettre dans la bouche peut indiquer simplement une bonne calibration de leurs capacités en ce domaine : un cube de 2 cm est plus facile à mettre dans la bouche qu'un de 5. La situation de saisie d'un objet sur un support est présentée le plus souvent avec un objet plus petit que le support, mais rien ne dit qu'il se passerait la même chose dans le cas d'un objet plus grand ou de même taille, ou aussi d'ailleurs avec un objet de forme plus saisissable que le support.

Quant à l'atteinte indirecte avec rôle différencié des deux mains, elle suppose une coordination de l'action des deux mains, ce qui constitue un indéniable progrès moteur par rapport à la saisie balistique. Mais l'utilisation des deux mains est contradictoire avec ce progrès, la première main se portant sur le support et ne touchant pas l'objet. Elle pourrait jouer un rôle de repérage, alors que la seconde servirait à saisir l'objet. Cette stratégie ressemble à celle d'un adulte qui chercherait dans le noir un objet à prendre avec précaution sur un support : un verre d'eau, par exemple, objet dont il connaîtrait la position approximative. Une main sert à repérer la position du support et à calibrer le geste de l'autre main qui va s'emparer de l'objet. S'il y a là autre chose qu'une simple coïncidence, cela veut dire que la coordination entre la préhension et la vision qui est en train de se reconstruire à ce moment nécessite des informations tactiles en retour. Bresson & de Schonen insistent sur le fait que la saisie balistique, qui précède et qui semble être une survivance de la saisie des premiers jours, a lieu sans contrôle visuel. Avec la saisie indirecte bimanuelle, il y a contrôle visuel, mais aussi contrôle manuel. Dans cette perspective, la saisie monomanuelle indirecte, puis la saisie directe, apparaissent comme une suite logique résultant du développement de ces calibrations. Une observation de Bresson & de Schonen, dont ils ne fournissent pas d'interprétation, va totalement dans ce sens : le passage de la saisie indirecte à la saisie directe se fait entre 25 et 28 semaines pour le bout des doigts, entre 29 et 32 semaines pour le cube et la paume de la main, et entre 37 et 40 semaines pour le plateau. Un tel résultat est paradoxal dans la mesure où les non-saisies persistent plus longtemps pour le cube que pour le plateau. En fait, la saisie directe est d'autant plus tardive que le support est plus grand et donc que les problèmes de calibrages sont plus importants. Les difficultés qu'a le bébé de six mois à saisir un objet sur un support montrent, à travers l'analyse fine de de Schonen & Bresson, l'importance des difficultés de recoordination des gestes dans le passage d'une saisie sans contrôle visuel à une saisie visuellement contrôlée. Si mon interprétation de leurs résultats est exacte, l'aide du contrôle manuel, le *touch teaches vision* combattu par Bower, serait nécessaire. Quoi qu'il en soit, ces résultats confirment la difficulté considérable de la coordination vision-préhension.

Les expériences de von Hofsten & Spelke (1985), qui portent sur des enfants de 5 mois, sont en relation directe avec la notion d'objet et apportent un éclairage intéressant sur les problèmes de saisie d'objet sur un support.

Les bébés sont assis dans un siège et on dispose verticalement en face d'eux et à portée de leur main deux objets présentés sur un fond. Dans la première condition, Le plus grand (10 × 12 × 2,5 cm) est placé derrière le plus petit (5 × 5 × 2,5) qui le touche. Dans la seconde condition, l'objet arrière a la même taille que dans la première condition, alors que le plus petit est moins épais (5 × 5 × 0,3) et séparé du plus grand par une distance de 2,2 cm (cf. figure IV.2.) Il s'agit donc là d'une reproduction, avec une disposition verticale, de la situation dans laquelle le bébé de 5 mois peut prendre un objet suspendu, mais ne le saisit pas s'il est posé sur un support. Il a en effet tendance alors à se saisir du support (cf. par exemple Wishart & Bower cités ci-dessus). Le fond et les deux objets sont de même couleur. Dans un premier temps, les deux objets sont immobiles. S'ils sont accolés, les bébés touchent le plus loin. S'ils sont séparés, ils touchent le plus près. On retrouve là des résultats conformes aux interprétations de Bower : deux objets accolés n'en font qu'un. Dans le cas où l'on n'utilise que les objets accolés, si les deux objets bougent de façon solidaire, les bébés saisissent le plus grand. Si l'un des deux bouge, que ce soit le petit ou le grand, c'est le petit qui est saisi, ce qui indique clairement que les bébés n'attrapent pas simplement ce qui bouge, mais l'objet proche différencié. De même, si le fond bouge, les objets étant immobiles, les bébés ne tentent pas de toucher le fond, mais le grand objet.

Les auteurs opposent alors l'effet du mouvement et celui de la séparation en profondeur : les deux objets séparés ont un mouvement commun. La fréquence de prise est la même pour les deux objets. S'ils ont des mouvement séparés, c'est le plus petit qui est pris préférentiellement. Enfin, si les deux objets séparés sont immobiles mais que le fond bouge, les deux objets sont pris avec la même fréquence, ce qui signifie que le mouvement du fond a lui aussi un rôle unificateur.

Il ressort de cette série d'expériences que le mouvement joue un rôle extrêmement important dans la différenciation des objets, et plus précisément que ce rôle est joué par le mouvement différentiel entre les objets. Cette information cinétique joue un plus grand rôle que l'information spatiale de contiguïté entre objets. Ces observations confirment également l'idée émise par Bresson & de Schonen (1977) selon laquelle il n'y a pas à proprement parler un problème de support, mais un problème d'environnement de l'objet. En d'autres termes, un objet n'est concevable qu'en relation, et le mouvement aide à construire les relations.

La problématique de von Hofsten & Spelke (1984) est reprise par Kestenbaum, Termine & Spelke (1987) avec des enfants de 3 mois. A cet âge, l'atteinte manuelle n'est guère efficiente, et la procédure utilisée est

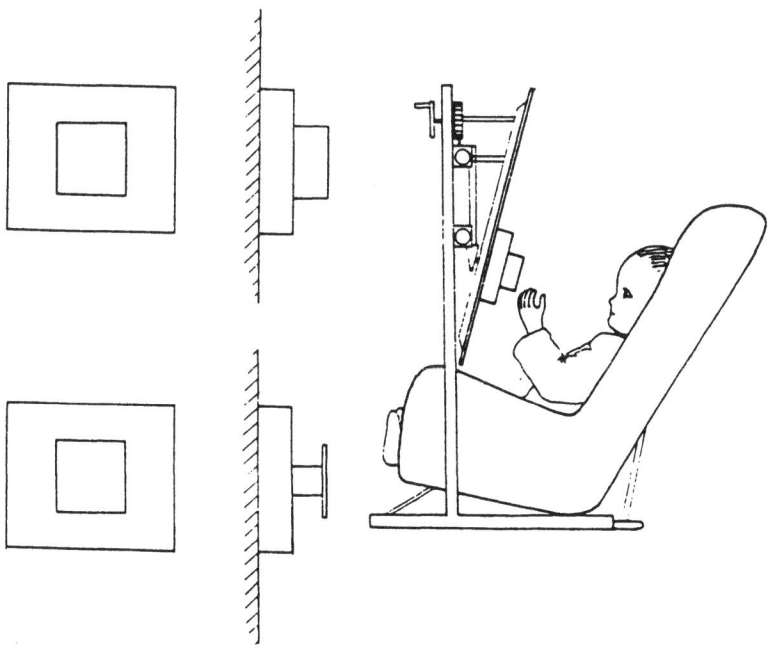

Figure IV.2. Situation expérimentale et présentation des objets
(d'après von Hofsten & Spelke, 1985).

donc celle de l'habituation-réaction à la nouveauté. On présente là encore deux objets, un petit et un grand, qui cette fois diffèrent par la couleur, la texture et la forme, et sont ou non accolés l'un à l'autre, le plus petit étant devant le plus grand et le cachant partiellement. On procède à une habituation. Ensuite, on déplace vers l'avant soit les deux objets, soit le plus petit seul, et on teste la réaction à la nouveauté. Conformément aux hypothèses, si les objets sont initialement accolés, le déplacement conjoint ne provoque pas de réaction à la nouveauté, alors que le déplacement du petit en provoque une : on passe de 1 à 2 objets. De même, dans le cas des objets séparés, il n'y a de réaction à la nouveauté dans aucune des deux conditions : 2 objets différents peuvent se déplacer indépendamment.

Prather & Spelke (1982), cités par Spelke (1987), ont montré que si l'on habitue les bébés à *un* objet (différent à chaque essai), ils n'ont pas de réaction à la nouveauté quand on leur présente deux objets accolés, mais en ont une s'ils sont séparés, l'inverse se produisant si l'habituation se fait avec deux objets.

De tels résultats sont interprétables dans le cadre de la thèse de Spelke sur la perception des objets selon laquelle les bébés possèdent une théorie de l'environnement physique dans lequel sont situées des choses consistantes et séparées les unes des autres. Ces choses peuvent se déplacer dans différents endroits qui ne sont pas déjà occupés par d'autres choses, à condition de se déplacer de manière continue dans l'espace et dans le temps, et ces choses maintiennent leur unité et leurs frontières durant ces mouvements.

Spelke s'oppose ainsi à Piaget, pour qui l'objet est une construction lente et qui doit beaucoup à l'expérience active, et aux gestaltistes pour lesquels toutes les règles fondamentales d'organisation de l'environnement perceptif, les lois de la Gestalt, sont innées.

Ce point de vue repose sur une longue série d'expériences dont les plus nombreuses portent sur les objets partiellement cachés. Kellman & Spelke (1983) présentent à des bébés de 5 mois un bâton dont la partie centrale est cachée par un bloc de bois situé devant. Le bâton est déplacé horizontalement, alternativement à droite et à gauche. On procède à une habituation sur cette situation. Ensuite, on teste la réaction à la nouveauté en présentant alternativement un bâton entier et un bâton coupé en deux, avec un intervalle entre les deux parties correspondant à la largeur du bloc. La réaction est nettement plus forte dans ce dernier cas, ce qui indique qu'il est plus nouveau et donc que le bâton était perçu comme ayant une unité. Un groupe contrôle n'ayant pas vu la situation d'habituation n'a pas de préférence pour le bâton coupé. Un autre groupe qui a vu la situation d'habituation avec des bâtons décalés latéralement réagit plus au bâton entier qu'au bâton coupé.

Si un bâton entier reste immobile devant le bloc pendant l'habituation, il y a réaction à la nouveauté pour le bâton coupé, pas pour le bâton entier. L'inverse est vrai si c'est le bâton coupé qui est soumis à l'habituation. Si le bâton, immobile, est situé derrière le bloc pendant la phase d'habituation, il y a réaction à la nouveauté dans les deux cas. La continuité n'est perçue que s'il y a mouvement. En d'autres termes, la loi de destin commun joue un rôle à cet âge. L'unité n'est en effet pas perçue si c'est le bloc qui bouge et non le bâton, ou si les deux bougent conjointement. La «bonne forme» joue-t-elle un rôle? On peut en effet estimer qu'un bâton est une forme faible. Kellman & Spelke utilisent donc, comme Bower (1967), un triangle partiellement caché, alors que Schmith & Spelke (1984) utilisent une sphère. Si ces bonnes formes sont immobiles, la continuité n'est pas perçue, elle n'apparaît qu'avec le mouvement. Kellman & Spelke ne retrouvent pas les résultats de Bower, la loi de bonne continuité n'est pas présente à cinq mois. C'est ce que confirme une autre expérience dans laquelle les deux parties qui dépassent de chaque côté du bloc sont différentes par la forme, la taille, la couleur, mais ont un mouvement commun. Dans ce cas également, la réaction à la nouveauté est plus forte pour les parties séparées que pour l'objet entier.

Kellman, Spelke & Short (1986) reprennent le même type d'expérience avec des mouvements verticaux ou des mouvements en profondeur pendant l'habituation. Dans le cas de mouvements en profondeur, les changements perceptifs sont évidemment moindres, ce qui fait qu'une première expérience donne des résultats ambigus, la préférence pour le bâton en deux parties étant toutefois fortement corrélée au temps d'observation. Dans une seconde expérience où l'ampleur des déplacements est plus grande pendant l'habituation, la perception de la continuité est cette fois claire. Le déplacement vertical donne le même type de résultats.

De même que Kellman & Spelke (1983) ont montré que le déplacement du bloc ne provoquait pas la perception d'une continuité, Kellman, Gleitman & Spelke (1986) ont voulu montrer que cette perception était due au mouvement de l'objet et donc à une modification du stimulus distal, et non à une modification du stimulus proximal, telle qu'elle peut être produite par un mouvement du sujet. Dans leur expérience, le siège des sujets est déplacé le long d'un arc de cercle, le bâton étant immobile ou effectuant un mouvement compensatoire derrière le bloc (cf. Figure IV.3.). Les résultats montrent que l'unité du bâton n'est perçue que dans la deuxième condition. Pour les auteurs, ceci est dû au fait qu'un changement dans le stimulus distal (l'objet) est perçu comme tel, alors qu'un changement dans le stimulus proximal, provoqué par le déplacement du sujet, n'est pas un véritable mouvement pouvant donner au bâton son unité. Il est possible que cette interprétation soit la bonne, mais si on analyse la situation en termes de mouvement *relatif* du bâton et du bloc, on peut noter que ce mouvement est de plus grande amplitude dans le second cas que dans le premier, ce qui n'est sans doute pas sans importance. Ce cas peut être rapproché, en effet, de celui des mouvements en profondeur : si les mouvements ont une amplitude faible, l'unité de l'objet n'est pas perçue.

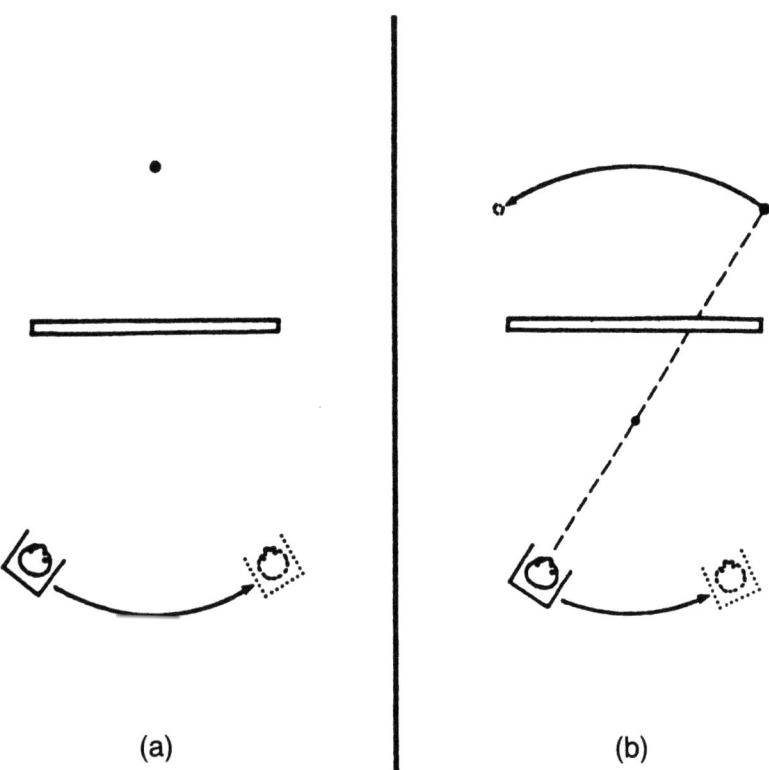

Figure IV.3. Situation expérimentale utilisée par Kellman, Gleitman & Spelke (1986) :
a) objet fixe et déplacement du bébé;
b) objet dont le mouvement compense celui du bébé.

Une autre manière d'aborder le problème de l'identité de l'objet a été utilisée par Baillargeon, Spelke & Wasserman (1985). Il ne s'agit plus cette fois de s'opposer à l'idée piagétienne de perte d'identité des objets partiellement cachés, mais plus fondamentalement à celle de la perte d'existence de l'objet quand il est complètement caché. Les auteurs utilisent un dispositif très ingénieux : on présente à des bébés de 4 mois un écran fixé sur le plancher du dispositif de présentation, dans le plan fronto-parallèle, de sorte qu'il peut effectuer une rotation de 180° par rapport à ce plancher, et on effectue une habituation de ce mouvement alternatif de rotation selon un axe horizontal (cf. Figure IV.4.). Quand le critère d'habituation est atteint, on place à une faible distance derrière l'axe de rotation de l'écran un bloc de bois, de telle manière que la rotation de l'écran cache le bloc, et ne puisse s'effectuer complètement, l'écran heurtant nécessairement le bloc. On présente alors alternativement un mouvement possible de l'écran, une rotation de 120° et un mouvement impossible, une rotation de 180°. Du strict point de vue du mouvement, la seconde situation n'est pas nouvelle. Pourtant, c'est cette situation «impossible» que les bébés regardent le plus longtemps, d'où les auteurs concluent que, pour les bébés, le bloc continue à exister quand il disparaît derrière l'écran.

L'ensemble de ces observations conduit E. Spelke (1984, 1986a et b, 1987) à l'idée que les bébés ont une conception innée de ce qu'est un objet, celle-ci n'étant pas la même que celle des adultes, mais en possédant les caractéristiques les plus fondamentales. En ce qui concerne les

A.

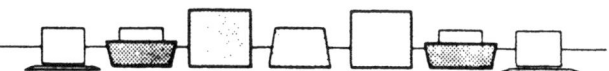

B.

Figure IV.4. Dispositif expérimental utilisé par Baillargeon, Spelke & Wasserman (1985) : a) événement possible; b) événement impossible.

adultes, Spelke souligne à juste titre qu'il est abusif de penser qu'ils ont une conception simple et universelle. Elle prend comme exemple une voiture. Il s'agit de ce que l'on appelle habituellement un objet, mais chacune des roues de la voiture est elle-même un objet. On pourrait évidemment détailler. Par ailleurs, elle se demande jusqu'à quel point une voiture ayant subi quelques dommages reste encore une voiture, question qui met évidemment à mal une conception simple de l'objet. De plus, une voiture n'est pas le même objet pour l'utilisateur courant, le mécanicien automobile, l'habitant d'une île où il n'en circule jamais ou bien le coureur automobile. Il s'agit donc de dégager les règles fondamentales qui font qu'un objet existe en tant que tel et d'examiner si ces caractéristiques sont prises en compte dans le fonctionnement cognitif des bébés.

Pour Spelke, ces caractéristiques, qui organisent la notion d'objet chez le nouveau-né et autour desquelles une notion d'objet plus raffinée, mais aussi moins générale, se construit, sont l'unité, la permanence et l'identité.

Les objets ont une unité : s'ils sont animés d'un mouvement, ils gardent cette unité, même lorsqu'ils passent derrière un autre objet. Cette unité se définit par des frontières communes ou un mouvement commun.

Les objets ont une permanence : leur existence est prise en compte même quand ils sont cachés derrière un écran.

Les objets ont une identité. La question est plus délicate : Bower (1974) a montré que les bébés de 5 mois ne sont pas étonnés de voir réapparaître sur le côté d'un écran un objet d'une forme, d'une couleur ou d'une taille différentes de celles de l'objet qui vient de disparaître de l'autre côté. Spelke (1984) cite sur ce point l'expérience de Moore, Borton & Darby (1978) dans laquelle deux écrans sont séparés par un espace. Un objet disparaît derrière le premier écran et réapparaît derrière le second. Il réapparaît ou non entre les deux écrans. Si les bébés de plus de 5 mois manifestent un étonnement lorsque l'objet ne réapparaît pas entre les deux écrans, ce n'est pas le cas des bébés plus jeunes. Spelke & Kestenbaum (1986) reprennent cette expérience en procédant à une habituation soit sur la situation avec apparition intermédiaire de l'objet, soit sur celle sans réapparition. Dans la situation test, on présente soit 1, soit 2 objets. Les résultats montrent que les bébés qui ont vu l'objet passer entre les écrans réagissent plus à la nouveauté quand il y a 2 objets, et ceux qui ne l'ont pas vu quand il y a un objet. Pour les auteurs, les bébés, âgés de 4 mois, ont donc perçu que la première situation n'impliquait qu'un objet, alors que la seconde en impliquait 2.

Mais il est évident à lire Spelke que cette question de l'identité est celle à laquelle elle a le plus de mal à répondre, ce qu'elle explique par le fait que c'est celle que le bébé, ainsi d'ailleurs que l'adulte, a le plus de mal à résoudre. Spelke reprend sur ce point une remarque de Harris (1983) sur les problèmes posés par la multiplicité d'objets identiques. L'assiette du repas du matin ressemble plus à l'assiette du repas de la veille au soir que le père sortant de son lit le matin ne ressemble au père de la veille au soir; pourtant, ce n'est probablement pas la même assiette, et c'est sans doute le même père. Cet exemple donné par Spelke est évidemment séduisant, et les conclusions à en tirer dépassent le problème qui se pose au bébé. Comme le rappelle Oléron (1978), la recherche de l'identité est une caractéristique spécifique du fonctionnement humain.

Mais plus fondamentalement, la thèse de l'innéité de l'objet défendue par Spelke présente une difficulté. La plupart des expériences sur lesquelles elle s'appuie ont été faites avec des enfants de 4 ± 1 mois. C'est un peu tard pour dire que les capacités mises en œuvre sont innées.

Spelke oppose son point de vue à celui de la Gestalt et à celui de Piaget, et elle affirme que ses expériences lui donnent raison par rapport aux uns et à l'autre. Il ne fait aucun doute que ses expériences, souvent très astucieuses, démontrent très nettement qu'avant 6 mois, le mouvement joue un rôle fondamental dans le fonctionnement perceptif des bébés, et que seule la loi de destin commun est efficiente, donc que les gestaltistes ont tort. Il est également exact qu'à 4 mois, les bébés n'ont pas encore eu les quantités d'expériences dans leurs relations avec les objets que Piaget suppose nécessaires à l'acquisition de la notion d'objet. L'apport de Spelke est donc une réfutation totale de cet aspect de la théorie de Piaget.

Mais ce n'est pas parce que les bébés n'ont pas eu une expérience manipulatoire des objets qu'ils n'ont rien appris. Si, comme le suppose Gibson, l'information nécessaire à la perception des objets est contenue dans le flux optique et dans les changements qui se produisent sans arrêt dans ce flux, rien n'interdit de penser que la notion d'objet, telle qu'on la voit à l'œuvre chez les bébés de 4 mois, s'est construite petit à petit lors des modifications qui se produisent sans arrêt dans l'environnement de l'enfant. Les occasions de voir un objet, par exemple la mère, disparaître partiellement ou totalement et réapparaître ensuite, ne manquent pas de la naissance à 4 mois. Il est possible que Spelke ait raison, mais l'hypothèse d'un apprentissage purement perceptif n'est pas à rejeter. A titre d'exemples, les observations de Alegria & Noirot (1978) ont montré chez des bébés âgés en moyenne de 3 jours, une réponse d'orientation différente à la voix en fonction de leur nourriture au sein ou au biberon, et celles de Field, Cohen, Garcia & Greenberg (1984) que des bébés de 2 jours différenciaient leur mère d'une autre femme. Les possibilités d'apprentissage sensoriel ne sont donc pas une simple potentialité. Plus généralement, dans une expérience d'habituation visuelle, un même stimulus apparaît et disparaît successivement, et si les bébés se comportent très tôt comme s'il s'agissait du même (sinon ils ne s'habitueraient pas), les propriétés qu'ils sont capables de prendre en compte pour décider que le stimulus est le même (habituation) ou n'est plus le même (réaction à la nouveauté) font l'objet d'une évolution continue. Il y a dans cette évolution tous les éléments pour construire une conception élémentaire de l'objet, et inversement, il serait étonnant qu'une telle conception existe avant cet affinement des propriétés prises en compte. Le seul moyen de départager les deux hypothèses est évidemment de faire le même type d'expériences, quand c'est possible, chez des bébés beaucoup plus jeunes.

Les travaux évoqués ci-dessus sont riches d'enseignements sur l'intelligence des bébés. Si à 5 mois, et sans doute plus précocement, les bébés possèdent une représentation, même sommaire, de ce qu'est un objet, ils ont une intelligence déjà considérable de leur environnement. Ils sont capables de saisir les relations qui existent entre cet objet et les divers éléments de son environnement, et des relations qui existent entre cet objet et lui-même, à travers des transformations qu'il peut subir. La conception de l'objet que montrent très tôt les bébés est l'argument le plus fort pour contester les idées de Piaget sur la naissance de l'intelligence. Les capacités de discrimination, puis de catégorisation, en œuvre chez le bébé, lui permettent de percevoir un monde d'objets, et les progrès de son intelligence passent par les progrès dans sa conception de l'objet. Comme je l'ai noté, un monde sans objets, tel que l'a décrit Piaget, est un monde inintelligible. Ce que nous savons aujourd'hui sur l'objet permet d'être plus piagétien que Piaget, c'est-à-dire de supposer une acquisition plus précoce des conceptions élémentaires nécessaires à l'intelligence de l'environnement. Il n'est pas sûr que ce savoir permette d'aller au delà.

Globalement, les principales problématiques de recherche sur la perception des nourrissons se divisent donc en deux grands courants qui fournissent des explications opposées des mêmes phénomènes. D'un côté, c'est la sensorialité et en particulier la psychophysique qui est étudiée, de l'autre, c'est la perception elle-même, et dans ce second cas, l'intelligence est toujours en jeu. Il est possible de résumer ce chapitre en disant que la perception est le premier niveau de l'intelligence. Une telle affirmation rappelle la théorie de la forme. Actuellement, il est exclu de se situer complètement dans ce cadre théorique, mais il faut se souvenir que la gestalt a été plus oubliée, parce que submergée par la vague behavioriste, que réellement critiquée, et que les structuralistes lui doivent beaucoup. Sur les relations entre perception et intelligence, les expériences de Köhler sont d'une portée théorique capitale. Il ne s'agit évidemment pas de faire un parallèle entre chimpanzé et bébé, mais ce simple constat : les singes adultes, bien qu'ayant une maturité motrice sans rapport avec celle des bébés humains, apprennent aussi par la perception. Michotte (1962) affirme que les relations de causalité fonctionnent comme des gestalt. C'est sans doute de l'étude de la perception de la causalité chez les bébés que nous apprendrons le plus sur les relations entre perception et intelligence.

NOTE

[1] Dessins dans lesquels les traits caractéristiques du visage sont disposés de manière dispersée. L'appellation traditionnelle en anglais : «scrambled face» est habituellement traduite par «visages bouleversés» (Vurpillot, 1972), ce qui est ambigu. J'utilise ici «non-visage» pour désigner ces figures, par analogie avec les «non-mots» des études sur la mémoire, analogie de fonction et non de structure.

De la construction sociale de l'intelligence et de l'intelligence sociale

Dans le premier chapitre, j'ai insisté sur la nécessité de prendre en compte les aspects sociaux du développement de l'intelligence, nécessité largement reconnue, mais rarement mise en œuvre. La description des activités cognitives du nourrisson faite dans le chapitre précédent ne donne guère l'impression qu'il s'agit d'un être social. Il vit dans un monde d'objets inanimés, même quand ils sont mobiles. Ces objets apparaissent et disparaissent de son champ d'investigation sans contexte ni histoire. C'est bien ce type de rapports avec l'environnement que nous décrit, à quelques exceptions près, la psychologie des activités cognitives du nourrisson.

Ce chapitre vise à s'intéresser à ces exceptions, mais aussi à tracer le contour de ce qu'il semble nécessaire de savoir pour rendre compte de l'ensemble des secteurs dans lesquels s'exerce l'intelligence du bébé. L'image de cette intelligence va être ainsi complétée et même profondément modifiée.

Pourquoi le fait que le bébé humain appartient à une espèce sociale est-il important pour le développement de son intelligence? La réponse classique à cette question est que le milieu social du bébé, puis de l'enfant, peut être plus ou moins stimulant et peut donc favoriser ou freiner ce développement (cf. Lécuyer & Pêcheux, 1983a). Cette influence est réelle, et c'est ce qui a conduit au développement des recherches sur l'interaction mère-enfant et plus récemment père-enfant (Clarke-Stewart, 1978) ou plus globalement milieu familial-enfant (Schaffer, 1977, 1981; Stern, 1974; Stern, Beebe, Jaffe & Bennett, 1977). Les composantes affectives et cognitives du fonctionnement du milieu social ainsi décrites permettent de rendre compte d'une partie des différences individuelles observées dans le développement de l'intelligence (Riksen-Walraven, 1978; Tronick, Ricks & Cohn, 1982; Lécuyer & Pêcheux, 1983a; Bornstein & Ruddy, 1984; Hinde, Perret-Clermont & Stevenson-Hinde, 1985; Sameroff, 1987...).

Mais la plupart des études sur «l'interaction milieu-enfant» souffrent d'une contradiction entre les visées théoriques et la méthodologie adoptée. S'il est clair qu'interaction veut dire «que la mère va changer l'enfant et que l'enfant va changer la mère» (Lécuyer & Pêcheux, 1983a), dans la pratique, ce sont essentiellement les conditions du développement cognitif produites par la mère qui sont étudiées, et le milieu familial est le plus souvent considéré comme un relais de la classe sociale (cf. les programmes compensatoires comme celui de Milwaukee, ou sur des enfants plus âgés, la démarche de Lautrey, 1980). Même si un ouvrage porte ce titre (*The effect of the infant on its caregiver*, édité par Lewis & Rosenblum, 1974), saisir les effets allant de l'enfant à la mère est plus difficile et moins mis en pratique. Surtout, la mère ou son substitut n'est pas là en tant qu'objet de connaissance du bébé, mais en tant que pourvoyeuse d'une situation socio-cognitive dont les caractéristiques peuvent être influentes. Or, même si l'on pouvait mettre de côté toute composante affective dans l'intérêt que peut porter le bébé à un congénère adulte, il s'agit d'un objet particulièrement intéressant à percevoir et à connaître.

Depuis les travaux d'Ainsworth (1973, 1979; Ainsworth & Wittig, 1969; Bell & Ainsworth, 1972), de Gouin-Décarie (1962, 1969, 1972) ou de Field (1979, Field & Pawly, 1980; Field & Fogel, 1982; Field, Woodson, Greenberg & Cohen, 1983; Field & Fox, 1985), nous savons quel poids a l'affectivité sur le développement cognitif. Dans un symposium relativement récent de la fondation Fyssen sur *Social relationships and cognitive development* (Hinde, Perret-Clermont & Stevenson-Hinde, 1985), les interventions consacrées au bébé portent essentiellement sur cette relation entre affectif et cognitif. C'est pourquoi j'ai choisi de souligner un aspect beaucoup plus négligé des relations sociales : leur composante cognitive.

Ce chapitre commence par une revue des travaux sur un comportement social et cognitif, d'ailleurs plus souvent considéré sous l'angle cognitif que sous l'angle social : l'imitation chez le nouveau-né (V.1.). Il se poursuit par une recherche des caractéristiques du congénère humain comme objet perçu et conçu, tel que l'étudient les chercheurs (V.2.). Enfin, il propose une conception du développement social de l'intelligence du bébé à la lumière de ce que nous apprend la littérature sur les deux premiers points (V.3.).

1. L'IMITATION

L'existence ou la non-existence d'une imitation dans les semaines qui suivent la naissance a fait et fait toujours chez les chercheurs l'objet de polémiques très vives. Elle a même été pour R. Zazzo un sujet de conflit puisqu'il a attendu 12 ans et de nombreuses confirmations avant de publier ce qu'il avait observé (Zazzo, 1957).

Si le bébé imite réellement, de manière différée, un geste précis d'un segment corporel qu'il ne peut pas voir sur son propre corps, c'est qu'il possède une représentation des différentes parties de ce corps. L'idée de la construction progressive d'un «schéma corporel» et, plus généralement, celle de la construction progressive de représentations s'en trouvent complètement remises en cause. Par ailleurs, s'il y a réellement imitation et non un simple réflexe ou un mécanisme inné de déclenchement, comme l'ont supposé certains auteurs, il y a intention d'imiter. Si cette notion d'intention a fait l'objet de vifs débats concernant l'adulte, aux beaux jours du behaviorisme, il paraît encore plus difficile de parler d'intention concernant le nouveau-né. J'ai souligné plusieurs fois ci-dessus que les capacités motrices du jeune bébé sont très limitées, et il est fréquent d'invoquer ces limitations pour rendre compte de la distance qui existe entre les capacités cognitives mises en évidence dans certaines situations et la faiblesse des performances observées quand la motricité entre en jeu. L'existence d'une imitation chez le nouveau-né, quels que soient les mécanismes cognitifs impliqués, et qu'elle soit «vraie» ou «pseudo», conduit à nuancer ce portrait du nouveau-né. Imiter des gestes du visage nécessite un contrôle moteur très fin. En même temps, il semble que l'échec à imiter des gestes de la main puisse être attribué à des difficultés motrices (Fontaine, 1984b, mais Vinter, 1985, observe des imitations de gestes de la main). Enfin, l'imitation est un comportement social. S'il y a réellement imitation peu après la naissance, elle témoigne d'une capacité de relations très précoce, mais il est nécessaire de s'interroger sur sa ou ses fonction(s), notamment sociale(s). L'imitation précoce est donc un point important dans notre manière de penser le bébé et les répercussions théoriques de l'éventualité de son existence sont considérables.

Vinter (1985) note que dès 1896, Preyer mentionne un cas d'imitation chez le très jeune enfant. Fontaine (1984b) signale les observations de Guillaume (1927), Piaget (1945), Wallon (1947), Zazzo (1957). Pour Piaget, et surtout Wallon, l'idée d'une véritable imitation présente dès la naissance est totalement en contradiction avec leurs théories respectives, et il ne saurait s'agir pour eux que de pseudo-imitations ou d'imitations sporadiques. Le premier attend 18 mois, et le second 2 ans et demi pour parler d'imitation. Zazzo n'en croit donc pas ses yeux quand, ayant tiré la langue à son fils âgé de 25 jours, il voit celui-ci lui tirer la langue, à lui, disciple de Wallon. Il ne publiera cette observation qu'en 1957 et d'une manière telle que Meltzoff & Moore (1983a) qualifient l'observation d'anecdotique. Néanmoins, Nadel (1987) révèle le caractère très systématique des observations de Zazzo et de ses collaborateurs sur cette imitation précoce, et montre le rôle de pionnier joué par Zazzo. Ceci n'empêche pourtant pas Nadel, disciple de Wallon, de mettre en cause la réalité de l'imitation précoce.

Après Zazzo, le problème est repris par Gardner & Gardner (1970), par Maratos (1973) qui tente de concilier l'existence d'une imitation précoce avec la théorie de Piaget, mais il ne trouve sa place actuelle dans la littérature sur le nourrisson que par la publication de l'article de Meltzoff & Moore (1977) et par les polémiques qui ont suivi (Jacobson, 1979; Hayes & Watson, 1981; Kaye, 1982; Fontaine, 1982, 1984a, 1984b; Field, Woodson, Greenberg & Cohen, 1982; Meltzoff, 1982, 1985; Meltzoff & Moore, 1983a 1983b; McKenzie & Over, 1983a, 1983b, Vinter, 1985; Nadel, 1987; ...).

Tous les auteurs en effet n'ont pu mettre en évidence une imitation et ceux qui ont échoué adressent en général des critiques méthodologiques et statistiques à ceux qui ont réussi, et réciproquement (Hayes & Watson, 1982; Meltzoff & Moore, 1983a, par exemple). La mise en évidence d'une véritable imitation et l'évitement des divers artefacts possibles posent des problèmes méthodologiques redoutables (niveau de vigilance du bébé, spécificité du stimulus, spécificité de la réponse, critères de prise en compte de cette réponse, attitude de l'expérimentateur...) que Meltzoff & Moore (1983b), Meltzoff (1985) ou Fontaine (1984b) exposent très clairement et dans le détail desquels il n'est pas possible d'entrer ici. Fontaine aboutit à une définition opérationnelle de l'imitation :

Un mouvement effectué par un sujet est imitatif si 1) il est identique au modèle qui l'a provoqué; 2) il est plus fréquent en présence du modèle correspondant qu'en présence d'un autre modèle; 3) au moins un autre modèle appartenant à la même sphère gestuelle provoque aussi des réponses vérifiant les points 1 et 2.

Pour cet auteur, si un certain nombre de recherches aboutissent à des résultats négatifs, avec tous les problèmes d'acceptation d'hypothèse nulle que cela pose, plusieurs recherches respectant ces critères permettent de conclure à l'existence d'une imitation dans la période néonatale. Hayes & Watson (1981) ou Kaye (1982) ont raison quand ils soulignent la fragilité de ce comportement difficile à mettre en évidence et le fort taux de rejet des sujets dans ces expériences dont la procédure est lourde et qui sollicitent l'attention de l'enfant pendant un temps très long. Fontaine (1982) a d'ailleurs montré que la probabilité d'obtenir une réponse imitative était liée au niveau d'attention du bébé.

Un point fondamental concernant l'imitation est son évolution au cours du développement. Maratos (1973) a mis en évidence l'existence de courbes en U : disparitions, puis réapparitions des comportements imitatifs, à des âges qui varient suivant les comportements, ce qui n'en rend pas l'interprétation aisée. L'âge moyen auquel elles s'effectuent est de 5 mois. Vinter (1985) trouve une évolution qui présente des différences avec les observations de Maratos. En particulier, l'âge auquel a lieu la disparition est plus précoce. L'explication de cette disparition est évidemment une question clé pour comprendre l'imitation. Vinter (1985) montre qu'elle est précédée par une augmentation de la latence des réponses. Elle attribue donc cette disparition à une redéfinition des connaissances en jeu. Il y aurait, suivant la théorie de Mounoud (1971, 1976, 1979; Mounoud, Vinter & Hauert, 1985), passage du code sensoriel au code perceptif. Par ailleurs, Vinter observe l'apparition d'autres réponses, qu'elle appelle substitutives (sourires, vocalises), alors que les comportements imitatifs disparaissent. L'existence de ces réponses invite à se demander si la disparition est due à la perte d'une capacité ou si c'est l'envie d'imiter qui disparaît. Quand on vous tire la langue, il y a d'autres réponses possibles que de tirer la langue.

Les interprétations théoriques principales proposées pour l'imitation sont en liaison avec l'éthologie ou les théories de Piaget et de Gibson. L'interprétation éthologiste en termes de mécanisme inné de déclenchement, adoptée par exemple par Kaye (1982), revient à nier le caractère imitatif de la réponse. Elle repose sur deux arguments : la disparition de l'imitation avant sa réapparition sous une forme plus complexe et plus souple, et la non-spécificité du stimulus. Jacobson (1979) et Burd, Milewski & Camras (1981 cités par Kaye, 1982), ont en effet montré que l'approche d'une balle ou d'un stylo du visage du bébé provoquait la protrusion de la langue. Le problème des disparitions de comportements dépasse la seule imitation et ne débouche pas nécessairement sur l'idée d'une réponse purement automatique de type mécanisme inné de déclenchement (M.I.D.). Le second argument est plus convaincant. Toutefois, deux objections peuvent lui être faites : selon Meltzoff & Moore (1983), Meltzoff (1985) ou Vinter (1985), l'imitation n'a pas le caractère stéréotypé et automatique du M.I.D. Le point de vue de Kaye (1982) paraît contradictoire : il est difficile de mettre en doute l'existence d'un phénomène en arguant des difficultés à le mettre en évidence et de parler de réponse purement automatique. Le fait que la protrusion de la langue ne soit pas le seul déclencheur de la protrusion de la langue ne démontre pas que *dans ce cas* il n'y a pas imitation. Dans l'expérience de Jacobson (1979), le «leurre» utilisé pour provoquer l'ouverture de la main est un anneau que le bébé peut avoir envie de saisir, ce qui ne montre pas que l'ouverture de la main ne provoque pas l'ouverture de la main par imitation.

Meltzoff & Moore (1983) partent d'un point de vue gibsonnien et pour eux, le nouveau-né est capable d'une représentation supra-modale qui englobe les transformations du corps propre et du corps de l'autre. De plus, dès la naissance existe un lien étroit entre perception et motricité. Fontaine (1982, 1984a, 1984b) adopte un point de vue similaire. Il insiste sur la nécessité de supposer une conscience d'imiter chez le bébé, et donc une intentionnalité, ce qui implique un contrôle du processus, donc une représentation. Il montre les insuffisances des explications en termes de réflexes.

L'explication proposée par Vinter est plus complexe. Si elle parle bien de l'existence d'une représentation chez le bébé qui imite, elle donne à ce terme un sens très étroit :

> Processus d'identification et processus d'appariement sont contrôlés par des instances assurant le décodage (ou encodage) des événements et la sélection des programmes moteurs spécifiques.
>
> En accord avec les perspectives de l'intelligence artificielle, nous dénommons «*représentations*» ces instances et nous soutenons le point de vue selon lequel un processus d'attribution de significations (via des représentations) intervient nécessairement dans la production d'une réponse imitative (Vinter, 1985, p. 119).

Voulant se démarquer de Piaget (1945) pour qui la véritable imitation, celle du stade VI, suppose une représentation, Vinter est obligée de définir la représentation autrement que lui, mais si une représentation n'est qu'un système de codage, on trouve effectivement des formes de représentation dans des machines très élémentaires, et la question de savoir si le bébé est capable de représentation ne se pose pas : percevoir, c'est coder. L'idée «d'attribution de significations» va évidemment plus loin, mais l'auteur ne défend pas totalement cette idée :

> «Le bébé imite sans conscience d'imiter, sans conscience de la similitude entre extéroception et intéroception, mais imite néanmoins car son organisme est préprogrammé pour traiter des situations présentant un ensemble fini de dimensions en y associant des actions déterminées...» et Vinter cite Mounoud & Vinter (1982) : «Il y a une correspondance étroite entre les états et les transformations internes du sujet et les états et les transformations externes du milieu, mais aucun de ces états ou transformations internes du nouveau-né ne sont référables, ou attribuables, ou rattachables par lui à quelque chose qui serait un élément de la réalité ou une partie de lui-même» (Vinter, 1985, p. 122).

Fontaine (1984) note que la plupart des auteurs se sont plus intéressés aux capacités cognitives mises en jeu qu'à la ou les fonction(s) de l'imitation. Il examine deux types de fonctions possibles : l'apprentissage et les rapports sociaux. Pour lui, chez le nouveau-né, l'imitation n'a pas de fonction d'apprentissage, point de vue que partage Meltzoff (1985; Meltzoff & Moore 1983b) pour qui cette fonction apparaît plus tard, mais ne constitue pas pour autant une explication de l'imitation. Reste la fonction de communication et de mise en place des rapports sociaux, sur laquelle la plupart des auteurs (qui ne mettent pas en cause la réalité du phénomène) sont d'accord. Vinter (1985), comme Meltzoff & Moore (1983b), remarque que l'imitation de l'adulte par le bébé, aussi bien qu'en sens inverse, donne lieu à des formes d'alternance entre position d'émetteur et de récepteur qui pourraient constituer les premières formes du dialogue et un apprentissage de ce dialogue. Sur ce point de l'apprentissage du dialogue, ces auteurs rejoignent Kaye (1976, 1982).

Mais Fontaine (1984b) invite à la méfiance dans l'interprétation. Les mimiques du bébé constituent incontestablement une source d'information pour l'entourage, mais il ne faut pas confondre prise d'information sur l'état du bébé et dialogue. La logique de cette remarque conduit à l'idée que l'imitation pourrait avoir une fonction pour l'adulte et pour lui seul, ce qui pose dans d'autres termes le problème de l'intention du bébé, et de celle de l'adulte qui propose des mimiques imitables. Papoušek & Papoušek (1984) montrent que du point de vue de l'activité imitative, les parents l'emportent très nettement sur les bébés. Ils affirment par ailleurs qu'à une sélection naturelle d'aptitudes à apprendre, nécessaire à la survie d'une espèce dans laquelle on doit beaucoup apprendre, pourrait correspondre la sélection d'une aptitude à enseigner. L'imitation des bébés par les parents pourrait leur fournir un «miroir biologique» les aidant à comprendre les possibilités de leur corps. L'imitation des parents par les bébés serait alors le résultat d'un enseignement. Pourquoi le professeur Zazzo a-t-il tiré la langue à son fils, s'il ne s'attendait pas à la réponse?

Par ailleurs, si les faits conduisent à rejeter l'explication piagétienne qui ramène l'imitation précoce à la réaction circulaire, ce rejet a conduit à séparer l'imitation d'autrui de l'auto-imitation. Or, il n'est pas certain qu'elles soient fonctionnellement indépendantes. De même que l'imitation suppose un certain nombre de capacités cognitives, elle peut avoir une fonction cognitive, au même titre que l'auto-imitation. Ce n'est pas parce que Piaget (1945) suppose un bébé ne différenciant pas l'imitation de l'autre de l'auto-imitation que ses adversaires sont fondés à supposer des mécanismes complètement hétérogènes. Pourtant, si l'on attribue à l'imitation de l'autre une fonction de dialogue, il est évident que l'on s'oppose nettement à Piaget qui décrit minutieusement dans de nombreuses observations des dialogues imitatifs, mais refuse de les envisager comme tels.

Enfin, il n'est pas possible d'envisager les fonctions de l'imitation précoce sans prendre en compte trois de ses aspects fondamentaux : sa difficulté de mise en œuvre, sa disparition et son caractère émotionnel. Il est difficile de la mettre en évidence. Sa fonctionnalité et le poids qu'il paraît logique de lui attribuer dans le développement cognitif sont donc limités. Envisager l'imitation dans la période néonatale comme origine du dialogue est difficile dans ces conditions. Ceci est d'autant plus vrai que l'imitation dans sa forme précoce disparaît avant de réapparaître sous une autre forme. Quelles sont les relations entre imitation précoce et imitation ultérieure? Sont-elles du même type que celles que l'on trouve entre réflexes archaïques et formes ultérieures du fonctionnement moteur? Peut-on alors parler de M.I.D.? Les éthologistes qui ont décrit ce type de réponse, en particulier Tinberghen (1953), ont insisté sur son caractère automatique et stéréotypé et sur son importance fonctionnelle : signal simple permettant une réponse rapide et dans la plupart des cas efficace. Souvent lente, comme beaucoup de réponses dans la période néonatale, l'imitation n'a aucune des caractéristiques principales qui sont décrites par les éthologistes pour les M.I.D.

Field et al. (1982) ont montré chez les nouveau-nés une capacité à imiter les expressions émotionnelles. La plupart des observations d'imitations portent d'ailleurs sur le visage, qui précisément exprime les émotions. On peut donc envisager l'imitation comme une fonction de communication essentiellement émotionnelle. La recherche ayant été centrée sur les capacités cognitives mises en jeu, la fonction de communication a elle-même été envisagée comme cognitive, ce qui n'est sans doute pas son caractère dominant. Dire que l'imitation a une fonction émotionnelle ne résout pas la question des capacités cognitives mises en jeu, mais peut conduire à la poser autrement. Si tel est bien le cas, l'imitation ne devrait pas être analysée de manière isolée, mais dans le contexte plus global de l'ensemble de la communication émotionnelle. Du point de vue méthodologique, cette idée conduirait à relever tous les comportements du bébé suivant la production d'une expression, et à voir dans quelle mesure il s'agit de réponses relevant de l'état émotionnel induit, et quelle part de ces réponses est imitative. Si elle est faible, l'observation importante est la communication (certains diraient la contagion) émotionnelle. Si elle est forte, l'observation importante est l'imitation.

La question de l'imitation ne peut être considérée comme close. Elle doit être envisagée de manière plus globale, dans le contexte des modes de communication entre le bébé et les gens qui l'entourent, et de manière fonctionnelle. Dans l'état actuel de nos connaissances, l'existence de l'imitation précoce ne fait guère de doute, et il faut par conséquent s'interroger sur les capacités cognitives nécessaires. Pour imiter, il faut mettre en relation soi et l'autre, et des parties homologues de soi et l'autre, il faut mettre en relation des perceptions visuelles et proprioceptives, il faut mettre en relation des perceptions et des actions. Il faut manifester de l'intelligence.

2. L'ETRE HUMAIN COMME OBJET DE CONNAISSANCE

Il existe dans l'environnement du bébé un stimulus particulier, qui peut représenter pour lui une source d'information essentielle sur le monde. Cette idée n'est pas nouvelle, mais elle a été jusqu'ici plus exploitée par les bébés que par les chercheurs.

Comment les bébés perçoivent-ils et conçoivent-ils les adultes qui les entourent? La question est simple et semble-t-il légitime. Pourtant, l'examen de la littérature ou plutôt des littératures sur le sujet montre que notre savoir sur cette question est partiel, atomisé et contradictoire quand il n'est pas totalement erroné.

Une telle affirmation peut paraître étonnante ou abusive dans la mesure où les recherches ne manquent pas. En particulier, comme un certain nombre d'exemples cités le montrent et contrairement à ce qui est parfois affirmé, la perception visuelle du nourrisson n'est pas simplement étudiée à l'aide de damiers et autres figures géométriques. Les dessins et photographies de visages y tiennent une place importante. L'intérêt du stimulus est donc reconnu. Un exemple permettra pourtant de se convaincre de la réalité de ce qui est affirmé ci-dessus. Dans un ouvrage récent publié sous la direction de Field & Fox, *Social perception in infants* (1985), un article de Maurer basé sur une revue de questions très bien faite nous apprend que les bébés peuvent différencier un visage de ce qui n'est pas un visage à 4 mois de manière certaine, à 2 mois au plus tôt. Un autre article, signé de Field, nous apprend, lui, que des bébés âgés de 48 h sont capables de différencier le visage de leur mère de celui d'une autre personne. Comment peut-on différencier deux visages sans être capable de différencier un visage de ce qui n'est pas un visage?

Il ne s'agit pas ici de faire un recensement exhaustif des recherches ayant utilisé une forme quelconque d'humanité dans le stimulus présenté, mais de décrire les caractéristiques des littératures sur le sujet, d'analyser les raisons qui ont conduit aux insuffisances actuellement constatables, et de tenter de dégager ce que pourrait nous apprendre une étude plus réaliste de la perception de cet objet.

Dans la littérature, l'être humain est d'abord un visage. C'est essentiellement à partir des études de Fantz que les recherches sur la perception du visage se sont développées, et en fonction des conceptions de la perception en vigueur au début des années 60 et des méthodes utilisées par cet auteur, l'histoire de l'étude de la perception de l'être humain par les bébés s'est mal engagée, parce que ce n'est pas de l'être humain qu'il s'est agi mais de sa caricature. Comme pour la perception de manière plus générale, on a étudié chaque modalité séparément et c'est surtout sur la perception visuelle qu'ont porté les recherches. Comme pour la perception visuelle de manière générale dans les années 60, on pense que le bidimensionnel est plus simple à percevoir que le tridimensionnel, le bébé étant sensé ne pas percevoir la profondeur. Enfin, la technique de Fantz a donné de bons résultats (cf. III.2.).

Fantz (1963) compare les temps de fixation sur un dessin représentant un visage, des fonds de couleurs différentes et un texte imprimé. Les bébés préfèrent le visage dans toutes les paires, mais une telle comparaison, dans laquelle plusieurs facteurs varient simultanément, ne dit rien. Dans une recherche ultérieure, Fantz (1966) compare donc les temps de fixation pour deux dessins : l'un représentant un visage, l'autre un non-visage[1], avec des bébés de 0 à 6 mois. Une préférence pour le visage apparaît dans le groupe des 2-3 mois, mais elle ne se retrouve pas chez les 5-6 mois. Fantz & Nevis (1967) reprennent les mêmes stimulus avec des enfants de même âge, la technique étant légèrement différente : présentation simultanée des deux dessins et temps total de fixation (et non durée de la première fixation) pris comme indice. Cette fois, c'est dans le groupe des 5-6 mois qu'apparaît la préférence. Une problématique et des stimulus proches sont également utilisés par Kagan, Henker, Hen-Tov, Levine & Lewis (1966), Haaf & Bell (1967), Wilcox (1967), Koopman & Ames (1968), Lewis (1969), Thomas (1973), Sigman & Parmelee (1974), Jones-Molfese (1975), Maurer & Barrera (1981), Maurer (1985) avec quelques variantes de procédure. Maurer (1985) résume l'ensemble de ces recherches en écrivant que s'il semble acquis qu'à 4 mois les bébés préfèrent un visage à un non-visage, cette préférence est également trouvée à 2 mois dans certaines recherches, mais pas dans toutes. Elle note toutefois que ces recherches sont celles dans lesquelles les durées de présentation des stimulus sont les plus longues. Dans les autres, les durées de présentation seraient donc trop courtes pour que la discrimination soit possible à cet âge.

Ces résultats posent plusieurs types de problèmes. Tout d'abord, le problème classique de la préférence et de la non-préférence (cf. III.2.). S'il y a préférence, il faut ensuite savoir pourquoi. Certes, elle pourrait être due au fait que le dessin représente un visage, mais aussi à la symétrie du dessin. Ainsi, Koopman & Ames (1968) trouvent que les bébés regardent moins un non-visage non symétrique qu'un non-visage symétrique, mais aussi que ce dernier est moins regardé qu'un visage. On a également invoqué la complexité du dessin. Haaf (1974, 1977), en faisant varier séparément complexité et ressemblance au visage (faceness), a montré que le premier facteur était déterminant vers 1-2 mois, le second intervenant vers 4-5 mois. Si la préférence est due au fait que le dessin représente un visage, il faut interpréter cette préférence pour un stimulus social.

Mais le problème le plus immédiat est sans doute d'interpréter l'absence de préférence chez les bébés les plus jeunes. Le premier facteur invoqué a été la stratégie d'exploration oculaire de ces bébés. Maurer & Salapatek (1976) et Haith, Bergman & Moore (1977) ont montré que, à 1 mois, la plupart des fixations se font dans la zone des cheveux et du menton qui ne sont pas spécialement informatives. Deux raisons (non exclusives) peuvent expliquer ces localisations. D'une part, le fait que les jeunes bébés explorent souvent les bords d'un dessin (Haith 1980), ce qui est bien mis en évidence par ce que l'on appelle l'effet d'externalité (Salapatek, 1975; Milewski, 1976; Bushnell, Gerry & Burt, 1983) : deux dessins dissemblables qui sont discriminés s'ils sont présentés isolément, ne le sont plus s'ils sont entourés d'un cercle par exemple, comme c'est le cas dans les dessins de visage. D'autre part, les bébés les plus jeunes seraient limités par leur faible fonction de sensibilité au contraste (Banks,

1985; Banks & Salapatek, 1981) ce qui les conduirait à fixer les zones où les fréquences spatiales sont les plus élevées et non les plus informatives.

Les facteurs invoqués jouent effectivement un rôle dans la perception des bébés, comme nombre de recherches utilisant comme stimulus des figures géométriques l'ont montré. Pourtant, que nous apprennent les recherches sur les visages et les non-visages évoquées ci-dessus? Rien. Rien sur les facteurs généraux qui déterminent la perception visuelle des nourrissons (complexité, taille, distance, couleur, etc.) puisque l'utilisation de figures géométriques ou d'objets tridimensionnels permet de faire varier de manière plus précise ces facteurs. Rien sur la perception des personnes parce qu'il ne s'agit pas de personnes et que les facteurs qui déterminent l'intérêt des bébés pour les personnes sont absents dans ce type de présentation.

Dans un dessin au trait en noir et blanc, le nez est représenté par une tache noire, comme l'œil. Dans la réalité, et sauf exceptions, il se différencie du reste du visage par son volume et non par sa couleur. On pourrait multiplier les exemples. Un certain nombre d'auteurs ont utilisé non des dessins, mais des photographies en couleur de visages. C'est même un stimulus couramment utilisé en habituation visuelle. Il est évident qu'on est là déjà beaucoup plus près de la réalité. Kagan et al. (1966) et Wilcox (1969) ont d'ailleurs montré que les bébés de 4 mois préféraient les photographies aux dessins. Dans les expériences que nous avons effectuées avec des diapositives, il est fréquent de constater des sourires au bout de quelques secondes au premier essai, très rapidement lors des essais suivants, ceci en particulier avec des enfants de 3 mois, mais des sourires sont également observés chez des enfants plus jeunes. Par ailleurs, toujours avec des diapositives couleur, de Schonen, Gil de Diaz & Mathivet (1986) ont montré qu'une présentation de 350 millisecondes permettait à des bébés de 4 mois de différencier le visage de leur mère d'un autre.

Mais la photographie reste une représentation bidimensionnelle d'un objet tridimensionnel. Or, dès 1965, Fantz avait montré une préférence des bébés de 2 mois pour une représentation tridimensionnelle (le bidimensionnel étant préféré avant 2 mois). Moss & Robson (1968) ne trouvent de corrélation entre temps de regard réciproque mère-enfant et temps d'exploration d'une photographie ni à un mois pour les garçons et les filles, ni à trois mois pour les garçons, mais seulement à cet âge pour les filles. Comme le dessin, la photographie est immobile et ne représente qu'une partie du corps : le visage. Si on se contente de ces conditions, on risque de chercher des explications à l'intérêt qu'ont les bébés pour l'être humain dépendant de ces seules conditions. Tel est en particulier le cas des explications éthologiques et dérivées de la notion d'attachement : la fameuse «valeur affective du visage humain».

Plus encore que la vision du visage, l'audition de la voix a un statut bien particulier dans l'étude de la perception des bébés. Une analyse sommaire pourrait en effet conduire à penser que la voix n'a d'importance et de statut particulier que lorsqu'elle sert à prononcer des mots de la langue compris par le bébé. Dans cette perspective, la compréhension du langage précédant de peu sa production, ce n'est qu'au cours de la seconde année que la voix serait pour l'enfant un stimulus sonore particulier.

En fait, il n'en est rien et la voix est un stimulus important et spécifique beaucoup plus tôt. C'est ce que montrent les travaux sur le babillage qui, bien avant l'acquisition du langage, s'oriente en fonction de la langue parlée dans l'environnement (de Boysson-Bardies, 1984). Mais bien plus tôt, chez le nouveau-né, existent déjà des réactions spécifiques à la voix, en particulier une synchronie des gestes mise en évidence par Condon & Sanders (1974; Condon, 1979). Eimas (1975) a montré la capacité précoce des bébés à différencier la voix de leur mère de celle d'une autre femme.

Ces réponses spécifiques à la voix humaine, présentes dès la naissance, semblent indiquer une potentialité innée à utiliser les sons émis par les congénères, potentialité susceptible de favoriser le développement de la communication verbale. Parmi les savoir-faire du maternage dont Papoušek & Papoušek (1984, 1987) pensent qu'ils sont universels, le parler bébé tient une place importante. Les mères savent toutes que, bien avant que l'enfant puisse comprendre un seul mot de leur discours, il est nécessaire de leur parler. Elles savent aussi qu'il est important que ce discours prenne des formes particulières quant à la tonalité ou au caractère répétitif, de la même manière que les expressions particulières du visage exagérant les traits les plus saillants, yeux et bouche en particulier, permettent la communication.

Qu'en est-il des autres modalités sensorielles? Sur l'odeur, nous savons qu'elle permet très tôt au bébé de différencier sa mère d'une autre mère (MacFarlane, 1975), mais sur le rôle de l'odorat par la suite, nous ne savons rien. Le cas du toucher est particulièrement intéressant dans la mesure où nous ne savons rien sur sa fonction cognitive dans la perception des personnes : ou bien les bébés ont une activité cognitive, et ils touchent des objets, ou bien ils ont un contact affectif, et ils touchent des personnes. Pourtant, la somesthésie est une des modalités sensorielles qui peuvent s'exercer efficacement le plus tôt, et dès la vie intra-utérine. Les nombreux contacts avec l'adulte sont informatifs, bien plus informatifs parce que bien plus fréquents et variés que les contacts avec d'autres objets.

Il ne s'agit évidemment pas ici de nier que les congénères humains qui entourent l'enfant aient avec lui des échanges affectifs et une valeur affective particulière, mais de montrer qu'ils sont aussi des objets de connaissance particulièrement intéressants, que cette particularité détermine autant que l'autre les comportements du bébé, et que dans la littérature, la «valeur affective» a joué un rôle négatif dans la mesure ou elle a souvent constitué une pseudo-explication toute faite, voire une incitation à ne pas se poser de questions comme dans le cas du toucher.

Pourquoi le congénère est-il un objet particulièrement intéressant à percevoir et à connaître? La réponse des éthologistes (Tinberghen, 1953) consiste à mettre en avant l'intérêt d'une réponse spécifique envers le congénère pour la survie de l'espèce. Le point de vue éthologiste s'applique mal à une espèce où l'autonomie du jeune est nulle. Qu'il reconnaisse ou non un visage humain, le nouveau-né ne prendra pas la fuite, si nécessaire. L'intérêt pour l'éthologie est venu de la similitude dans le schématisme des stimulations proposées. Entre les leurres destinés à tromper les animaux et les «visages» proposés aux bébés, il y a en effet en commun l'absence de réalisme.

Les recherches de Spitz (1958) qui a été l'un des premiers chercheurs à présenter des représentations de visages aux bébés, puis les travaux de Harlow (1959) et la théorie de l'attachement de Bowlby (1969) ont fourni une justification à l'idée de mécanismes spécifiques à la perception des congénères. Le visage humain a-t-il pour le bébé une valeur affective particulière innée qui le conduirait, dès que la maturité physiologique le permet, à préférer à toute autre forme cet ovale muni de deux yeux et éventuellement d'un nez et d'une bouche, que lui présentent les chercheurs? C'est possible. Ce qui est certain, en tout cas, c'est que le visage humain est un déclencheur efficace du sourire (Freedman, 1964) et que la perception d'un congénère provoque, à tout âge et dans diverses espèces, des réactions affectives diverses. En ce qui concerne le bébé humain, les nombreuses recherches sur la relation mère-enfant sont là pour en témoigner. En particulier, les très longs regards réciproques mère-enfant, visiblement empreints d'un plaisir non moins réciproque (Lécuyer & Pêcheux, 1983a, 1983b), peuvent être interprétés en ce sens.

L'utilisation du conditionnel est ici destinée à mettre en doute, non pas la réalité d'un échange affectif mère-enfant, mais le fait que cet échange puisse donner une valeur particulière à une abstraction abusivement nommée visage. Dans ces échanges prolongés de regards, la mère n'est pas immobile, elle maintient l'attention de l'enfant par les mouvements de tête verticaux et des paroles douces et lentes. Ce n'est donc pas à une abstraction que s'intéressent les bébés mais à un être mobile et multimodal. En fonction de ce que l'on sait sur la perception des bébés, si l'on essaie de déterminer les caractéristiques d'un stimulus susceptible de les intéresser, on fait le portrait des êtres humains qui l'entourent et en prennent soin.

Une première raison à cela est qu'ils sont particulièrement mobiles. On sait depuis fort longtemps que le mouvement est une caractéristique fondamentale dans la perception de l'environnement. Les recherches de Bower ou de Spelke par exemple ont montré la très grande importance du mouvement dans la détection des objets et dans leur perception en tant qu'objets différenciés. On sait aussi que le visage de la mère est plus facilement reconnu s'il est en mouvement que s'il est immobile (Carpenter, 1974). Enfin, la seule recherche ayant montré une préférence précoce pour les dessins de visages par rapport à des dessins de non-visages (Goren, Sarty & Wu, 1975) a utilisé comme indice l'ampleur de la poursuite visuelle lors du déplacement du stimulus : les dessins de visages sont suivis plus longtemps que ceux de non-visages. Toutefois, Maurer & Young (1983) ne retrouvent pas ce résultat.

Le mouvement facilite la détection, il permet la construction d'un objet, mais il est aussi une source d'information sur les relations entre l'objet (mobile) et l'environnement (immobile). Il est nécessaire à l'acquisition de la constance perceptive. Par ailleurs, suivant la distance, l'objet est perçu entièrement ou partiellement. La variation étant continue, l'enfant peut mettre en relation un corps humain entier et un visage ou une autre partie de ce corps : des mains qui saisissent, par exemple. C'est pourtant presque toujours le visage seul qui est présenté dans les recherches expérimentales (Kagan, 1971; Lécuyer, 1986). Bien entendu, d'autres objets de l'environnement du bébé bougent, mais les parents et aînés éventuels du bébé sont, dans son environnement, ce qui bouge le plus et de manière plus variée. Ils sont aussi la principale source de mouvement des autres objets, et, mis à part Piaget, ils sont en général visibles en même temps que l'objet agité. Bower & Paterson (1974) ont montré que des bébés de 12 à 16 semaines entraînés à suivre un objet animé d'un mouvement alternatif de rotations de 180° interrompues au centre par des arrêts, ont une plus grande précocité de passage au stade IV puis au stade V. Les mouvements et les arrêts effectués par les êtres humains dans l'entourage du bébé peuvent constituer une source d'information de même type.

Il existe pourtant une situation paradoxale dans les recherches : celles qui portent sur des objets en mouvement n'utilisent jamais des êtres humains comme stimulus, et celles qui étudient la perception des visages les présentent le plus souvent immobiles. De plus, Nelson (1985) note que dans les rares recherches sur la différenciation des émotions ayant utilisé un film qui fournit la dynamique de l'expression émotionnelle, la différenciation n'est pas meilleure qu'avec des photos. Dans la recherche de Speiker (1982), elle est même moins bonne si le film est en mouvement que s'il est arrêté! Il y a là de toute évidence un artefact, probablement dû à la vitesse de déroulement de ces séquences, trop rapide pour le bébé. Le tournage de ces films ne s'inspire pas de notre savoir sur le maternage et en particulier sur la manière qu'ont les adultes d'exprimer leurs émotions aux bébés, de répondre aux leurs et de leur faire écho (Field & Fox, 1985).

Enfin, les recherches effectuées avec un visage réel comme stimulus (Kreutzer & Charlesworth, 1973, cités par Nelson, 1985; Field, Woodson, Greenberg & Cohen, 1982) aussi bien qu'avec un hologramme (Nelson & Horowitz, 1983) montrent des discriminations très précoces (nouveau-nés et deux mois) qui disparaissent entre 4 et 7 mois environ.

Autre caractéristique importante de l'objet humain : il est multimodal. Là encore, il n'y a rien de spécifique. D'autres objets peuvent être vus, touchés, entendus, sentis, et même goûtés, mais outre que ces objets sont rares dans l'environnement du bébé, aucun ne présente une telle richesse de stimulation dans différentes modalités. Un visage, c'est évidemment un objet visuel tridimensionnel, mais c'est aussi une bouche qui émet des sons et qui bouge en fonction de ces sons, c'est une odeur que le bébé peut reconnaître dès les premiers jours de sa vie, c'est un contact tout à fait spécifique. C'est, enfin et surtout, tout cela à la fois. Bien entendu, les informations en provenance de ces différentes modalités peuvent être séparées dans une expérience de psychologie, et le fait de les séparer peut apporter des informations utiles, mais à condition de ne pas oublier que dans la vie quotidienne, elles sont le plus souvent liées. Ainsi, dans l'expérience de Field (1985) consistant à faire apparaître le visage de la mère ou d'une autre personne à travers une fenêtre devant l'enfant, la personne stimulus est immobile et silencieuse, et ne peut pas être touchée, mais des informations olfactives sont bien sûr disponibles. Field se demande dans quelle mesure elles n'ont pas contribué à la différenciation observée et conclut qu'il faudrait contrôler ce facteur. Elle a tout à fait raison, et rien n'exclut que l'odeur seule soit à la source de la différenciation, mais on peut également envisager, au moins à titre d'hypothèse, que la somme des informations en provenance des différentes modalités sensorielles est plus que ses parties, et que c'est une gestalt multimodale que reconnaît le bébé puisque c'est à cette gestalt qu'il a à faire dans la vie quotidienne. Ainsi, Burnham & Olymbios (1985) ont montré que les bébés de 1 mois différencient plus facilement leur mère d'une étrangère si la voix de l'une des deux est audible (les deux étant visibles et bougeant les lèvres). Ne présenter la stimulation que dans une seule modalité doit donc être conçu d'abord comme la suppression d'autres informations.

Mais la caractéristique la plus spécifique des êtres humains, et en particulier de ceux qui entourent le bébé, est que ce dernier peut exercer sur eux une action efficace, ou en d'autres termes qu'ils lui répondent. C'est pourquoi certains auteurs (Watson, 1972; Bruner, 1977; Papoušek & Papoušek, 1977, 1984) considèrent que l'interaction entre le bébé et les adultes (ou les enfants) qui s'occupent de lui est la situation idéale d'apprentissage. Les possibilités d'action du bébé de moins de 6 mois sur son environnement physique sont beaucoup moins grandes que celles qu'il a sur son environnement social. C'est donc à partir de ses relations sociales qu'il a le plus grand nombre d'occasions de construire les relations de causalité (Trevarthen, 1977; Gelman & Spelke, 1981; Lécuyer, 1987a). Or, si les avis divergent quant à la date d'apparition de telles relations, ils sont unanimes quant à leur importance. Ce point de vue a été systématisé dans l'article de White (1959), souvent cité dans la littérature sur le développement cognitif du nourrisson, qui propose le concept de motivation de compétence.

Pour Watson (1966, 1967, 1972, 1979, 1981, 1985; Watson & Ramey, 1972; Watson & Ewy, 1983) la perception des relations de contingence entre l'action du bébé et les modifications de son environnement serait l'un des déterminants du développement. L'utilisation de relations de contingence par le bébé serait régie par deux règles : d'une part, la perception des relations dépendant directement et de façon linéaire de l'importance de cette relation, d'autre part, l'attention qui lui est portée, qui varierait selon le même facteur suivant une courbe en U inversé. L'attention serait maximum pour une efficacité moyenne de l'action du bébé. Or, cette efficacité moyenne est pour Watson une caractéristique du fonctionnement de l'adulte en interaction avec le bébé. Très souvent, une action du bébé (un sourire par exemple) déclenche une réponse de l'adulte (une mimique particulière), mais dans certains cas elle n'a pas d'effet, alors que dans d'autres, la même mimique peut se produire sans le sourire comme préalable. Watson (1985) va plus loin en affirmant que la fréquence de contingence est un moyen pour le bébé de différencier ce qui est social de ce qui ne l'est pas, ce qui permettrait de fournir une base à la préférence pour le social.

Si les recherches qui se fixent pour objectif la perception du congénère humain par le bébé ne sont pour la plupart guère informatives, d'autres recherches nous apportent des informations essentielles sur ce sujet. Tel est le cas en particulier des recherches sur l'interaction mère-enfant. Comme le montrent Papoušek & Papoušek (1984), la compétence à être parent se situe, entre autres, dans la manière de fournir à l'enfant un mode de stimulation particulier qui optimise les conditions d'exercice de son activité perceptive et cognitive, donc les conditions développées ci-dessus. Mais ces recherches nous renseignent plus souvent sur les modes de communication entre mère et enfant, les caractéristiques particulières des comportements des adultes quand ils s'adressent au bébé (expressions du visage, parler bébé, contact...), que sur la manière dont le bébé perçoit les adultes ou les enfants qui l'entourent.

Des informations complémentaires nous sont apportées par d'autres recherches. Ainsi, Gouin-Décarie (1966) montre que la recherche derrière un écran se fait plus précocement si c'est la mère qui y est cachée que si c'est un objet, qu'il soit familier ou nouveau, et Bower (1974) montre que la permanence de l'objet est plus précoce si l'objet en question est la mère du bébé que si c'est un objet quelconque. Il en va de même des recherches sur le sourire, réponse éminemment sociale, que l'on trouve pourtant chez les enfants aveugles au même âge que chez les voyants (Freedman, 1964), ce qui irait dans le sens de la spécificité innée de réponse à l'être humain si celui-ci était le seul stimulus susceptible de provoquer le sourire. Il n'en est rien, et Watson (1985) voit dans le sourire en réponse à certaines relations de contingence une confirmation de sa thèse sur la différenciation du social par la contingence.

Mais les données les plus intéressantes sur la manière dont le nouveau-né perçoit ses congénères sont celles qui portent sur l'imitation précoce. Celle-ci suppose, en effet, une identification du bébé à son espèce. Ici aussi, les données semblent aller dans le sens de la disposition précâblée, mais si, comme l'ont montré Field et al. (1984), le nouveau-né est capable de différencier visuellement sa mère d'une étrangère après l'avoir vue pendant moins de 5 h, on ne peut exclure l'hypothèse d'un apprentissage extrêmement rapide conduisant à ces possibilités d'imitation.

En résumé, ce que nous savons sur le développement de l'intelligence du bébé et en particulier sur ses mécanismes perceptifs conduit à considérer que les personnes qui l'entourent sont la source de stimulation la plus importante et celle qui est susceptible de stimuler le plus le développement perceptif et cognitif. Les études spécifiques sur la manière dont les bébés perçoivent les personnes ne rendent que très partiellement compte de cette spécificité constatable, cherchant plutôt la spécificité dans des mécanismes innés hypothétiques. Nous aurions pourtant beaucoup à apprendre sur l'intelligence des bébés en étudiant la manière dont il construisent cet objet.

3. DEVELOPPEMENT SOCIAL DE L'INTELLIGENCE, DEVELOPPEMENT DE L'INTELLIGENCE SOCIALE

Parmi les courants évoqués dans le premier chapitre et présentés comme susceptibles de renouveler l'étude de l'intelligence figurent d'une part, la théorie de Doise & Mugny (1981) et l'idée de développement social de l'intelligence, d'autre part, l'extension du champ d'application du concept d'intelligence proposée par Oléron (1978) et l'idée d'intelligence sociale. Appliquer ces deux idées au développement de l'intelligence du nourrisson présente des difficultés, mais ouvre des perspectives.

L'existence dans les deux cas du mot «social» ne constitue pas une raison suffisante pour rapprocher les deux perspectives et serait plutôt une raison de se méfier. La littérature en psychologie a souvent eu une fâcheuse tendance à mettre dans un même paquet tout «le social» de manière indifférenciée, parfois sur la base de l'idée d'un traitement spécifique inné du «social» (Brazelton, Koslowski & Main, 1974).

Comme l'écrit Piaget (1945, p. 69) :
> la société n'est ni une chose ni une cause mais un système de rapports et il s'agit pour le psychologue de distinguer ces rapports et d'analyser séparément leurs effets respectifs.

Il est donc important de préciser ce que signifient intelligence sociale et développement social de l'intelligence. Dans la seconde édition de l'ouvrage édité par Lewis (1983), *Origins of intelligence*, Wilkinson définit ainsi l'intelligence sociale :
> Nous proposons le terme *intelligence sociale* pour définir les diverses compétences humaines impliquées dans le fonctionnement approprié des comportements interpersonnels. La capacité à communiquer efficacement dans les situations sociales, *la compétence à communiquer* est centrale dans notre conception de l'intelligence sociale (Wilkinson, 1983, p. 305).

L'idée de définir l'intelligence sociale essentiellement par l'aptitude à communiquer peut être critiquée de plusieurs points de vue :

– A partir du moment où l'enfant parle, l'instrument essentiel de la communication s'appelle le langage. C'est donc par l'intermédiaire de cet instrument que va être évaluée l'«aptitude à communiquer». Dès lors, il paraît difficile de faire une critique des tests classiques en affirmant qu'ils ne prennent pas en compte l'intelligence sociale, comme le fait Wilkinson à la suite d'un certain nombre d'auteurs. En effet, une autre critique, très souvent développée, de ces tests est précisément que le poids du langage y est trop important. L'idée sous-jacente à cette juxtaposition de critiques contradictoires est en fait une séparation totale des fonctions de connaissance et de communication du langage, séparation qui n'existe que dans la tête de certains psychologues.

— Quand l'enfant n'a pas encore acquis le langage, comment peut se définir cette aptitude à communiquer? Wilkinson (1983) vise à fournir des éléments de réponse à cette question. Elle considère que les auteurs de tests pour bébés ont davantage pris en compte l'intelligence sociale que les auteurs de tests pour enfants plus âgés. Cette idée s'appuie sur l'existence d'items «verbaux» ou «sociaux» dont elle reconnaît qu'ils sont les plus difficiles à coter, et dont on sait par ailleurs qu'ils ne sont nullement prédictifs du langage ultérieur.

— Plus fondamentalement, une définition de l'intelligence sociale peut être largement influencée par la conception qu'a son auteur de la société et de la place que tient l'individu dans cette société. Ainsi, Wilkinson comme Mc Clelland (1973) mettent en avant l'idée d'«adaptation à la vie réelle» et de «comportements interpersonnels fonctionnellement appropriés». On sait les critiques qu'a soulevées le concept d'adaptation, et on entrevoit ce que pourrait être un test de l'intelligence sociale définie sur de telles bases : adaptation peut signifier simplement conformisme. Quant à l'aptitude à communiquer, s'il s'agit d'autre chose qu'un classique test verbal, on retrouve là un des thèmes classiques de la psychologie sociale américaine : celui du malentendu comme source de conflits et de la nécessité de communiquer pour résoudre les conflits.

Si Oléron (1978) ne donne pas de définition de ce qu'il appelle «intelligence sociale», certains des exemples qu'il prend — guerres, ruses, tricheries — montrent que cette idée n'est pas pour lui synonyme de conformisme, mais de la mise en pratique d'une bonne perception du fonctionnement des relations sociales. Le problème ne s'en trouve pas pour autant complètement résolu, car la référence est alors nécessairement une forme de réussite sociale, ce qui paraît difficile à définir indépendamment de tout *a priori* moral ou politique, mais (cf. chapitre I), ce n'est pas seulement le cas de l'intelligence sociale.

— Enfin, l'article de Wilkinson le montre, définir l'intelligence sociale par l'aptitude à communiquer amène à confondre intelligence sociale et construction sociale de l'intelligence, sans distinguer ce qui est apport du milieu familial et ce qui est compétence du bébé. Pour communiquer, il faut être au moins deux, c'est la difficulté de base d'évaluation d'une aptitude conçue comme individuelle. Il est possible en effet de soutenir que cette aptitude n'existe pas, et que ce qui existe est une communication plus ou moins efficace entre deux personnes. Les difficultés des jumeaux à communiquer avec leur entourage ont souvent été décrites comme le corollaire de leur aptitude à communiquer entre eux. Par ailleurs, l'essentiel des communications auxquelles participent les bébés se fait avec des adultes, donc dans une situation de déséquilibre énorme du point de vue des aptitudes mises en jeu. Les aptitudes à communiquer du bébé sont souvent celles de sa mère à interpréter ou même à formuler son rôle dans le dialogue. Quant aux communications avec des pairs, elles nécessitent des pairs, et l'interprétation doit en être faite avec prudence, comme l'a montré Flament (1982). Il convient donc de séparer nettement intelligence sociale et construction sociale de l'intelligence avant de savoir quels rapports ils peuvent entretenir.

Le concept d'«intelligence sociale» désigne pour moi l'intelligence — établissement de relations — appliquée au domaine social, c'est-à-dire à tout ce qui concerne les relations entre les personnes. L'idée de «développement social de l'intelligence» est prise au sens que lui donnent Doise & Mugny (1981) : les relations sociales constituent un moteur du développement de l'intelligence. Cette distinction établie, je défendrai l'idée que, pendant la première enfance, le fait que l'être humain soit un objet d'intelligence particulièrement important (intelligence sociale) est en grande partie lié aux attitudes spécifiques que prennent les personnes qui s'occupent du bébé dans leurs interactions avec lui pour stimuler son développement cognitif (développement social de l'intelligence).

La référence à Doise & Mugny (1981) ou à Perret-Clermont (1979) ne signifie pas que leur conception est directement applicable au bébé. Certes, elle vise à décrire un mécanisme général qui rend compte du développement de l'intelligence à tout âge, mais dans la pratique de recherche, les sujets ont une tendance certaine à avoir 7 ans, et surtout, cette influence du social dans le développement passe exclusivement par le conflit socio-cognitif. Dans l'ouvrage publié sous la direction de Mugny, *Psychologie sociale du développement cognitif* (1985), plusieurs auteurs envisagent l'idée que le conflit socio-cognitif peut ne pas engendrer des progrès, mais non que des progrès puissent se faire par un autre processus social : «Le développement cognitif prend place chez l'enfant lorsqu'il participe à des interactions sociales qui ne sont structurantes que dans la mesure où elles suscitent un conflit de réponses entre les partenaires» (Mugny & Carugati, 1985, p. 61). Dans ces conditions, il n'est guère étonnant que cette psychologie sociale ne concerne pas le nourrisson, même quand il est question des relations entre l'adulte et l'enfant. Doise & Palmonari (1984) publient un ouvrage sur l'interaction sociale dans le développement, envisagé de manière continue, mais cette interaction sociale commence par les relations entre pairs, à partir de 18 mois.

C'est plutôt du côté du défi que du conflit qu'il faut chercher pour décrire les relations entre le milieu social et le bébé (Bruner, 1977). Défi, dans la mesure où le maternage vise à exercer les capacités cognitives du bébé, mais aussi à intervenir au-delà de ces capacités, dans ce que Bruner appelle après Vygotsky la zone proximale de développement.

L'inaptitude d'une théorie comme celle du conflit socio-cognitif à intégrer l'intelligence du bébé est à relier à la même inaptitude d'une théorie aussi différente que celle de Sternberg (1985). Dans les deux cas, il y a pourtant volonté de prendre en compte le social. Mais la première, théorie psycho-sociale, ne tient pas compte de la forme de relations sociales en jeu entre le bébé et son environnement, alors que la seconde vise à décrire les mécanismes de l'intelligence et accorde une place importante aux «méta-composants» gérant l'activité cognitive, que l'on ne peut observer chez le bébé.

La spécificité du développement social de l'intelligence du bébé, et même la spécificité de l'intelligence du bébé est là. Une partie de cette intelligence n'est pas dans sa tête, mais dans celle de sa mère. Cette partie, c'est ce que Sternberg appelle les méta-composants, et que l'on appelle usuellement la méta-cognition. L'intelligence du bébé est fondamentalement sociale en ceci que les méta-fonctions de cette intelligence sont gérées par son milieu familial, et ce d'autant plus qu'il est plus jeune (Green, Gustafson & West, 1980). C'est la raison pour laquelle Bruner, par exemple, accorde une importance aussi grande à la tutelle dont l'impact porte plus sur la méta-connaissance que sur la connaissance.

Par ailleurs, si dans la psychologie sociale genevoise le moteur du développement cognitif est social, l'objet de l'intelligence ne l'est pas. De manière très explicite, il est piagétien. Il n'y a pas seulement là un paradoxe, mais une raison fondamentale pour que cette théorie ne puisse être appliquée au bébé. C'est donc une autre conception du développement social de l'intelligence qui est nécessaire, conception dans laquelle l'adulte est à la fois moteur et objet d'intelligence.

Le lien étroit qui unit ces deux aspects du fonctionnement de l'intelligence des bébés (gestion de l'intelligence du bébé par le milieu social et exercice de cette intelligence sur le milieu social) ne se retrouve malheureusement pas très souvent dans les recherches. L'état actuel de nos connaissances sur ces questions se caractérise par la quasi-absence de mise en relation et par un déséquilibre considérable entre les deux aspects. Depuis le Loch Lomon Symposium sur l'interaction mère-enfant en 1976 et la publication de ses travaux (Schaffer, 1977), les recherches sur l'interaction mère-enfant, le maternage, le rôle des pères et celui des aînés se sont multipliées. En revanche, nous savons peu de choses de la manière dont le bébé exerce son activité cognitive sur son environnement social.

Cette situation de déséquilibre semble avoir deux causes. L'une pratique — la difficulté d'étudier cette activité cognitive de manière suffisamment contrôlée — l'autre théorique — la manière dont on a envisagé le plus souvent l'étude du maternage, facteur unilatéral d'influence sur le développement cognitif. Une observation de Dasen et al. (1978) résume bien tout le problème des conceptions classiques de l'influence du milieu social. Ces auteurs font une étude interculturelle afin de tester l'universalité des structures piagétiennes et l'influence du milieu social sur le développement cognitif. Ils font passer un test piagétien, le Casati-Lézine, et ils observent soigneusement ce qui dans le milieu de l'enfant pourrait expliquer ses avances et ses retards. Dans cette démarche, ils notent une difficulté méthodologique dans la passation des épreuves «support» où les bébés peuvent accéder à un objet éloigné en tirant sur son support. «Une conduite courante consiste à prendre la main de la mère pour l'inciter à se saisir de l'objet et à le donner» (Dasen et al., 1978, p. 96).

Une telle observation appelle plusieurs remarques. D'un point de vue cognitif, il est évident que ces bébés savent utiliser un instrument pour obtenir un objet. D'un point de vue cognitif toujours, leur stratégie est excellente, car cet instrument est d'une grande efficacité et peut être utilisé dans des situations diverses avec un petit nombre d'instructions. D'un point de vue interculturel, il n'est pas évident que les enfants Baoulé se différencient sur ce point des Parisiens, puisque dans la situation classique de test, le bébé n'est pas sur les genoux de sa mère. Du point de vue de la liaison entre intelligence sociale et développement social de l'intelligence, cet exemple montre bien l'importance cognitive de l'environnement social et met en évidence l'une des voies de l'influence du milieu social. Non seulement l'adulte humain est l'objet le plus intéressant à percevoir, et celui qui donne le plus à penser dans l'environnement du bébé, mais il est aussi l'instrument le plus efficace du bébé pour agir sur le reste de son environnement. Faut-il mettre dans les tests pour bébés des items sur l'utilisation de l'adulte comme instrument? Ne pas le faire est se priver de l'observation d'une composante essentielle de l'intelligence des bébés.

Si l'on tente un bilan des recherches sur l'interaction sociale des bébés avec leur environnement, cinq grandes catégories peuvent être schématiquement distinguées.

La première est constituée par des travaux cherchant à recueillir sur l'environnement dans lequel vit le bébé d'une part, sur le bébé lui-même et sur son développement cognitif d'autre part, des informations, qui sont ensuite mises en relations. La recherche de Clarke-Stewart (1973) en constitue le prototype, mais il existe aussi des recherches aux ambitions plus limitées (Moss & Robson, 1968; Adams & Ramey, 1980; Russell, 1983; Olson, Bates & Bayles, 1984, par exemple).

La seconde catégorie, directement issue de la première, vise à standardiser l'instrument d'observation du milieu familial de manière symétrique à la standardisation des observations faites sur le bébé. La meilleure illustration de cette démarche est fournie par l'échelle HOME de Bradley & Caldwell (1976, 1980; Caldwell & Bradley, 1978).

La troisième repose sur une démarche théorique tout à fait différente et vise à une description très précise des processus en jeu dans l'interaction mère-enfant. C'est la micro-analyse de quelques minutes d'interaction situées dans un contexte précis, dont Kaye (1977, 1982; Kaye & Fogel, 1980) est sans doute le représentant le plus typique.

La quatrième cherche à mettre en évidence les conditions d'exercice des activités cognitives, telles qu'elles ont été décrites ci-dessus, et les performances cognitives ultérieures. Les travaux de Bornstein (1983b, 1985a; Ruddy & Bornstein, 1982; Bornstein & Ruddy, 1984) en sont un bon exemple.

Enfin, il faut accorder une place à part à la recherche-intervention dans laquelle on modifie l'environnement du bébé, si possible par un «enrichissement» dont on tente de mesurer les effets. Depuis White & Held (1966) un certain nombre de recherches ont été faites en ce sens.

Comme toute classification, celle-ci est contestable et certaines recherches devraient sans doute être situées dans des catégories intermédiaires. Elle permet cependant de faire le point sur les recherches actuelles sur l'interaction mère-enfant et de voir notamment dans quelle mesure celles-ci permettent de répondre aux questions que pose la connaissance du développement social de l'intelligence et de l'intelligence sociale.

Les deux premières catégories ont en commun de se situer, tant du point de vue théorique que méthodologique, dans la tradition de la psychométrie, et plus précisément dans celle des psychométriciens environnementalistes. Si l'environnement de l'être humain exerce une influence sur le développement de son intelligence, cette influence doit être précoce, il convient donc de l'observer de manière précoce. Elle doit également pouvoir faire l'objet d'une mesure, de la même manière que l'intelligence. Du point de vue méthodologique, il va donc s'agir de mettre au point les instruments de quantification des caractéristiques les plus influentes de l'environnement, et de mettre en relation ces données quantitatives avec les mesures effectuées sur le bébé. Du point de vue théorique, on se situe dans un modèle statique et implicitement additif des déterminants de l'intelligence. Il existe une part génétique et une part de l'environnement de ces déterminants, il s'agit de mesurer ou de mettre en évidence la part de l'environnement familial, plus directement accessible, et constituant un intermédiaire entre classe sociale et intelligence. L'idée d'une interaction entre facteurs n'est évidemment pas explicitement exclue, mais la mise en relation s'effectue en considérant le bébé comme un produit, non comme un moteur de la relation. Il suffit pour s'en rendre compte d'examiner la liste des items de l'échelle HOME. La plupart des énoncés d'items commence par «la mère...», et quand il s'agit de «l'enfant», on ne parle pas de ce qu'il fait, mais de ce que l'on fait de lui. Cette liste des items permet tout de suite de voir le type d'information que l'on peut tirer de l'échelle HOME. On montre effectivement des corrélations avec la classe sociale d'une part, avec les résultats au Bayley d'autre part (cf. l'ouvrage de Gottfried, 1984, et en particulier les articles de Beckwith & Cohen et de Bradley & Caldwell), remplissant ainsi très clairement l'objectif de démonstration du rôle du milieu familial comme intermédiaire entre classe sociale et intelligence.

La recherche de Clarke-Stewart, si elle repose fondamentalement sur la même démarche, adopte une méthode considérablement plus lourde et l'on comprend en la lisant que la nécessité d'instruments standardisés et plus légers se soit fait ressentir, même si on retrouve ce type de recherche plus récemment (Olson, Bates & Bayles, 1984), la différence se situant dans l'arsenal statistique. 12 visites à domicile, dont 6 pour des périodes d'observation de 2 h, 4 tests, une observation du jeu au laboratoire, plus de 100 mesures dont certaines répétées trois fois, le tout sur un échantillon de 36 enfants suivis de 9 à 18 mois. Il y a de quoi calculer un nombre de statistiques tel que l'auteur se demande dans quelle mesure des résultats significatifs ne sont pas dus au hasard. Cette forme de recherche, aussi riche que coûteuse, donne le même type de résultats que ceux obtenus avec l'échelle HOME : liaison avec le milieu social et relation entre développement cognitif du bébé et environnement. Ces deux types de recherches peuvent faire l'objet des critiques classiques adressées aux études corrélationnelles (Bryant, 1985; Olson, Bates & Bayles, 1984). L'existence de corrélations ne nous dit pas d'où vient la causalité.

C'est dans un esprit différent, celui du cognitivisme, qu'il faut situer les autres recherches. L'objectif est distinct, puisqu'il ne s'agit pas de mettre en évidence des effets massifs de l'environnement sur des comportements très globaux, mais à l'inverse de saisir les relations entre un type précis de comportement maternel et un type précis de comportement du bébé, les deux étant situés exactement dans le temps. Le point de vue est ici beaucoup plus interactionniste, puisque sont analysées des successions d'événements, sans que l'on puisse fixer un point d'origine. Chacun des partenaires est engagé dans un dialogue et influence son partenaire. Ceci ne veut pas dire que la situation est conçue comme symétrique. Chez les très jeunes enfants, la mère fait le dialogue toute seule (Kaye, 1977, 1982), mais Kaye (1977) voit dans ce pseudo-dialogue les origines de l'apprentissage de la prise de tour, donc de la réciprocité (cf. également Brazelton, Koslowski & Main, 1974; Brazelton, Tronick, Adamson, Als & Wise, 1975). Le rôle de la mère évolue dans le dialogue en fonction de la place qu'y prend le bébé. Au début, elle fait les questions et les réponses, sans prêter réellement attention aux manifestations du bébé. Ensuite, elle interprète tout comportement du bébé comme une réponse à ce qu'elle vient de dire, donnant une signification linguistique à toutes les vocalises et aux gestes. Enfin, elle s'empare de tout ce qui ressemble à des mots pour les répéter, y répondre, les intégrer dans le dialogue. C'est le type d'évolution de processus, résumé ici rapidement, qu'étudie la micro-analyse.

Ce genre de démarche aboutit nécessairement à s'interroger sur les mécanismes cognitifs mis en jeu par chacun des partenaires. Pour le bébé, il s'agit de savoir comment il perçoit ses partenaires et comment il se situe par rapport à eux (cf. V.2.), pour la mère, de savoir ce qui l'amène à avoir le type de comportement décrit, donc de voir quelles sont les caractéristiques spécifiques des comportements adultes quand ils s'adressent à des bébés. Enfin, il s'agit de savoir dans quelle mesure ces comportement sont ceux des mères, sont influencés par la culture ou sont au contraire très généraux. Les études de H. et M. Papoušek (1975, 1977, 1984, 1987) montrent que si l'on observe de ce point de vue quelques différences entre les mères et les femmes qui n'ont pas d'enfant, les pères ou les enfants d'âge scolaire, ainsi que des différences liées à la culture, il existe néanmoins des caractères très généraux et, semble-t-il, universels de la manière de s'adresser aux bébés.

Ces recherches sur le comportement maternel ont un intérêt en elles-mêmes, mais surtout, l'universalité des caractéristiques fondamentales de ces comportements aboutit à l'idée d'un caractère adaptatif : elles correspondent aux formes de l'activité cognitive du bébé. Elles nous dressent donc un portrait en creux de l'intelligence du bébé. Les psychologues ont souvent donné aux mères des conseils reposant sur leur «savoir», même si de ce point de vue les médecins les surpassent. Heureusement, les mères ne suivent pas toujours ces conseils, et même quand elles «savent» que les bébés sont sourds et aveugles à la naissance, elles leur parlent et répondent à leur regard. La perspective ici est renversée : ce sont les mères qui apprennent aux psychologues comment s'y prendre avec les bébés, même si elles ne sont pas toujours conscientes de leur savoir ni capables de justifier leurs comportements. Pourquoi faut-il parler bébé aux bébés? Une réponse de bon sens à cette question est tout simplement qu'il ne faut pas, et ce conseil a parfois été suivi, avec de fâcheuses conséquences. Le bon sens n'est pas toujours suffisant. Une expérience de Papoušek & Papoušek (1984) permet également d'illustrer l'intérêt des recherches sur le maternage et de comprendre la nature du savoir des mères. On présente à des mères des dessins de bébés et on leur demande si le bébé a faim, envie d'interagir, est passif ou dort. Les mères réussissent très bien cette tâche et ont donc sur l'état du bébé un jugement très sûr. Si on leur demande à partir de quels indices elles ont porté leur jugement, elles citent différents indices relevés sur le visage du bébé. Or, dans ces situations, ce qui change est simplement l'ouverture ou la fermeture des yeux et la position de la main. Les mères ne sont donc pas forcément conscientes des indices qu'elles utilisent.

Ces caractéristiques universelles n'excluent pas pour autant les différences culturelles et individuelles (Papoušek, Papoušek & Rahn, 1988). Les mères ne sont pas toutes égales dans la disponibilité nécessaire à l'entretien d'un dialogue avec leur enfant. C'est pourquoi, à côté de ces travaux visant à mieux connaître les caractéristiques du comportement maternel, d'autres recherches ont été effectuées pour mettre en relation des caractéristiques du maternage, ou de la relation mère-enfant, et le développement cognitif. C'est le cas des recherches de Ruddy & Bornstein (1982) et Bornstein & Ruddy (1984) (cf. Bornstein, 1983b, 1985a). Dans la première recherche, ces auteurs observent à domicile des couples mère-enfant à 4 et 12 mois. L'observation porte sur la manière dont la mère stimule l'enfant et exerce son attention. Par ailleurs, une évaluation des vocalisations (à 4 mois) et du vocabulaire (à 12 mois) est également effectuée. Les résultats montrent une corrélation entre ces deux types de variables aux deux âges, mais surtout une corrélation (.55) entre le vocabulaire de l'enfant à 12 mois et les stimulations apportées par la mère à 4 mois, la corrélation entre vocalisations de l'enfant à 4 mois et stimulations apportées par la mère à 12 mois étant nulle. Ce résultat indique le sens de la causalité et explique l'attention plus grande accordée par les chercheurs au maternage — influence de la mère sur le bébé — qu'à l'influence du bébé sur la mère. Dans la seconde recherche, les auteurs comparent ce qui se passe pour des enfants uniques et pour des jumeaux. Le comportement de la mère, qui a évidemment moins de temps disponible pour chacun dans le cas des jumeaux, se différencie très nettement aussi bien à 4 mois qu'à 12 pour l'encouragement de l'attention, et à 12 mois, pour les paroles adressées au bébé. A 12 mois, les jumeaux ont un vocabulaire moins étendu et une réussite plus faible au Bayley que les enfants uniques. Ceci amène les auteurs à conclure à l'importance de l'interaction sociale dans le développement cognitif, et notamment dans l'acquisition du langage.

Dans leur seconde recherche, Bornstein & Ruddy (1984) opposent deux populations dichotomisables de manière simple. Cette démarche est séduisante : localiser un facteur qui oppose nettement deux types d'environnement de l'enfant et repérer ensuite quelles conséquences peut avoir cette opposition peut sembler un moyen simple et efficace de saisir l'influence de l'environnement sur le développement de l'enfant. Malheureusement, différents obstacles peuvent se dresser devant le chercheur qui adopte cette démarche. Dans une recherche ancienne, j'ai tenté de voir quelle était l'influence de l'attitude éducative des mères consistant à donner ou non une sucette aux bébés sur l'exploration visuelle de ceux-ci. Cette recherche n'a jamais abouti, d'une part parce que le facteur ne fonctionne pas de manière dichotomique, d'autre part et surtout parce qu'il était impossible d'avoir une information fiable sur les pratiques des mères en la matière, l'acceptation sociale déterminant plus leur réponse que la réalité.

Même quand le facteur est plus objectivable, les relations de causalité peuvent passer par des chemins plus complexes que ce que l'on imagine a priori. Lerner & Galambos (1986) le montrent dans une revue des recherches opposant mères au travail et mères au foyer. Les résultats sont contradictoires et, pris globalement, ce facteur n'a pas d'effet, ce qui peut tout de même sembler étonnant dans la mesure où il conditionne fortement la vie de l'enfant. En fait, ce qui compte, c'est la satisfaction des mères dans le travail : si elles sont satisfaites, les effets sur l'enfant sont positifs, si elles travaillent par contrainte, ils sont négatifs.

Une autre manière d'aborder l'influence du milieu social sur le développement cognitif consiste à intervenir dans le fonctionnement de ce milieu social en changeant massivement ou de manière plus étroite et contrôlée les conditions de son fonctionnement. C'est le rôle des programmes d'enrichissement du milieu qui ont été nombreux, aux Etats-Unis d'Amérique, pour tenter de remédier à l'échec scolaire.

Watson & Ewy (1983) constatent avec surprise que les recherches visant à un enrichissement du milieu sont rares avant deux ans. Le phénomène est surprenant, en effet, car si l'on pense que cet enrichissement est susceptible d'influencer favorablement le développement cognitif, le plus tôt est le mieux. Sans doute faut-il voir là une influence de l'absence de prévisibilité du Q.I. par le Q.D. que l'on a appelé la discontinuité dans le développement de l'intelligence, la sanction des programmes d'enrichissement du milieu étant souvent un nombre de points de Q.I. C'est ainsi qu'est conçu le célèbre Milwaukee Project de Heber & Garber (1970, 1975; Garber & Heber, 1973) : 33 points de Q.I. de différence entre groupe expérimental et groupe contrôle à 42 mois. La lutte systématique contre les facteurs défavorables de l'environnement a des effets massifs. Ces recherches ont toutefois été très critiquées (Page, 1975; Bronfenbrenner, 1975), les effets n'étant pas durables quand le programme s'arrête. Du point de vue des relations de causalité entre enrichissement de l'environnement et développement cognitif, une autre critique peut leur être apportée : on ne sait pas très bien d'où viennent les effets produits, et la manière très globale de les mesurer ne simplifie pas le problème.

Les expériences de White (1968, 1969, 1971; White & Held, 1966) ont visé des objectifs plus modestes et à plus court terme. Dans ces recherches, des bébés en institution, qui passent la plus grande partie de leur temps dans leur lit, sont soumis à trois conditions expérimentales : enrichissement massif de l'environnement visuel, tenue sur les genoux pendant 20 minutes par jour ou enrichissement plus modéré de l'environnement visuel. La variable dépendante principale est l'âge de l'établissement de la coordination préhension-vision. Cet âge est ramené de 7 à 5 mois dans la seconde condition, ce qui est considérable. L'enrichissement trop massif de l'environnement visuel n'a pas d'effet positif.

Dans la lignée de White, une recherche de Riksen-Walraven (1978) porte sur une population de 100 familles de manœuvres divisée en 4 groupes. Dans le premier, alors que les enfants sont âgés de 9 mois, on donne à la mère un petit livret lui expliquant l'importance de la stimulation de l'enfant et donnant des exemples de la manière dont cette stimulation peut être exercée dans la vie quotidienne. De plus, quand ce livret lui est remis à domicile, un certain nombre de démonstrations sont effectuées devant la mère. Dans le second groupe, on insiste sur la réactivité de la mère, c'est-à-dire sur les moyens fournis à l'enfant d'exercer un effet sur son environnement et en particulier sur sa mère. Dans le troisième groupe, les deux types de consigne sont donnés. Le quatrième est un groupe contrôle. A un an, les bébés situés dans le groupe «stimulation» effectuent plus rapidement une habituation visuelle que ceux des autres groupes. Ceux du groupe «réactivité» et ceux du groupe mixte obtiennent des résultats meilleurs dans un apprentissage opérant et explorent plus activement un ensemble d'objets.

Ces résultats vont dans le sens des idées de Watson sur l'importance, pour le développement cognitif, de la découverte et de la pratique de relations de contingence entre les actions du bébé et les effets qu'elles produisent sur l'environnement. Malheureusement, très peu de recherches ont été effectuées dans cette perspective qui mériterait d'être développée. Dickie & Gerber (1980), utilisant une méthode d'entraînement des parents sur laquelle ils donnent peu de détails obtiennent des résultats comparables sauf en ce qui concerne la perception que les parents ont d'eux-mêmes. L'intérêt de l'expérience de Riksen-Walraven réside également dans le fait qu'elle constitue une véritable approche de l'interaction. En proposant à une mère appartenant à un milieu défavorisé un programme de stimulation de son enfant, on ne provoque pas seulement des progrès de l'enfant, mais aussi un changement dans la position idéologique de la mère : elle apprend qu'elle a un pouvoir sur le développement intellectuel de son enfant. Quand on a dû se résigner à occuper une situation sociale sans pouvoir, on apprend aux enfants la résignation. Quand on a du pouvoir dans la société, on leur apprend le pouvoir, et on développe son instrument : l'intelligence. C'est sans doute le mécanisme fondamental du développement social de l'intelligence, et nous savons peu de choses sur son action.

Notre savoir sur le développement social de l'intelligence et sur l'intelligence sociale est très limité. Nous constatons des performances du bébé que nous attribuons à son intelligence, mais nous ne connaissons ni les conditions dans lesquelles il exerce quotidiennement cette intelligence, ni la manière dont il l'exerce sur l'objet le plus important pour lui.

Cette méconnaissance a des raisons méthodologiques que j'ai signalées. L'intelligence sociale du bébé est un véritable défi aux chercheurs.

L'ingéniosité des méthodes utilisée actuellement est souvent mise en valeur, elle peut rendre optimiste sur la mise au point de méthodes plus ingénieuses encore pour aborder ce domaine de recherche.

Mais la méthode ne suffit pas. Pour qu'un tel champ de recherche se développe, il faut penser autrement l'intelligence des bébés, et même l'intelligence tout court. La relation entre intelligence sociale et développement social de l'intelligence est le point où la conception de l'intelligence en termes de fonction révèle sa supériorité sur la conception en termes de capacité. Une fonction peut en effet s'exercer dans le cadre d'une relation sociale. Affirmer qu'une partie de l'intelligence du bébé se trouve dans la tête de sa mère est évidemment absurde dans le cadre des conceptions classiques de l'intelligence.

La difficulté de ces conceptions est qu'elles sont incapables de saisir le rôle des interactions sociales qui ne sont situées dans la tête de personne, que l'on ne peut pas mesurer chez un individu, et sur lesquelles la neurologie ne nous dit pas grand-chose. De ce point de vue, le rapprochement fait dans le chapitre I entre intelligence artificielle et intelligence du bébé peut être repris, mais d'un autre point de vue : celui du *lieu* où se trouve l'intelligence. Est-elle dans l'architecture de la machine, dans le programme ou dans la tête du programmeur? Est- elle dans la tête du bébé, dans la relation ou dans la tête de sa mère? Seule une conception fonctionnelle peut rendre compte du fait que, dans les deux cas, elle est partout.

Comme toute comparaison de ce type, celle-ci a des vertus limitées et ne pourrait guère être approfondie. Toutefois, elle peut être poussée un peu plus loin. L'une des raisons qui font notre ignorance sur les conditions sociales du développement de l'intelligence des bébés est que la recherche sur «le social» n'est guère favorisée par les instances décisionnelles. Pour des raisons qui mériteraient d'être explicitées, le social est moins scientifique que le cognitif. Peut-être est-il nécessaire, pour faire de la science, de pouvoir décrire les bases physiologiques des comportements. Aucun spécialiste en intelligence artificielle, à ma connaissance, ne défend l'idée qu'il faut aller la chercher en démontant les circuits de l'ordinateur.

NOTE

[1] Cf. note (1) du chapitre IV.

De la continuite ou de la discontinuite du développement de l'intelligence

Parler, dès la naissance, d'intelligence et non de développement cognitif donne une acuité plus grande à une question qui a fait l'objet de prises de positions théoriques diverses, et de discussions vives : la continuité ou la discontinuité du développement de l'intelligence pendant la première enfance (VI.2.) et entre la première enfance et l'âge scolaire (VI.1.).

La question de la continuité dans le développement de l'intelligence est à la fois ancienne et d'actualité. Posée sous la forme de l'existence, de la nature et du nombre de stades, elle a fait l'objet d'un symposium conduisant Piaget à «jeter un cri d'alarme» (APSLF, 1956). Elle a fait l'objet d'articles de synthèse importants (Bornstein & Sigman, 1986; Berg & Sternberg, 1986), d'un certain nombre de publications et de communications, récemment encore d'un symposium (Lécuyer & Bornstein, 1987) et d'une revue critique (Lécuyer, 1987a). Mais dans les articles cités ci-dessus, un seul aspect du problème a été abordé, celui qui résulte du constat de l'existence de corrélations entre scores obtenus par des bébés âgés d'environ 5 mois dans des expériences d'habituation visuelle ou de préférence visuelle et leur Q.I. quelques années plus tard. Cette question sera reprise dans le VI.1.

Ce qui est peut-être un problème différent, mais peut-être aussi un autre aspect du même problème de la continuité n'est en tout cas pas abordé en liaison avec le précédent, il s'agit de l'évolution des performances des bébés entre la période néonatale et l'âge approximatif de 5 mois, traitée dans le VI.2. Dans le premier cas, le constat porte sur une continuité dans les différences individuelles, dans le second, il porte sur une discontinuité dans les performances générales ou moyennes. La continuité-discontinuité constatée est différente, mais la réflexion sur les mécanismes mis en jeu dans le développement de l'intelligence, la continuité-discontinuité inférée, est la même. Les deux questions doivent donc être envisagées en parallèle. Dans un premier temps, elles seront traitées séparément. Les tentatives de mise en relation seront effectuées ensuite.

1. LA PREVISION DU Q.I.

Il est un peu rapide de réduire les problèmes de la continuité de l'intelligence durant cette période (4-6 mois, âge scolaire) à celui de la prévision du Q.I., puisque sont mises en jeu des conceptions de l'intelligence aussi peu liées au Q.I. que celle de Piaget. Ce titre est cependant justifié par le fait que l'essentiel des efforts de nombreux chercheurs a été déterminé de manière directe ou indirecte par cette prévision.

L'idée même de quotient intellectuel est liée à celle de stabilité d'une capacité appelée intelligence. Le calcul d'un tel quotient et la croyance en sa fiabilité débouchaient donc nécessairement, dans les années 30, sur la nécessité de travaux visant à calculer ce quotient le plus tôt possible et sur la fabrication des tests pour bébés, et la recherche de corrélations entre les résultats à ces tests et le Q.I. ultérieur (cf. II.1.).

Les scores obtenus par les bébés à ces tests n'étant absolument pas prédictifs, malgré des années d'effort, les auteurs de ces tests ont réagi à cet échec de trois manières contradictoires mais non exclusives. Ils ont abouti à l'idée que les tests ne mesuraient pas l'intelligence, mais «le développement». Ils ont fait l'hypothèse d'une discontinuité dans le développement de l'intelligence... et ils ont continué à chercher de la stabilité.

1.1. Le point de vue classique : la discontinuité

J'ai exposé ci-dessus les tests pour bébés, ce qu'ils mesurent, et la continuité dans la recherche de la continuité (cf. II.1.). Il me reste à examiner l'hypothèse de discontinuité et ses fondements théoriques.

Mais il faut d'abord tenter de régler l'épineuse question de ce que l'on entend par discontinuité ou continuité. Au moins trois manières d'opposer ces deux termes me semblent devoir être distinguées.

Dans la première, le terme continuité est synonyme de régularité. Le concept clé est celui de stade. L'histoire de la psychologie de l'intelligence, en particulier en France, est de ce point de vue étonnante. En effet, pendant des années, on a trouvé un grand nombre de stades dans le développement de l'enfant, ce qui n'empêchait nullement la continuité dans le calcul des Q.I. Or, le calcul d'un tel quotient et d'un âge mental, suppose nécessairement un développement continu, sans stades. De ce point de vue, on peut donc clairement opposer une position continuiste, celle du courant psychométricien à une position discontinuiste, celle de Piaget, par exemple.

Une seconde manière d'envisager le problème consiste à se demander si, au cours du développement, la nature ou la forme de ce que l'on appelle intelligence change, et ce de telle manière qu'il serait nécessaire de préciser cette forme : intelligence sensori-motrice, par exemple. Cette appellation est commune aux deux courants évoqués ci-dessus qui distinguent l'un comme l'autre deux formes d'intelligence : l'une qui précéderait l'acquisistion de la représentation et du langage, et l'autre qui la suivrait. Ces deux points de vue sont donc discontinuistes, même si les bases de cette discontinuité sont différentes.

Enfin, dans la troisième manière d'opposer continuité à discontinuité, le mot est synonyme de stabilité au sens usuel de ce terme en psychométrie : dire que le développement de l'intelligence est discontinu, c'est dire que le Q.I. (ou son équivalent) est instable dans les premiers mois de la vie. Ces trois sens différents ne sont pas toujours clairement séparés dans la littérature sur le sujet (McCall 1981, Berg & Sternberg 1986), sans doute parce que du point de vue des relations entre constats empiriques et positions théoriques, ils sont étroitement liés. En effet, l'existence de stades ou les changements dans l'organisation de l'intelligence apportés par l'acquisition du langage et de la représentation sont des explications possibles à l'absence de stabilité dans les premiers mois de la vie. Inversement, s'il est possible de prévoir le Q.I. à partir d'une épreuve effectuée dans la première enfance, l'idée de discontinuité dans les formes du développement devient difficile à défendre. Il faut séparer les différentes conceptions de la continuité, mais elles sont liées, l'idée de prévision ayant joué un rôle central.

Aussi est-il nécessaire de partir de la psychométrie. Pourquoi le développement de l'intelligence est-il discontinu? Parce que les tests pour bébés ne sont pas prédictifs. A moins, écrivait Bayley (1949), que l'on n'ait pas trouvé «the right test». Mais, comme je l'ai montré, c'est plutôt l'hypothèse suivant laquelle la discontinuité était dans «dame nature» (Fagan & Singer, 1983) qui a été privilégiée. Ceci n'est sans doute pas indépendant du fait que dans la tradition psychométrique, la question apparaît largement déterminée par celle, beaucoup plus importante et discutée, de l'existence et du poids relatif d'un facteur G (Spearman) ou d'aptitudes spécifiques (Thurstone). En effet, la première conception se situe dans une logique de continuité dans le développement, surtout si l'on suppose une origine génétique à G, alors que pour la seconde, l'hypothèse de discontinuité paraît beaucoup plus vraisemblable, car des aptitudes différentes peuvent se développer à des vitesses différentes, ce qui fournit une source de discontinuité considérable dans les différences individuelles. Pourtant, l'hypothèse de discontinuité a été défendue par les tenants du facteur G et de l'intelligence innée, parce qu'elle était une condition nécessaire à l'explication de l'instabilité du Q.I. pendant les premières années de la vie : si ce qui précède le Q.I. ne permet pas de prédire le Q.I., c'est que l'intelligence est différente dans les premiers mois de la vie.

Ces considérations permettent probablement d'expliquer pourquoi on a plutôt cherché à rendre compte de l'instabilité par ce qui se passait chez l'enfant que par l'imperfection du test, ce qui toutefois conduit à un paradoxe théorique : qu'est-ce que l'intelligence si, en restant l'intelligence, elle n'est pas la même intelligence? Si l'on veut éviter les explications circulaires, répondre à cette question suppose de se tourner vers les théoriciens non déterminés par les résultats des tests, et qui défendent l'idée d'une discontinuité, c'est-à-dire Wallon et Piaget, mais aussi McCall.

Je rappellerai ici brièvement les positions des deux premiers auteurs sur la question de la continuité (cf. II.2.1. et II.2.2.). Pour Wallon, il y a effectivement deux types d'intelligence : celle qui est du côté de l'acte, et celle qui suppose le langage. La coupure fondamentale se situe entre l'intelligence animale et l'intelligence humaine, c'est-à-dire entre l'intelligence d'avant le langage et celle d'après, spécifique à l'humanité. Le fait que cette spécificité du langage permette la culture et sa transmission, et donc une Histoire, détermine largement les conceptions de Wallon. Même si Wallon refuse des rapprochements trop sommaires entre l'intelligence du bébé et celle de l'animal, passer «de l'acte à la pensée» est bien l'équivalent de passer de l'intelligence animale à l'intelligence humaine.

Sur le point qui nous occupe, la différence entre Piaget et Wallon n'est pas des plus cruciales, mais il y a chez Piaget un paradoxe intéressant. Il y a discontinuité, pour la raison évoquée en introduction, mais aussi parce que le développement se fait par stades. La réorganisation supposée par le passage d'un stade à un autre peut être une occasion d'instabilité des différences individuelles. C'est en tout cas l'explication que donne... Wallon au caractère non prédictif des baby-tests dans son introduction à l'ouvrage de Brunet & Lézine :

> Le développement du jeune enfant procède habituellement «par bonds et par paliers», dont les moments ne sont pas nécessairement synchrones dans les différents secteurs de son activité... Ainsi, la marche qui remanie le plan des activités. La parole également donne accès à un niveau de réalisations mentales... qui ne sont pas en corrélation nécessaire avec la précocité ou la facilité de son élocution (p. VII).

La question n'intéresse pas Piaget, mais McCall et al. (1972) trouvent une plus grande instabilité dans les périodes correspondant à des stades piagétiens.

Discontinuité donc, mais l'idée d'épistémologie génétique, fondamentale dans la démarche de Piaget, est de chercher, au-delà des formes différentes que peut prendre l'intelligence à des âges différents, une unité des mécanismes qui régissent les premières découvertes du nourrisson et celles du chercheur scientifique.

Aux Etats-Unis d'Amérique, McCall est le théoricien de la discontinuité (McCall 1971, 1976, 1979a, 1979b, 1981, 1983; McCall, Eichorn & Hogarty, 1972; McCall, Hogarty, Hamilton & Vincent 1973; McCall, Hogarty & Hurlburt, 1972; McCall & McGhee 1977; Kopp & McCall, 1982)). Il conteste la démarche qui consiste à rechercher une continuité dans le développement alors que la caractéristique essentielle du développement, c'est le changement. Dans cette perspective, il critique l'idée d'un facteur G qui pour lui ne peut être qu'un fourre-tout, l'intelligence n'étant pas unitaire, et dénonce une confusion entre la question de la stabilité des différences individuelles et celle de la continuité du processus.

Il reprend l'hypothèse de Scarr-Salapatek (1976) d'une canalisation du développement, qu'il explique par l'image d'une piste de bowling dont les bords seraient surélevés sur les premiers mètres. Les écarts de la boule (les différences individuelles) seraient susceptibles de s'inverser, d'où l'impossibilité de prévision durant les premiers mois.

Mais on retrouve chez McCall une position comparable à celle de Piaget, il y a en effet une continuité à un niveau sur-ordonné. Deux facteurs déterminent cette continuité : l'acquisition d'information et la disposition à influencer l'environnement. Comme pour Piaget, les formes que peut prendre l'intelligence, telle qu'on peut l'appréhender à un âge donné changent, mais les mécanismes fondamentaux qui la déterminent sont constants.

1.2. L'idée de continuité : sur quelles bases?

Les défenseurs de la continuité se recrutent essentiellement dans deux courants. Du côté des défenseurs classiques ou modernes du facteur G, de Spearman à Jensen, et surtout du côté de certains spécialistes de l'étude du développement cognitif du nourrisson, utilisant les méthodes modernes d'étude de l'activité cognitive du bébé par la perception visuelle.

Plusieurs arguments permettent d'étayer ce point de vue. Le premier est une réponse à l'idée de discontinuité introduite par un changement de stade. On peut concevoir que le passage d'un stade à un autre, forme de discontinuité dans le développement, soit une occasion de remise à zéro des différences individuelles par la réorganisation qu'implique ce passage. Mais si tel était le cas, l'instabilité devrait être la règle pour tous les stades. Or, on sait qu'après 8 ans, le Q.I. présente une stabilité très forte (Bayley 1949, 1968), ce qui ne contribue pas à résoudre la contradiction évoquée ci-dessus.

Le second argument en faveur de l'idée de stabilité est tout simplement qu'on ne voit pas très bien où se situeraient les causes d'instabilité. Si l'on adopte sur l'intelligence un point de vue héréditariste, la détermination de l'intelligence de chacun étant génétique, et les gènes étant constants, l'intelligence est évidemment constante. Le point de vue environnementaliste aboutit à la même conclusion, les caractéristiques fondamentales du milieu de vie de l'enfant étant, dans la plupart des cas, constantes durant son développement (Bornstein 1984). A contrario, les recherches sur les changements de milieu observés (enfants adoptés) ou provoqués (programmes éducatifs), dans la mesure où elles permettent de localiser des causes de changement, vont dans le sens d'une stabilité comme condition la plus générale du développement. Enfin, si l'on adopte le point de vue interactionniste, aujourd'hui le plus répandu, il n'y a pas de raison pour que l'interaction entre deux facteurs constants change. Si l'on prend ce second point de vue, l'instabilité n'étant pas dans «dame nature», elle est dans les tests. Ce que mesurent les tests pour bébés n'est pas ce que mesurent les tests de Q.I.

Je ne reviens pas ici sur les relations entre Q.I. et intelligence évoqués dans le premier chapitre. Ma conclusion étant que les tests de Q.I. ne sauraient mesurer l'intelligence, la question n'est pas pour moi de savoir si les tests pour bébés la mesurent. Mais c'est pourtant ainsi que la question a été posée dans la littérature.

Pourquoi les tests pour bébés ne mesurent-ils pas l'intelligence? Un certain nombre d'auteurs (Berg & Sternberg 1986; Bornstein & Sigman 1985, 1986; Fagan 1981, 1984a, 1984b; Fagan & Mc Grath, 1981; Fagan & Singer 1983; Lewis & Baldini 1979; Miller et al. 1976, 1977, 1979, 1980; Sternberg, 1981) répondent que ces tests sont trop sensori-moteurs, pas assez cognitifs. Pour eux, ce qu'il faut mettre en évidence chez le nourrisson pour prévoir son intelligence ultérieure, c'est sa capacité à traiter l'information. Or, il existe des techniques qui mettent en jeu des processus de traitement de l'information, ce sont l'habituation visuelle, et les techniques de mise en évidence d'une préférence pour la nouveauté.

C'est dans la logique des modèles d'habituation que l'on a interprété les différences individuelles dans la vitesse à laquelle elle s'effectue. Les habituateurs rapides traiteraient l'information contenue dans le stimulus plus rapidement que les habituateurs lents. Le bébé est considéré comme un organisme actif capable de construire une représentation interne d'un événement et d'utiliser cette représentation interne ou trace mnésique pour influencer le traitement en cours. Les modèles classiques de l'habituation conduisent tout droit à l'idée de la vitesse d'habituation comme reflet de la vitesse de traitement de l'information, point de convergence des études classiques sur l'intelligence et des recherches sur les capacités perceptives et cognitives.

Cette interprétation présente des difficultés. La première est de préciser ce qu'on appelle vitesse d'habituation. Dans le cas de la procédure à essais fixes, c'est un taux de décroissance des temps de fixation. Dans la procédure contrôlée par l'enfant, la vitesse d'habituation est évaluée le plus souvent par l'intermédiaire du nombre d'essais ou du temps cumulé de fixation sur l'ensemble des essais. Certains auteurs utilisent un indice complexe combinant plusieurs variables dépendantes. Avec de telles différences de procédure et d'indice, il n'est pas évident que le mot vitesse ait bien toujours le même sens. Plus fondamentalement, il en va de même pour le mot habituation, et il n'est pas certain que dans les deux procédures, les modèles interprétatifs doivent ou puissent être les mêmes.

L'habituation visuelle est-elle une situation témoin du développement cognitif? De nombreux auteurs ont montré qu'elle se déroulait d'autant plus vite que les bébés sont plus âgés (Greenberg, O'Donnell & Crawford, 1973; Cohen & Gelber, 1975; Riksen-Walraven, 1978; Hunter, Ross & Ames, 1982; Fagan, 1984b; Bornstein, Pêcheux & Lécuyer, 1988;

Pêcheux & Lécuyer, 1988, 1989b), et pour un même âge, la distinction classique entre habituateurs rapides et habituateurs lents (McCall & Kagan, 1970; DeLoache, 1976) a donc été interprétée comme le résultat d'une capacité de traiter l'information plus ou moins rapidement. A l'appui de cette interprétation, on a pu montrer que la vitesse d'habituation diminue quand la complexité augmente (Caron & Caron, 1969; Cohen, DeLoache & Rissman, 1975); que les enfants qui s'habituent plus vite, placés en situation de temps de fixation relatif, préfèrent les stimulus les plus complexes (Greenberg, O'Donnell & Crawford, 1973), qu'ils effectuent plus rapidement un apprentissage discriminatif (Gelber 1972), ou un apprentissage opérant (Gekoski, 1977).

Mais la situation d'habituation est également informative par son autre versant : la réaction à la nouveauté qui a été considérée comme un moyen d'étude des capacités cognitives. De la même manière que l'on calcule un taux de décroissance des durées de fixation, on peut calculer un taux de remontée :

(Durée de fixation aux essais tests) / (Durée de fixation aux essais test) + (Durée de fixation aux derniers essais d'habituation).

Certains auteurs (par exemple, Fagan & Singer, 1983; Fagan, Singer, Montie & Shepherd, 1986; Bornstein & Sigman, 1986; Berg & Sternberg 1986) considèrent que l'ampleur de cette réaction reflète également les capacités cognitives du nourrisson. Sternberg (1987; Berg & Sternberg, 1986) propose une explication qui rendrait compte à la fois de la vitesse d'habituation, de la réaction à la nouveauté et de la préférence pour le nouveau d'une manière plus générale. Se fondant sur la théorie de Piaget, sur les théories de la motivation intrinsèque (White, 1959; Hunt 1965) et surtout sur sa propre théorie de l'intelligence (Sternberg, 1985), il fait l'hypothèse d'une liaison très étroite entre intelligence et intérêt pour le nouveau. Ici encore, il est intéressant de rapprocher cette idée de celles d'optimum de nouveauté et de liaison entre préférence pour le nouveau et âge. Les bébés ayant le développement intellectuel le plus avancé auraient une plus grande préférence pour le nouveau, soit, comme le suppose Sternberg, parce que l'intérêt pour le nouveau serait une composante de l'intelligence, soit parce qu'ayant traité plus vite l'information contenue dans le ou les stimulus ancien(s), ils seraient amenés à s'intéresser davantage aux stimulus nouveaux, soit enfin que l'intérêt pour le nouveau soit largement déterminé par les relations qu'entretient ce nouveau avec le familier. Un stimulus nouveau n'aurait pas d'intérêt en soi, mais par comparaison avec l'ancien. Avoir une forte réaction à la nouveauté serait donc effectuer cette comparaison de manière approfondie. C'est le sens de la théorie de l'optimum de nouveauté.

Tableau VI.1. Deux mesures de l'attention dans les six premiers mois de la vie en relation avec diverses mesures de la compétence cognitive dans la seconde année de la vie et plus tard : études longitudinales (d'après Bornstein & Sigman, 1986).

Auteurs	(année)	N	1ᵉʳ test Mesures	âge (mois)	2ᵉ test Mesures	âge (années)	Correl.
I. Diminution : habituation et temps de fixation							
Bornstein	(1984)	14	Montant	4	PPSI	4	0.54
	(1985)	18	Index	5	RDLS-R	2	0.55
Lewis & Brooks-Gunn	(1981)	22	Montant	3	Bayley	2	0.61
Miller et al.	(1979)	29	Montant	2-4	Langage Compréh.	3.3	0.39
Sigman	(1983)	96	Temps de fixation	terme	S. Binet	5	- 0.29
Sigman et al.	(1986)	58	Montant	4	S. Binet	5	0.44
					WISC-R	8	0.28
		96	Temps de fixation	terme	WISC-R	8	- 0.36
Slater	(1985)	16	Index	1.5-6.5	WPPSI	4.5	- 0.63
					BAS	4.5	- 0.77
II. Recrudescence : préférence pour la nouveauté, réponse à la nouveauté, et mémoire de reconnaissance							
Bornstein	(1984)	14	Mémoire de reconn.	4	WPPSI	4	0.54
Caron, Caron & Glass	(1983)	31	Réaction à la nouveauté	5-6	S. Binet	3	0.42
Fagan & Mc Grath	(1981)	35	Préférence pour la nouv.	7	Langage	3.8	0.41
		19	Id.	5	PPVT	4.3	0.33
		20	Id.	4-5	Langage	6.5	0.66
		19	Id.	5	Id.	7.5	0.46
Lewis & Brooks-Gunn	(1981)	22	Réaction à la nouveauté	3	Bayley	2	0.52
		57	Id.	3	Id.	2	0.40
O'Connor et al.	(1984)	28	Réaction à la nouveauté auditive	4	S. Binet	5	0.60
Rose & Wallace	(1985)	35	Préférence pour la nouv.	6	S. Binet	2.8	0.66
					S. Binet	3.3	0.45
					WISC-R	6	0.56
Yarrow et al.	(1975)	39	Préférence pour la nouv.	6	S. Binet	3.6	0.35

Habituation, réaction à la nouveauté et discrimination visuelle ont en commun de nécessiter une activité cognitive et de comporter peu de prérequis moteurs (Lewis, 1967; Lewis et al., 1969). Plusieurs auteurs ont donc pensé que les différences individuelles observées seraient prédictives du Q.I. ultérieur. M. Bornstein et M. Sigman (1986) ont fait une revue des recherches qui ont montré l'existence de corrélations. Ils en ont dressé un tableau récapitulatif reproduit ci-dessous.

L'interprétation des corrélations est toujours délicate, mais celles qui sont présentées sont suffisamment nombreuses et convergentes pour être prises en compte et inviter à la réflexion. On ne peut exclure l'idée d'un facteur commun de réussite dans des situations apparemment très différentes.

Je voudrais toutefois faire quatre remarques sur les corrélations relevées par Bornstein & Sigman :

1. La première est que McCall n'a sans doute pas entièrement tort quand il trouve suspecte la recherche effrénée de la prévision la plus précoce possible de l'intelligence. Ainsi, on a relevé des corrélations entre d'autres mesures que celles qui sont présentées par Bornstein & Sigman et le Q.I. :
- les items de tests type Bayley (McCall, Hogarty & Hurlburt, 1972; Ramey et al., 1973; Siegel, 1981);
- le transfert inter et intramodal à 12 mois et le score au Bayley à 24 mois (Rose & Wallace, 1985);
- l'environnement du bébé (échelle HOME : Elardo et al., 1975; Ramey et al., 1979);
- la réponse vocale différentielle à la mère par rapport à une personne étrangère à 3 mois, et le Q.I. verbal à 3, 5 et 12 ans (Roe et al., 1982);
- le score au Brazelton (Brazelton, 1973) à la naissance et l'ampleur de la réaction à la nouveauté à trois mois (Moss, 1987);
- l'attention visuelle à la naissance et la réussite au Stanford-Binet à cinq ans (Sigman, 1983);
- divers paramètres du rythme cardiaque à la naissance et la réussite au Bayley à 15 mois (Larson, Dipietro & Porges, 1987);
- les variations du rythme cardiaque pendant la naissance et le score à l'échelle motrice du Bayley et à une échelle de tempérament à 4 mois (Toomey, Emory & O'Savoie, 1987).

On peut s'interroger sur cette abondance de corrélations entre indices très divers, sans que les recherches soient basées sur des positions théoriques claires. Le tableau de Bornstein & Sigman comporte lui-même une corrélation entre le nombre de sujets dans chaque recherche présentée et la corrélation observée : -.61 ... Plus l'effectif est réduit, plus la corrélation est forte.

2. Il y a des cas où on n'observe pas de corrélations. Plusieurs auteurs citent une recherche non publiée de Kagan (1969), mais précisément le fait qu'une telle recherche ne soit pas publiée pose le problème des règles implicites de publication et du rôle des résultats «significatifs» : les recherches — publiées — dans lesquelles on observe des corrélations représentent-elles les 9/10 ou le 1/10 des recherches entreprises? Personne ne le sait, mais la corrélation relevée ci-dessus semble indiquer une sélection des publications en fonction du seuil de signification du test statistique. Une recherche n'ayant montré aucune corrélation à 15 jours d'intervalle m'a été refusée à la publication par une revue avec comme argument principal que «it is quite dangerous to interpret the null hypothesis», ce qui est incontestable, mais aboutit nécessairement dans la pratique à ne publier que des recherches dans lesquelles on trouve des différences.

3. Dans le même ordre d'idée, on peut signaler que certaines recherches portent sur des enfants dits à risques (prématurés, trisomiques 21, etc.) ou bien mélangent des échantillons d'enfants normaux et d'enfants à risques. Dans ces deux cas, les corrélations observées sont plus élevées, puisque ces enfants explorent leur environnement différemment (Bloch, 1983). Ceci amène certains auteurs à conclure à un intérêt tout particulier de ces observations pour détecter des bébés à risque (cf. par exemple Siegel, 1981). Il faut signaler que l'accroissement des différences individuelles augmente la probabilité d'obtenir des corrélations, que l'introduction dans un échantillon de sujets ayant un handicap aux conséquences très diverses est lui aussi susceptible d'augmenter les corrélations. Pour autant, il est illégitime et même absurde de mettre en avant un moyen de détection des enfants à risque. Illégitime : comme le fait observer Sigman (1983), les distributions des performances des enfants à risque et des enfants normaux se recouvrent largement. Absurde, quand on se réfère à des recherches qui portent sur des cas dont on est par ailleurs bien informé : il paraît difficile de proclamer que l'on a trouvé le test qui à cinq mois permet de détecter les prématurés. C'est pourtant le raisonnement fait par Fagan (Mundy, Seibert, Hogan & Fagan, 1983; Fagan, Singer, Montie & Shepherd, 1986).

4. Jenkinson (1983) trouve chez des enfants de 11 ans des corrélations entre vitesse de traitement de l'information (temps de réaction à des tâches cognitives) et Q.I. plus faibles (.30 à .40) que la moyenne des

corrélations relevées par Bornstein et Sigman. La vitesse de traitement serait un meilleur prédicteur à long terme que dans l'immédiat.

Ces remarques tendent évidemment à diminuer la portée que l'on peut attribuer aux corrélations présentées. Il reste que leur nombre et leur importance nécessitent un réexamen de notre manière de penser le développement cognitif. En premier lieu, il me paraît nécessaire de confronter ce que cela suppose dans le fonctionnement de l'habituation visuelle à ce que nous savons de ce point de vue.

1) Si la vitesse d'habituation chez un enfant de quatre mois est un témoin d'une caractéristique stable du sujet quelques années plus tard, elle doit elle-même être une caractéristique stable du sujet pendant une certaine période. Les résultats sont contradictoires et actuellement difficiles à interpréter. Dans la première recherche effectuée sur ce sujet (Pêcheux & Lécuyer, 1983), nous avons effectivement trouvé une telle stabilité, avec des corrélations relativement importantes à 15 jours d'intervalle avec des stimulus différents (figures géométriques et visages), mais ce résultat n'a été retrouvé ni par Maître (1985, citée par Lamarre & Pomerleau, 1985) à trois semaines d'intervalle, ni par Miller et al. (1979), entre 27 et 39 mois. Colombo, Mitchell, O'Brien & Horowitz (1987), Rose & Feldman (1987) trouvent des corrélations faibles entre taux de préférence pour la nouveauté, dans un paradigme de temps de fixation relatif entre 6 et 8 mois.

Ces dernières années, j'ai participé à plusieurs recherches sur ce sujet, avec des résultats qui n'ont pas confirmé ceux obtenus dans l'expérience de 1983. Avec L. Douin et L. Pintenat, nous avons présenté aux mêmes bébés, à 4 jours d'intervalle moyen, deux damiers, l'un comportant 15 cases, l'autre 160 cases. Les résultats n'ont montré ni différence significative entre durées moyennes d'habituation, ni corrélation entre aucun des indices classiques de l'habituation (Lécuyer, Douin & Pintenat, 1988). Avec M. Bornstein et M.-G. Pêcheux, nous avons effectué deux habituations avec le même stimulus (la photographie d'un visage de femme) à 3 et 5 mois. Nous n'avons trouvé qu'une corrélation faible (.34) sur un seul indice d'habituation, mais cet indice est celui qui rend le mieux compte du mécanisme global, le temps total de fixation (Bornstein, Pêcheux, & Lécuyer, 1988).

Ces résultats peuvent s'expliquer par le fait qu'avant quatre mois, les bébés n'ont pas encore un bon contrôle de la situation d'habituation. Si cette explication est la bonne, on devrait observer une stabilité entre cinq et huit mois, âges auxquels l'aspect opérant de la situation semble évident dans le comportement des bébés. Avec M.-G. Pêcheux, nous avons effectué une recherche avec les mêmes enfants à 3, 5 et 8 mois. Nous avons retrouvé, entre 3 et 5 mois, la même corrélation que dans l'expérience de Bornstein, Pêcheux & Lécuyer (1988), r = .35, et la même absence de corrélation sur les autres indices. Les corrélations entre 5 et 8 mois sont plus élevées qu'entre 3 et 5 (r = .51 pour le temps total de fixation), mais c'est une fois de plus le seul indice qui fournit une telle corrélation, et entre 3 et 8 mois, toutes les corrélations sont nulles (Pêcheux & Lécuyer, 1988).

2) Si la vitesse d'habituation est une caractéristique stable du sujet, elle doit être indépendante de l'indice qui sert à la mesurer. Dans le cas de l'habituation visuelle, cet indice est généralement le temps de fixation. Dans le cas de l'habituation auditive où aucun indice comportemental direct n'est disponible, on utilise les modifications du rythme cardiaque, mais rien ne s'oppose à l'utilisation de ce même indice pour l'habituation visuelle. McCall (1971, 1979a) a montré que temps de fixation et ralentissement du rythme cardiaque ne donnent pas les mêmes résultats dans une habituation visuelle. Quel est le bon indice pour rendre compte de l'attention?

3) Dans le cas de la procédure à essais fixes, on peut prendre comme indice de l'habituation soit la durée de la première fixation, soit le temps total de fixation pour chaque essai. Là encore, habituateurs rapides et habituateurs lents devraient être les mêmes avec les deux indices. Miller et al. (1977) ont montré que tel n'était pas le cas.

4) Dans le cas de la procédure contrôlée par l'enfant, différents critères d'habituation sont possibles. Pêcheux & Lécuyer (1984) ont montré que des critères différents n'aboutissent pas à des classements corrélés des vitesses d'habituation (cf. III.3.).

5) Enfin, si la plupart des recherches sur l'habituation évoquées ci-dessus portent sur la vision, ce n'est pas la seule modalité dans laquelle une habituation est possible. La capacité de traitement de l'information devrait être indépendante de la modalité sensorielle dans laquelle s'effectue l'habituation. Les vitesses d'habituation devraient donc être corrélées entre modalités. Lécuyer & Streri (1986) ont montré l'absence de telles corrélations entre vitesses d'habituation visuelle et tactile.

Si l'on se place dans la perspective classique de l'explication des différences individuelles de vitesse d'habituation en termes de vitesses de traitement de l'information, on se trouve confronté à un certain nombre de contradictions dans les résultats. C'est pourquoi j'ai proposé une autre interprétation des différences individuelles de vitesse d'habituation compatible avec les observations présentées (Lécuyer, 1987a, 1989), dont je rappellerai ici l'essentiel.

Mon hypothèse est que les différences individuelles dans les durées d'habituation sont dues à des différences dans les fluctuations de l'attention. Les habituateurs rapides ont une capacité plus grande de maintenir leur attention sur un stimulus que les habituateurs lents. Ils peuvent ainsi prendre connaissance plus rapidement de l'information contenue dans le stimulus. Les habituateurs lents ont une attention plus fluctuante et ne passent qu'une faible partie de leur temps de fixation à traiter de l'information. En d'autres termes, on ne peut, comme le font un certain nombre d'auteurs, considérer les durées de fixation sur le stimulus comme des durées d'attention.

Ce point de vue repose sur un certain nombre d'arguments dont les plus importants sont les suivants :

1. Dans la procédure à essais fixes, ou bien dans la procédure contrôlée par l'enfant si l'on fixe un nombre maximum d'essais, certains bébés ne s'habituent pas. Dans la logique de l'interprétation purement cognitive de l'habituation, leur vitesse de traitement de l'information est nulle! Si l'on regarde les courbes d'«habituation» de tels bébés, on s'aperçoit que ces courbes présentent des fluctuations importantes, avec parfois une alternance d'essais courts et d'essais longs, qui suggèrent les fluctuations d'attention évoquées ci-dessus. Si on présente à de tels bébés un stimulus nouveau, ils ont dans la plupart des cas une réaction à la nouveauté. Ceci signifie qu'ils ont traité l'information, mais que, de toute évidence, leurs durées de fixation du stimulus ont largement dépassé leurs durées de traitement. Ces bébés, qui constituent une part non négligeable des effectifs (Bornstein et Benasich, 1986), font problème aux modèles interprétatifs, même si ce problème disparaît le plus souvent par les vertus de la moyenne.

2. Dans la logique de l'argument précédent, Fagan (1974) avait déjà relevé que le temps de présentation nécessaire pour que deux stimulus soient discriminés dans une situation de temps de fixation relatif, est largement inférieur à la durée d'habituation sur l'un des deux. Pour illustrer cette différence, on peut noter que la durée d'habituation moyenne pour la photographie d'un visage humain est d'environ 60 secondes, alors que de Schönen, Gil de Diaz & Mathivet (1986) ont montré que 350 millisecondes sont suffisantes à un bébé de 4 mois pour faire une discrimination entre le visage de leur mère et celui d'une étrangère.

3. L'expérience de Lécuyer & Streri (1986) a montré l'absence de corrélations intermodales, fait peu explicable en termes de traitement, mais explicable par les différences dans les mécanismes de régulation de l'attention dans les modalités visuelle et tactile, ceci en particulier en raison de la double fonction perceptive et motrice de la main (Hatwell, 1986).

4. Les non-corrélations entre vitesses appréciées par des indices ou avec des critères différents trouvent une explication plus facile en termes de fluctuation de l'attention qu'en termes de vitesse de traitement. L'examen des courbes permet aisément de le comprendre (Pêcheux & Lécuyer, 1983; Lécuyer & Pêcheux, 1983c, 1985). Un critère non satisfait à l'essai N à une seconde près ne le sera éventuellement que bien plus tard et après des remontées parfois importantes.

5. Si la vitesse d'habituation est la vitesse de traitement de l'information, elle doit être proportionnelle à l'information à traiter donc à la complexité du stimulus. On peut s'attendre à une telle proportionnalité en moyenne, mais aussi au niveau individuel, donc on peut attendre une forte corrélation entre durées d'habituation à des stimulus de différents niveaux de complexité. L'expérience effectuée par Lécuyer, Douin & Pintenat (1988) a montré l'absence de ce type de corrélation. Les mêmes bébés étant habitués successivement à un damier de 15 cases et un damier de 160 cases, ont des durées d'habituation qui ne sont ni différentes en moyenne, ni corrélées.

L'interprétation des différences individuelles dans les vitesses d'habituation visuelle par la capacité d'attention n'est intéressante que dans la mesure où elle a une portée plus générale (Tourette, 1987). A court terme, il faut donc analyser les relations entre attention et réaction à la nouveauté, à long terme, les relations entre attention et Q.I., puisque des corrélations semblent exister. Enfin, une réflexion est nécessaire sur les relations entre intelligence, attention et performance, et sur l'origine des différences individuelles dans la capacité de maintien de l'attention.

Pour ce qui est de la préférence pour la nouveauté, quel que soit le paradigme qui permet de la mettre en évidence, les deux interprétations évoquées font problème. Une vitesse de traitement de l'information suffisante est requise pour qu'il y ait discrimination dans les temps impartis par l'expérimentateur. On peut imaginer que les bébés qui traitent lentement l'information ne pourront discriminer un stimulus nouveau d'un ancien, si le temps de présentation est trop faible. Mais ce mécanisme ne suffit pas à expliquer une relation entre ampleur de la réaction à la nouveauté et vitesse de traitement. Si la différence est perçue, on doit envisager dans la même logique que les bébés qui traitent le plus vite l'information vont passer le moins de temps à observer le stimulus nouveau. On devrait alors observer des corrélations inverses entre durée d'habituation et ampleur de la réaction à la nouveauté. Ce n'est pas le cas, puisque les corrélations observées sont directes : les bébés qui s'habituent vite ont une réaction importante à la nouveauté. En d'autres termes, les bébés qui fixent le moins le stimulus pendant l'habituation sont ceux qui fixent le plus le stimulus nouveau (Bornstein, 1985b).

L'hypothèse de Berg & Sternberg (1986) a apparemment le mérite de résoudre tous les problèmes : si la préférence pour le nouveau est une composante de l'intelligence, on tient à la fois une explication de la liaison entre Q.I. et vitesse d'habituation (les bébés les plus intelligents se désintéressent plus vite de ce qui n'est pas nouveau), et entre Q.I. et ampleur de la réaction à la nouveauté (ces bébés s'intéressent le plus au nouveau). Ainsi, se trouverait expliquée la corrélation entre habituation et réaction à la nouveauté. Cette hypothèse peut cependant recevoir plusieurs critiques. Je ne reviens pas sur celles adressées dans le chapitre I aux conceptions multifactorielles et multifonctionnelles de l'intelligence, dont Sternberg est l'héritier. Invoquer une liaison génétique étroite entre intelligence et intérêt pour le nouveau ne risque guère de provoquer un démenti, mais présente l'inconvénient d'être difficile à confirmer.

L'obstacle majeur auquel se heurte cette hypothèse vient du fait que l'ancien est de l'ancien nouveau. Le stimulus sur lequel s'effectue l'habituation est nouveau lors des premiers essais. Si l'on suit la logique de Sternberg, on devrait obtenir une corrélation inverse entre durée du premier ou des premiers essais et durée d'habituation. Or, c'est l'inverse qui se produit. Durée des premiers essais et durée totale sont très corrélées (Pêcheux & Lécuyer, 1984; Lécuyer & Pêcheux, 1985). Pour expliquer ce résultat, on peut invoquer la théorie de l'optimum de nouveauté et l'interprétation que j'en ai donnée liée, au contrôle de l'attention. Il existe une différence entre stimulus d'habituation et stimulus test, différence située dans leur nouveauté relative. Le premier est, en effet, très nouveau puisque c'est toute la situation qui est nouvelle, le second l'est beaucoup moins, puisqu'il s'agit, en général, de savoir si la discrimination est possible. Sur ce second est effectuée une *comparaison* avec le premier. De même qu'il est nécessaire de maintenir son attention pendant une durée suffisante pour explorer un stimulus assez vite pour le reconnaître d'un essai à l'autre, condition nécessaire pour qu'il y ait habituation, il est nécessaire de la maintenir pendant une durée suffisante pour voir ce qui est commun et ce qui ne l'est pas entre stimulus ancien et stimulus nouveau.

Berg & Sternberg, qui font de l'intérêt pour la nouveauté l'axe de leur explication de la continuité dans le développement de l'intelligence, sont amenés à évoquer les relations entre intérêt pour la nouveauté et attention, relations pour eux très étroites. Malheureusement, chez ces auteurs comme chez d'autres, le mot attention employé à propos de la situation d'habituation est synonyme de durée de fixation oculaire. C'est contre cette utilisation que j'ai invoqué un certain nombre d'arguments. Il me paraît préférable de réserver le terme d'attention aux périodes de traitement de l'information. Le terme devient alors moins opérationnel, mais plus exact.

S'il y a corrélation entre habituation et réaction à la nouveauté d'une part, et Q.I. ultérieur d'autre part, faire l'hypothèse que la capacité de maintien de l'attention est le déterminant essentiel de la vitesse d'habituation et de l'ampleur de la réaction à la nouveauté, c'est en faire un candidat à la fonction de facteur commun expliquant les corrélations (dans la mesure de l'importance, relative, de ces corrélations). Il est donc nécessaire de réfléchir sur les relations entre tests de Q.I. et attention. J'ai indiqué dans le chapitre I pourquoi, à mon sens, les tests de Q.I. ne sauraient être considérés comme des mesures de l'intelligence. Or, dans la littérature sur la continuité, l'idée que les tests mesurent bien l'intelligence n'est à aucun moment mise en question. Cette divergence est évidemment cruciale dans la manière de considérer la question de la continuité.

Que mesurent les tests dits d'«intelligence»? Cette question a fait l'objet de deux types de débats : l'un lié au mot «mesure», l'autre au mot «intelligence». Dans une conception fonctionnelle de l'intelligence, l'idée de mesure n'a guère de sens. Ce que «mesurent» les tests est incontestablement une performance. La «mesure» laisse entière la question des déterminants de la performance. Que l'intelligence soit l'un de ces déterminants, avec un poids variable selon les tests, les âges et les sujets, ne fait aucun doute. Tout le débat porte sur le fait qu'il s'agit ou non du seul déterminant. Dans la ligne de ce qui précède, mon hypothèse est que l'attention est l'un de ces déterminants.

Chacun connaît l'origine fortement liée à la demande par l'école de ces tests. Chacun sait également que la réussite scolaire est la source essentielle de leur validation externe. Les enfants au Q.I. bas ont des difficultés scolaires. La description que font les enseignants de ces difficultés fait très fréquemment référence aux fluctuations de l'attention. Stankov (1983) a d'ailleurs montré l'existence de corrélations entre tests d'intelligence et épreuves d'attention et Zeaman & House (1963) ont montré le rôle important des difficultés de focalisation de l'attention chez les enfants ayant des retards dans l'apprentissage de la lecture.

Bornstein & Sigman (1986) relèvent que les résultats obtenus en situation d'habituation ou de préférence pour la nouveauté vers 5 mois corrèlent plus spécialement vers 2,5-3 ans avec le Q.I. verbal. Ils expliquent le fait par un point commun : le traitement de l'information. C'est donner à cette expression un sens tellement général que son contenu est vide. L'analyse cognitive des situations ne permet pas, en effet, d'expliquer cette proximité. On peut néanmoins remarquer que pour chaque âge, il s'agit d'une compétence en pleine construction, qui requiert donc toute l'attention de l'enfant. Si cette explication est la bonne, la réussite à des tâches requérant une forte attention devrait être corrélée. C'est effectivement ce qu'observe Hunt (1980) chez l'adulte avec des situations d'attention partagée. Hunt choisit deux épreuves très dissemblables et ayant une corrélation nulle : les matrices de Raven, considérées comme une épreuve de facteur G, et le maintien d'un levier entre deux points. Il demande aux sujets d'effectuer ces deux tâches à la fois. La réussite aux deux tâches devient alors fortement corrélée. Plus précisément, les sujets ne font aucune erreur sur le levier dans les situations les plus faciles du Raven, mais commencent à en faire juste avant leur première erreur au Raven. Stankov (1983) trouve des résultats comparables.

L'objection que l'on pourra faire à cette fonction attribuée à l'attention est qu'il s'agit d'une condition nécessaire, mais largement insuffisante pour réussir les épreuves d'un test. Ceci est exact, mais la diversité de ces épreuves étant ce qu'elle est, on peut se demander si les moyennes effectuées dans le calcul d'un Q.I. mesurent autre chose qu'une condition nécessaire, et donc si un facteur G peut être autre chose qu'une condition nécessaire. La capacité de maintien de l'attention apparaît alors comme un candidat à la fonction au moins aussi bon que l'énergie mentale de Spearman ou le fourre-tout supposé par McCall. Pour rendre plus opérationnelle la théorie de Piaget, Pascual-Leone (1970) a été amené à lui ajouter un certain nombre de concepts et en particulier celui de pouvoir d'attention. Le point de vue que je défends est très proche, la différence étant que pour moi ce pouvoir ne fait pas partie de l'intelligence, mais interagit avec elle dans la détermination de la performance.

Invoquer une capacité de maintien de l'attention pour expliquer les résultats aux tests pose le problème de l'origine de cette capacité. D'où vient que certains bébés sont plus attentifs que d'autres? On pourrait ajouter : d'où vient que certains bébés sont plus intéressés par la nouveauté que d'autres? Les deux questions, nous l'avons vu, sont liées. Que ces différences individuelles aient une origine génétique, au moins partielle, est possible, mais il est certain que les conditions du fonctionnement de l'environnement social jouent un rôle déterminant dans le développement de telles différences. Les caractéristiques spécifiques de l'objet humain décrites ci-dessus, probablement universelles, comme le pense Papoušek, n'ont pas pour autant la même efficience dans tous les milieux familiaux. Selon qu'être attentif permet ou non d'obtenir un résultat, selon que la recherche de la nouveauté est plus ou moins possible, encouragée, suscitée, selon que le milieu familial est plus ou moins répondant, les bébés apprennent plus ou moins la curiosité et l'attention (Lécuyer & Pêcheux, 1983a). C'est cette considération qui amenait Pomerleau (1987) à poser la question suivante : «la continuité est-elle dans l'enfant ou dans le milieu?». Les recherches sur la continuité du mode de maternage permettent de répondre qu'en tous cas, elle est dans le milieu (cf. par exemple Olson, Bates & Bayles, 1984).

Indépendamment de cette question capitale, il faut rappeler un fait d'évidence largement négligé par les auteurs épris de continuité. Quelle que soit l'importance du désir des psychologues de prédire l'intelligence le plus tôt possible, les corrélations observées étant ce qu'elles sont, elles ne permettent *aucune* prévision individuelle de l'intelligence future, mais comme le dit McCall (1981), la recherche continue. Fagan, Singer, Montie & Shepherd (1986) font état de la construction d'un test basé sur la préférence pour le nouveau : le *Fagan Test of Infant Intelligence* qui permet de déceler, mieux que le Bayley mais avec une marge d'erreur importante compte tenu des enjeux, les enfants dont on sait par ailleurs qu'ils sont «à risques». Les auteurs ne nous disent pas dans quelle mesure leur test ajoute de l'information à celle apportée par les facteurs de risque, ce qui n'empêchera certainement pas ce test de se développer. La boucle est bouclée et on en est revenu au test : un exemple intéressant de préférence pour le familier.

Pour conclure sur ce point, il ne s'agit pas pour moi de contester l'existence d'une continuité dans le développement de l'intelligence, telle qu'elle a été définie dans l'introduction de ce chapitre, mais de contester les bases sur lesquelles on a voulu établir cette continuité : la mise en relation de deux mesures dont on ne sait pas très bien ce qu'elles mesurent.

2. LES DEBUTS DE L'INTELLIGENCE

La question de la continuité dans le développement de l'intelligence ne se pose pas seulement entre 5 mois et l'âge préscolaire. Il me faut maintenant revenir sur une série de questions, soulevées dans les chapitres I et IV. A partir de quand peut-on parler d'intelligence chez le bébé? Plus précisément, peut-on en parler dès la naissance? Si tel est le cas, les formes prises par cette intelligence sont-elles les mêmes que celles de l'intelligence ultérieure? Y a-t-il des révolutions dans la manière dont les bébés envisagent le monde ou assiste-t-on à un développement continu de leurs capacités? L'«état initial» est-il initial? Ces questions seront examinées dans le VI.2.2. Au préalable, je traiterai du «sujet» (cf. VI.2.1.).

Si l'on définit l'intelligence comme une fonction d'établissement de relations, la mise en évidence de capacités de mise en relation chez un organisme est une condition suffisante pour parler d'intelligence. Les nouveau-nés sont capables d'habituation et de réaction à la nouveauté, donc d'établir une relation entre deux stimulus : le familier et le nouveau. Ils sont capables d'un apprentissage opérant, donc d'établir une relation entre leur action et ses conséquences. Ils orientent leur regard vers une source sonore, ils établissent donc une relation entre source sonore et objet visible. Ils sont capables d'imitation, c'est-à-dire d'établir une relation entre des parties du corps de l'autre et des parties homologues de leur propre corps. On pourrait allonger la liste, et il me semble clair que les bébés sont capables d'intelligence dès la naissance, et même avant, concernant certaines de ces capacités. Ce point de vue ne fait pourtant pas l'unanimité.

2.1. Adualisme-dualisme

Une contestation radicale consiste à affirmer que dans les premiers mois de la vie, il n'y a pas intelligence, parce qu'il n'y a pas de sujet. C'est la position adualiste soutenue par Baldwin, que l'on retrouve chez Wallon (symbiose, fusion), Piaget (égocentrisme, indifférenciation) ou Michotte pour qui cette indifférenciation est l'obstacle à la perception de la causalité dans les premières semaines, et plus récemment par un certain nombre d'auteurs comme Bullinger ou, avec quelques nuances, Mounoud. Comme je l'ai signalé dans le IV.4., cette question est historiquement et logiquement liée à celle de l'objet. La plupart des auteurs sont en effet d'accord avec Piaget pour relier très étroitement la question de l'objet à celle du sujet :

> Naturellement, il ne saurait être question... de la reconnaissance d'un «objet» pour cette raison évidente que rien dans les états de conscience du nouveau-né ne pourrait lui permettre d'opposer l'un à l'autre un univers externe et un univers interne (Piaget, 1936, p. 38.).

Ce qui est remis en question dans les deux cas est la date d'apparition d'une conception de l'objet et en conséquence du sujet. A l'apparition tardive correspond l'idée d'adualisme initial, à l'apparition précoce ou à l'innéisme correspond celle d'un dualisme initial ou très précoce.

Cette question est particulièrement délicate, et si les spécialistes du bébé manient plus souvent les preuves indirectes que les témoignages immédiats des possibilités qu'ils infèrent, la question du sujet est sans doute celle à laquelle ils ont le moins accès. Lier conception de l'objet et conception du sujet paraît donc logique, mais il est utile d'avoir, dans l'un et l'autre camp, d'autres arguments que ceux liés à l'objet. Ceux-ci ont été exposés ci-dessus et ne seront pas repris.

Bullinger (1982, 1987a, 1987b, 1987c; Vurpillot & Bullinger, 1983) a beaucoup insisté sur la distinction entre organisme et sujet. Cette distinction «est cruciale lorsqu'on s'intéresse au début du développement» (1987a) et, pour lui, «l'organisme est *objet* du *milieu* et pour les activités cognitives du niveau sensori-moteur, c'est un *objet à connaître*» (1982). Cet objet de connaissance est en même temps un moyen de connaissance du reste de l'environnement, et les premiers mois de la vie sont consacrés à la prise de connaissance des moyens de connaissance, ce que Bullinger appelle «l'instrumentation» des divers segments du corps, quand il se place du point de vue de l'organisme, ou la «prise de sens» quand il se place du point de vue du sujet. L'idée de Bullinger repose essentiellement sur le fait que, dans les premiers mois de la vie, les bébés rencontrent des problèmes de calibrage de leurs divers instruments non seulement moteurs, mais perceptifs. Les premiers exercices de ces instruments auraient donc pour fonction principale d'en comprendre le fonctionnement et d'en saisir les limites. C'est le sens de la notion d'instrumentation. Tant que les bébés n'ont pas instrumenté leur organisme, ils sont incapables d'intentions. A la distinction sujet-organisme correspond une distinction action-fonctionnement dont la base est précisément l'intention :

> Le nouveau-né fonctionne, mais ce n'est qu'à travers la différenciation et l'intégration de ses fonctions qu'il agira (1987b).

Pour Bullinger, le nouveau-né n'a pas d'actions parce qu'il n'a pas d'intentions, et il n'a pas d'intentions parce qu'il n'a pas de subjectivité :

> A la naissance, il n'y a aucune raison d'attribuer une subjectivité stable et centrée sur l'organisme. Ce serait supposer un organisme représenté : le corps du sujet.

Bullinger fait référence à Wallon (1943) et à Piaget (1936) pour reprendre l'idée d'indifférenciation entre le corps du sujet et l'environnement. La connaissance est d'abord sensori-motrice, et le nouveau-né va apprendre à différencier son organisme de l'environnement à travers l'instrumentation de ses organes sensori-moteurs, instrumentation qui lui permettra en quelque sorte de se saisir de son propre organisme.

Pour étayer son point de vue, Bullinger (1982) fournit deux arguments principaux. Le premier est ce qu'il appelle la polarisation de l'activité par une boucle sensori-motrice. Dans les premières semaines de vie, lorsqu'il est engagé dans une activité, le bébé est entièrement consacré à cette activité. Selon son expression, le bébé est «tout succion» ou «tout vision» et la stimulation d'une autre modalité sensorielle, au lieu de provoquer une réponse spécifique, renforce l'activité dans laquelle le bébé est engagé. Il cite un certain nombre d'exemples expérimentaux qui appuient ce point de vue et en conclut à l'existence et à l'activation d'«univers» séparés à prédominance unisensorielle, et donc à l'impossibilité de postuler une dualité sujet-objet. Le second argument est tiré des observations de Haith (1980) : les nouveau-nés ont dans l'obscurité une activité exploratoire organisée, alors que l'introduction de la lumière et la présentation de stimulus provoque une désorganisation de cette activité. Tout se passe comme si la stimulation les perturbait, et qu'il leur était d'abord nécessaire d'exercer à vide leur motricité oculaire. Ce qui constituera par la suite la base des régulations oculo-motrices est à ce moment un facteur désorganisant. Il y a donc nécessité d'une instrumentation de la vision. Par divers exercices de ce type, le bébé pourrait se rendre compte non seulement des propriétés de ses systèmes perceptif et moteur, mais aussi de ce qui est et de ce qui n'est pas lui, en fonction des possibilités d'action sur les divers éléments de son environnement.

Dans un cas comme dans l'autre, les arguments développés par Bullinger doivent être pris en compte, et le concept d'instrumentation, tel qu'il le développe, est une clé importante de la compréhension du développement du bébé dans les premières semaines de la vie. Envisager l'organisme comme objet de connaissance apparaît comme une absolue nécessité, si l'on veut prendre en compte de manière complète ce développement. Il est néanmoins possible de ne pas suivre Bullinger jusqu'au bout de son argumentation et d'affirmer qu'elle ne conduit pas nécessairement au refus «d'attribuer une subjectivité stable» au nouveau-né. Son point de vue peut recevoir deux critiques importantes, l'une portant sur le rôle attribué à la sensori-motricité dans la connaissance et dans l'existence du sujet connaissant, l'autre sur sa conception, partielle, de la sensorialité et plus précisément la non-prise en compte des relations intermodales et de la proprioception, et le poids attribué à la vision.

Je ne reprendrai pas le détail des arguments qui conduisent un certain nombre d'auteurs à penser que la prise de connaissance de l'environnement peut se faire de manière purement perceptive, sans action *motrice* sur cet environnement. Que cette action motrice joue un rôle capital ensuite, et que le bébé ait besoin de prendre connaissance des possibilités de son propre corps avant d'exercer une action efficace sur l'environnement est exact, mais ne conditionne pas complètement l'intelligence des bébés. Rovee-Collier & Lipsitt (1982) avancent l'idée que, pour qu'il y ait conditionnement dans les premiers mois de la vie, il faut que les réponses aient un coût énergétique faible. Une autre manière de voir les choses est de dire qu'il est nécessaire que les segments mis en jeu soient instrumentés, et le coût énergétique intervient de manière considérable dans l'efficacité de l'action de ces segments. On se trouve une fois de plus confronté au problème des relations entre réponses observées et mécanismes cognitifs inférés. «La loi de la pesanteur est dure, mais c'est la loi»; la gravité est un facteur considérable dans l'organisation des réponses des bébés, dont la musculature peu efficiente est largement handicapée pour compenser ses effets. Les expériences de «motricité libérée» nous en donnent une idée, et la psychologie des nourrissons aurait sans doute beaucoup à apprendre d'expériences en apesanteur. Que les bébés soient complètement engagés dans une action à l'exclusion de toute autre est exact, mais leurs difficultés motrices jouent certainement un rôle très important dans cet engagement. Surtout, cet engagement n'exclut pas la possibilité de mises en relation intermodales.

L'action motrice apporte peu d'informations sur l'environnement dans les premiers mois de la vie, mais cela n'empêche pas que des relations entre des causes et des effets puissent être établies plus tôt, grâce à l'action perceptive et à l'apport du milieu social.

Quant aux informations apportées par les différentes modalités sensorielles et à leur mise en relation, la manière classique de penser le bébé accorde à la perception visuelle une priorité, voire une quasi exclusivité. Différents auteurs ont souligné à quel point cette priorité constitue un biais dans nos représentations. Mais il n'est jamais aussi préjudiciable que dans l'étude de la perception que le bébé a de lui-même. Un exemple très net est fourni par Piaget (1936, 1937), puisque, dans les premiers stades, l'enfant ne sait pas que les parties de son corps qu'il voit lui appartiennent, tant qu'il n'y a pas eu assimilation des schèmes. L'origine du savoir est donc nécessairement située dans la perception visuelle et par rapport à elle. Bullinger (1982) écrit qu'avant la naissance, la mère constitue une interface entre le bébé et l'environnement. L'idée est séduisante et s'applique bien à l'audition à laquelle on s'est beaucoup intéressé mais qui fonctionne dans de mauvaises conditions (Lecanuet, Granier-Deferre & Busnel, 1988). En revanche, elle ne peut s'appliquer ni à la vision qui est tout simplement inopérante, ni à deux modalités qui doivent permettre au fœtus de différencier le soi du non-soi : la proprioception et le toucher. Des boucles sensori-motrices doivent pouvoir se construire avant la naissance avec d'autant plus d'efficacité que les effets de la gravité ne constituent pas le même handicap en milieu aquatique qu'en milieu aérien. Or, d'après Gottlieb (1971; Gottlieb & Krasnegor, 1985), ces modalités sensorielles sont les premières matures. Rien ne permet d'affirmer que ces informations sont exploitées de manière à constituer une image du corps propre, mais il s'agit là d'une hypothèse plus économique que celle qui consiste à supposer qu'il faut d'abord voir son bras et coordonner ses schèmes avant de savoir qu'il s'agit de son bras et de le situer. Il existe des raisons d'attribuer au nouveau-né une subjectivité stable et centrée sur l'organisme, donc de supposer un organisme représenté, le corps du sujet.

Que la vision, qui ne s'est jamais exercée avant la naissance, nécessite une organisation autre que celle non fonctionnelle qu'a mise en évidence Haith, est tout à fait probable, mais il est possible d'avoir une vision du monde sans la vision et il est probable que cette vision qu'ont les bébés à la naissance contribue à l'organisation de la vision fort bien décrite par Haith, Bullinger et quelques autres.

Mais l'intérêt quasi exclusif accordé à la vision et la fonction cognitive particulière qui lui est attribuée ont eu une autre conséquence, liée au rôle joué par le concept de stimulus proximal dans l'histoire de cette question adualisme-dualisme. La distinction classique entre stimulus proximal et stimulus distal, dans la perception visuelle, a une utilité que je ne discute pas, mais elle a conduit à l'idée de la nécessité d'une construction progressive de l'espace tridimensionnel, à partir d'une information rétinienne bidimensionnelle ou, en d'autres termes, à l'idée d'une incapacité du nouveau-né à percevoir l'espace, réduit à un certain nombre de chatouillis dans le fond de l'œil. C'est pourquoi la position de Gibson est dualiste : si dès la naissance le bébé perçoit un espace tridimensionnel et amodal, donc extérieur à lui, il se situe bien par rapport à cet espace. Là encore, l'immaturité motrice du bébé humain a joué un rôle important dans la manière de le percevoir. Dans d'autres espèces, le nouveau-né se déplace dans les premières minutes qui suivent sa naissance, ce qui lui serait impossible s'il ne se situait pas dans cet espace. Il est curieux que cette évidence n'ait jamais frappé les spécialistes. L'existence dans un grand nombre d'espèces de cette capacité à s'orienter immédiatement dans l'environnement ne prouve pas que le bébé humain a les mêmes capacités sensorielles, qu'il ne peut pas exploiter sur un plan moteur, mais elle prouve que cette capacité immédiate d'utilisation de la vision de manière efficiente est possible, ce qui heurte de front un certain nombre de théories.

Ce dernier argument soulève évidemment un problème crucial : celui du dualisme et au-delà, celui de l'existence d'un «sujet» dans les autres espèces animales. Problème d'autant plus redoutable qu'il est quelque peu surdéterminé, comme tout ce qui touche au «spécifiquement humain». Comme pour la question de l'intelligence, la réponse dépend largement de la manière de poser la question, donc de celle d'envisager les concepts. Si l'on se demande dans combien d'espèces un individu au moins s'est un jour dit «je pense donc je suis», on aboutit nécessairement à une liste très limitée, mais si l'on se demande dans combien d'espèces un individu est capable de se situer par rapport à un espace environnant, le nombre est beaucoup plus grand. C'est pourtant déjà une manière de se situer comme sujet. Une fois de plus, le raisonnement en tout ou rien ne donne... rien.

Nous ne savons pas si, dès la naissance, ou avant, les bébés se disent «je pense donc je suis», mais nous pouvons imaginer au moins deux scénarios de la manière dont les bébés prennent conscience d'eux-mêmes. Le premier est l'idée d'un précâblage de la conscience de soi. De même que les bébés auraient une idée innée de l'objet, ils auraient une idée innée du sujet qui le contemple. Le second est l'idée d'un apprentissage consistant à différencier progressivement (mais assez rapidement, personne ne propose plus d'attendre 18 mois) ce qui appartient au sujet et ce qui ne lui appartient pas, et en même temps à découvrir les propriétés de ce qui lui appartient. On retrouve ici l'idée d'instrumentation de Bullinger (1981).

La première conception a le mérite de la simplicité et de l'économie d'explications. Renvoyer au précâblé sert précisément à éviter de bâtir un scénario que la seconde conception nécessite. Outre l'amodalité initiale et l'idée d'une conception innée de l'objet, qui ne fait que reculer la question d'un cran, elle s'appuie essentiellement sur un argument : l'existence d'imitations précoces (cf. V.1.). Si le nouveau-né est capable d'une véritable imitation, en particulier de parties de son propre corps qu'il ne peut pas voir, c'est qu'il se conçoit; et la manière dont il se conçoit a quelque chose à voir avec la manière dont il perçoit l'autre.

L'autre scénario peut être basé sur la notion d'instrumentation, mais à condition de l'envisager dès la vie fœtale. Il peut également l'être sur la position de Watson (1985), centrée sur la notion de contingence et finalement proche de celle de Bullinger. Pour Watson, en fonction de la manière dont les éléments obéissent aux impulsions du bébé, ils peuvent être classés en trois catégories : ce qui répond à tous coups est moi, ce qui répond souvent est social et ce qui ne répond pas ou peu est objet non social. Cette description s'applique à ce qui se passe après la naissance, mais avant pourrait exister une distinction plus simple entre le soi et le non-soi sur la base des informations tactiles et proprioceptives. Quelles que soient les limites du degré de contrôle de la motricité fœtale, elle doit permettre de constater des régularités autorisant une distinction entre ce qui bouge et ce qui résiste.

En d'autres termes, entre le précâblage et l'acquisition entièrement postnatale d'une représentation du corps et d'une conscience de soi comme sujet, existe une possibilité basée sur l'idée d'une acquisition largement entamée au moment de la naissance, la différenciation soi/non-soi serait alors effective, ce qui permettrait le fonctionnement opérationnel très rapide de la vision, l'information étant utilisée de manière amodale.

Ceci ne veut pas dire que le nouveau-né est un sujet au sens accordé à ce mot à propos de l'adulte. Les niveaux de construction du sujet sont ceux de la construction des rapports entre le sujet et son environnement. Il faut un sujet pour construire des relations, mais la construction des relations construit le sujet. Ni «narcissisme sans Narcisse», ni «je pense donc je suis», mais plutôt «passent, choses, être, je».

2.2. U ou pas U

S'il y a sujet, et quel que soit le degré d'organisation de ce sujet, il y a dualisme, donc il y a intelligence. Il reste à savoir si le développement de cette intelligence se fait de manière continue. Il ne s'agit pas (encore?) principalement, dans la littérature sur cet âge, de la liaison entre les performances de la première enfance et celles qui suivent, mais de la linéarité du développement des capacités moyennes ou au contraire du fait qu'elles sont sujettes à des «révolutions» (Mounoud, 1976, 1979). C'est du moins en ce sens que je poserai le problème. Deux éléments essentiels doivent être pris en compte dans cette perspective. Le premier est la flexibilité très limitée des comportements du nouveau-né. Le second est l'existence de courbes en U dans le développement de certaines performances, présentes à la naissance, et qui disparaissent ensuite au moins partiellement. Le plus souvent, la performance est minimum entre 3 et 4 mois, avant une réapparition plus tardive.

Au-delà de ces évolutions non monotones, il s'agira de savoir s'il existe chez le nouveau-né une forme particulière d'intelligence de son environnement, qui disparaîtrait dans les premiers mois de la vie pour laisser la place à une autre forme d'intelligence, plus souple, et permettant un processus cumulatif de développement réciproque de l'intelligence et du savoir. Différentes explications des courbes en U peuvent être fournies, en termes de méthodes, d'interprétation des comportements précoces, de difficultés motrices, ou enfin de changements dans l'intelligence elle-même.

La première explication à envisager est méthodologique. L'histoire des recherches sur le bébé a été largement marquée par la découverte de nouvelles techniques qui ont permis de montrer des capacités beaucoup plus précoces qu'on ne le pensait antérieurement. Il est permis d'envisager que la période dans laquelle les capacités des bébés semblent plus faibles est tout simplement un moment où nous ne savons pas les interroger. La courbe en U est-elle dans les capacités du bébé ou dans celles de l'expérimentateur? Dans ce domaine, l'histoire incite à la prudence (Bresson, 1977). Des exemples cités ci-dessus ont montré l'importance de mettre en œuvre une méthode adaptée pour rendre compte d'une capacité. Néanmoins, il ne semble pas que les disparitions de capacités constatées puissent trouver leur explication dans des problèmes de type méthodologique.

Certes, suivant l'âge des bébés, les possibilités d'expérimentation varient, mais la période néonatale (celle où les performances sont importantes) est particulièrement difficile, alors que l'âge de 3 mois (où les performances sont minimum) l'est beaucoup moins, comme le confirment les taux d'échec dans l'expérimentation. Quantité d'expériences ont été faites sur les bébés de 3-5 mois, avec des procédures très différentes, et cette période apparaît comme plus propice à l'expérimentation que la période précédente et la suivante (cf. chapitre III).

Une autre position consiste à penser que les courbes en U ne sont que des artefacts liés à une interprétation erronée de ces comportements précoces qui ne seraient pas ceux que l'on croit. Il est de fait que les points les plus débattus dans la littérature sur les bébés, ces dernières années, ont été les performances néonatales et en particulier l'atteinte manuelle (cf. IV.3.) et l'imitation (cf. V.1.). Si aujourd'hui encore, tous les chercheurs ne semblent pas convaincus de la réalité de ces comportements, les arguments allant dans le sens de leur existence sont dominants.

Si l'on considère comme acquise cette existence de comportements intelligents précoces, leur disparition peut trouver une autre forme d'explication que la réorganisation de l'intelligence : ils pourraient disparaître pour cause de difficultés motrices. Ainsi, les arguments utilisés au sujet de la position de Bullinger font une large place à la motricité et à ses difficultés d'organisation comme facteur explicatif des disparitions d'un certain nombre de comportements. Si l'on prend l'exemple de la préhension d'un objet, dans les premiers jours de la vie, les bébés sont capables de projeter la main vers un objet pour tenter de le saisir. Cette possibilité disparaît par la suite, avant de réapparaître à partir du cinquième mois sous une forme beaucoup plus contrôlée. Une telle évolution peut être mise en relation avec ce que l'on appelle les réflexes archaïques et en particulier la marche automatique ou avec les observations de Haith sur l'oculo-motricité, le processus étant dans tous les cas celui d'une réorganisation dont la durée serait autant fonction des problèmes de pesanteur que de la maturation ou de l'expérience.

Ainsi, les formes de la préhension d'objets mises en évidence par Bower chez les nouveau-nés sont fondamentalement différentes des formes de cette préhension après six mois : la prise balistique sans correction possible est différente de l'ajustement fin de la préhension en fonction des informations fournies par la vision. Le passage de l'une à l'autre nécessite une réorganisation d'ordre sensori-moteur qui n'implique ni nécessairement ni, semble-t-il, principalement l'intelligence des bébés.

L'intelligence de la situation, la possibilité pour le bébé d'établir des relations entre la position de l'objet et celle des différents segments de son propre corps, ne serait pas en cause, mais les possibilités d'organisation d'une réponse motrice correspondant à cette analyse seraient diminuées. Les faits qui vont dans le sens de ce type d'argumentation sont nombreux et peu contestables. Mais il reste à montrer que les difficultés de la motricité constituent une explication suffisante pour toutes les observations de courbes en U.

Que le bébé ait des problèmes moteurs ne fait aucun doute, mais ils sont souvent invoqués pour rendre compte de ce que nous ne savons pas expliquer dans les réponse du bébé. De même que les capacités génétiquement programmées et les précâblages servent facilement d'explication à notre ignorance de la construction des premières formes d'intelligence, les problèmes moteurs fournissent souvent une explication des échecs des bébés dans des situations où nous n'en avons pas d'autre.

Il faut donc commencer par situer ce que l'on entend par difficultés motrices. Trois types de problèmes semblent devoir être distingués *a priori*, même si nous n'avons pas nécessairement les moyens de les distinguer dans la pratique : les difficultés d'ordre musculaire, celles qui sont liées à la coordination sensori-motrice et celles qui sont liées au contrôle de l'activité motrice.

On a pensé pendant longtemps que la marche automatique disparaissait complètement et que c'était sur des bases nouvelles que s'établissait la marche définitive. André-Thomas & Saint-Anne Dargassies (1952) ont montré que cette marche ne disparaissait pas si on l'entraînait, et Thelen (1982) a vu dans le pédalage auquel se livrent les bébés quand ils sont allongés, un équivalent fonctionnel de la marche. Elle a donc pu attribuer la disparition de la marche automatique et l'apparition tardive de la marche ultérieure à des difficultés d'ordre musculaire, liées à la gravité. Les bébés de 4-5 mois qui tentent de saisir un objet avec leur main voient celle-ci surgir dans leur champ visuel, ce qui trouble quelque peu leurs tentatives d'atteinte. La difficulté, dans ce cas, est située dans la coordination sensori-motrice.

Enfin, chez des bébés plus âgés, la prise d'un objet se fait de plus en plus finement, de la prise palmaire au placement fin des doigts, comme le montrent les épreuves utilisant une pastille dans divers tests pour bébés. Il s'agit cette fois d'un problème de contrôle de la motricité de la main.

Dans les premiers mois de la vie, la gravité joue, dans tous les cas, un rôle, et il est usuel d'attribuer la supériorité des bébés africains aux tests pour bébés à un exercice musculaire beaucoup plus important que celui des bébés européens ou américains. Mais elle ne peut expliquer la perte de la capacité de préhension : les nouveau-nés ne sont pas plus musclés que les bébés de 3 mois. S'agit-il d'un problème de coordination sensori-motrice? Comme plusieurs auteurs l'ont montré (cf. IV.3.), il y a entre les tentatives de prise des nouveau-nés et les prises ultérieures des différences fondamentales d'organisation. A la prise balistique sans possibilité de modifications du geste en cours succède une prise plus ajustée, tenant mieux compte des dimensions de l'objet, avec un freinage en fin de course. La période intermédiaire semble bien permettre une réorganisation sensori-motrice, et le contrôle moteur est plus fin. Il n'est pas nécessaire dans ce cas de faire appel à l'idée d'une disparition ou à une réorganisation de l'intelligence de la situation. Un meilleur contrôle de la boucle sensori-motrice fournit une explication satisfaisante. En tout état de cause, nous ne possédons pas les moyens de distinguer les deux aspects.

Par contre, s'il est un exemple dans lequel les explications en termes moteurs ou même sensori-moteurs paraissent difficiles à envisager, c'est la disparition de la réponse d'orientation vers un stimulus sonore (Bower,

1974). En effet, au même âge, un stimulus visuel périphérique provoque une réponse d'orientation. Ici encore, la nature de ce qui disparaît n'est pas claire, et des explications différentes peuvent être fournies sans qu'aucune apparaisse comme décisive. S'agit-il d'une perte de coordination sensori-motrice spécifique à l'audition? On imagine difficilement les causes d'une telle spécificité. L'importance accrue de la vision fait-elle négliger les informations auditives? La nature même de la réponse montre l'importance de la vision, puisque cette réponse permet d'extraire des informations visuelles du stimulus sonore. La différenciation sensorielle supposée par Bower fait-elle disparaître les relations entre modalités avant une reconstruction sur de nouvelles bases? Si tel était le cas, c'est bien d'une perte d'intelligence qu'il faudrait parler.

Le dernier exemple particulièrement frappant de disparition d'un comportement est l'imitation. Dans ce cas aussi, il paraît très difficile d'invoquer les aspects purement moteurs. Les imitations de protrusion de la langue ou d'ouverture de la bouche ne nécessitent pas d'effort musculaire intense ni d'ajustement précis. L'explication sensori-motrice ne paraît pas plus convaincante : les bébés sont capables d'ouvrir la bouche pour se nourrir et ils continuent à utiliser leur langue avec efficacité. S'agit-il d'une perte de l'intelligence de la situation, c'est-à-dire de la capacité à mettre en relation les mouvements des parties du corps du partenaire et celles des parties homologues du corps propre? Le fait que Vinter (1985) montre une augmentation de la latence des réponses avant leur disparition, ainsi que le développement de réponses substitutives, sont des indices troublants et contradictoires. Se plaçant dans le cadre de la théorie de Mounoud, Vinter parle du passage d'un code sensoriel à un code perceptif, ce qui peut correspondre à l'idée de réorganisation de l'intelligence de la situation. Une explication de ce type doit, en tout cas, être envisagée et dans la mesure du possible testée, mais il est possible également d'envisager une hypothèse motivationnelle. Si nous ne savons pas à quoi sert l'imitation, sa disparition n'est ni plus ni moins explicable que son existence. Cette disparition peut provenir de la perte d'une capacité, mais aussi d'une différenciation des réponses et d'une forme de distanciation par rapport au stimulus : percevant les mimiques d'un visage, les nouveau-nés seraient incapables de toute autre réponse qu'une imitation. Ce n'est que plus tard que d'autres types de réponses seraient possibles. Un tel mécanisme est, certes, totalement hypothétique, mais il est intéressant de le rapprocher des théories de Bower ou de E. Gibson sur la différenciation progressive des modalités sensorielles à partir d'un état amodal initial. Un rapprochement est possible aussi avec le passage des formes les plus élémentaires de différenciation à la catégorisation, d'abord elle-même élémentaire, puis plus construite.

Les courbes en U n'ont pas été, pour les théoriciens, qu'une source de problèmes, certaines conceptions du développement étant largement basées sur leur existence. Tel est le cas de Bower (1974, 1977) pour qui les conceptions du monde qu'a le bébé subissent un certain nombre de crises qui supposent réorganisation, ou encore de Vurpillot & Bullinger (1983) qui situent l'âge de 3 mois comme un âge clé de la première année. Mais le meilleur exemple est fourni par Mounoud (1976, 1979, 1984, 1986; Mounoud & Vinter, 1985; Mounoud, Vinter & Hauert, 1985). Comme un certain nombre d'autres théoriciens postpiagétiens (Pascual-Leone, 1970), il tente de résoudre deux problèmes épineux pour la théorie de Piaget : les décalages horizontaux et les baisses de performances. Je n'évoquerai ici le premier point que dans la mesure où il a des conséquences sur le second.

C'est un peu par un coup de baguette magique que Mounoud (1979) rend compte des décalages horizontaux. Piaget expliquait le développement cognitif comme la construction de structures nouvelles, lesquelles devaient s'appliquer de manière homologue à différents contenus, ce qu'elles se refusaient obstinément à faire. Pour Mounoud, les structures sont innées, et ce sont les contenus, les organisations internes qui sont acquis. Celles-ci peuvent apparaître à différents moments, en fonction de leurs caractéristiques propres ou des influences du milieu, les structures n'en sont pas affectées. L'idée est séduisante, même s'il est difficile au lecteur de Mounoud de se représenter les structures éternelles d'un sujet plus épistémique encore que celui de Piaget.

Si les structures sont stables, ce qui bouge, ce sont les systèmes de codage. Le nouveau-né a un système de codage sensori-moteur, à quoi correspond une organisation interne sensori-motrice où les réflexes jouent un rôle important. Entre 3 et 6 mois, il passe à un système de codage perceptivo-moteur et une organisation interne perceptivo-motrice se substitue progressivement à la précédente. La nouveauté se situe notamment dans l'élaboration de significations. Enfin, vers 18 mois, il y a passage du perceptivo-moteur au conceptuo-moteur et nouvelle réorganisation.

Ces changements sont des «révolutions» : ils modifient profondément les modes de relation du bébé avec son environnement et ils expliquent les baisses d'efficience, et les disparitions de comportements par les nécessités de la réorganisation. Mounoud (1979) fournit à ce sujet un exemple illustratif : la substitution d'un objet léger à un objet lourd de même aspect nécessite un ajustement moteur que réalisent les enfants de 11 à 14 mois, 3 à 3,5 ans et 4,5 à 5 ans, mais que réalisent moins bien ou pas du tout ceux de 6 à 10 mois, 1,5 à 2 ans et 3,5 à 4 ans. La même aptitude est acquise successivement trois fois. On retrouve là le schéma décrit par Bower (1977).

Mais tous les comportements ne subissent pas les mêmes évolutions et les révolutions mounousiennes sont le plus souvent silencieuses. Une autre caractéristique importante de ces révolutions est leur durée. A la naissance, le bébé se trouve dans un état post-révolutionnaire, marqué notamment par la persistance des réflexes archaïques, et qui lui permet une bonne adaptation à son environnement. Vers le deuxième mois commence la première révolution postnatale. Elle s'achève vers 6 mois, âge auquel commence la seconde révolution qui se termine vers 16-18 mois. La révolution permanente est-elle encore la révolution? Sans doute faut-il éviter des comparaisons aussi hâtives que tentantes, mais il n'est pas certain que les conceptions de Mounoud feraient l'unanimité. En accordant plus d'importance aux changements qu'aux états stables, elle remet en cause profondément l'idée de stade. La continuité est peut-être dans le changement.

Prise globalement, la théorie de Mounoud apporte-t-elle des réponses aux problèmes soulevés? Elle fournit en tout cas des éléments de réponse importants. Il est plus constructif de poser les problèmes de disparition de comportements en termes de réorganisation qu'en termes de régression. En particulier, l'état postnatal et le déroulement des six premiers mois sont décrits par Mounoud d'une manière qui rend compte de certaines évolutions, en particulier motrices.

Cette théorie présente pourtant un certain nombre de difficultés. La première provient de l'adualisme initial, idée que reprend Mounoud. Le bébé est adapté à son environnement, mais n'en a pas de véritable représentation, et ne lui attribue aucune signification, en bref, il n'y comprend rien. Il est adapté à un «milieu» qui n'existe pas pour lui.

> «Le système réflexe autorise le nouveau-né à faire des discriminations subtiles et précises et des catégorisations, mais sans faire la distinction entre le sujet et l'objet» (Mounoud, 1984, p. 333) «sans que ces propriétés puissent être référées à des objets externes» (Mounoud, Vinter & Hauert, 1985, p. 119).

Il y a là comme un paradoxe. Dans la logique de la position de Mounoud, on peut se demander pourquoi, avant 2 mois, il y a un état stable alors qu'après, la révolution est permanente. Il est aussi possible que durant cette période des évolutions ou des révolutions se produisent sans conséquences sur les observables classiquement décrits dans les évolutions des premiers mois. La naissance est une situation révolutionnaire du point de vue sensoriel et cette révolution nécessite une réorganisation perceptive pouvant impliquer des régressions dans les représentations.

Une fois de plus, on se trouve confronté au problème de la motricité et de son rôle comme indicateur du développement cognitif. Il est remarquable que chacune des «organisations» décrites par Mounoud est définie de manière différente : sensori-, perceptivo-, conceptuo-, mais toujours motrices. Mounoud, Vinter & Hauert (1985) plaident «en faveur d'une approche intégrée qui renonce délibérément à séparer les versants perceptifs et moteurs des comportements en vertu de principes méthodologiques stricts» (p. 117). Ce n'est pas en vertu de tels principes, mais parce que les performances motrices sont largement conditionnées par des facteurs autres que cognitifs qu'il me semble indispensable de séparer perceptif et moteur. Mounoud & Vinter (1985) écrivent un article sur la représentation sans faire allusion à l'habituation visuelle. C'est pousser un peu loin la volonté de lier le perceptif au moteur. Le problème que pose une telle perspective de recherche est celui de la nature des baisses de performance mises en évidence et de la pertinence des interprétations en termes cognitifs. Il est certain que dans les discussions actuelles sur les courbes en U, les auteurs qui étudient la motricité insistent sur les discontinuités, alors que ceux qui étudient la perception le font sur la continuité. Les raisons qui m'ont conduit (Lécuyer, 1987a) à mettre en question la notion d'intelligence sensori-motrice ne se trouvent pas diminuées, loin s'en faut, par le remplacement du «sensori-» par un autre terme.

Il convient de mesurer le poids que l'on accorde aux courbes en U. Par bien des aspects, le développement se fait de manière monotone. Quel poids doit-on attribuer aux deux types d'évolution dans la conception de l'intelligence dans les premiers mois de la vie? Le problème n'est évidemment pas d'abord quantitatif, mais qualitatif. Les capacités perceptives, les capacités de discrimination et la vitesse à laquelle elle s'effectue, la vitesse d'habituation, les capacités d'attention, se développent de manière continue. Tous ces facteurs sont étroitement liés à l'intelligence. En attribuant à la perception le rôle de premier niveau de l'intelligence, je me suis évidemment placé dans une perspective continue de son développement.

3. CONTINUITE ET CONTINUITE

Le problème dit de la continuité du développement de l'intelligence a été envisagé ci-dessus de deux manières radicalement différentes et dont chacune paraît pourtant avoir une pertinence, ou pour le moins correspondre à une problématique présente dans la littérature. S'agit-il, sous les mêmes concepts, de deux problèmes distincts ou de manières différentes de poser le même problème ?

Ce qui frappe en premier lieu dans la comparaison des deux champs de recherche est qu'ils se différencient plus par les cadres théoriques que par les faits examinés. Dans le premier cas, à partir des problèmes de «capacité» ou de «vitesse de traitement de l'information», c'est la conception psychométrique de l'intelligence qui est mise en avant. Dans le second cas, la question de l'adualisme aussi bien que celle des courbes en U se placent clairement dans une perspective post-piagétienne, et sont d'ailleurs principalement traitées par des post-piagétiens.

En ce sens, si la première perspective utilise davantage le vocabulaire maintenant classique du cognitivisme, la seconde est plus cognitiviste dans la mesure où elle vise plus à une description qualitative des mécanismes qu'à une quantification des capacités. Mais les capacités reposent sur des mécanismes. Seules les limites des cadres théoriques dont nous disposons conduisent à envisager les problèmes de manière séparée. Un exemple permettra d'illustrer ce propos.

L'habituation visuelle tient une place importante dans la recherche de continuités, dans le premier sens envisagé. L'habituation est possible dès la naissance et sans doute avant. Mais j'ai indiqué ci-dessus que l'on se référait à des processus très dissemblables en parlant d'habituation dans des espèces animales différentes. On peut envisager de la même manière que les processus sous-jacents à «l'habituation» soient radicalement hétérogènes chez un nourrisson qui n'existerait pas en tant que sujet distinct de son environnement et chez un bébé capable de catégorisation. Dans les recherches sur la continuité des différences individuelles, l'habituation initiale a lieu le plus souvent vers 5 mois. Ce fait peut s'expliquer de différentes manières. C'est d'abord l'âge auquel le plus grand nombre d'habituations a été fait. En particulier, certaines recherches sur les relations avec le Q.I. n'étaient pas prévues au moment de l'habituation initiale. Mais il est également légitime de se demander si les échecs dans la recherche de continuités n'ont pas été plus nombreux quand l'habituation se faisait plus tôt ou plus tard.

Si tel était le cas, cette discontinuité pourrait s'expliquer par des problèmes de contrôle de l'attention, invoqués ci-dessus, et qui de toute façon existent, mais aussi par une hétérogénéité des processus liée à une hétérogénéité des formes d'intelligence. Certes, il ne semble pas y avoir de courbes en U dans le développement de la vitesse d'habituation décrite par le temps cumulé de fixation ou le taux de décroissance, mais Pêcheux & Lécuyer (1988) ont montré que le nombre d'essais avant habituation passait par un minimum à 5 mois, fait intéressant à mettre en relation avec les modèles théoriques de l'habituation qui visent à rendre compte du comportement des bébés de 4-5 mois, ceci de manière explicite pour Cohen (1973, 1975), par exemple.

Discontinuité ne signifie pas nécessairement courbes en U. Celles-ci peuvent être envisagées comme un cas limite d'observables nécessitant d'inférer des réorganisations, mais le problème des courbes en U n'est pas qualitativement différent du problème des stades, lorsque l'on oppose cette idée de stade à celle de développement continu. Il ne le devient que lorsque l'on pose le problème de la nature de ce qui se réorganise dans un stade.

Plus fondamentalement, il est possible que l'opposition entre développement continu et développement discontinu relève de deux niveaux d'analyse différents. A des changements continus et cumulatifs dans le développement de l'intelligence correspondraient des sauts ou des reculs dans la performance, parce que la mise en relation d'éléments organisés à un niveau supérieur faciliterait ou au contraire inhiberait ou perturberait cette même mise en relation à un niveau familier.

L'opposition entre Vygotsky (1934/1962) et Piaget (1962) sur l'idée de langage égocentrique permet d'illustrer cette question. Vygotsky reproche à Piaget de couper, par sa conception, l'enfant du monde social, source, pour Vygotsky, de tout savoir. Piaget lui répond que par égocentrisme il entend incapacité de se décentrer, c'est-à-dire de prendre en compte des éléments n'appartenant pas directement à la situation telle qu'elle est perçue par le sujet. Le langage égocentrique n'est qu'une forme particulière de cet égocentrisme : l'incapacité à adopter le point de vue de l'interlocuteur.

L'intérêt de cet exemple vient du fait que cet égocentrisme est une forme de pensée qui déborde largement l'adualisme initial, puisque Piaget semble l'étendre jusqu'à l'incapacité de certains auteurs à comprendre sa pensée. Pourtant, l'égocentrisme se place dans la continuité de l'adualisme, à un niveau différent. Piaget utilise d'ailleurs le même concept. La centration, au départ sur la sensation, se fait ensuite sur le point de vue du sujet. Il est possible d'imaginer qu'à des progrès continus de la décentration, que semble supposer Vygotsky, correspondent des sauts qualitatifs dans les performances observées, changements n'allant pas toujours dans le sens d'améliorations. A une décentration plus grande, donc à un niveau supérieur d'intelligence, peut correspondre une organisation supérieure qu'il faut intégrer. Deux exemples permettront d'illustrer ce point de vue.

Le premier est bien connu des stratèges, quel que soit l'objet de leur stratégie : s'il est nécessaire de prendre le point de vue de l'autre pour discuter, il est également nécessaire de le faire pour le battre. En d'autres termes, le militaire ou le joueur de dames qui ne se soucie pas de ce que va faire son adversaire est vaincu d'avance, mais celui qui s'en soucie risque, s'il ne possède pas une maîtrise suffisante de la situation, de se perdre dans cette prise en compte simultanée des deux points de vue. Pour discuter, il est sans doute nécessaire, si l'on veut convaincre son adversaire, de se placer de son point de vue, mais tous les politiques savent que s'ils veulent convaincre les tiers qui écoutent leur débat, ils ne doivent jamais se placer du point de vue d'un adversaire qu'ils ne convaincront pas. Une décentration peut marginaliser.

Le second exemple concerne les bébés, et plus précisément la catégorisation. J'ai développé l'idée de l'importance de l'émergence de capacités de véritable catégorisation, par opposition à une simple généralisation de la discrimination : catégorisation sans discrimination des éléments (IV.2.2.). Or, Kagan (1979) a montré une diminution continue des durées de fixation ou d'attention auditive sur un stimulus jusqu'à 7 mois, suivie d'une augmentation qui correspond précisément à la période des débuts de la catégorisation. Une intelligence plus grande des situations peut prendre du temps.

Dans ces conditions, aux diverses réserves que j'ai formulées à la recherche de corrélations entre performances à différents âges, s'ajoute une interrogation sur ces âges. Si ce qui précède est exact, à une continuité réelle du développement de l'intelligence (ou si l'on préfère de la décentration) ne devrait pas correspondre une continuité dans les performances. Pour l'instant, les recherches de corrélation n'ont pas pris l'âge en compte comme facteur systématique, mais une telle prise en compte devrait montrer une alternance de périodes corrélées et de périodes non corrélées. C'est l'hypothèse de McCall (1979a). Si elle s'avérait juste, se trouverait expliquée la contradiction entre les corrélations (relativement fortes) observées à long terme (plusieurs années) et les corrélations plus faibles observées à court ou moyen terme (1 semaine à 5 mois), ou pour le moins, les unes ne pourraient plus être opposées aux autres. De plus, cette alternance, jointe à l'hétérogénéité des performances mesurées, renforcerait l'idée que ce qui est continu est plus situé du côté des conditions nécessaires à la réalisation des performances que des aptitudes spécifiques mises en jeu.

Il y a beaucoup de discontinuités dans notre manière de voir le développement.

Enfin, dernière manière de poser le problème continuité-discontinuité, si dans les premiers mois de la vie, le milieu social est à la fois la source essentielle du développement de l'intelligence, l'objet principal de son exercice et le prototype du mode de relation avec l'environnement, il n'en va plus de même dans les années qui suivent. L'objet physique prend une place plus importante et détermine plus les modes de pensée, la tutelle diminue et la métacognition quitte la tête de la mère pour s'installer dans celle de l'enfant. Parce que nous savons peu de choses sur l'intelligence dans le courant de la seconde année, nous en savons peu sur ces diverses évolutions, mais rien n'indique qu'elles soient discontinues. C'est pourtant l'un des points où le raisonnement ethnocentré est dangereux, et où des recherches interculturelles sont nécessaires. Il faudrait notamment comparer à la nôtre des cultures dans lesquelles l'intelligence adulte est, plus que dans la nôtre, avant tout sociale

De l'intelligence des bébés en particulier

Parti d'une définition de l'intelligence, qui se veut d'une portée générale et qui m'a servi de fil conducteur pour décrire les différentes capacités des bébés que la recherche a permis de mettre en évidence, je voudrais conclure par une réflexion sur l'intelligence des bébés. Les chapitre IV, V et VI ont été consacrés à un travail d'analyse sur ces capacités, analyse complétée par un certain nombre de synthèses partielles, laissant apercevoir une conception plus globale de l'intelligence du bébé. C'est cette conception que je souhaite développer. Un premier moyen d'y parvenir, *a priori* le plus simple, et peut-être le plus prudent, consiste à tenter d'interpréter l'ensemble des faits décrits et des interprétations locales proposées dans le cadre d'une théorie existante. Choisir d'utiliser le concept d'intelligence impose d'ailleurs une telle confrontation. Une théorie générale et qui n'est donc pas principalement consacrée au bébé fournit-elle un cadre explicatif cohérent à tout ce qui a été appelé ci-dessus intelligence? Si la réponse à cette question était positive, c'est à la lumière de cette théorie que l'ensemble des faits présentés aurait été interprété. La confrontation des théories générales de l'intelligence à la description que j'ai faite de celle du bébé est néanmoins nécessaire pour indiquer plus précisément les apports et les insuffisances de ces théories et pour situer les contours de ce que devrait être une théorie de l'intelligence rendant compte de celle du bébé (VII.2.).

Après cette confrontation, je tenterai une synthèse de notre savoir sur l'intelligence des bébés, en tenant compte de ce qui pose des problèmes d'interprétation et en indiquant les directions dans lesquelles il me semble souhaitable de développer la recherche (VII.3.). Je terminerai en tentant de dégager les implications sociales et politiques de la conception de l'intelligence que je défends (VII.4.). Mais la première étape dans la synthèse d'une démarche est d'en situer la source. Je commencerai donc par résumer ce que nous a appris l'histoire de la psychologie de l'intelligence des bébés.

1. DE L'HISTOIRE

De l'histoire, il faut sans doute retenir que le bébé est tour à tour apparu, dans les conceptions dominantes en psychologie de l'intelligence, comme un problème insoluble, puis un eldorado. C'est qu'entre-temps, les conceptions dominantes avaient quelque peu changé, en particulier à cause de méthodes nouvelles, et que l'on était passé, en abandonnant le concept d'intelligence lui-même, de la faculté à la fonction.

Problème insoluble que celui d'une intelligence-faculté, d'un Q.I.-faculté, ou d'un G-faculté inné et stable, mais instable dans la période où l'environnement a eu les moindres possibilités d'influence. Comme tout problème insoluble, il a suscité des réponses différentes. Conduites d'oubli du bébé, être trop inconstant pour illustrer des théories qui évoluent au cours du temps mais restent stables quant à la place qu'elles attribuent à l'hérédité dans la détermination de l'intelligence. Conduites de détour, consistant à remplacer le Q.I. par un Q.D. ou un M.D.I. Conduites d'échec, débouchant sur un relatif succès, la recherche continue des prédicteurs du Q.I.

Eldordo ouvert par les possibilités d'expérimentation : les vieilles questions sur l'être humain d'avant le social, l'inné pris à la naissance, l'état initial, vont enfin pouvoir trouver des réponses, et les résultats de cette recherche des «compétences précoces» ne déçoivent pas ceux qui les font. Le bébé, arpent de neige de l'intelligence, devient un enjeu majeur de la compétence, à tel point qu'aux yeux de certains, la bébologie et les bébologues sont suspects d'innéismes. Point d'aboutissement — provisoire — de cette recherche, point de jonction entre la recherche du noyau dur héréditaire de l'intelligence et celle des compétences les plus précoces, le problème insoluble devient soluble. Les compétences précoces permettraient de prédire l'intelligence.

De l'histoire, il faut aussi retenir Piaget. S'il n'a pas été le seul à poser autrement les problèmes de l'intelligence, il a marqué ce domaine de recherche parce qu'il a posé tous les problèmes, ce qui a conduit tous ses successeurs à se définir par rapport à lui. Cet ouvrage en décrit de nombreux exemples et en constitue un. Même s'ils semblent plus intéressés par la méthodologie que par la théorie, les chercheurs de l'état initial sont autant les héritiers de Piaget que de Fantz. Piaget dont il apparaît aujourd'hui qu'il s'est trompé à peu près sur toutes les réponses qu'il apportait concernant le bébé, mais dont l'importance historique est considérable, ce qui prouve que dans la recherche, poser les bonnes questions est plus important que donner des réponses. Piaget, auteur de livres sur la mémoire, la perception ou le jugement moral, dont on affirme pourtant parfois qu'il n'a jamais rien étudié d'autre que l'intelligence, ce qui n'est pas complètement faux, parce que sa conception est précisément celle qui permet de passer de la faculté à la fonction.

De l'histoire, il faut enfin retenir Bower, théoricien qui s'est le plus opposé à Piaget, et donc qui a rénové le plus profondément les problématiques de l'étude de l'intelligence du bébé. Bower qui a su profiter plus que quiconque de la révolution méthodologique des années 60, à laquelle il a largement contribué.

2. THEORIES ET INTELLIGENCE DES BEBES

Les deux théories évoquées dans le premier chapitre, celle de Sternberg (1985) et celle de Case (1985), peuvent maintenant être confrontées à la description des caractéristiques de l'intelligence du bébé faite dans cet ouvrage. Ces théories ont en commun d'être récentes, puissantes, d'avoir un impact chez les spécialistes et de comporter des aspects qui concernent plus ou moins directement le nourrisson. Par ailleurs, elles s'opposent totalement par la ligne de recherche dans laquelle elles se situent. La théorie de Sternberg est l'héritière de la psychométrie, celle de Case du courant post-piagétien.

L'intérêt de la théorie de Sternberg pour la nouveauté l'a conduit à s'intéresser au bébé, mais le fait qu'il ne tente pas la description de l'intelligence des bébés et d'ailleurs qu'il ne se situe pas dans une perspective développementale, n'est pas le fruit du hasard. Conception beaucoup trop large, elle ne peut rendre compte des débuts de l'intelligence.

Conception centrée sur la performance, elle est particulièrement inadéquate pour décrire une période où cette performance est très loin de l'intelligence. Conception qui échoue à prendre en compte l'intelligence sociale, elle ne correspond pas à l'intelligence d'une période où l'intelligence est plus sociale qu'elle ne le sera jamais.

Si la théorie de Case vise explicitement à rendre compte de l'intelligence de manière développementale à tous les âges, et en particulier chez les bébés, elle se situe complètement en dehors du courant de recherche sur les bébés qui a provoqué un renouvellement de nos connaissances. Contrairement au présent travail, elle ne vise donc pas à fournir une interprétation cohérente de ces connaissances, mais plaque sur l'«intelligence sensori-motrice» un schéma pensé pour des enfants plus âgés et situé en dehors du contexte des recherches sur le bébé. Elle non plus ne rend pas compte du fait que l'intelligence du bébé est essentiellement perceptive et sociale.

Il ne s'agit pas de conclure qu'une théorie de l'intelligence rendant compte de celle du bébé est impossible, mais le caractère partiel et contradictoire de notre savoir sur les bébés ne facilite pas ce type de théorie. Un système aussi multidimensionnel que celui de Sternberg est difficilement applicable aux premiers développements de l'intelligence, si ce n'est à un niveau très général. Un système aussi structuré que celui de Case, pensé pour l'enfant et appliqué ensuite au bébé, est condamné à choisir ses exemples de manière judicieuse pour rester cohérent, et ne peut de fait rendre compte des caractéristiques essentielles de l'intelligence des bébés. En termes piagétiens, ces théories sont trop assimilatrices, et pas assez accomodatrices. Enfin, ni la théorie de Case, ni même celle de Sternberg ne permettent de prendre en compte le rôle du milieu familial dans la gestion et le développement de l'intelligence des bébés.

Il ne faut pas s'étonner que les théories de l'intelligence soient aussi éloignées du bébé que les recherches sur le bébé du concept d'intelligence. Le rapprochement n'en est que plus nécessaire.

3. L'INTELLIGENCE DES BEBES

Si les théories disponibles ne fournissent pas un cadre explicatif de l'intelligence des bébés, il reste à dégager les grandes lignes d'un tel cadre. Comment caractériser l'intelligence à ses débuts? Le point de vue que je défends peut se résumer en 7 propositions que j'exprimerai de manière lapidaire pour être clair.

1. L'intelligence est perceptive.
2. L'objet principal d'intelligence est l'être humain.
3. La motricité est plus objet que source d'intelligence.
4. Le maternage est méta-cognitif.
5. L'intelligence se développe avec l'attention.
6. Le nouveau-né est un sujet.
7. L'intelligence se développe de manière continue.

Ces propositions n'ont pas toutes la même importance, et ne nécessitent pas toutes les mêmes développements. Plusieurs d'entre elles sont liées. Je les développerai donc en 4 points. Le premier portera sur les propositions 1 et 3, le second sur la proposition 2, le troisième sur les propositions 4 et 5, le quatrième sur les propositions 7 et 6.

3.1. Intelligence, perception et motricité

L'intelligence des bébés est perceptive. Cette affirmation peut être comprise de deux manières. Elle signifie d'abord que la perception est intelligente, ensuite que, pendant la période considérée, l'intelligence passe nécessairement et exclusivement par la perception. En d'autres termes, la perception est le niveau 1 de l'intelligence. Cette affirmation découle de deux prémisses : la première est la définition que j'ai donnée de l'intelligence, la seconde est l'idée que la perception est un processus actif. Si, en effet, la perception est plus que la réception sensorielle conçue de manière passive, si elle est un premier niveau de traitement des informations fournies par l'environnement, elle est nécessairement une activité de mise en relation d'informations. Elle est donc intelligence. Il ne peut pas y avoir de perception sans intelligence. Je ne rappellerai pas tous les faits qui vont dans ce sens. Le meilleur témoin de cette intelligence perceptive initiale est ce qu'il est convenu d'appeler l'amodalité initiale, c'est-à-dire l'équivalence *perceptive* d'informations *sensorielles* totalement différentes. Quoi que l'on puisse dire du moteur, il faudrait déjà remplacer «sensori» par «perceptivo» pour parler d'intelligence. Enfin, je ne reviens pas dans le détail sur la discussion de la continuité de l'intelligence telle qu'elle a été envisagée dans le VI.1., mais il est notable que ce qui serait censé prédire l'intelligence à l'âge préscolaire et scolaire est une activité perceptive.

Dans la mesure où l'idée que la perception est un processus actif est largement répandue, ce premier aspect de l'équivalence faite entre perception et intelligence sera sans doute assez facilement accepté. Il en va différemment du deuxième aspect, c'est-à-dire de l'idée que la motricité n'est pas source d'intelligence. Il me faut donc le justifier plus précisément.

Il est fréquent de présenter le nouveau-né humain en parlant de son immaturité, caractéristique de l'espèce. Il est moins fréquent d'insister sur le fait que cette immaturité est surtout *motrice* et qu'il existe un décalage entre capacités perceptives et capacités motrices. Plus précisément, ce qui manque au nouveau-né pour avoir une motricité intelligente et donc une intelligence sensori-motrice, c'est le contrôle de son activité motrice. En ce sens, la notion d'instrumentation proposée par Bullinger rend parfaitement compte de la nécessité pour le bébé d'acquérir la maîtrise de son corps. Mais il est abusif d'appliquer cette notion à la perception et au-delà à la cognition. Ce n'est pas parce que l'oculo-motricité doit s'instrumenter, et elle le fait très vite, que la perception doit s'instrumenter.

A l'inverse de la position de Bullinger, Bower, par exemple, met en avant les capacités motrices néonatales et l'atteinte manuelle. Quoi qu'il en soit du niveau de performance dans cette atteinte manuelle, il faut bien voir qu'elle peut révéler une intelligence perceptive de la situation, mais qu'elle n'est pas intelligente, contrairement à celle qui se met en place vers 5 mois et qui s'adapte de plus en plus finement (mais sur une durée très longue) aux caractérstiques de l'objet à saisir. De très nombreux auteurs ont décrit la première phase de cette coordination des gestes, lorsque l'enfant s'intéresse visuellement à ses mains, puis à ses pieds, comme s'il découvrait leur existence. Si à un mois, les bébés sont capables de relations intermodales, ils ne découvrent pas l'existence de leurs mains à 4 mois. Ils découvrent le caractère aléatoire des relations entre impulsions motrices et résultats visuellement constatables de ces impulsions. Il sera encore long à instrumenter, cet instrument qui, pour appartenir incontestablement au corps, manifeste une telle volonté d'indépendance. Il y a bien là, comme l'écrit Case, un problème, lequel va se résoudre petit à petit par la coordination perceptivo-motrice, objet d'intelligence, bien avant d'être une source d'intelligence. Tant que cette coordination n'est pas faite, elle peut même constituer une source d'inintelligence de l'environnement. C'est en tout cas en ce sens que Streri & Pêcheux (1986) interprètent l'absence de transfert intermodal du toucher vers la vision à 4 mois.

Reste à expliquer pourquoi l'idée d'une intelligence sensori-motrice est aussi usuellement acceptée. J'ai mis en avant le fait qu'à l'époque de l'élaboration de cette conception, on a observé ce qui était observable avec les techniques dont on disposait. Cette explication est insuffisante.

Si cette conception a perduré, c'est qu'à la sensori-motricité, est liée l'idée d'action sur les objets comme source de connaissance.

Si l'on cherche à comparer formes d'intelligence et formes de démarche scientifique, l'intelligence des premiers mois est comparable aux sciences basées sur l'observation. Dès que la coordination préhension-vision est établie, elle peut devenir expérimentale. C'est ce qui donne son importance à l'action motrice : en permettant des interventions, elle rend possible la variation plus ou moins systématique des facteurs qui interviennent dans les phénomènes observés. Les psychologues expérimentalistes ont tendance à valoriser l'expérimentation, ce qui est légitime, mais aussi à négliger les possibilités offertes par une observation bien conduite, ce qui l'est beaucoup moins. L'astronomie, science aussi ancienne que peu expérimentale, a constitué un corps de connaissances très important. Les astronomes doivent pourtant attendre parfois plusieurs siècles entre deux super-novae, ce qui leur laisse le temps de développer leurs théories. Les bébés sont des astronomes.

3.2. L'intelligence de l'autre

Dire que l'intelligence est perceptive, c'est envisager les objets les plus informatifs perceptivement comme étant les plus stimulants pour l'intelligence. Je ne reviendrai pas ici en détail sur le fait que le stimulus perceptif et donc l'objet d'intelligence le plus informatif qui se trouve dans son environnement, est celui aussi qui, changeant sans arrêt mais restant toujours le même, fournit au bébé-astronome son lot quotidien d'expériences invoquées. Se présentant de face, de profil, de loin, de près, à droite, à gauche, apparaissant et disparaissant, partiellement visible ou totalement caché, audible bien qu'invisible ou senti bien que silencieux, l'être humain proche du bébé fournit le moyen de construire des règles, applicables ensuite à tous les autres objets de l'environnement.

Mais cet objet particulier est aussi intéressant d'un autre point de vue, celui de la construction de la causalité. Causalité perçue : les adultes qui entourent le bébé tirent, poussent, prennent, posent sans arrêt des objets. Causalité ressentie : ils le prennent, le posent, le déplacent. Causalité provoquée : ils répondent à ses appels. Quand l'intelligence commence à dépasser la perception, c'est par l'exercice qu'elle effectue sur cet objet particulier de connaissance qu'elle le fait. Mais si une analyse de la situation cognitive dans laquelle se trouvent les bébés conduit à ces conclusions, nous savons peu de choses sur la manière dont les bébés construisent la causalité. Il ne s'agit pas seulement de savoir à partir de quand les bébés sont capables de saisir des relations entre des causes et des effets, mais aussi de savoir quelles formes d'activité peuvent donner accès à la perception de la causalité, et quelles formes de causalité peuvent être perçues. L'activité motrice est-elle une condition? Sans qu'il y ait motricité, est-il nécessaire que le bébé soit lui-même cause pour qu'il saisisse la relation avec l'effet? Certaines modalités sensorielles jouent-elles un rôle prédominant dans cette perception? La causalité est-elle une gestalt disponible dès la naissance? Sur toutes ces questions, nous savons extrêmement peu de choses, et elles sont pourtant tout à fait centrales pour la connaissance de l'intelligence des bébés.

3.3. Attention! Mère

Il n'existe pas d'état initial. Etre attendu, désiré parfois, pensé toujours, le bébé naît dans un monde social. La naissance est aussi une rencontre entre un être et une idée sur cet être. Comme les parents d'autres espèces, les êtres humains possèdent des savoir-faire qui placent les bébés dans les conditions cognitives les meilleures pour leur développement. Ces savoir-faire ne sont pas basés sur des savoirs conscients, et peuvent même fonctionner contre les savoirs conscients. L'essentiel de ces savoir-faire consiste à être le stimulus idéal décrit ci-dessus, puis à devenir l'instrument de l'action des bébés sur le monde. Rovee-Collier & Lipsitt (1982) lient les possibilités de conditionnement d'une réponse à la dépense énergétique qu'elle représente. Cette règle est beaucoup plus générale et concerne l'ensemble des actions des bébés. Leur immaturité motrice étant ce qu'elle est, elle devrait limiter considérablement leurs possibilités d'action sur l'environnement. Mais l'homme, quand il ne peut être directement efficace, utilise des outils. Très tôt, les bébés appliquent l'une des formes de l'intelligence artificielle : la robotique. Ils ont, en effet, à leur disposition des machines sophistiquées et télécommandables, qui, au moyen d'un petit nombre d'instructions, peuvent effectuer une grande diversité d'actions, très souvent adaptées à la situation. Ces machines sont intelligentes. Cloués au sol, nos astronomes envoient ces machines explorer l'espace et leur rapporter des objets lointains. Les parents sont des astronautes.

Ces explorateurs de l'espace ne sont pas seulement les instruments passifs de leurs jeunes maîtres impotents, ils produisent et gèrent les conditions de leur propre programmation. L'observation est truquée, et les corps stellaires passent dans le champ du téléscope aux heures d'ouverture de l'observatoire, et s'y attardent le temps nécessaire. Se tenant informés de l'état du maître, de ses activités, de ses attentes, ils agissent auprès de lui en fonction de ces données et gèrent son activité cognitive et en particulier la condition fondamentale de son exercice : l'attention.

Si, comme je l'ai indiqué, l'attention joue un rôle important dans le développement et l'exercice de l'intelligence, il est nécessaire de mieux connaître les conditions de son développement. Il faut viser à la cerner de manière plus précise et trouver des indicateurs plus fiables que ceux que nous possédons actuellement.

L'interprétation des continuités observées entre les premiers mois et les performances ultérieures par une constance dans les capacités de maintien de l'attention n'est pas sans poser problème. Outre la nécessité d'une nouvelle définition opérationnelle de l'attention chez le bébé, le plus important est le développement de nos connaissances sur un certain nombre de chaînons manquants entre le bébé de 5 mois et l'enfant d'âge scolaire. Tel est le cas en particulier de la deuxième année dont il a fort peu été question ici, pas seulement par une volonté de centrer le sujet de l'ouvrage, mais aussi parce que c'est l'année sur laquelle nous savons le moins de choses.

Comment évolue l'attention du bébé dans une période dans laquelle son autonomie vis-à-vis du milieu familial augmente, mais où ses modes d'interaction avec l'environnement restent largement déterminés par l'intermédiaire humain? Au moment où la méta-cognition quitte peu à peu la tête de la mère pour celle du bébé, il faut faire attention.

3.4. Sujet : continuité dans la discontinuité

Dire que l'intelligence est perceptive, c'est dire qu'elle commence avant la naissance. Ce que nous savons de la maturité des différentes modalités sensorielles conduit à penser que l'instrumentation sensorielle a commencé bien avant. Le rôle de la vision dans notre vie quotidienne et dans notre psychologie, joint au fait que notre intelligence reste fortement perceptive, nous empêche de voir l'importance des autres modalités sensorielles que la vision. La confusion trop fréquente entre perception tactile et motricité nous empêche de saisir toute l'information sur le moi et le non-moi que le fœtus peut recueillir. Dire qu'à la naissance, le bébé est un sujet, c'est envisager une continuité dans le développement du sujet, comme dans le développement de l'intelligence.

J'ai discuté dans le chapitre VI cette notion de continuité et développé les théories et arguments qui vont dans le sens d'une évolution non monotone de l'intelligence. Ces arguments sont bien réels, les courbes en U existent, des performances précoces disparaissent. Peut-on dans ces conditions parler de continuité?

Le décalage de maturité entre perception et contrôle moteur à la naissance doit être mis en relation avec un autre décalage, dans le développement, cette fois. Les auteurs qui s'intéressent à la motricité ont une perspective discontinuiste, ceux qui s'intéressent à la perception une perspective continuiste. Cette différence vient du fait que tous les comportements qui font l'objet de régressions ont une composante motrice, alors que tous les indices, aussi bien sensoriels que cognitifs que nous possédons, montrent un développement continu des capacités perceptives. Dire que l'intelligence est perceptive, c'est aussi dire que son développement suit celui des capacités perceptives. Dire qu'elle n'est pas liée à la motricité, c'est aussi dire qu'elle ne suit pas les régressions des performances motrices. Bien entendu, si cette logique est irréfutable, elle ne fournit pas d'explication des courbes en U et pourrait même servir à évacuer le problème.

La mise en relation des deux décalages entre motricité et perception, décalage de maturité au départ, décalage dans l'évolution ensuite, est pourtant de nature à nous éclairer sur ce point. Aux décalages, il faut ajouter une dissymétrie dans les fonctions. La perception peut fonctionner sans motricité ou avec une motricité peu efficiente. La motricité ne peut fonctionner de manière efficiente que sur la base d'informations perceptives pertinentes. Il est donc possible que les courbes en U soient totalement indépendantes des capacités perceptives et donc de l'intelligence. Elles ont été souvent expliquées, en effet, par des problèmes moteurs ou sensori-moteurs. Il est possible également que le développement des capacités perceptivo-cognitives provoque une réorganisation des adaptations motrices élémentaires et peu performantes présentes à la naissance. La perception, parce qu'elle est intelligence, joue peut-être un rôle moteur. Les courbes en U et les disparitions de comportements restent actuellement un problème considérable. C'est le cas tout spécialement quand il est difficile d'invoquer la motricité. C'est donc le cas de l'imitation, aussi étonnante par son apparition précoce que par sa disparition.

A un autre niveau et à un âge ultérieur, se présentent dans le cours du développement des occasions de ruptures. L'activité motrice permet au bébé de quitter sa planète et d'expérimenter sur son environnement. Puis l'intelligence n'est plus seulement perceptive, la mémoire se développe et les représentations s'enrichissent. Le développement du langage amène à une explosion des possibilités de l'intelligence. La méta-cognition est gérée de plus en plus par l'enfant lui-même (mais pas complètement, il y a aussi des écoles pour cela). On peut voir là autant de facteurs de discontinuité. Si l'on a de l'intelligence une conception factorielle ou composantielle, et si l'on fait de l'intelligence la source unique et l'explication ultime de la performance, il est difficile de considérer qu'il y a continuité. Si l'on considère, au contraire, que l'intelligence est une fonction précise, les conditions d'exercice changent, les instruments changent, les objets changent, mais la fonction ne change pas. Elle reste la manière dont le sujet met en relation toutes les nouveautés qui se présentent à lui et qu'il est capable de prendre en compte.

4. POLITIQUE

L'opposition, plusieurs fois rappelée, entre l'intelligence conçue comme une faculté et l'intelligence conçue comme une fonction est aussi une opposition politique. Dans le premier cas, la question qui se pose à la société dans la gestion de l'intelligence est d'abord celle de la sélection. Les problèmes d'origine de cette faculté, de la part génétique, des relations avec le milieu social, viennent après, pour légitimer la sélection. Dans le second cas, la question politique fondamentale est celle des conditions de développement et d'exercice de cette fonction par l'ensemble des membres de la société. C'est donc celle de la formation. L'instrument forgé au nom de la première conception, le Q.I., se révèle actuellement instable, non au niveau individuel, mais au niveau collectif, puisque d'une génération à une autre il augmente. On peut en conclure qu'il faut aller chercher plus loin, toujours plus loin, le noyau stable. On peut aussi en conclure que l'éducation, conçue comme un développement de l'intelligence, est le problème politique et psychologique le plus fondamental.

En utilisant le concept d'intelligence au sujet du bébé, en tentant de montrer la manière dont se développe cette intelligence dans les premiers mois de la vie, en cherchant les bases d'une continuité dans les mécanismes du développement de cette intelligence, en définissant l'intelligence comme le levier fondamental de l'action de l'individu sur son environnement physique et social, ce travail n'est pas seulement un ouvrage *sur*, mais aussi *pour* l'intelligence. En visant à mieux comprendre l'intelligence dès ses débuts, il vise aussi à situer les obstacles au développement de l'intelligence. En donnant à l'intelligence un champ d'exercice très large, il permet d'éviter la monoculture de certaines applications étroites de l'intelligence des bébés, laquelle est parfois confondue avec le gavage des oies. Le développement de l'intelligence est un problème politique trop important pour qu'il soit confié aux bricoleurs du surdon.

L'une des caractéristiques de la planète des bébés est qu'elle est une école. Inversement, la planète des bébés peut, dans une certaine mesure, servir de modèle pour l'Ecole. En effet, on n'y apprend pas simplement pour y apprendre, mais pour comprendre. Schaffer (1981) assigne à l'étude du comportement maternel le but de l'améliorer. Il a raison s'il songe aux disfonctionnements de ce comportement et aux conséquences dramatiques qu'il peut avoir. Il a raison aussi s'il songe à la mise en relation des formes de maternage et de l'intelligence. Mais les psychologues et les pédagogues peuvent aussi apprendre de cette relation pédagogique dont l'efficacité est remarquable.

A la conception de l'intelligence que je défends est liée une conception du savoir et une conception du pouvoir (Lécuyer, 1985). Le but de tout enseignement est, pour moi, de développer l'intelligence, toute l'intelligence de tous, et ce dès le plus jeune âge. Dans ces conditions, et seulement dans ces conditions, l'intelligence, outil de pouvoir, est l'outil le plus efficace de cette forme particulière de pouvoir que l'on appelle la liberté.

Bibliographie

ACREDOLO L.P. (1985), «Coordinating perspectives on infant spatial orientation», in R. COHEN (éd.), *The development of spatial cognition*, Hillsdale, N. J., Lawrence Erlbaum, 115-140.
ADAMS J.L. & RAMEY C.T. (1980), «Structural aspects of maternal speech to infants reared in poverty», *Child Development*, **51**, 1280-1284.
AINSWORTH M.D.S. (1973), «The development of infant-mother attachment», in B.M. CALDWELL & H.N. RICCIUTI (éds), *Review of Child Development Research*, vol. 3, Chicago, University of Chicago Press.
AINSWORTH M.D.S. (1979), «Infant-mother attachment», *American Psychologist*, **34**, 932-937.
AINSWORTH M.D.S. & WITTIG B.A. (1969), «Attachment and exploratory behavior of one-year-olds in a strange situation», in B.M. FOSS (éd.), *Determinants of infant behavior IV*, London, Methuen.
ALEGRIA J. & NOIROT E. (1978), «Neonate orientation behavior towards human voice», *International Journal of Behavioral Development*, **1**, 291-312.
AMES E.W. & SILFREN C.K. (1965), «Methodological issues in the study of age differences in infant's attention to stimuli varying in movement and complexity», communication à la Society for Research in Child Development, Minneapolis.
AMES L. (1967), «Predictive value of infant behavior examinations», in J. HELMUTH (éd.), *The exceptional infant*, vol. 1, New York, Brunner/Mazel.
AMIEL-TISON C. & GRENIER A. (1980), *Evolution neurologique du nouveau-né et du nourrisson*, Paris, New York, Barcelona, Milano, Masson.
ANDRE-THOMAS & SAINT-ANNE DARGASSIES S. (1952), *Etude neurologique sur le nouveau-né et le nourrisson*, Paris, Masson.
ANTELL S.E., CARON A.J. & MYERS R.S. (1985), «Perception of relational invariants by newborns», *Developmental Psychology*, **21** (6), 942-948.
APPLETON T., CLIFTON R. & GOLDBERG S. (1975), «The development of behavioral

competence in infancy», in F.D. HOROWITZ (éd.), *Review of Child Development Research*, vol. 4, Chicago, University of Chicago Press, 101-186.
APSLF (1956), *Le problème des stades en psychologie de l'enfant*, Paris, Presses Universitaires de France.
ATKINSON J., BRADDICK O. & BRADDICK F. (1974), «Acuity and contrast sensitivity of infant vision», *Nature*, **247**, 403-404.
ATKINSON J., BRADDICK O. & MOAR K. (1977), «Development of contrast sensitivity over the first three months of life in the human infant», *Vision Research*, **17**, 1037-1044.
BADINTER E. (1980), *L'amour en plus. Histoire de l'amour maternel*, Paris, Flammarion.
BAILLARGEON R., SPELKE E.S. & WASSERMAN S. (1985), «Object permanence in five-month-old infants», *Cognition*, **20**, 191-208.
BALL W. & TRONICK E. (1971), «Infant response to impending collision : optital and real», *Science*, **171**, 818-820.
BALL W. & VURPILLOT E. (1976), «La perception du mouvement en profondeur chez le nourrisson», *L'année Psychologique*, **76**, 363-399.
BALL W. & VURPILLOT E. (1982), «Action and perception of displacements in infancy», in G. BUTTERWORTH (éd.), *Infancy and epistemology*, New York, St Martin Press, 115-136.
BANKS M.S. (1980), «The development of visual accomodation during early infancy», *Child Development*, **51**, 646-666.
BANKS M.S. (1985), «How should we characterize visual stimuli?», in G. GOTTLIEB & N.A. KRASNEGOR (éds), *Measurement of audition and vision in the first year of postnatal life : A methodological overview*, Norwood, N. J., Ablex.
BANKS M.S. & SALAPATEK P. (1981), «Infant pattern vision : A new approach based on the contrast sensituvity function», *Journal of Experimental Child Psychology*, **31**, 1-45.
BANKS M.S. & SALAPATEK P. (1983), «Infant visual perception», in M.M. HAITH & J.J. CAMPOS (éds), *Infancy and developmental psychobiology*, vol. 2, in P. MUSSEN (Gen. Ed.), *Handbook of Child Psychology*, New York, Wiley.
BARRERA M.E. & MAURER D. (1981), «Recognition of mother's photographed face by the three-month-old infant», *Child Development*, **52**, 714-716.
BASHINSKY H.S., WERNER J.S. & RUDY J.W. (1985), «Determinants of infant visual fixation : Evidence for a two process theory», *Journal of Experimental Child Psychology*, **39**, 580-598.
BAYLEY N. (1933), *The California first year mental scale*, Berkeley, University of California Press.
BAYLEY N. (1949), «Consistency and variability in the growth of intelligence from birth to 18 years», *Journal of Genetic Psychology*, **75**, 165-196.
BAYLEY N. (1955), «On the growth of intelligence», *American Psychologist*, **10**, 805-818.
BAYLEY N. (1968), «Behavioral correlates of mental growth : Birth to thirty-six years», *American Psychologist*, **23**, 1-17.
BAYLEY N. (1969), *Bayley scales of infant development*, New York, Psychological Corporation.
BAYLEY N. (1970), «Development of mental abilities», in P. MUSSEN (éd.), *Carmichaël's manual of child psychology*, vol. 1, 1163-1209, New York, Wiley.
BELL S.M. & AINSWORTH M.D.S. (1972), «Infant crying and mother responsiveness», *Child Development*, **43**, 1171-1190.
BENSON J.B. (1980), *Spatial understanding during object search in infancy : The influence of active and passive movement*, unpublished master's thesis, Clark university.
BERG C.A. & STERNBERG R.J. (1986), «Response to novelty : continuity versus discontinuity in the development course of intelligence», in H.R. REESE (éd.), *Advances in child development and behavior*, vol. 19, New York, Academic Press.

BERLYNE D.E. (1958), «The influence of complexity and novelty in visual figures on orienting responses», *Journal of Experimental Psychology*, **55**, 289-296.
BERTENTHAL B.I., HAITH M.M. & CAMPOS J.J. (1983), «The partial-lag design : A method for controlling spontaneous regression in the infant-control habituation paradigm», *Infant Behavior and Development*, **6**, 331-338.
BERTONCINI J. & MEHLER J. (1981), «Syllabes as units in infants' speech perception», *Infant Behavior and Development*, **4**, 1.
BEUGNET-LAMBERT C. (1985), *Vigilance et cognition : approche chronopsychologique de l'attention*, Thèse de Doctorat de Psychologie, Université de Lille III.
BIERVLIET (VAN) (1904), «La mesure de l'intelligence», *Journal de Psychologie*, **3**, 225-235.
BINET A. (1903), *L'étude expérimentale de l'intelligence*, Paris, Schleicher.
BINET A. (1905), «A propos de la mesure de l'intelligence», *L'année Psychologique*, **11**, 69-82.
BINET A. (1906), «La misère physiologique et la misère sociale», *L'Année Psychologique*, **12**, 1-24.
BINET A. & SIMON T. (1905), «Sur la nécessité d'établir un diagnostic scientifique des états inférieurs de l'intelligence», *Année Psychologique*, **11**, 163-190.
BINET A. & SIMON T. (1905), «Methodes nouvelles pour le diagnostic du niveau intellectuel des anormaux», *Année Psychologique*, **11**, 191-244.
BINET A. & SIMON T. (1908), «Le dévelopment de l'intelligence chez les enfants», *Année Psychologique*, **14**, 1-94.
BINET A. & SIMON T. (1909), «L'intelligence des imbéciles», *Année Psychologique*, **15**, 1-147.
BJORK E.L. & CUMMINGS E.M. (1979), *The ‹A, not B› search error in Piaget's theory of object permanence : Fact or artifact?*, paper presented at the meeting of the Psychonomic Society, Phoenix.
BLOCH H. (1983), «La poursuite visuelle chez le nouveau-né à terme et chez le prématuré», *Enfance*, 1-2, 19-29.
BLOCH H. (1985), «L'habituation», *Comportements*, **3**, 39-54.
BODEN M. (1977), *Artificial intelligence and natural man*, Hassoks, New York, John Spiers basic books.
BONNET C., HOC J.M. & TIBERGHIEN G. (1986), *Psychologie, intelligence artificielle et automatique*, Bruxelles, Mardaga.
BORNSTEIN M.H. (1981), «Psychological studies of color perception in human infants : Habituation, discrimination and categorization, recognition and conceptualization», in L.P. LIPSITT (éd.), *Advances in infancy research*, vol. 1, Norwood, N. J., Ablex.
BORNSTEIN M.H. (1983a), «A descriptive taxonomy of psychological categories used by infants», in C. SOPHIAN (éd.), *Origins of cognitive skills*, 313-338, Hillsdale, N. J., Lawrence Erlbaum Associates.
BORNSTEIN M.H. (1983b), «Parental social didactics and infant cognitive development», communication au Congrès de l'International Society for the Study of Behavioral Development, Munich.
BORNSTEIN M.H. (1984), «Infant attention and caregiver stimulation : two contributions to early cognitive development», communication présentée à l'International Conference on Infant Studies, New York.
BORNSTEIN M.H. (1985a), «How infant and mother jointly contribute to developing cognitive competence in the child», *Proceedings of The National Academy of Science*, USA.
BORNSTEIN M.H. (1985b), «Habituation of attention as a measure of visual information processing in human infants : Summary, systematization, and synthesis», in

G. GOTTLIEB & N.A. KRASNEGOR (éds), *Measurement of audition and vision in the first year of life : A methodological overview*, Norwood, N. J., Ablex, 253-300.
BORNSTEIN M.H. (1985c), «Infant into adult : Unity to diversity in the development of visual categorization», in J. MEHLER & R. FOX (éds), *Neonate cognition : Beyond the blooming buzzing confusion*, Hillsdale, N. J., Lawrence Erlbaum Associates, 115-138.
BORNSTEIN M.H. (1987), *origins of cognitive competence in infancy*, paper presented to the symposium «Continuity in cognitive development from infancy to childhood : Issues and perspectives», IXth biennial ISSBD meeting, Tokyo, july.
BORNSTEIN M.H. & BENASICH A.A. (1986), «Infant habituation : Assessments of short term reliability and individual differences at 5 months», *Child Development*, **57**, 87-99.
BORNSTEIN M.H., PECHEUX M.-G. & LECUYER R. (1988), «Visual habituation in human infants : Development and rearing circumstances», *Psychological Research*, **50**, 130-133.
BORNSTEIN M.H. & RUDDY M. (1984), «Infant attention and maternal stimulation : prediction of cognitive and linguistic development in singletons and twins», in H. BOUMA & D.G. BOUWHUIS (éds), *Attention and Performance : Control of language processes*, London, Lawrence Erlbaum, 433-445.
BORNSTEIN M.H. & SIGMAN M.D. (1985), «Le développement de l'intelligence chez les enfants : nouvelles recherches sur la ‹continuité›», *L'Année Psychologique*, **85**, 383-394.
BORNSTEIN M.H. & SIGMAN M.D. (1986), «Continuity in mental development from infancy», *Child Development*, **57**, 251-274.
BOWER T.G.R. (1966), «The visual world in infants», *Scientific American*, **215**, 80-92.
BOWER T.G.R. (1967), «The development of object permanence, some studies of existence constancy», *Perception and Psychophysics*, **2** (9), 411-418.
BOWER T.G.R. (1971), «The object in the world of the infant», *Scientific American*, **225**, 31-38.
BOWER T.G.R. (1972), «Object perception in infants», *Perception*, **1** (1).
BOWER T.G.R. (1974/1982), *Development in infancy*, San Francisco, Freeman.
BOWER T.G.R. (1977), *Le développement psychologique de la première enfance*, Bruxelles, Mardaga.
BOWER T.G.R., BROUGHTON J.M. & MOORE M.K. (1970a), «Demonstration of intention in the reaching behavior of neonate humans», *Nature*, **228**, 679-681.
BOWER T.G.R., BROUGHTON J.M. & MOORE M.K. (1970b), «The coordination of visual and tactual input in infants», *Perception and Psychophysics*, **8**, 51-53.
BOWER T.G.R., BROUGHTON J.M. & MOORE M.K. (1971), «The development of the object concept as manifested by changes in the tracking behavior of infants between 7 and 20 weeks of age», *Journal of Experimental Child Psychology*, **11**, 182-193.
BOWER T.G.R. & PATERSON J.G. (1974), «Stages in the development of object concept», *Cognition*, **1**, 47-55.
BOWER T.G.R. & WISHART J.G. (1972), «The effects of motor skill on object permanence», *Cognition*, **1**, 165-172.
BOWLBY J. (1969), *L'attachement*, traduction française, Paris, Presses Universitaires de France, 1978.
BOYSSON-BARDIES B. DE (1984), «Influence des langues-cibles sur le développement de la parole : études comparatives sur des enfants de 6 à 10 mois», in M. MOSCATO & G. PIERAUT-LE BONNIEC (éds), *Le langage : construction et actualisation*, Rouen, Publications de l'Université de Rouen.
BRADLEY R.H. & CALDWELL B.N. (1976), «Early home environment, and changes in mental test performance from 6 to 36 months», *Developmental Psychology*, **12**, 93-97.
BRADLEY R.H. & CALDWELL B.N. (1980), «The relation of home environment, cognitive competence and I.Q. among males and females», *Child Development*, **51**, 1140-1148.

BRADLEY R.H. & CALDWELL B.N. (1984), «174 children : A study of the relationship between home environment and cognitive development during the first 5 years», in A.W. GOTTFRIED (éd.), *Home environnement and early cognitive development*, New York, Academic Press.
BRAZELTON T.B. (1973), *Neonatal behavioral assessment scale*, London, Heinemann, Clinics in developmental medecine, n° 50.
BRAZELTON T.B., KOSLOVSKI B. & MAIN M. (1974), «The origin of reciprocity : The early mother-infant interaction», in M. LEWIS & L.A. ROSENBLUM (éds), *The effect of the infant on its caregiver*, New York, Wiley.
BRAZELTON T.B., TRONICK E., ADAMSON L., ALS M. & WISE S. (1975), «Early mother/infant reciprocity», in R. PORTER & M. O'CONNOR (éds), *Mother-infant interaction*, CIBA Foundation Symposium 33 New series, Elsevier, Amsterdam.
BREMNER J.G. (1978a), «Spatial errors made by infants : Inadequate spatial cues or evidence of egocentrism?», *British Journal of Psychology*, **69**, 77-84.
BREMNER J.G. (1978b), «Egocentric versus allocentric spatial coding in nine-month-old infants : Factors influencing the choice of code», *Developmental Psychology*, **14**, 346-355.
BREMNER J.G. (1980), «The infant's understanding of space», in M.V. COX (éd.), *Are young children egocentric?*, London, Batsford Academic.
BREMNER J.G. (1981), *Spatial and functional knowing : Two types of knowledge reflected on infant performances in search tasks*, paper presented at the Annual Conference of the Developmental Section of the British Psychological Society, Manchester.
BREMNER J.G. (1985), «Object tracking and search in infancy : A review of data and theoretical evolution», *Developmental Review*, **5**, 371-396.
BREMNER J.G. & BRYANT P.E. (1977), «Place versus response as the basis of spatial errors made by young infants», *Journal of Experimental Child Psychology*, **23**, 162-171.
BREMNER J.G. & BRYANT P.E. (1985), «Active movement and development of spatial abilities in infancy», in H.M. WELLMAN (éd.), *Children's searching : The development of search skill and spatial representation*, Hillsdale, N. J., Erlbaum.
BRENNAN W.N., AMES E.W. & MOORE R.W. (1966), «Age differences in infants' attention to patterns of different complexities», *Science*, **151**, 354-356.
BRESSON F. (1977), «Note sur les problèmes posés aux théories génétiques des comportements par les évolutions non monotones», in G. OLERON (éd.), *Psychologie expérimentale et comparée. Hommage à Paul Fraisse*, Paris, Presses Universitaires de France.
BRESSON F., MAURY L., PIERAUT-LE BONNIEC G. & SCHONEN S. DE (1977), «Organization and lateralization of reaching in infants : An instance of asymmetric function in hand collaboration», *Neuropsychologia*, **15**, 311-320.
BRESSON F. & SCHONEN S. DE (1977), «A propos de la construction de l'espace et de l'objet : la prise d'un objet sur un support», *Bulletin de Psychologie*, **30**, 3-9.
BRESSON F. & SCHONEN S. DE (1979), «Le développement cognitif : les problèmes que pose aujourd'hui son étude», *Revue de Psychologie Appliquée*, **29**, 119-128.
BRIDGER W.H. (1961), «Sensory habituation abs discrimination in the human neonate», *American Journal of Psychiatry*, **117**, 991-996.
BRIL B. & LEHALLE H. (1988), *Le développement psychologique est-il universel? Approches interculturelles*, Paris, Presses Universitaires de France.
BRONFENBRENNER U. (1975), «Is early intervention effective?», in B.Z. FRIEDLANDER, G.M. STERRITT & G.E. KIRK (éds), *Exceptional Infant*, vol. 3, New York, Brunner Mazel, 449-475.
BROOKS J. & WEINRAUB M. (1976), «A history of infant intelligence testing», in M. LEWIS (éd.), *Origins of intelligence*, London, Sydney, Toronto, Wiley & sons, 19-58.
BROOKS-GUNN J. & WEINRAUB M. (1983), «Origins of infant intelligence testing», in

M. LEWIS (éd.), «Origins of intelligence», 2ᵉ édition, New York, London, Plenum Press, 25-66.
BRUNER J.S. (1966), «On cognitive growth», in J.S. BRUNER, R.R. OLVER & P.M. GREENFIELD (éds), *Studies in cognitive growth*, New York, Wiley.
BRUNER J.S. (1969), «Eye, hand and mind», in D. ELKIND & J.S. FLAVELL (éds), *Studies in Cognitive Development*, New York, Oxford Press.
BRUNER J.S. (1973), «Organisation of early skilled actions», *Child Development*, 44, 1-11.
BRUNER J.S. (1977), «Early social interaction and language acquisition», in H.R. SCHAFFER (éd.), *Studies in mother-infant interaction*, London, Academic Press.
BRUNER J.S. (1983), *Le développement de l'enfant : savoir faire et savoir dire*, Paris, Presses Universitaires de France.
BRUNER J.S., GOODNOW J.J. & AUSTIN G.A. (1956), *A study of thinking*, New York, Wiley & sons.
BRUNER J.S., SHAPIRO D. & TAGIURI R. (1958), «The meaning traits in isolation and in combination», in R. TAGIURI & L. PETRULLO (éds). *Person perception and interpersonal behavior*, Stanford, Stanford university press.
BRUNET O. & LEZINE I. (1951/1965), *Le développement psychologique de la première enfance*, Paris, Presses universitaires de France.
BRYANT P.E. (1985), «Parents, children and cognitive development», in R.A. HINDE, A.-N. PERRET-CLERMONT & J. STEVENSON-HINDE (éds), *Social relationships and cognitive development* (A symposium of the Fyssen Foundation), Oxford, Oxford University Press.
BUHLER C. (1930), *The first year of life*, New York, John Day.
BULLINGER A. (1977), «Orientation de la tête du nouveau-né en présence d'un stimulus visuel», *L'Année Psychologique*, 77 (2), 357-364.
BULLINGER A. (1982), «Elaboration cognitive des conduites sensori-motrices», in G. BUTTERWORTH (éd.), *Infancy and epistemology*, London, Harvester Press.
BULLINGER A. (1987a), «Action as tutor for the infant's tool of exploration. Contribution to the symposium : Perception and action : The acquisition of skill, Society for Research in Child Development», Biennal meeting, Baltimore.
BULLINGER A. (1987b), «The movement or its control?», *Cahiersde Psychologie Cognitive*, 7, 143-146.
BULLINGER A. (1987c), «Space, organism and objects. A piagetian approach», in P. ELLEN & C. THINUS-BLANC (éds), *Cognitive processes and spatial orientation in animal and man*, vol. 2, Dordrecht, Martinus Nijhoff Publishers, 220-232.
BULLINGER A. (1987d), «La formation d'actions motrices chez l'enfant, aspects sensorimoteurs. Communication au colloque : Nouvelles approches du développement dans l'étude du fonctionnement cognitif de l'enfant», Section de Psychologie de l'Enfant de la Société Française de Psychologie, Paris, mars.
BULLINGER A. & ROCHAT P. (1985), «L'activité orale du nourrisson comme indice du comportement», *Comportements*, 2, 55-68.
BURD A., MILEWSKI A. & CAMRAS L. (1981), «Matching of facial gestures by young infants : Imitation or releasers?», presented tothe Society for Research in Child Development, Boston.
BURNHAM D.K. & OLYMBIOS P. (1985), «Discriminations of mothers'and strangers' faces by 1-, 3- and 5-month-old infants : Facilitation by voice», poster presented at the ISSBD meeting, Tours, July.
BURT C. (1921), *Mental and scholastic tests*, London, King.
BUSHNELL I.W.R., GERRY G. & BURT K. (1983), «The externality effect in neonates», *Infant Behavior and Development*, 6, 151-156.
BUTTERWORTH G. (1976), «Perception and cognition : Where do we stand in the mid

seventies?», in P. WILLIAMS & V. VARMA (éds), *Piaget, psychology and education : Papers in honor of Jean Piaget*, London, Hodder & Stoughton.

BUTTERWORTH G. (1977), «Object disappearance and error in Piaget's stage IV task», *Journal of Experimental Child Psychology*, **23**, 391-401.

BUTTERWORTH G. (1978), «Thought and things : Piaget's theory», in A. BURTON & J. RADFORD (éds), *Perspectives on thinking*, London, Methuen.

BUTTERWORTH G. (éd.) (1982), *Infancy and epistemology*, New York, St Martin's press.

BUTTERWORTH G. (1983), «Structure of the mind in human infancy», in L.P. LIPSITT (éd.), *Advances in infancy research*, vol. 2, Norwood, N. J., Ablex.

BUTTERWORTH G., JARETT N. & HICKS L. (1982), «Spatio-temporal identity in infancy : perceptual competence or conceptual deficit?», *Developmental Psychology*, **18** (3), 435-449.

CALDWELL B.M. & BRADLEY R.H. (1978), *Home observation for the measurement of the environment*, Little Rock, University of Arkansas.

CAMERON J., LIVSON N. & BAYLEY N. (1967), «Infant vocalization and their relationship to mature intelligence», *Science*, **157**, 331-333.

CARON R.F. & CARON A.J. (1968), «The effect of repeated exposure and stimuli complexity on visual fixation in infants», *Psychonomic Science*, **10** (6), 207-208.

CARON R.F. & CARON A.J. (1969), «Degree of stimulus complexity and habituation of visual fixation in infants», *Psychonomic Sciences*, **14** (2), 78-79.

CARON A.J., CARON R.F. & GLASS P. (1983), «Responsiveness to relational information as a measure of cognitive functioning in nonsuspect infants», in T. FIELD & A. SOSTEK (éds), *Infants born at risk : Physiological, perceptual, and cognitive processes*, New York, Grune & Stratton, 181-209.

CARPENTER G.C. (1974), «Visual regard of moving and stationary faces in early infancy», *Merrill Palmer Quarterly*, **20**, 181-194.

CARROLL J.B. (1976), «Psychometric tests as cognitive tasks : A new ‹structure of intellect›», in L.B. RESNICK (éd.), *The nature of intelligence*, Hillsdale, N. J., Lawrence Erlbaum.

CASATI I. & LEZINE I. (1968), *Les étapes de l'intelligence sensori-motrice*, Paris, Editions du Centre de Psychologie Appliquée.

CASE R. (1985), *Intellectual development. Birth to adulthood*, Orlando, Academic Press.

CASTELLUCI U. & KANDEL E.R. (1976), «An invertebrate system for the cellular study of habituation and sensitization», in T.J. TIGHE & R.N. LEATON (éds), *Habituation*, Hillsdale, N. J., Lawrence Erlbaum.

CATTELL P. (1940), *The measurement of intelligence of young infants and young children*, New York, The Psychological Corporation.

CATTELL R.B. (1963), «Theory of fluid and cristallized intelligence : A critical experiment», *Journal of Educational Psychology*, **54**, 1-22.

CHAILLE S.E. (1887), «Infants : Their chronological process», *New Orleans Medical and Surgical Journal*, **14**, 893-912.

CHANGEUX J.P. (1983), *L'homme neuronal*, Paris, Fayard.

CHARLESWORTH W.R. (1976), «Human intelligence as adaptation : An ethological approach», in L.B. RESNICK (éd.), *The nature of intelligence*, Hillsdale, N. J., Lawrence Erlbaum.

CHASE W.G. & SIMON H.A. (1973), «The mind's eye in chess», in W.G. CHASE (éd.), *Visual information processing*, New York, Academic Press, 215-281.

CHATEAU J. (1983), *L'intelligence ou les intelligences?*, Bruxelles, Mardaga.

CLARK H. & CHASE W. (1972), «On the process of comparing sentences against pictures», *Cognitive Psychology*, **3**, 472-517.

CLARKE-STEWART K.A. (1973), «Interactions between mothers and their young childrens :

Characteristics and consequences», *Monographs of the Society for Research in Child Development*, **38**, 6-7, serial n° 153.
CLARKE-STEWART K.A. (1978), «And daddy makes three : The father impact on mother and young child», *Child Development*, **48**, 466-478.
CLIFTON R.K. & MEYERS W.T. (1969), «The heart-rate response of four-month-old infants to auditory stimuli», *Journal of Experimental Child Psychology*, **7**, 122-135.
CLIFTON R.K. & NELSON M.N. (1976), «Developmental study of habituation in infants : The importance of paradigm, response system, and state», in T.J. TIGHE & R.N. LEATON (éds), *Habituation : Perspectives from child development, animal behavior, and neurophysiology*, Hillsdale, N. J., Erlbaum.
COHEN L.B. (1972), «Attention-getting and attention-holding processes of infant visual preferences», *Child Development*, **43**, 869-879.
COHEN L.B. (1973), «A two process model of infant visual attention», *Merrill-Palmer Quarterly*, **19**, 157-180.
COHEN L.B. (1976), «Habituation of infant visual attention», in T.J. TIGHE & R.N. LEATON (éds), *Habituation : perspectives from Child development, animal behavior, and neurophysiology*, Hilsdale, N. J., Lawrence Erlbaum.
COHEN L.B., DELOACHE J.S. & RISSMAN A.W. (1975), «The effect of stimulus complexity on infant visual attention and habituation», *Child Development*, **46**, 611-617.
COHEN L.B. & GELBER E.R. (1975), «Infant visual memory», in L.B. COHEN & P. SALAPATEK (éds), *Infant perception : Fron sensation to cognition*, vol. 1, New York, Academic Press.
COHEN L.B. & MENTEN T.G. (1981), «The rise and fall of infant habituation», *Infant Behavior and Development*, **4**, 269-280.
COLOMBO J. & HOROWITZ F.D. (1985), «A parametric study of infant control procedure», *Infant Behavior and Development*, **8**, 117-121.
COLOMBO J., MITCHELL D.W., O'BRIEN M. & HOROWITZ F.D. (1987), «The stability of visual habituation during the first year of life», *Child Development*, **58** (2), 474-487.
CONDON W.S. (1979), «Neonatal entrainment and enculturation», in M. BULLOWA (éd.), *Before speech*, Cambridge, Cambridge University Press.
CONDON W.S. & SANDERS L.W. (1974), «Neonate movement is synchronised with adult speech : interactional participation and langage acquisition», *Science*, **183**, 99-101.
CONNOLY K. & BRUNER J.S. (éds) (1974), *The growth of competence*, London, Academic Press.
COSTAL A. (1982), «On how so much information controls so much behavior : James Gibson's theory of direct perception», in G. BUTTERWORTH (éd.), *Infancy and Epistemology : an evaluation of Piaget's theory*, New York, St. Martin's Press.
CRUCHET T. (1911), «Evolution psychophysiologique de l'enfant du jour de la naissance à l'âge de deux ans», *Année Psychologique*, **17**, 48-63.
CUMMINGS E.M. & BJORK E.L. (1981a), «The search behavior of 12 to 14 month-old infants on a five-choice invisible displacement hiding task», *Infant Behavior and Development*, **4**, 47-60.
CUMMINGS E.M. & BJORK E.L. (1981b), «Search on a five-choice invisible displacement hiding task : A rejoinder to Schuberth and Gratch», *Infant Behavior and Development*, **4**, 65-68.
DANNEMILLER J.L. (1984), «Infant habituation crietria : I. A Monte Carlo study of the 50% decrement criterion», *Infant Behavior and Development*, **7**, 147-166.
DASEN P., INHELDER B., LAVALLEE N. & RETSCHITZKI J. (1978), *Naissance de l'intelligence chez l'enfant Baoulé de Côte d'Ivoire*, Berne, Hans Huber.
DECASPER A.J. & FIFER W.P. (1980), «Of human bonding : Newborn prefer their mothers-'voices», *Science*, **208**, 1174-1176.

DELOACHE J.S. (1976), «Rate of habituation and visual memory in infants», *Child Development*, **47**, 145-154.
DEMANY L. (1979), «L'appréhension perceptive des structures temporelles chez le nourrisson», in *Du temps biologique au temps psychologique*, Symposium de l'Association de Psychologie Scientifique de Langue Française, Paris, Presses Universitaires de France.
DEMANY L. (1982), «Auditory stream segregation in infancy», *Infant Behavior and Development*, **5**, 261-276.
DEMANY L., MC KENZIE B. & VURPILLOT E. (1977), «Rythm perception in early infancy», *Nature*, **266**, 718-719.
DEMBER W.N. (1960), *The psychology of perception*, New York, Holt, Rinehart & Winston.
DEMBER W.N. & EARL R.W. (1957), «Analysis of exploratory, manipulatory, and curiosity behaviors», *Psychological Review*, **64**, 91-96.
DICKIE J.R. & GERBER S.C. (1980), «Training in social competence : The effects on mothers, fathers, and infants», *Child Development*, **51**, 1248-1251.
DIDEROT D. & D'ALEMBERT J. (1751-1780), *Encyclopédie ou dictionnaire raisonné des sciences, des arts et des métiers*, Paris, Briasson.
DOISE W. & PALMONARI A. (éds) (1984), *Social interaction in individual development*, Cambridge, Paris, Cambridge University Press, Editions de la Maison des Sciences de l'Homme.
DOISE W. & MUGNY G. (1981), *Le développement social de l'intelligence*, Paris, Interéditions.
DREYFUS H.L. (1984), *Intelligence artificielle : Mythes et réalités*, Paris, Flammarion.
EIMAS P. (1975), «Speech perception in early infancy», in L.B. COHEN & P. SALAPATEK (éds), *Infant perception : from sensation to cognition*, vol. 2, New York, Academic Press.
ELARDO R., BRADLEY R. & CALDWELL B.M. (1975), «The relations of infants home environnement to mental test performance from six to thirty six months : a longitudinal analysis», *Child Development*, **46**, 71-76.
ESCALONA S.K. & MORIARTY A. (1961), «Prediction of school-age intelligence from infant tests», *Child Development*, **32**, 597-605.
FAGAN J.F. (1970), «Memory in the infant», *Journal of Experimental Child Psychology*, **9**, 217-226.
FAGAN J.F. (1972), «Infant recognition memory for faces», *Journal of Experimental Child Psychology*, **14**, 453-476.
FAGAN J.F. (1973), «Infant's delayed recognition memory and forgetting», *Journal of Experimental Child Psychology*, **16**, 424-450.
FAGAN J.F. (1974), «Infant recognition memory : The effects of length of familiarization and type of discrimination tasks», *Child Development*, **45**, 351-356.
FAGAN J.F. (1975), «Infant recognition memory as a present and future index of cognitive abilities», in N.R. ELLIS (éd.), *Aberrant development in infancy : Human and animal studies*, Hillsdale, N. J., Lawrence Earlbaum Associates.
FAGAN J.F. (1976), «Infant's recognition of invariant features of faces», *Child Development*, **47**, 627-638.
FAGAN J.F. (1977a), «An attention model of infant recognition», *Child Development*, **48**, 345-359.
FAGAN J.F. (1977b), «Infant recognition memory : Studies in forgetting», *Child Development*, **48**, 68-78.
FAGAN J.F. (1979), «The origins of facial pattern recognition», in M. BORNSTEIN & W. KESSEN (éds), *Psychological development from infancy*, Hilsdale, N. J., Lawrence

Erlbaum Associates.
FAGAN J.F. (1981), «Infant intelligence», *Intelligence*, **5**, 239-243.
FAGAN J.F. (1984a), «The intelligent infant : theoretical implications», *Intelligence*, **8**, 1-9.
FAGAN J.F. (1984b), «Recognition memory and intelligence», *Intelligence*, **8**, 31-36.
FAGAN J.F. & MC GRATH S.K. (1981), «Infant recognition memory and later intelligence», *Intelligence*, **5**, 121-130.
FAGAN J.F. & SINGER L.T. (1982), «Infant recognition memory as a measure of intelligence», in L.P. LIPSITT (éd.), *Advances in infancy research*, vol. 2, 31-78, Norwood, N. J., Ablex.
FAGAN J.F., SINGER L.T., MONTIE J.E. & SHEPHERD P.A. (1986), «Selective screening device for the early detection of normal or delayed cognitive development in infants at risk for later mental retardation», *Pediatrics*, **78**, 1021-1026.
FANTZ R.L. (1958), «Pattern vision in young infants», *Psychological Record*, **58**, 43-47.
FANTZ R.L. (1961), «The origin of form perception», *Scientific American*, **204**, 66-72.
FANTZ R.L. (1963), «Pattern vision in newborn infants», *Science*, **140**, 296-297.
FANTZ R.L. (1964), «Visual experience in infants : Decreased attention to familiar patterns relative to novel ones», *Science*, **146**, 668-670.
FANTZ R.L. (1965), «Visual perception from birth as shown by pattern selectivity», *Annals of the New-York Academy of Science*, **178**, 793-814.
FANTZ R.L. (1966), «Pattern discrimination and selective attention as determinants of perceptual development from birth», in A.H. KIDD & J.L. RIVOIRE (éds), *Perceptual development in children*, New York, International University Press.
FANTZ R.L. (1967), «Visual perception and experience in early infancy : A look at the hidden side of behavior development», in H.W. STEVENSON, E.H. HESS & H.L. RHEINGOLD (éds), *Early behavior. Comparative and developmental approaches*, New York, London, Sydney, John Wiley & Sons.
FANTZ R.L. & MIRANDA S.B. (1975), «Newborn infant attention to form of contour», *Child Development*, **46**, 224-228.
FANTZ R.L., FAGAN J.F. & MIRANDA S. (1975), «Early vision selection», in L.B. COHEN & P. SALAPATEK (éds), *Infant perception : From sensation to cognition*, vol. 1, New York, Academic Press, 249-345.
FANTZ R.L. & NEVIS S. (1967), «Pattern preference and perceptual-cognitive development in early infancy», *Merrill Palmer Quarterly*, **13**, 77-108.
FANTZ R.L., ORDY J.M. & UDELF M.S. (1962), «Maturation of pattern vision in infants during the first six months», *Journal of Comparative and Physiological Psychology*, **55**, 907-917.
FIELD T.M. (1979), «Differencial behavior and cardiac responses of 3-month-old infants to a mirror and peer», *Infant Behavior and Development*, **2**, 179-184.
FIELD T.M. (1985), «Neonatal perception of people : Maturational and individual differences», in T.M. FIELD & N.A. FOX (éds), *Social perception in infants*, Norwood, N. J., Ablex.
FIELD T.M., COHEN D., GARCIA R. & GREENBERG R. (1984), «Mother-stranger face discrimination by the newborn», *Infant Behavior and Development*, **7**, 19-26.
FIELD T. & FOGEL A. (éds), (1982), *Emotion and early interaction*, Hillsdale, N. J., London.
FIELD T.M. & FOX N.A. (éds) (1985), *Social perception in infants*, Norwood, N. J., Ablex.
FIELD T.M. & PAWLY S. (1980), «Early face to face interactions of British and American working- and middle-class mother-infant dyads», *Child Development*, **51**, 250-253.
FIELD T.M., WOODSON R., COHEN D., GREENBERG R., GARCIA R. & COLLINS K. (1983), «Discrimination and imitation of facial expression by term and preterm neonates», *Infant Behavior and Development*, **6**, 485-490.

FIELD T.M., WOODSON R., GREENBERG D. & COHEN D. (1982), «Discrimination and imitation of facial expression by neonates», *Science*, **218**, 179-181.
FILLMORE E.A. (1936), «Iowa test for young children», *University of Iowa Studies on Child Welfare*, **11** (4).
FITZGERALD H.E. & BRACKBILL Y. (1971), «Tactile conditioning in an autonomic and somatic response in young infants», *Conditional Reflex*, **6**, 41-51.
FITZGERALD H.E. & BRACKBILL Y. (1976), «Classical conditioning in infancy : Development and constraints», *Psychological Bulletin*, **83**, 353-376.
FLAMENT F. (1982), «Du système d'interactions sociales entre jeunes enfants : dynamique et signification», *Bulletin d'Audiophonologie*, **2-3**, 277-298.
FLIELLER A., SAINTIGNY N. & SCHAEFFER (1986), «L'évolution du niveau intellectuel des enfants de 8 ans sur une période de 40 ans (1944-1984)», *L'orientation Scolaire et Professionnelle*, **15** (1), 61-83.
FONTAINE R. (1982), *Conditions d'évocation des conduites imitatives chez l'enfant de 0 à 6 mois*, thèse de 3e cycle, EHESS, Paris.
FONTAINE R. (1984a), «Imitative skill between birth and six months», *Infant Behavior and Development*, **7**, 323-333.
FONTAINE R. (1984b), «Problèmes méthodologiques posés par l'étude de l'imitation chez le bébé», *Cahiers de Psychologie Cognitive*, **4** (3), 517-535.
FONTAINE R. (1984c), «Fixation de la nuque et organisation du geste d'atteinte chez le nouveau-né», *Comportements*, **1**, 119-121.
FREEDMAN D.G. (1964), «Smiling in blind infants and the issue of innate versus acquired», *Journal of Child Psychology and Psychiatry and Allied Disciplines*, **5**, 171-184.
FREEMAN N.H., LLOYD S. & SINHA C.G. (1980), «Infant search task reveal early concepts of containmene», N. J., Lawrence Erlbaum Associates.
FRIEDMAN S. (1972), «Habituation and recovery of visual response in the alert human newborn», *Journal of Experimental Child Psychology*, **13**, 339-349.
FRIEDMAN S. (1975), «Infant habituation : Process, problems and possibilities», in N. ELLIS (éd.), *Aberant development in infancy : Human and animal studies*, New York, Halsted Press.
GARDNER H. (1983), *Frames of mind : The theory of multiple intelligences*, New York, Basic Books.
GEBER M. (1958), «The psychomotor development of African children in the first year and the influence of maternal behavior», *Journal of Social Psychology*, **47**, 185-195.
GEBER M. (1973), «L'environnement et le développement des enfants africains», *Enfance*, **26** (3-4), 145-174.
GEBER M. & DEAN R.F.A. (1957), «The state of development of newborn african children», *The Lancet*, **1**, 1216-1219.
GEKOSKI M.J. (1977), «Visual attention and operant conditioning in infancy : a second look», D.A. International 60 (2-B), 875.
GELBER E.R. (1972), «Habituation, discrimination learning and visual information processing in infants», unpublished doctoral dissertation, University of Illinois, Urbana-Champaign.
GELMAN R. & SPELKE E.S. (1981), «The development of thoughts about animate and inanimate objects : implications for research on social cognition», in J.H. FLAVELL & L. ROSS (éds), *Social cognition development : Frontiers and possible futures*, Cambridge, University Press, 43-66.
GESELL A. (1926), *The mental growth of the pre-school child*, New York, Mc Millan.
GESELL A. (1928), *Infancy and human growth*, New York, Mac Millan.
GESELL A. & AMATRUDA S. (1974), «Developmental diagnosis. The evolution and management of normal and abnormal neuropsychologic development in infancy and early

childhood», 3ᵉ édition, Hagerstown (Maryland), New York, San Francisco, London, Knobloch & Pasmanick.
GIBSON E.J. (1969), *Principles of perceptual learning and development*, New York, Appleton-Century-Crofts.
GIBSON E.J. & WALKER A. (1984), «Development of knowledge of visual-tactual affordances of substance», *Child Development*, **55**, 453-460.
GIBSON J.J. (1966), *The senses considered as perceptual systems*, Boston, Houghton Mifflin.
GIBSON J.J. (1979), *The ecological approach to visual perception*, Boston, Houghton Mifflin.
GOLDEN M. & BIRNS B. (1983), «Social class and infant intelligence», in M. LEWIS (éd.), *Origins of intelligence*, New York, Plenum Press.
GOODENOUGH F.L. (1956), *L'intelligence d'après le dessin*, Paris, Presses Universitaires de France.
GOREN C.C., SARTY M. & WU P. (1975), «Visual following and pattern discrimination of face-like stimuli by newborn infants», *Pediatrics*, **56** (4), 544-549.
GOTTFRIED A.W. (éd.) (1984), *Home environment and early cognitive development*, New York, Academic Press.
GOTTLIEB G. (1971), «Ontogenesis of sensory function in birds and mammals», in E. TOBACH, L.R. ARONSON & E. SHAW (éds), *The biopsychology of development*, New York, Academic Press.
GOTTLIEB G. & KRASNEGOR N.A. (1985), *Measurement of audition and vision in the firstyear of postnatal life : A methodological overview*, Norwood, N. J., Ablex.
GOUIN-DECARIE T. (1962), *Intelligence et affectivité chez le jeune enfant*, Neuchâtel, Delachaud & Niestlé.
GOUIN-DECARIE T. (1966), «Intelligence sensori-motrice et psychologie du premier âge», in B. INHELDER (éd.), *Psychologie et épistémologie génétiques. Thèmes Piagetiens*, Paris, Dunod, 299-305.
GOUIN-DECARIE T. (éd.) (1972), *La réaction du jeune enfant à la personne étrangère*, Montréal, Presses Universitaires.
GOUIN-DECARIE T. & RICHARD M. (1982), «La socialisation du nourrisson», *La Recherche*, **13** (139), 1388-1393.
GOULD S.J. (1983), *La malmesure de l'homme*, Paris, Ramsay.
GREEN J.A., GUSTAFSON G.E. & WEST M.J. (1980), «Effects of infant development on mother-infant interaction», *Child Development*, **51**, 199-207.
GREENBERG D.J., O'DONNELL W.J. & CRAWFORD D. (1973), «Complexity levels, habituation and individual differences in early infancy», *Child Development*, **44**, 569-574.
GREENBERG D.J., UZGIRIS I.C. & HUNT J. MC V. (1970), «Experience and attentional preference in infancy III», *Journal of Genetic Psychology*, **117**, 123-135.
GRENIER A. (1981), «La ‹motricité libérée› par fixation manuelle de la nuque au cours des premières années de la vie», *Archives Françaises de Pédiatrie*, **38**, 557-561.
GRINGS W.W. (1965), «Verbal-perceptual factors in the conditionning of autonimic responses», in W.F. PROKASY (éd.), *Classical conditionning*, New York, Appleton Century-Crofts.
GROVES P.M. & THOMSON R.F. (1970), «Habituation : A dual-process theory», *Psychological Review*, **77**, 419-450.
GUILFORD J.P. (1956), «The structure of intellect», *Psychological Bulletin*, **53**, 267-293.
GUILFORD J.P. (1959), *Personality*, New York, Mc Graw Hill.
GUILFORD J.P. (1967), *The nature of human intelligence*, New York, Mac Graw Hill.
GUILFORD J.P. (1982), «Cognitive psychology's ambiguities : Some suggested remedies», *Psychological Review*, **89**, 48-59.

GUILLAUME P. (1927), *L'imitation chez l'enfant*, Paris, Presses Universitaires de France.
GUILLAUME P. (1932), *Manuel de psychologie*, Paris, Presses Universitaires de France.
HAAF R.A. (1974), «Complexity and facial resemblance as determinants of response to facelike stimuli by 5- and 10-week-old infants», *Journal of Experimental Child Psychology*, **18**, 480-487.
HAAF R.A. (1977), «Visual response to complex facelike patterns by 15- and 20-week-old infants», *Developmental Psychology*, **13**, 77-78.
HAAF R.A. & BELL R.O. (1967), «The facial dimension in visual discrimination by human infants», *Child Development*, **38**, 893-899.
HAITH M.M. (1980), *Rules that babies look by : The organization of newborn activity*, Hillsdale, N. J., Lawrence Erlbaum.
HAITH M.M. (1985), «Visual exploration and relative fixation time in early infancy», *Comportements*, **3**, 69-92.
HAITH M.M., BERGMAN T. & MOORE M. (1977), «Eye contact and face scanning in early infancy», *Science*, **198**, 853-855.
HARLOW H. (1959), «Love in infant monkeys», *Scientific American*, **200**, 68-74.
HARRIS P.L. (1974), «Perseverative search at a visibly empty place by young infants», *Journal of Experimental Child Psychology*, **18**, 535-542.
HARRIS P.L. (1983), «Infant cognition», in M.M. HAITH & J.J. CAMPOS (éds), *Handbook of child psychology*, vol. 1, New-York, Wiley.
HATWELL Y. (1986), *Toucher l'espace*, Lille, Presses Universitaires de Lille.
HAY L. (1985), «La transition des comportements réflexes aux comportements volontaires : l'exemple de l'atteinte manuelle», *Année Psychologique*, **85**, 407-428.
HAYES L.A. & WATSON J.S. (1981), «Neonatal imitation : Fact or artifact?», *Developmental Psychology*, **17**, 655-660.
HAYES L.A., EWY R.D. & WATSON J.S. (1982), «Attention as a predictor of learning in infants», *Journal of Experimental Child Psychology*, **34**, 38-45.
HEBB D.O. (1949), *The organization of behavior*, New York, Wiley.
HEBER R. & GARBER H. (1975), «The Milwaukee project : a study of the use of family intervention to prevent cultural-familial mental retardation», in B.Z. FRIEDLANDER, G.M. STERRITT & G.E. KIRK (éds), *Exceptional infant*, vol. 3, New York, Brunner Mazel, 399-475.
HENRY P. (1987), «‹On ne remplace pas le cerveau par une machine› : un débat mal engagé», in J.-L. LE MOIGNE (éd.), *Intelligence des mécanismes, mécanismes de l'intelligence*, Paris, Fayard, Fondadion Diderot, 295-330.
HERRNSTEIN R.J., LOVELAND D.H. & CABLE C. (1976), «Natural concepts in pigeons», *Journal of Experimental Psychology : Animal Behavior Processes*, **2**, 285-311.
HINDE R.A., PERRET-CLERMONT A.-N. & STEVENSON-HINDE J. (éds) (1985), *Social relationships and cognitive development* (A symposium of the Fyssen foundation), Oxford, Oxford University Press.
HOFSTEN C. VON (1982), «Eye-hand coordination in the newborn», *Developmental Psychology*, **18**, 450-461.
HOFSTEN C. VON (1983), «Foundations for perceptual development», in P. LIPSITT (éd.), *Advances in infancy research*, vol. 2, Norwood, N. J., Ablex, 241-264.
HOFSTEN C. VON (1984), «Developmental changes in the organization of pre-reaching movements», *Developmental Psychology*, **20**, 378-388.
HOFSTEN C. VON & FAZEL-ZANDY S. (1984), «Development of visually guided hand orientation in reaching», *Journal of Experimental Child Psychology*, **38**, 208-219.
HOFSTEN C. VON & SPELKE E.S. (1985), «Object perception and object-directed reaching in infancy», *Journal of Experimental Psychology : General*, **114**, 198-211.
HONZIK M.P. (1976), «Value and limitation of infant tests : an overview», in M. LEWIS

(éd.), *Origins of Intelligence*, London, Sydney, Toronto, Wiley & Sons, 59-95.

HONZIK M.P., MC FARLANE J.W. & ALLEN L. (1948), «Stability of mental test performance between 2 and 18 years», *Journal of Experimental Education*, **17**, 309-324.

HOROWITZ F.D. (1974), «Visual attention, auditory stimulation, and langage discrimination», *Monographs of the Society for Research in Child Development*, **39** (5-6).

HOROWITZ F.D., PADEN L., BHANA K. & SELF P. (1972), «An infant-controlled procedure for studying infant visual fixations», *Developmental Psychology*, **7**, 90.

HUBEL D.H. & WIESEL T.N. (1959), «Receptive fields of single neurons in the cat's striate cortex», *Journal of Physiology*, **148**, 574-591.

HUBEL D.H. & WIESEL T.N. (1962), «Receptive fields, binocular interaction and functional architecture in the cat's visual cortex», *Journal of Physiology*, **160**, 106-154.

HUBEL D.H. & WIESEL T.N. (1968), «Receptive fields and functional architecture of monkey striate cortex», *Journal of Physiology*, **195**, 215-243.

HUMPHREYS L.G. (1976), «A factor model for research on intelligence and problem solving», in L.B. RESNICK (éd.), *The nature of intelligence*, Hillsdale, N. J., Lawrence Erlbaum, 329-339.

HUNT J. MC V. (1965), «Intrinsic motivation and its role in physiological development», in D. LEVINE (éd.), Nebraska symposium on motivation, Lincoln, University of Nebraska Press.

HUNT E.B. (1980), «Intelligence as an information processing concept», *British Journal of Psychology*, **71**, 449-474.

HUNTER M.A., ROSS H.S. & AMES E.W. (1982), «Preference for familiar or novel toys : effects of familiarization time in 1-year-olds», *Developmental Psychology*, **18**, 519-529.

INHELDER B. & PIAGET J. (1955), *De la logique de l'enfant à la logique de l'adolescent*, Paris, Presses Universitaires de France.

IZARD & SIMON T. (1916), «Les deux premières années de l'enfant», *Psychologique de l'Enfant*, **2**, 41-64.

JACOBSON S. (1979), «Matching behavior in the young infants», *Child Development*, **30**, 425-430.

JACOBSON S.W. & KAGAN J. (1979), «Interpreting ‹imitative› responses in early infancy», *Science*, **205**, 215-217.

JAMES W. (1890), *The principles of Psychology*, New York, Henry Holt.

JARRETT N. (1981), «The development of detour reaching in human infancy», unpublished study, University of Southampton.

JEFFREY W.E. (1976), «Habituation as a mechanism for perceptual development», in T.J. TIGHE & R.N. LEATON (éds), *Habituation*, Hillsdale, N. J., Lawrence Erlbaum.

JENKINS J.J. (1981), «Can we have a fruitful cognitive psychology?», in H.E. HOWE (éd.), *Nebraska Symposium on Motivation 1980*, Lincoln, University of Nebraska Press.

JENKINSON J.C. (1983), «Is speed of information processing related to fluid or cristallized intelligence?», *Intelligence*, **7**, 91-106.

JENSEN A.R. (1969), «How much can we boost I.Q. and scolastic achievment?», *Harvard Educational Review*, **39**, 1-123.

JONES-MOLFESE V. (1975), «Preferences of infants for regular and distored facial stimuli», *Child Development*, **46**, 1005-1009.

KAGAN J. (1971), *Change and continuity in infancy*, New York, Wiley.

KAGAN J. (1979), «Structure and process in the human infant : The ontogeny of mental representation», in M.H. BORNSTEIN & W. KESSEN (éds), *Psychological development from infancy : Image to intention*, New York, Toronto, Londres, Sydney, John Wiley & Sons, 159-182.

KAGAN J., HENKER B., HEN-TOV A., LEVINE J. & LEWIS M. (1966), «Infants' differential reactions to familiar and distorded faces», *Child Development*, **37**, 519-532.

KARMEL B.Z. (1969), «The effect of age, complexity, and amount of contour on pattern preferences in human infants», *Journal of Experimental Child Psychology*, **7**, 339-354.
KARMEL B.Z. & MAIZEL E.B. (1975), «A neuronal activity model for infant visual attention», in L.B. COHEN & P. SALAPATEK (éds), *Infant perception from sensation to cognition*, vol. 1, New York, Academic Press.
KAYE K. (1977), «Toward the origin of dialogue», in H.R. SCHAFFER (éd.), *Studies in mother-infant interaction*, London, Academic Press.
KAYE K. (1982), *The mental and social life of babies*, Brighton, Harvester Press.
KAYE K. & FOGEL A. (1980), «The temporal structure on face-to-face communication between mothers and infants», *Developmental Psychology*, **16**, 454-464.
KEATING D. (1978), «A search for social intelligence», *Journal of Educational Psychology*, **70**, 218-223.
KELLMAN P.J. & SPELKE E.S. (1983), «Perception of partly occluded objects in infancy», *Cognitive Psychology*, **15**, 483-524.
KELLMAN P.J., GLEITMAN H. & SPELKE E.S. (1986), «Object and observer motion in the perception of objects by infants», *Journal of Experimental Psychology : Human Perception and Performance*.
KELLMAN P.J., SPELKE E.S. & SHORT K. (1986), «Infant perception of object unity from translatory motion in depht and vertical translation», *Child Development*, **57**, 72-86.
KESTENBAUM R., TERMINE N. & SPELKE E.S. (1987), «Perception of objects and object boundaries by three-month-old infants», *British Journal of Developmental Psychology*, **5**, 367-383.
KLAKENBERG-LARSSON I. & STENSSON J. (1968), «Data on the mental development during the first five years», in *The development of children in a swedish urban community : A prospective longitudinal study. Acta Paediatrica Scandinavia*, **187**, Stockholm, Almqvist & Wiksell.
KÖHLER W. (1927), *L'intelligence chez les singes supérieurs*, Paris, Felix Alcan.
KOOPMAN P. & AMES E. (1968), «Infants' preferences for facial arrangements : A failure to replicate», *Child Development*, **39**, 481-487.
KOPP C.B. & MC CALL R.B. (1982), «Predicting later mental performance for normal, at-risk and handicapped infants», in P.M. BATES & O.G. BRIM (éds), *Life-span development and behavior*, vol. 4.
KREUTZER M.A. & CHARLESWORTH W.R. (1973), *Infants reaction to different expressions of emotions*, paper presented at the meeting of the Society for Research in Child Development, Philadelphia.
KUHLMANN F. (1922), *A handbook of mental tests*, Baltimore, Warwick & York.
LAMARRE G. & POMERLEAU A. (1985), «La signification des différences individuelles en habituation», communication à la huitième biennale de l'I.S.S.B.D., Tours, France, 6-10 juillet.
LAMB M.E. (1981), «Developing trust and perceived effectance in infancy», in L.P. LIPSITT (éd.), *Advances in infancy research*, vol. 1, Norwood, N. J., Ablex, 101-127.
LARSON S.K., DIPIETRO J.A. & PORGES S.W. (1987), «Neonatal and NBAS performance are related to development at 15 month», paper presented at the Society for Research in Child Development, Baltimore, M. D., April.
LAUTREY J. (1979), «Théorie opératoire et tests opératoires», *Revue de Psychologie Appliquée*, **29** (2), 161-177.
LAUTREY J. (1980), *Classe sociale, milieu familial et intelligence*, Paris, Presses Universitaires de France.
LAZORTHES G. (1982), *Le cerveau et l'esprit. Complexité et malléabilité*, Paris, Flammarion.
LAZORTHES G. (1986), *L'ouvrage des sens, fenêtres étroites sur le réel*, Paris, Flammarion.

LECANUET J.P., GRANIER-DEFERRE C. & BUSNEL M.C. (1988), «La sensorialité foetale : ontogénèse des systèmes sensoriels, conséquences de leur fonctionnement foetal», in J.P. RELIER, B. SALLE & J. LAUGIER (éds), *Foetus et nouveau-né. Pathologie, Biologie*, Paris, Flammarion, sous presse.

LECUYER R. (1985), «Demande d'habilitation à diriger des recherches», document ronéoté 72 pages, Paris, Université René Descartes.

LECUYER R. (1986), «Les bébés de moins de quatre mois regardent-ils au-delà de 40 cm?», *L'Année Psychologique*, **86** (1), 31-44.

LECUYER R. (1987a), «Habituation, réaction à la nouveauté et intelligence», *Bulletin de Psychologie*, **381**, 815-831.

LECUYER R. (1987b), «Habituation et développement cognitif. D'où viennent les différences individuelles», *Actes des quatrièmes journées du Groupe Francophone d'Etudes du Développement Psychologique de l'Enfant Jeune*, Louvain-la-Neuve, 23-24.5.1986, 26-37.

LECUYER R. (1987c), *Novelty, attention and developmental continuity*, paper presented to the symposium «Continuity in cognitive development from infancy to childhood : Issues and perspectives», IXth ISSBD meeting, Tokyo, June.

LECUYER R. (1989), «Habituation and Attention, novelty and cognition : where is continuity», *Human Development*, **32** (3-4), 148-157.

LECUYER R. & BORNSTEIN M.H. (1987), «Continuity in cognitive development from infancy to childhood : Issues and perspectives», Symposium au IXth ISSBD meeting, Tokyo, June.

LECUYER R., DOUIN L. & PINTENAT L. (1988), «Contrôle de l'attention dans une situation d'habituation visuelle chez les bébés de 5 mois», Colloque de la section expérimentale de la Société Française de Psychologie «Automatisme et Contrôle», Dijon, 29-30 janvier.

LECUYER R., MALCUIT G. & POMERLEAU A. (1986), «Methodological issues in the study of infancy», *ISSBD Newsletter*, **2**, serial n° 10, 1-3.

LECUYER R. & PECHEUX M.G. (1983a), «Développement cognitif et interaction sociale : la conquête du pouvoir par le nourrisson», *Recherches de Psychologie Sociale*, **5**, 107-124.

LECUYER R. & PECHEUX M.G. (1983b), *Exploratory behavior in 2-month old infants : the role of mother-infant interaction*, communication affichée aux VII^{e}s rencontres de l'ISSBD, Munich, Aout.

LECUYER R. & PECHEUX M.G. (1983c), «La vitesse d'habituation est-elle une caractéristique individuelle?», in S. DE SCHONEN (éd.), *Le développement dans la première année*, Paris, Presses Universitaires de France.

LECUYER R. & PECHEUX M.G. (1985), «Habituation and information processing in young infants», communication présentée au Symposium «Early perceptual development and later cognitive development», ISSBD, Tours, France.

LECUYER R. & PETARD J.-P. (1984), «Pourquoi l'audio-visuel dans l'enseignement? Réflexions sur un colloque», *Bulletin de Psychologie*, **365**, XXXVII, 725-729.

LECUYER R. & STRERI A. (1986), «Information intake in infants : Links between visual and tactual habituation», *Cahiers de Psychologie Cognitive*, **6**, (6), 565-574.

LEIDERMAN P.H., BABU B., KAGIA J., KRAEMER H.C. & LEIDERMAN G.F. (1973), «African infant precocity and some special influences during the first year», *Nature*, **242**, 247.

LEMAINE G. & MATALON B. (1985), *Hommes supérieurs, hommes inférieurs?*, Paris, Armand Colin.

LERNER J.V. & GALAMBOS N.L. (1986), «Child development and family change : The influences of maternal employment on infants and toddlers», in L.P. LIPSITT &

C. ROVEE-COLLIER (éds), *Advances in infancy research*, vol. 4, Norwood, N. J., Ablex.
LEWIS M. (1967), «Infant attention : Response decrement as a measure of cognitive processes, or what's new, baby Jane?», paper presented at the meeting of the society for research in child development, New York.
LEWIS M. (1969), «Infants' response to facial stimuli during the first year of life», *Developmental Psychology*, **1**, 75-86.
LEWIS M. (1971), «Individual differences in the measurement of cognitive growth», in J. HELLMUTH (éd.), *Exceptional infant*, vol. 2, New York, Brunner Mazel, 172-210.
LEWIS M. (1976), «What do we mean when we say ‹infant intelligence score›? A sociopolitical question», in M. LEWIS (éd.), *Origins of intelligence*, New York, London, Wiley.
LEWIS M. (éd.) (1976/1983), *Origins of intelligence*, London, New York, Wiley (2ᵉ édition : Plenum press).
LEWIS M. (1983), «On the nature of intelligence : Science or bias», in M. LEWIS (éd.), *Origins of intelligence*, 2ᵉ édition, New York, London, Plenum press.
LEWIS M. (1985), «Age as a social dimension», in T.M. FIELD & N.A. FOX (éds), *Social perception in infants*, Norwood, N. J., Ablex.
LEWIS M. & BALDINI N. (1979), «Attentional processes and individual differences», in G.A. HALE & M. LEWIS (éds), *Attention and cognitive development*, New York, Plenum Press.
LEWIS M. & BROOKS-GUNN J. (1981), «Visual attention at three months as a predictor of cognitive functioning at two years of age», *Intelligence*, **5**, 131-140.
LEWIS M. & ROSENBLUM L.A. (éds) (1974), *The effect of the infant on its caregiver*, New York, Wiley.
LEWONTIN R.C., ROSE S. & KAMIN L.J. (1985), *Nous ne sommes pas programmés*, Génétique, hérédité, idéologie, Paris, Editions de la découverte.
LINFERT H.E. & HIERHOLZER H.M. (1928), *A scale for measuring the mental development of infants during the first years of life*, Baltimore, Williams & Wilkins.
LITTLE A.H. (1971), «Eyed conditioning in the human infant as the function of the interstimulus interval», paper presented at the biennal meeting of the Society for Research in Child Development, Minneapolis.
MACFARLANE A. (1975), «Olfaction in the development of social preferences in the human neonate», in *Parent infant interaction*, Amsterdam, Elsevier.
MACKWORTH J.F. (1968), «Vigilance, arousal and habituation», *Psychological Review*, **75**, 308-322.
MADISON L.S., ADUBATO S.A., ANDERSON J.C., NELSON R.W., ERIKSON J. & KLUSS L. (1984), «Fetal response decrement : true habituation?», communication présentée à l'International Conference on Infant Studies, New York.
MALCUIT G. & POMERLEAU A. (1985), «Le rythme cardiaque», *Comportements*, **3**, 8-32.
MALCUIT G., POMERLEAU A. & LAMARRE G. (1988), «Habituation, visual fixation and cognitive activity in infants : A critical analysis and attempt at a new formulation», *Cahiers de Psychologie Cognitive*, **5**, 415-440.
MALCUIT G. & RAYMOND J. (1985), «Infant learning : What behavior, what is learned, and how to measure it», in the Symposium «Early learning and development», ISSBD VIIIth meetings, Tours (France).
MARATOS O. (1973), *Les origines et le développement de l'imitation dans les six premiers mois de la vie*, Thèse de l'université de Genève.
MARKMAN E.M., COX B. & MACHIDA S. (1981), «The standard object-sorting task as a measure of conceptual organization», *Developmental Psychology*, **17**, 115-117.
MARQUIS D.P. (1931), «Can conditionned reflexes be established in the newborn infant?», *Journal of Genetic Psychology*, **39**, 479-492.

MAURER D. (1985), «Infants' perception of facedness», in T.M. FIELD & N.A. FOX (éds), *Social perception in infants*, Norwood, N. J., Ablex.

MAURER D. & BARRERA M. (1981), «Infants' perception of natural and distorded arrangements of a schematic face», *Child Development*, **52**, 196-202.

MAURER D. & SALAPATEK P. (1976), «Developmental changes in the scanning of faces by young infants», *Child Development*, **47**, 523-527.

MAURY L. (1980), «De l'objet à l'espace : le problème de ‹l'erreur de la place›», *L'Année Psychologique*, **80**, 221-235.

MAURY L. & STRERI A. (1981), «Recherche de l'objet : modifications des références spatiales chez le bébé de 8 à 14 mois», *L'Année Psychologique*, **81**, 51-67.

MAITRE G. (1985), «La stabilité de la réponse d'habituation dans le temps chez les nourrissons de quatre mois», mémoire de Maîtrise, Département de Psychologie, Université du Quebec à Montréal.

MC CALL R.B. (1971), «Attention in the infant : avenue to the study of cognitive development», in D. WALKER & D. PETERS (éds), *Early childhood : the development of self-regulatory mechanisms*, New York, Academic Press, 103-137.

MC CALL R.B. (1976), «Toward an epigenic conception of mental development in the first three years of life», in M. LEWIS (éd.), *Origins of intelligence*, London, Wiley, 97-122.

MC CALL R.B. (1979a), «Qualitative transitions in behavioral development in the first two years of life», in M.H. BORNSTEIN & W. KESSEN (EDS), *Psychological Development from infancy : Image to intention*, Hillsdale, N. J., Lawrence Erlbaum Associates, 183-224.

MC CALL R.B. (1979b), «Individual differences in the pattern of habituation at 5 and 10 months of age», *Developmental Psychology*, **15** (5), 559-569.

MC CALL R.B. (1981a), «Early predictors of later I.Q. : the search continues», *Intelligence*, **5**, 141-147.

MC CALL R.B. (1981b), «Nature-nurture and the two realms of development : A proposed integration with respect to mental development», *Child Development*, **52**, 1-12.

MC CALL R.B. (1983), «A conceptual approach of early mental development», in M. LEWIS (éd.), *Origins of intelligence*, 2e édition, New York, London, Plenum press, 107-136.

MC CALL R.B., EICHORN D.H. & HOGARTY P.S. (1972), «Transitions in early mental development», *Monographs of the Society for Research in Child Development*, N° 42.

MC CALL R.B., HOGARTY P.S., HAMILTON J.S. & VINCENT J.H. (1973), «Habituation rate and the infant's response to visual discrepancies», *Child Development*, **44**, 280-287.

MC CALL R.B., HOGARTY P.S. & HURLBURT N. (1972), «Transitions in infant sensorimotor development and the prediction of childhood I.Q.», *American Psychologist*, **27**, 728-748.

MC CALL R.B. & KAGAN J. (1970), «Individual differences in the infant's distribution of attention to stimulus discrepancy», *Developmental Psychology*, **2**, 90-98.

MC CALL R.B., KENNEDY C.B. & APPELBAUM M.I. (1977), «Magnitude of discrepancy in the distribution of attention in infants», *Child Development*, **48**, 772-785.

MC CALL R.B. & MAC GHEE P.E. (1977), «The discrepancy hypothesis of attention and affect in infants», in I. UZGIRIS & F. WEIZMANN (éds), *The structuring of experience*, New York, Plenum.

MC CALL R.B. & MELSON W.H. (1969), «Attention in infants as a function of magnitude of discrepancy and habituation rate», *Psychonomic Science*, **17**, 317-319.

MC CALL R.B. & MELSON W.H. (1970a), «Complexity, contour, and area as determinants of attention in infants», *Developmental Psychology*, **3**, 343-349.

MC CALL R.B. & MELSON W.H. (1970b), «Amount of short-term familiarization and the response to auditory discrepancies», *Child Development*, **41**, 861-869.

MC CLELLAND D. (1973), «Testing for competence rather than for intelligence», *American Psychologist*, **28**, 1-14.
MC CLELLAND D.C., ATKINSON J.W., CLARK R.A. & LOWELL E.L. (éds) (1953), *The achievement motive*, New York, Appleton-Century-Crofts.
MC CLUSKEY K.A. & LINN P. (1977), «Habituation and dishabituation of visual attention to familiar, similar, and novel conceptual categories in 10- and 16-week-old infants, *Abstracts of individual papers of the Society for Research in Child Development Biennial Convention*, **1**, 107.
MC GURK H., TURNURE C. & CREIGHTON S.J. (1977), «Auditory-visual coordination in neonates», *Child Development*, **48**, 138-143.
MC KENZIE B.E. & DAY R.H. (1984), «Localization of fixed objects and events following observer movement : The development of position constancy in infancy», in *Advances in the behavioral measurement of children*, vol. 1, JAI Press.
MC KENZIE B. & OVER R. (1983a), «Young infants fail to imitate facial and manual gestures», *Infant Behavior and Development*, **6**, 85-96.
MC KENZIE B. & OVER R. (1983b), «Do neonatal infants imitate? A reply to Meltzoff & Moore», *Infant Behavior and Development*, **6**, 109-112.
MEHLER J. (1983), «La connaissance avant l'apprentissage», in S. DE SCHÖNEN (éd.), *Le développement dans la première année*, Paris, Presses Universitaires de France.
MEHLER J., BERTONCINI J., BARRIERE M. & JASSIK-GERSCHENFELD D. (1978), «Infant recognition of mother's voice», *Perception*, **7**, 491-497.
MELSON W.H. & MC CALL R.B. (1970), «Attentional responses of five-months girls to discrepant auditory stimuli», *Child Development*, **41**, 1159-1171.
MELTZOFF A.N. (1982), «Imitation, intermodal coordination and representation in early infancy», in G. BUTTERWORTH (éd.), *Infancy and epistemology*, Brighton, The Harvester Press.
MELTZOFF A.N. (1985), «The roots of social and cognitive development : models of mans'original nature», in T.M. FIELD & N.A. FOX (éds), *Social perception in infants*, Norwood, N. J., Ablex.
MELTZOFF A.N. & BORTON R.W. (1979), «Intermodal matching by human neonates», *Nature*, **282**, 403-404.
MELTZOFF A.N. & MOORE M.K. (1977), «Imitation of facial and manual gestures by human neonates», *Science*, **198**, 75-78.
MELTZOFF A.N. & MOORE M.K. (1983), «The origins of imitation in infancy : Paradigm, phenomena and theories», in L.P. LIPSITT (éd.), *Advances in infancy research*, vol. 1, Norwood, N. J., Ablex, 265-301.
MELTZOFF A.N. & MOORE M.K. (1983), «Newborn imitate adult facial gestures», *Child Development*, **54**, 702-709.
MENDELSON M. & HAITH M.M. (1977), «The relation between audition and vision in the human newborn», *Monographs of the Society for Research in Child Development*, **41** (Serial n° 167).
MICHOTTE A. (1950), «A propos de la permanence phénoménale, faits et théories», *Acta Psychologica*, **7**, 298-322.
MICHOTTE A. (1962), *Causalité, permanence et réalité phénoménales*, Louvain, Publications universitaires de Louvain.
MILEWSKI A.E. (1976), «Infants'discrimination of internal and external pattern elements», *Journal of Experimental Child Psychology*, **22**, 229-246.
MILEWSKI A.E. (1979), «Visual discrimination and detection of configurational invariance in three-month infants», *Developmental Psychology*, **15**, 357-363.
MILLER D.J., RYAN E.B., ABERGER E., MAC GUIRE M.D., SHORT E.J. & KENNY D.A. (1979), «Relationships between assessments of habituation and cognitive performance

in the early years of life», *International Journal of Behavioral Development*, **2**, 159-170.
MILLER D.J., RYAN E.B., SHORT E.J., RIES P.G., MAC GUIRE M.D. & CULLER M.P. (1977), «Relationship between early habituation and later cognitive performance in infancy», *Child Development*, **48**, 658-661.
MILLER D.J., RYAN E.B., SINNOTT J.P. & WILSON (1976), «Serial habituation in two, three and four months-old infants», *Child Development*, **47**, 341-349.
MILLER D.J., SPIRIDIGLIOZZI G., RYAN E.B., CALLAN M.P. & MAC LAUGHLIN J.E. (1980), «Habituation and cognitive performance : Relationships between measures at four years of age and earlier assessments», *International Journal of Behavioral Development*, **3**, 131-146.
MILLER G.A., GALANTER E. & PRIBRAM K.H. (1960), *Plans and the structure of behavior*, New York, Holt.
MILLER N.E. & DOLLARD J. (1941), *Social learning and imitation*, New Haven, Yale University Press.
MOAL A. & PECHEUX M.G. (1981), «Le développement des perceptions», in M. HURTIG & J.A. RONDAL (éds), *Introduction à la psychologie de l'enfant*, Bruxelles, Mardaga, 319-368.
MOIGNE J.-L. LE (1986), *Intelligence des mécanismes, mécanismes de l'intelligence*, Paris, Fayard, fondation Diderot.
MONTMOLLIN M. DE (1984), *L'intelligence de la tâche : Eléments d'ergonomie cognitive*, Berne, Francfort/Main, New York, Peter Lang.
MOORE M.K. (1973), *The genesis of object permanence*, paper presented at the biennial meeting of the Society for Research in Child Development, Philadelphia.
MOORE M.K. & CLARK D.D. (1975), *Object permanence and object identity : A stage-developmental model*, paper presented at the meeting of the Society for Research in Child Development, Denver.
MOORE M.K., BORTON R. & DARBY B. (1978), «Visual tracking in young infants : Evidence for object identity or object permanence?», *Journal of Experimental Child Psychology*, **25**, 183-197.
MOORE M.K. & MELTZOFF A.N. (1978), «Imitation, object permanence and langage development in infancy : Toward a neo-Piagetian perspective on communication and cognitive development», in F.D. MINIFIE & L.L. LLOYD (éds), *Communication and cognitive abilities Early behavioral assessment*, Baltimore, M. D., University Park Press.
MOORE M.K. & MYERS G.D. (1975), *The development of object permanence from visual tracking to total hidings : Two new stages*, paper presented at the Society for Research in Child Development, Denver.
MOSS M. (1987), «Neonatal behavioral organization and later cognitive functioning», poster Presented at the Society for Research in Child Development meeting, Baltimore, April 23-26.
MOSS H.A. & ROBSON K.S. (1968), «Maternal influences in early social visual behavior», *Child Development*, **48**, 658-661.
MOUNOUD P. (1971), «Développement des système de représentation et de traitement chez l'enfant», *Bulletin de Psychologie*, **296**, 261-272.
MOUNOUD P. (1973), «Les conservations physiques chez le bébé», *Bulletin de Psychologie*, **312**, 722-728.
MOUNOUD P. (1976), «Les révolutions psychologiques de l'enfant», *Archives de Psychologie*, **171**, 103-114.
MOUNOUD P. (1979), «Développement cognitif : construction de structures nouvelles ou construction d'organisations internes», *Bulletin de Psychologie*, **343**, 107-118.
MOUNOUD P. (1984), «A point of view on ontogeny», *Human development*, **27**, 329-334.

MOUNOUD P. (1986), «L'utilisation du milieu et du corps propre par le bébé», in J. PIAGET, P. MOUNOUD & J.P. BRONCKART (éds), *La psychologie. Encyclopédie de la Pleiade*, Paris, Gallimard, 562-601.
MOUNOUD P. & VINTER A. (1982), «Representation and sensori-motor development», in G. BUTTERWORTH (éd.), *Infancy and epistemology*, Brighton, Sussex, The harvester Press.
MOUNOUD P. & VINTER A. (1985), «La notion de représentation en psychologie génétique», *Psychologie Française*, **30**, 253-259.
MOUNOUD P., VINTER A. & HAUERT C.A. (1985), «Activités manuelles et développement cognitif», *Comportements*, **3**, 103-123.
MUGNY G. (éd.) (1985), *Psychologie sociale du développement cognitif*, Berne, Lang.
MUGNY G. (1987), «Les représentations sociales de l'intelligence», in H. MALEWSKA-PEYRE & J.P. ALMODOVAR (éds), *Intelligence et socialisation. Essai d'approche interdisciplinaire*, Vaucresson, *Cahiers du CRIV*.
MUGNY G. & CARUGATI F. (1985), *L'intelligence au pluriel. Les représentations sociales de l'intelligence et de son développement*, Cousset, Delval.
MUNDY P.C., SEIBERT J.M., HOGAN A.E. & FAGAN J.F. (1983), «Novelty responding and behavioral development in young, developmentally delayed children», *Intelligence*, **7**, 163-174.
NADEL J. (1987), «Zazzo & Wallon», *Bulletin de Psychologie*, **381**, 697-702.
NELSON C.A. (1985), «The perception and recognition of facial expressions in infancy», in T.M. FIELD & N.A. FOX (éds), *Social perception in infants*, Norwood, N. J., Ablex.
NELSON C.A. & HOROWITZ F.D. (1983), «The perception of facial expressions and stimulus motion by 2- and 5-month-old infants using holographic stimuli», *Child Development*, **54**, 868-877.
NELSON V.L. & RICHARDS T.W. (1939), «Studies in mental development III : Performance of twelve-month-old children on the Gesell schedule and its predictive value for mental status at two and three years», *Journal of Genetic Psychology*, **54**, 181-191.
NEWELL A. & SIMON H. (1972), *Human problem solving*, Englewood Cliffs, N. J., Prentice Hall.
NOIROT E. (1983), «Réflexions sur la stratégie de recherche dans le domaine du développement humain précoce», *Enfance*, **1-2**, 169-195.
NUTTIN J. (1980), *Théorie de la motivation humaine*, Paris, Presses Universitaires de France.
OLERON P. (1957), *Les composantes de l'intelligence*, Paris, Presses Universitaires de France.
OLERON P. (1972), *Les activités intellectuelles*, Paris, Presses Universitaires de France.
OLERON P. (1975), «Pour un dépassement du concept d'intelligence», *International Review of Applied Psychology*, **24** (2), 107-116.
OLERON P. (1978), «Encadrement et désencadrement de l'intelligence», *Bulletin de Psychologie*, **32**, 401-411.
OLSON G.M. (1976), «An information processing analysis of visual memory and habituation in infants», in T.J. TIGHE & R.N. LEATON (éds), *Habituation : perspectives from child development, animal behavior and neurophysiology*, Hillsdale, N. J., Lawrence Erlbaum, 239-277.
OLSON G.M. & SHERMAN T. (1983), «Attention, learning and memory in infants», in P. MUSSEN (éd.), *Handbook of Child Psychology*, vol. 4, New York, Wiley.
OLSON G.M. & SHERMAN T. (1983), «A conceptual framework for the study of infant mental processes», in L.P. LIPSITT (éd.), *Advances in infancy research*, vol. 3, Norwood, N. J., Ablex.
OLSON S.L., BATES J.E. & BAYLES K. (1984), «Mother-infant interaction and the deve-

lopment of individual differences in children cognitive competence», *Developmental Psychology*, **20**, 166-179.
PAGE E.B. (1975), «Miracle in Milwaukee : Raising the I.Q.», in B.Z. FRIEDLANDER, G.M. STERRITT & G.E. KIRK (éds), *Exceptional Infant*, vol. 3, New York, Brunner Mazel, 434-446.
PAPOUŠEK H. (1959), «A method of studying conditionned food reflexes in young children up to age of 6 months», *Pavlov Journal of Higher Nervous Activities*, **9**, 136-140.
PAPOUŠEK H. (1961), «Conditionned head rotation reflexes in infants in the first months of life», *Acta Pediatrica*, **50**, 565-576.
PAPOUŠEK H. (1967), «Experimental studies of appetitional behavior in human newborns and infants», in H.W. STEVENSON, E.H. HESS & H.L. RHEINGOLD (éds), *Early behavior : Comparative and developmental approaches*, New-York, Wiley.
PAPOUŠEK H. & PAPOUŠEK M. (1974), «Mirror image and self recognition in young human infants : A new method of experimental analysis», *Developmental Psychobiology*, **7**, 149-157.
PAPOUŠEK H. & PAPOUŠEK M. (1977), «Mothering and the cognitive head-start : Psychobiological considerations», in H.R. SCHAFFER (éd.), *Studies in mother-infant interactions*, London, Academic Press, 63-85.
PAPOUŠEK H. & PAPOUŠEK M. (1978), «Interdisciplinary parallels in studies of early human behavior from physical to cognitive needs, from attachment to dyadic education», *International Journal of Behavioral Development*, **1**, 37-42.
PAPOUŠEK H. & PAPOUŠEK M. (1984), «Learning and cognition in the everyday life of human infants», in *Advances in the study of behavior*, vol. 14, New York, Academic Press.
PAPOUŠEK H., PAPOUŠEK M. & RAHN C.M. (1988), «Intuitive facilitation of visual contact with young infants in caucasian and chinese mothers», poster presented at the 6th Biennial International Conference of Infant Studies, Washington, D. C., April 21-24.
PASCUAL-LEONE J. (1970), «A mathematical model for the transition rule in Piaget's developmental stages», *Acta Psychologica*, **32**, 301-345.
PEARCE J.M. (1987), «Stimulus generalization and the acquisition of categories by pigeons», paper presented at the Fyssen Foundation Symposium : «Thought without langage», Versailles, France, April.
PECHEUX M.G. (1985), «Peut-on parler de compétence chez le nouveau-né?», *Psychologie Française*, **2**, 153-156.
PECHEUX M.G. (1986), «Activités perceptives et développement cognitif du nourrisson : l'exemple de l'habituation», *Bulletin de Psychologie*, **375**, tome XXXIX, 363-369.
PECHEUX M.G. & GAILLARD C. (1976), «Etude de l'activité oculo-motrice des nourrissons dans une situation de temps de fixation relatif : les mouvements inter-cibles», actes du XXVI Congres International de Psychologie, Paris, 311.
PECHEUX M.G. & LECUYER R. (1983), «Habituation rate and free exploration tempo in 4 month-old infants», *International Journal of Behavioral Development*, **6**, 37-50.
PECHEUX M.G. & LECUYER R. (1984), «Vitesse d'habituation : vitesse de traitement de l'information?», *Psychologie Française*, **1**, 40-41.
PECHEUX M.G. & LECUYER R. (1988), «Stability of individual habituation patterns in infancy», International Conference on Infant Studies, Washington, April.
PECHEUX M.G. & LECUYER R. (1989a), «Les méthodes d'étude du nourrisson», in J.P. ROSSI (éd.), *La Méthode expérimentale en psychologie*, Paris, Dunod, 165-176.
PECHEUX M.G. & LECUYER R. (1989b), «A longitudinal study of visual habituation between 3, 5 and 8 months of age», *British Journal of Developmental Psychology*, **7**, 159-169..
PERRET-CLERMONT A.N. (1979), *La construction de l'intelligence dans l'interaction*

sociale, Berne, Peter Lang.
PERRUCHET P. (1979), «Conditionnement classique chez l'homme et facteurs cognitifs : 1. Le conditionnement végétatif», *Année Psychologique*, **79**, 527-557.
PERRUCHET P. (1980), «Conditionnement classique chez l'homme et facteurs cognitifs : 2. Le conditionnement moteur», *Année Psychologique*, **80**, 193-219.
PETARD J.P. & LECUYER R. (1984), *L'audiovisuel dans l'enseignement ed la psychologie*, actes du Colloque de Nantes, Nantes, Université de Nantes, AEPU.
PIAGET J. (1936), *La naissance de l'intelligence chez l'enfant*, Neuchâtel, Paris, Delachaux et Niestlé.
PIAGET J. (1937), *La construction du réel chez l'enfant*, Neuchâtel, Delachaud & Niestlé.
PIAGET J. (1945), *La formation du symbole chez l'enfant*, Neuchâtel, Delachaud & Niestlé.
PIAGET J. (1947), *La psychologie de l'intelligence*, Paris, Armand Colin.
PIAGET J. (1961), *Les mécanismes perceptifs* Paris, Presses Universitaires de France.
PIAGET J. (1962/1985), «Commentaire sur les remarques critiques de Vygotsky concernant *Le langage et la pensée chez l'enfant* et *Le jugement et le raisonnement chez l'enfant*», in L. VYGOTSKY, *Pensée et langage*, Paris, Editions Sociales.
PITRAT J. (1985), «La naissance de l'intelligence artificielle», *La Recherche*, **16** (170), 1130-1141.
POMERLEAU A. (1987), «Discussion du symposium ‹continuity in cognitive development from infancy to childhood : Issues and perspectives›», IX[e]s rencontres de l'ISSBD, Tokyo, 12-16 juillet.
POMERLEAU A. & MALCUIT G. (1983), *L'enfant et son environnement*, Bruxelles, Québec, Mardaga, Presses Universitaires du Québec.
PRATHER P. & SPELKE E.S. (1982), «Three-month-old infants' perception of adjacentand partly occluded objects», paper presented at the International Conference on Infant Studies, Austin, Texas.
PREMACK D. (1983), «Animal cognition», *Annual Review of Psychology*, **34**, 351-362.
PRIGOGINE I. & STENGERS I. (1976), *La nouvelle alliance*, Paris, Gallimard.
RAMEY C.T. & HASKINS R. (1981a), «Early education, intellectual development and school performance : A reply to Arthur Jensen and J. Mc Vicker Hunt», *Intelligence*, **5**, 5-19.
RAMEY C.T. & HASKINS R. (1981b), «The modification of intelligence through early experience», *Intelligence*, **5**, 41-48.
RAZRAN G. (1971), *Mind in evolution*, New York, Houghton Mifflin.
REBELSKY F. & DANIEL P.A. (1976), «Cross-cultural studies of infant intelligence», in M. LEWIS (éd.), *Origins of intelligence*, London, New York, Wiley.
RESNICK L.B. (éd.) (1976), *The nature of intelligence*, Hilsdale, N. J., Lawrence Erlbaum.
RESNICK L.B. & GLASER R. (1976), «Problem solving and intelligence», in L.B. RESNICK (éd.), *The nature of intelligence*, Hilsdale, N. J., Lawrence Erlbaum.
RESNICK J.S. & KAGAN J. (1983), «Category detection in infancy», in L.P. LIPSITT (éd.), *Advances in infancy research*, vol. 2, Norwood, N. J., Ablex, 79-111.
REUCHLIN M. (1977), *Psychologie*, Paris, Presses Universitaires de France.
RIKSEN-WALRAVEN J.M. (1978), «Effects of caregiver behavior on habituation rate and self-efficacy in infants», *International Journal of Behavioral Development*, **1**, 105-130.
ROCHAT P. (1983), «Oral touch in young infants : Response to variation of nipple characteristics in the first months of life», *International Journal of Behavioral Development*, **6**, 123-133.
ROCHAT P. & REED E.S. (1987), «Le concept d'affordance et les connaissances du nourrisson», *Psychologie Française*, **32**, 97-104.
ROE K.V., MAC CLURE A. & ROE A. (1982), «Vocal interaction at 3 months and cognitive skills at 12 years», *Developmental Psychology*, **18** (1), 15-16.

ROSE D.H. & SLATER A.M. (1983), «Infant recognition memory following brief stimulus exposure», *British Journal of Developmental Psychology*, **1**, 221-230.
ROSE S.A. & FELDMAN J.F. (1987), «Infant visual attention : Stability of individual differences from 6 to 8 months», *Developmental Psychology*, **23**, 490-498.
ROSE S.A., GOTTFRIED A.W. & BRIDGER W.A. (1978), «Cross-modal transfert in infant : Relationship to prematurity and socio-economic background», *Developmental Psychology*, **14**, 643-652.
ROSE S.A., GOTTFRIED A.W. & BRIDGER W.H. (1981a), «Cross-modal transfer in 6-month-old infants», *Developmental Psychology*, **17**, 661-669.
ROSE S.A., GOTTFRIED A.W. & BRIDGER W.H. (1981b), «Cross-modal transfer and information processing by the sense of touch in infancy», *Developmental Psychology*, **17**, 90-98.
ROSE S.A., GOTTFRIED A.W. & BRIDGER W.H. (1983), «Infants'cross-modal transfer from solid objects to their graphic representations», *Child Development*, **54**, 686-694.
ROSE S.A. & RUFF H.A. (1987), «Cross-modal abilities in human infants», in J.D. OSOFSKY (éd.), *Handbook of Infant Development*, Second Edition, New York, Wiley.
ROSE S.A. & WALLACE I.F. (1985), «Visual recognition memory : A predictor of later cognitive functioning in preterms», *Child Development*, **56**, 845-852.
ROVEE-COLLIER C.K. & GEKOSKI M.J. (1979), «The economics of infancy : A review of conjugate reinforcement», in H.W. REESE & L.P. LIPSITT (éds), *Advances in Child Development and Behavior*, vol. 13, New York, Academic Press, 195-225.
ROVEE-COLLIER C., GRIESLER P.C. & EARLEY L.A. (1985), «Contextual determinants of retrieval in three-month-old infants», *Learning and Motivation*, **16**, 139-187.
ROVEE-COLLIER C.K. & LIPSITT L.P. (1982), «Learning, adaptation and memory in the newborn», in P. STRATTON (éd.), *Psychobiology of the human newborn*, New York, Wiley.
ROVEE-COLLIER C.K., SULLIVAN M.W., ENRIGHT M., LUCAS D. & FAGEN J.W. (1980), «Reactivation of infant memory», *Science*, **198**, 845-846.
RUDDY M. & BORNSTEIN M.H. (1982), «Cognitive correlates on infant attention and maternal stimulation over the first year of life», *Child Development*, **53**, 183-188.
RUFF H. & BIRCH H.G. (1974), «Infant visual fixation, The effect of concentricity, curvilinearity, and number of directions», *Journal of Experimental Child Psychology*, **17**, 460-473.
RECHERCHE (LA) (1985), *L'intelligence artificielle*, **16** (170), 1125-1291.
RUSSELL A. (1983), «Stability of mother-infant interaction from 6 to 12 months», *Infant Behavior and Development*, **6**, 27-37.
SAINT-ANNE-DARGASSIES S. (1982), *Le développement neuro-moteur et psycho-affectif du nourrisson*, Paris, Masson.
SALAPATEK P. (1975), «Pattern perception in early infancy», in L.B. COHEN & P. SALAPATEK (éds), *Infant perception : from sensation to cognition*, vol. 1, New York, Academic press.
SALAPATEK P., BECHTOLD A.G. & BUSHNELL E.W. (1976), «Infant visual acuity as a function of viewing distance», *Child Development*, **47**, 860-863.
SAMEROFF A.J. (1975), «Early influences on development : fact or fancy», *Merrill Palmer Quarterly*, **21**, 267-294.
SAMEROFF A.J. & CAVANAUGH P.J. (1979), «Learning in infancy : A developmental perspective», in J.D. OSOFSKY (éd.), *Handbook of infant development*, New York, Wiley.
SCARR S. (1981), «Testing *for* children : Assessment and the many determinants of intellectual competence», *American Psychologist*, **36**, 1159-1166.
SCARR-SALAPATEK S. (1976), «An evolutionary perspective on infant intelligence. Species patterns and individual variations», in M. LEWIS (éd.), *Origins of intelligence*, New

York, Plenum.
SCHAFFER H.R. (1981), *Le comportement maternel*, Bruxelles, Mardaga.
SCHAFFER H.R. (éd.) (1977), *Studies in mother-infant interaction*, New York, Academic.
SCHANK R.C. (1980), «How much intelligence is there in artificial intelligence?», *Intelligence*, **4**, 1-14.
SCHMIDT H. & SPELKE E.S. (1984), «Gestalt relations and object perception in infancy», paper presented to the International Conference on Infant Studies, New York.
SCHONEN S. DE (éd.) (1983), *Le développement dans la première année*, Paris, Presses Universitaires de France.
SCHONEN S. DE & BRESSON F. (1984), «Développement de l'atteinte manuelle d'un objet chez l'enfant», in J. PAILLARD (éd.), *La lecture sensori-motrice et cognitive de l'expérience spatiale. Directions et distances*, Paris, CNRS coll. «Comportements», 99-114.
SCHONEN S. DE, GIL DE DIAZ M. & MATHIVET E. (1986), «Hemispheric asymmetry in face processing in infancy», in H.D. ELLIS, M.A. JEEVES, F. NEWCOMBE & A. YOUNG (éds), *aspects of face processing*, Dordrecht, Boston, Lancaster, Nijhoff Publishers.
SCHUBERTH R.E. (1983), «The infant's search for objects : Alternatives to Piaget's theory of concept development», in L.P. LIPSITT (éd.), *Advances in infancy research*, vol. 2, Norwood, N. J., Ablex, 137-182.
SIEGEL L.S. (1981), «Infants tests as predictors of cognitive and language development at two years», *Child Development*, **52**, 845-857.
SIGMAN M.D. (1983), «Individual differences in infant attention : Relations to birth status and intelligence at five years», in T. FIELD & A. SOSTEK (éds), *Infants born at risk : Physiological, perceptual, and cognitive processes*, New York, Grune and Stratton, 271-293.
SIGMAN M.D. & BECKWITH L. (1980), «Infant visual attentiveness in relation to caregiver. Infant interaction and developmental outcome», *Infant Behavior and Development*, **3**, 141-154.
SIGMAN M.D., COHEN S.E., BECKWITH L. & PARMELEE A.H. (1986), «Infant attention in relation to intellectual abilities in childhood», communication presented at the International Conference on Infant Studies, Los Angeles.
SIGMAN M. & PARMELEE A. (1974), «Visual preferences of four-month-old premature and fullterm infants», *Child Development*, **45**, 459-465.
SIMON H.A. (1976), «Identifying basic abilities underlying intelligent performance of complex tasks», in L.B. RESNICK (éd.), *The nature of intelligence*, Hilsdale, N. J., Lawrence Erlbaum.
SIQUELAND E. & DELUCIA C.A. (1969), «Visual reinforcement of nonnutritive sucking in human infants», *Science*, **165**, 1144-1146.
SLATER A., COOPER R., ROSE D. & PERRY H. (1985), «The relationship between infant attention and learning, and linguistic and cognitive abilities at 18 months and at 4,5 years», communication présentée au 8e Biennal Meeting ISSBD, Tours, France.
SLATER A., MORISON V. & ROSE D. (1982), «Visual memory at birth», *British Journal of Psychology*, **73**, 519-525.
SLATER A., MORISON V. & ROSE D. (1984), «Habituation in the newborn», *Infant Behavior and Development*, **7**, 183-200.
SMOTHERGILL D.W. & KRAUT A.G. (1983), «The locus of habituation : Developmental studies», communication au seventh Biennal Meeting ISSBD, Munich.
SOKOLOV E.M. (1963), *Perception and the conditionned reflex*, New York, Mc Millan (première parution en 1958).
SOLLIER P. (1891), *Psychologie de l'idiot et de l'imbécile*, Paris, Alcan.
SPEARMAN L. (1927), *The abilities of man*, New York, Mc Millan.
SPEIKER S.J. (1982), *Infant recognition of invariant categories of faces : Person identity*

and facial expressions, unpublished dissertation, Cornell University.

SPELKE E.S. (1976), «Infant's intermodal perception of events», *Cognitive Psychology*, **8**, 533-560.

SPELKE E.S. (1979), «Perceiving bimodally specified events in infancy», *Developmental Psychology*, **15**, 626-636.

SPELKE E.S. (1982), «The development of intermodal perception», in L.B. COHEN & P. SALAPATEK (éds), *Handbook of infant perception*, New York, Academic Press.

SPELKE E.S. (1984), «Perception of unity, persistance and identity : Thoughts on infants' conception s of objects», in J. MEHLER & R. FOX (éds), «Neonate cognition : Beyond the blooming, buzzing confusion», Hillsdale, N. J., Erlbaum.

SPELKE E.S. (1986a), «Preferential looking methods as tools for the study of cognition in infancy», in G. GOTTLIEB & N. KRASNEGOR (éds), *Measurement of audition and vision in infancy*, New York, Ablex.

SPELKE E.S. (1986b), «Mechanisms for perceiving objects», paper presented at the symposium «Constraints on learning and the development of knowledge», Meeting of the Psychonomic Society of America, New Orleans.

SPELKE E.S. (1987), «The origins of physical knowledge», paper presented at the Fyssen symposium «Thought without langage», Versailles, France.

SPELKE E.S. & CORTELYOU A. (1980), «Perceptual aspects of social knowing : looking and listening in infancy», in M.E. LAMB & L.R. SHERROD (éds), *Infant social cognition*, Hillside, N. J., Erlbaum.

SPELKE E.S. & KESTENBAUM R. (1986), «Les origines du concept d'objet», *Psychologie Française*, **31**, 67-72.

SPELKE E.S. & OWSLEY C.J. (1979), «Intermodal exploration and knowledge in infancy», *Infant Behavior and Development*, **2**, 13-28.

SPITZ R. (1958), *La première année de la vie de l'enfant*, Paris, PUF.

STANKOV L. (1983), «Attention and intelligence», *Journal of Educational Psychology*, **75**, 471-490.

STARKEY D. (1981), «The origins of concept formation : Object sorting and object preference in early infancy», *Child Development*, **52**, 489-497.

STERN D. (1974), «Mother and infant development : The dyadic interaction involving facial, vocal and gaze behavior», in M. LEWIS & R.A. ROSENBLUM (éds), *The effects of the infant on its caregiver*, New York, Wiley.

STERN D., BEEBE B., JAFFE J. & BENNETT S. (1977), «The infant's stimulus world during social interaction», in H.R. SCHAFFER, (éd.), *Studies in mother-infant interaction*, London, Academic Press.

STERNBERG R.J. (1981), «Novelty seeking, novelty finding and the developmental continuity of intelligence», *Intelligence*, **5**, 149-155.

STERNBERG R.J. (1985), *Beyond I.Q. : A triarchic theory of human intelligence*, Cambridge, Cambridge University Press.

STERNBERG R.J. (1987), «Sources of continuity and discontinuity in intellectual development», paper presented in the symposium Continuity in cognitive development from infancy to childhood : Issues and perspectives, IXth biennial ISSBD meeting, Tokyo, July.

STERNBERG R.J., CONWAY B.E., KETRON J.L. & BERNSTEIN N. (1981), «People's conception of intelligence», *Journal of Personality and Social Psychology*, **41**, 37-55.

STECHLER G. (1964), «Newborn attention as affected by medication during labor», *Science*, **144**, 315-317.

STEVENSON H.W. (1970), «Learning in children», in P.H. MUSSEN (éd.), *Carmichael's manual of child psychology*, 3ᵉ éd., New York, Wiley.

STONE N.J., SMITH M.T. & MURPHY L.B. (éds) (1973), *The competent infant : Research*

and commentary, London, Tavistock.
STOTT L.H. & BALL R.S. (1965), «Infant and preschool mental tests : Review and evaluation», *Monographs of the Society for Research in Child Development*, **30** (n° 101).
STRAUSS M.S. & CURTIS L.E. (1981), «Infant perception of numerosity», *Child Development*, **52**, 1146-1152.
STRERI A. (1987), «Tactile discrimination of shape and intermodal transfer in 2- to 3-month old infants», *British Journal of Developmental Psychology*, **5**, 213-220.
STRERI A. & PECHEUX M.-G. (1986a), «Tactual habituation and discrimination of form in infancy : A comparison with vision», *Child Development*, **57**, 298-301.
STRERI A. & PECHEUX M.-G. (1986b), «Cross-modal transfer of form in 5-months-old infants», *British Journal of Developmental Psychology*, **4**, 161-167.
STRERI A. & SPELKE E.S. (1988), «Haptic perception of objects in infancy», *Cognitive Psychology*, **20**, 1-23.
TAINE H. (1870), *De l'intelligence*, Paris, Hachette.
THELEN E. (1984), «Learning to walk : Ecological demands and phylogenetic constraints», in L.P. LIPSITT & C. ROVEE-COLLIER (éds), *Advances in infancy research*, vol. 3, Norwood, N. J., Ablex.
THOMAS H. (1965), «Visual fixation responses of infants to stimuli of varying complexity», *Child Development*, **36**, 629-638.
THOMAS H. (1973), «Unfolding the baby's mind : the infant's selection of visual stimuli», *Psychological Review*, **80**, 468-488.
THURSTONE L.L. (1938), *Primary mental abilities*, Chicago, University of Chicago Press.
TIGHE T.J. & LEATON R.N. (1976), *Habituation : Perspectives from child development, animal behavior and neurophysiology*, Hillsdale, N. J., Lawrence Erlbaum.
TINBERGHEN N. (1953), *L'étude de l'instinct* Paris, Payot.
TOOMEY K.A., EMORY E.K. & O'SAVOIE T. (1987), «Prediction from intrapartum fetal heart rate to four month infant development», paper presented at the Society for Research in Child Development Biennual Conference, April.
TOURETTE C. (1987), «Que faire de la variabilité interindividuelle dans les comportements des bébés?», *Bulletin de Psychologie*, **381**, 798-814.
TREVARTHEN C. (1977), «Descriptive studies of infant behavior», in H.R. Schaffer (éd.), *Studies in mother-Infant interaction*, London, Academic Press.
TRONICK E.Z., RICKS M. & COHN J.F. (1982), «Maternal and infant affective exchange : patterns of adaptation», in T. FIELD & A. FOGEL (éds), *Emotion and early interaction*, Hillsdale, N. J., London, 83-100.
UZGIRIS I.C. (1983), «Organization of sensori-motor intelligence», in M. LEWIS (éd.), *Origins of intelligence*, London, New York, Plenum Press, 135-190.
UZGIRIS I. & HUNT J. MC V. (1975), *Assessment in infancy : Ordinal scales of psychological development*, Urbana, University of Illinois, non publié.
VERNON P.E. (1950), *The structure of human abilities*, New York, Wiley.
VINTER A. (1985), *L'imitation chez le nouveau-né*, Neuchâtel, Paris, Delachaux & Niestlé.
VOSS J.F. (1976), «The nature of ‹The nature of intelligence››», in L.B. RESNICK (éd.), *The nature of intelligence*, Hilsdale, N. J., Lawrence Erlbaum.
VURPILLOT E. (1972), *Les perceptions du nourrisson*, Paris, Presses Universitaires de France.
VURPILLOT E. & BULLINGER A. (1983), «Y a-t-il des âges clés dans la première année de vie de l'enfant?», in S. de Schonen (éd.), *Le développement dans la première année*, Paris, Presses Universitaires de France, 177-205.
VURPILLOT E., PECHEUX M.G. & JACQUET A.Y. (1982), «Habituation to the stimulus or to the response : Some developmental data», communication à l'International Conference on infant Studies, Austin, Texas.

VURPILLOT E., RUEL J. & CASTREC A.-Y. (1977), «L'organisation perceptive chez le nourrisson : Réponse au tout ou à ses éléments», *Bulletin de Psychologie*, **30**, 396-405.
VYGOTSKY L. (1985), *Pensée et langage*, Paris, Editions Sociales.
WACHS T.D. (1975), «Relation of infant's performance on Piaget scales between 12 and 24 months and their Standford-Binet performance at 31 months», *Child Development*, **46**, 929-935.
WALLON H. (1941), *L'évolution psychologique de l'enfant*, Paris, Armand Colin.
WALLON H. (1942), *De l'acte à la pensée*, Paris, Flammarion.
WALLON H. (1945), *Les origines de la pensée chez l'enfant*, Paris, Presses Universitaires de France.
WATSON J.S. (1966), «The development and generalization of ‹contingency awareness› in early infancy : Some hypotheses», *Merrill-Palmer Quarterly*, **12**, 123.
WATSON J.S. (1967), «Memory and ‹contingency analysis› in infant learning», *Merrill-Palmer Quarterly*, **13**, 55.
WATSON J.S. (1972), «Smiling, cooing, and ‹the games›», *Merrill-Palmer Quarterly*, **18**, 323-339.
WATSON J.S. (1979), «Perception of contingency as determinent of social responsiveness», in E. THOMAN (éd.), *The origins of social responsiveness*, Hillsdale, N. J., Erlbaum.
WATSON J.S. (1981), «Contingency experience in behavioral development», in K. IMMELMANN, G. BARLOW, L. PETRIONOVICH & M. MAIN (éds), *Behavioral development : The Bielefield interdisciplinary project*, Cambridge, England, Cambridge University Press.
WATSON J.S. (1985), «Contingency perception in early social development», in T.M. FIELD & N.A. FOX (éds), *Social perception in infants*, Norwood, N. J., Ablex.
WATSON J.S. & EWY R.D. (1983), «Early learning and intelligence», in M. LEWIS (éd.), *Origins of intelligence*, 2e édition, New York, Plenum press.
WATSON J.S. & RAMEY C.T. (1972), «Reactions to response-contigent stimulation in early infancy», *Merrill-Palmer Quarterly*, **18**, 219-229.
WEIL-BARAIS A., LEMEIGNAN G. & SERE M.G. (1987), «Acquisistion de connaissances scientifiques et développement», in G. NETCHINE-GRYMBERT (éd.), *Nouvelles approches du développement cognitif*, Paris, Presses Universitaires de France.
WEIL-BARAIS A., SERE M.-G. & LANDIER J.C. (1986), «Evolution des jugements de conservation des quantités de gaz chez les élèves de cm2», *European Journal of Psychology of Education*, **1** (3), 9-30.
WEIZMANN F., COHEN L.B. & PRATT J. (1971), «Novelty, familiarity, and the development of infant attention», *Developmental Psychology*, **4**, 149-154.
WERNER E.E., HONZIK M.P. & SMITH R.S. (1968), «Prediction of intelligence and achievement at 10 years from 20-month pediatric and psychological examinations», *Child Development*, **39**, 1063-1075.
WERTHEIMER M. (1961), «Psychomotor coordination of auditory and visual space at birth», *Science*, **134**, 1692.
WETHERFORD M.J. & COHEN L.B. (1973), «Developmental changes in infant visual preferences for novelty and familiarity», *Child Development*, **44**, 416-422.
WHITE B.L. (1968), «Informal education during the first months of life», in R.D. HESS & R.M. BEAR (éds), *Early education*, Chicago, Aldine.
WHITE B.L. (1969), «Child development research : An edifice without a foundation», *Merrill-Palmer Quarterly*, **15**, 50.
WHITE B.L. (1971), *Human infants : Experience and psychological development*, Englewood Cliffs, N. J., Prentice-Hall.
WHITE B.L., CASTLE P. & HELD R. (1964), «Observations on the development of visually guided reaching», *Child Development*, **35**, 349-364.

WHITE B.L. & HELD R. (1966), «Plasticity of the sensori-motor development in the human infant», in J.F. ROSENBLITH & W. ALLINSMITH (éds), *The causes of behavior : Readings in child development and educational psychology*, Boston, Allyn & Bacon, 60-70.
WHITE R.W. (1959), «Motivation reconsidered : The concept of competence», *Psychological Review*, **60** (35), 297-333.
WICKENS D.D. & WICKENS D. (1940), «A study of conditioning in the neonate», *Journal of Experimental Psychology*, **26**, 94-102.
WILCOX B.M. (1969), «Visual preferences of human infants for representations of the human face», *Journal of Experimental Child Psychology*, **7**, 10-20.
WILKINSON L.C. (1983), «Social intelligence and the development of communicative competence», in M. LEWIS (éd.), *Origins of intelligence*, 2ᵉ édition, New York, London, Plenum Press, 305-326.
WILLATTS P. (1979), «Adjustment of reaching to change in object position by young infants», *Child Development*, **50**, 911-913.
WISHART J.G. (1979), «The development of the object concept in infancy», unpublished doctoral dissertation, University of Edimburg.
WISHART J.G. & BOWER T.G.R. (1984), «Spatial relations and the object concept : A normative study», in L.P. LIPSITT & C. ROVEE-COLLIER (éds), *Advances in infancy research*, vol. 3, 57-123.
WOBER M. (1972), «Culture and the concept of intelligence : A case in Uganda», *Journal of Cross-Cultural Psychology*, **3**, 327-328.
WOBER M. (1974), «Towards an understanding of the Kiganda concept of intelligence», in J.W. BERRY & P.R. DASEN (éds), *Culture and cognition : Readings in cross-cultural psychology*, London, Methuen.
WOLFF P.H. (1968), «The serial organisation of sucking in the young infant», *Pediatrics*, **42**, 943-956.
YONAS A., BERTHOLD G., FRANKEL D., GORDON F., MC ROBERTS G., NORCIA A. & STERNFELS S. (1977), «Development of sensitivity to information for impeding collision», *Perception and Psychophysics*, **21**, 97-104.
YONAS A., PETTERSEN L. & LOCKMAN J. (1979), «Young infants' sensitivity to optical information for collison», *Canadian Journal of Psychology*, **33**, 268-276.
ZAZZO R. (1957), «Le problème de l'imitation chez le nouveau-né», *Enfance*, **10**, 135-142.
ZEAMAN D. & HOUSE B.J. (1963), «The role of attention in retardate discrimination learning», in N.R. ELLIS (éd.), *Handbook in mental defficiency : Psychological theory and research*, New York, Mc Graw Hill, 159-223.

Index Matières

Actif, 85, 88, 92, 107, 111, 124-125, 166, 184, 222, 231, 267.
Action, 19, 48, 55, 87-88, 91-92, 116, 123-124, 138, 140, 162, 199, 201, 209, 244-245, 247, 270.
Activité, 16, 22, 23, 26, 27, 36, 37, 45, 46, 53-57, 67, 76, 79, 81, 84, 88-89, 93, 95, 98-101, 106, 115, 120, 121, 123-124, 141, 142, 145, 148, 157, 158, 193, 199, 205, 210, 214, 215, 216, 219, 222, 229, 230, 234, 245-246, 253, 267-268, 270, 272.
Adualisme-dualisme, 85, 87, 125, 161, 244-250, 256, 258-259.
Amodalité (inter-, multi-, supra-), 91, 124, 125, 126, 140, 150-160, 175, 202, 205, 208-209, 237, 239, 246-249, 254, 267.
Apprentissage, 17-18, 33, 38, 40, 95, 111, 115-118, 141, 147-149, 156, 166, 189-190, 199, 209-210, 218, 222, 232, 242, 244, 249.
Aptitude(s), 24, 32, 43-44, 50, 54, 83, 199, 211-214, 228, 256, 260.
Assimilation, 87-91, 93, 150, 247.
Attention, 26, 48, 54, 66, 98, 105, 108, 138, 149, 166, 197, 207, 209, 219, 220, 234, 237, 243, 257, 258, 260, 267, 270-271.

Capacité-incapacité, 12-13, 17, 21, 24, 26, 33-34, 36, 40, 42, 44, 50-51, 54-55, 57, 64, 67, 79, 85-86, 94-97, 99-101, 104, 107, 111-116, 119-121, 123-127, 130-132, 138, 142, 144, 146, 148-150, 154, 157-159, 163, 166-167, 169, 171, 173-174, 178, 181, 189-190, 195, 197, 199-201, 205, 211, 214, 223, 226, 231-232, 237-239, 241-242, 244, 248, 250-254, 257-260, 263, 268, 271-272.
Catégorie, Catégorisation, 50, 51, 76, 125, 142-150, 166, 175, 179, 190, 255, 256, 258, 260.
Causalité, 49, 51, 85, 91-93, 115, 124, 138, 160, 191, 209, 220-221, 244, 269-270.
Cognitif (-ive), Cognition, Cognitivisme (-iste, -ité), 11-12, 17-19, 22-28, 33, 35-41, 45, 57, 67-79, 85, 87-88, 90-91, 93-95, 97-99, 104, 111-116, 119-121, 126, 128, 130, 132, 134, 136, 138, 140, 142, 151, 160, 166, 176, 188, 193-195, 199-201, 205, 209-211, 213-216, 218-223, 225, 230-232, 234-236, 238, 242, 245, 247-248, 255, 257-258, 261, 267-272.
Compétence (s), Compétent, 20-21, 32, 43-44, 48, 55-57, 76, 88, 94-95, 115, 126, 148,

209-211, 213, 242, 264-265.
Complexité, 49, 90, 112, 127-135, 149, 203, 204, 232, 239.
Conditionnement, 49, 99-100, 103, 114-119, 127, 147-148, 177, 247, 270.
Connaissance (s), 11-13, 16, 24, 35, 37, 46-47, 49, 52-53, 56-58, 62-63, 66-67, 79, 82-83, 85-86, 90-91, 93-97, 100-101, 104, 107, 110, 120, 122, 125-126, 138, 141, 165, 194, 197, 201, 206, 212, 214-215, 217, 222-223, 238, 244-247, 266, 269-271.
Contingence, 116, 118, 138, 209-210, 222, 249.
Coordination, 45, 78, 90, 92, 123-125, 150-151, 153, 157-160, 163, 165, 181-182, 221, 253-254, 268-269.

Développement (de l'intelligence), 11-13, 18, 20-24, 27-28, 30-31, 34, 37, 40-41, 45-48, 53, 55-57, 60-61, 63-69, 76, 79-80, 82-84, 87-88, 90, 92, 94-99, 109, 113-114, 116, 119-125, 134-135, 141-142, 146, 149-150, 153, 159-163, 165, 167, 172, 174-175, 181, 193-195, 197, 200, 205, 209-211, 213-223, 225-232, 236, 241, 243-246, 250-251, 254-255, 257-261, 265-267, 270-273.

Echelle (de mesure), 61-82, 99, 120, 216-218, 234.
Efficience (t, te), 21, 148-150, 183, 189, 243, 247, 249, 255, 272.
Etat initial, 94, 124, 153, 244, 264-265, 270.

Génétique, 17, 20, 30, 53-54, 60, 124-125, 217, 228-230, 240, 243, 252, 273.
Gestalt, 28, 38, 122, 160, 176-177, 184, 189, 191, 209, 270.

Habituation, 22, 40-41, 54, 98-100, 102-114, 116, 118-119, 127-128, 130-131, 136-139, 141, 144-145, 158-159, 184-185, 187-188, 190, 204, 222, 225, 231-232, 236-242, 244, 257-259.

Imitation (s), Imiter, 12, 46, 74, 85, 90, 98, 125, 195-201, 210, 244, 249, 251, 254, 270, 272.
Inné (e, s, es, ité), 17-18, 97, 122, 151, 161, 175-176, 184, 187, 189, 195, 197-198, 205-206, 210-211, 228, 249, 255, 264.
Inné-acquis, 28, 60, 97.
Innéiste (s), Innéisme, 16, 18, 29-31, 40, 47, 245, 264.
Instrument (-er, -ation), 54, 57, 66-67, 83, 104, 211-212, 215-217, 222, 245-247, 249, 268, 270-271, 273.
Intelligence artificielle, 22-23, 33-41, 173, 198, 223, 270.

Langage, Langue, 13, 15-16, 21, 26, 28, 31, 35, 38, 47-49, 53, 59-60, 63, 69, 78, 83-87, 92, 108, 125, 143, 147, 196-198, 200, 205, 211-212, 220, 227-228, 235, 254, 259, 272.

Maternage, 13, 116, 205, 208, 214-215, 219-220, 243, 267, 274.
Mère, 13, 62, 82, 118, 126, 173, 179, 189-190, 194, 202, 204-205, 207-210, 213-215, 217-223, 234, 238, 247, 261, 271.
Mère-enfant, 13, 120, 194, 204, 206, 210, 215-216, 219.
Mesure, 16, 17, 19, 27, 28, 31, 33, 40, 42, 44, 47, 48, 54, 56-57, 60, 61-82, 86, 105, 106, 108, 127, 133, 138, 216, 217, 221, 226, 230, 231, 234, 237, 241, 242.
Méthodologie (-lque), 11-12, 78, 94, 98, 107, 111-113, 120, 137, 146, 152, 172, 194, 196, 201, 215, 217, 222, 251, 257, 265.
Milieu, 54, 66, 84, 87, 88, 91, 92, 93, 120, 140, 194, 199, 213-223, 230, 243, 245, 247, 248, 255, 256, 261, 266, 271, 273.
Moteur, Motrice, Motricité, 13, 46, 53, 63, 68, 76, 78, 84, 99, 102, 115, 121, 123-125, 145, 151-152, 158-159, 165, 174, 176, 178, 179, 181, 191, 195, 198, 200, 234, 239, 245, 257, 267-272.

Nouveau, Nouveauté, 23, 41, 44, 53, 55, 56, 91, 100-103, 105, 106, 107, 110-114, 127, 135-142, 145, 149, 158, 159, 169, 184, 185, 188, 190, 231, 232, 234, 236, 238-244, 255, 265, 273.

Nouveau-né, 50, 55, 60-61, 83-84, 94-95, 103, 115, 125-126, 128, 131-132, 140, 142, 148-149, 151, 153, 156-157, 159, 161, 176, 188, 195, 198-200, 205-206, 208, 210, 244-246, 248-250, 252-256, 267-268.

Parents, 21, 40, 62, 66, 78, 199, 207, 222, 270.

Perception, 12-13, 15-16, 38, 40-41, 46, 48-49, 53, 84, 89-92, 98-99, 108-109, 113, 118, 120-128, 131-132, 136-138, 140-141, 145, 151, 153-157, 159, 165, 173-177, 184-185, 189-191, 197-198, 201-202, 204-212, 222, 230-231, 239, 244-248, 254-255, 257, 265-272.

Père, 25, 43, 61-62, 120, 164, 171, 173, 189, 215, 218.

Père-enfant, 194.

Performance (s), 33, 41-44, 48, 52, 57, 60, 65, 82, 86, 148, 152-153, 164, 170, 174, 180, 195, 216, 222, 226, 235, 239, 241-242, 250-251, 255, 257, 259-260, 266, 268, 271-273.

Permanence (de l'objet), 92-93, 98, 160, 160-190, 210.

Préférence, 23, 101-103, 118, 127-135, 138-142, 145, 158, 185, 202-204, 207, 210, 225, 231, 232, 236, 239, 240, 242, 243.

Psychométrie, 19, 23, 33, 40-41, 58, 60, 68, 79, 82-83, 86-87, 217, 227-228, 258, 265.

Q.D., Q.I., 26, 30, 34, 41, 47, 57, 59, 61, 65-66, 87, 130, 141, 221, 225-228, 230, 234-235, 239-242, 258, 264, 273.

Représentation, 13, 39, 43, 84, 87, 107-108, 143-144, 146, 149, 155, 160, 190, 195, 198-199, 204, 206, 227, 231, 247, 250, 256-257, 272.

Schème (s), 87-88, 90-92, 100, 122-123, 135, 150, 157, 160, 163, 174, 247-248.

Sensori-moteur (-trice, -tricité), 12-13, 40, 45-46, 51, 67, 87-88, 90-93, 121, 123, 151, 227, 231, 245-246, 248, 252-255, 257, 266, 268-269, 272.

Sociale (intelligence), 13, 14, 17-21, 27, 28, 30-32, 34, 41, 48, 51, 66, 78, 99, 193-223, 261, 264, 266.

Sourire (s), 62, 68, 70, 124-125, 197, 204, 206, 209-210.

Stabilité (de l'intelligence), 17, 57, 76, 160, 170, 226-230, 236.

Stade (s), 13, 19, 45, 46, 58, 64, 80-82, 90-93, 120, 123-125, 135, 161-168, 171-175, 177, 198, 207, 225, 227, 229, 230, 247, 256, 259.

Sujet, 43, 51, 54, 81, 88, 91-93, 104, 106, 107, 113, 114, 117, 120, 122, 124, 135, 136, 139, 140, 149, 150, 154, 155, 160-162, 166, 171, 172, 176, 185, 186, 197, 199, 235-237, 241, 242, 244-250, 255, 256, 259, 267, 271-273.

Test, 12, 13, 16, 17, 18, 20, 21, 22, 28-34, 36, 40, 42, 47, 51, 56, 57, 59-83, 85, 94, 96, 98, 100, 101, 102, 103, 105, 107, 110, 112, 113, 116, 117, 119, 124, 132, 139, 141-148, 150, 157, 161, 162, 171, 172, 174, 175, 177, 179, 180, 181, 184, 188, 190, 199, 212, 215-217, 226-243, 252, 253, 254, 268.

Transfert (intermodal), 86, 100, 140, 148, 157-159, 234, 268.

Visage, 70-72, 129, 145-146, 191, 195, 198, 200-208, 210, 219, 236, 238, 254.

Vitesse, 22, 25, 42, 64, 104, 106-107, 111, 113, 130, 159, 178, 208, 228, 231-232, 235-241, 257-258.

Index Auteurs

Acredolo L.P., 165.
Adams J.L., 216.
Adamson L., 218.
Ainsworth M.D.S., 194.
Alegria J., 131, 153, 189.
Alembert J. d', 25.
Allen L., 65.
Als M., 218.
Amatruda S., 60, 63.
Ames E.W., 101-102, 128, 154-155, 203, 231.
Ames L., 65.
Amiel-Tison C., 152.
André-Thomas, 253.
Antell S.E., 148.
Appleton T., 127, 131.
Atkinson J.W., 133, 135.
Austin G.A., 50, 142, 147, 149-150.

Babu B., 20.
Badinter E., 126.
Baillargeon R., 175, 187.
Baldini N., 104, 107, 109, 231.
Ball R.S., 66.
Ball W., 152-153.
Banks M.S., 130, 133-135, 159, 203-204.
Barrera M., 203.
Barrière M., 100.
Bashinsky H.S., 110, 112.
Bates J.E., 216-218, 243.

Bayles K., 216-218, 243.
Bayley N., 33, 60, 63-69, 78, 217, 220, 228, 230, 234, 243.
Beckwith C., 217.
Beebe B., 194.
Bell R.O., 129, 203.
Bell S.M., 194.
Benasich A.A., 105-106, 110, 137, 238.
Bennett S., 194.
Benson J.B., 165.
Berg, 44, 87, 141, 203, 225, 227, 231-232, 240-241.
Berlyne D.E., 129.
Bernstein N., 20.
Bertenthal B.I., 106.
Berthold G., 153.
Bertoncini J., 100.
Beugnet-Lambert C., 54.
Bhana K., 105.
Biervliet (van), 26.
Binet A., 26-28, 31, 41, 54, 58-59, 61, 65-66, 80, 82, 234.
Birch H.G., 130.
Bjork E.L., 162-163, 171.
Bloch H., 113, 235.
Boden M., 36, 39.
Bonnet C., 23.
Bornstein M.H., 23, 41, 87, 98, 105-106, 110, 120, 130, 137, 141, 145, 194, 216, 219-220, 225, 230-232, 234,

236-238, 240, 242.
Borton R.W., 100, 140, 158, 163, 188.
Bower T.G.R., 116, 150-153, 157-158, 161-163, 167-169, 171-173, 175-182, 185, 188, 207, 210, 252-256, 265, 268.
Bowlby J., 206.
Boysson-Bardies B. de, 205.
Brackbill Y., 114, 116-117.
Braddick F., 133.
Braddick O., 133.
Bradley R.H., 120, 216-217.
Brazelton T.B., 211, 218, 234.
Bremner J.G., 165-166, 173-174, 179.
Brennan W.N., 128.
Bresson F., 94, 96, 152-153, 180-183, 251.
Bridger W.H., 98, 157.
Bril B., 20.
Bronfenbrenner U., 221.
Brooks-Gunn J., 61, 66-67, 80.
Broughton, 151, 157, 175-176.
Bruner J.S., 20, 50, 93-95, 142, 147, 149-150, 209, 214.
Brunet O., 60-61, 63-69, 76, 78, 82, 229.
Bryant P.E., 165-166, 218.
Bullinger A., 45, 100, 244-249, 252, 255, 268.
Burd A., 197.
Burnham D.K., 209.
Burt C., 61.
Burt K., 203.
Bushnell E.W., 203.
Busnel M.C., 127, 247.
Butterworth G., 163-165, 167.

Cable C., 147.
Caldwell B.N., 120, 216-217.
Cameron J., 66.
Campos J.J., 106.
Camras L., 197.
Caron A.J., 128, 232.
Caron R.W., 148.
Carpenter G.C., 207.
Carroll J.B., 18.
Carugati F., 214.
Casati I., 60, 63, 66-69, 80-82, 215.
Case R., 41, 44-46, 58, 174, 265-266, 268.
Castrec A.Y., 134.
Cattell R.B., 28, 83.
Cattell P., 63, 65.
Cavanaugh P.J., 116.
Chaille S.E., 59, 61.
Changeux J.P., 39.
Charlesworth W.R, 18, 208.
Chase W., 51, 147.
Chateau J., 50.
Clark D.D., 164.

Clark H., 147.
Clark R.A., 135.
Clarke-Stewart, 194, 216-217.
Clifton R.K., 104, 127.
Cohen D., 190, 194, 196, 208.
Cohen L.B., 98, 104-106, 108-110, 112, 128, 136, 139, 231-232, 259.
Cohen S.E., 217.
Cohn J.F., 194.
Colombo J., 106, 236.
Condon W.S., 205.
Connoly K., 94.
Conway B.E., 20.
Cooper R., 104.
Cortelyou A., 175.
Costal A., 155.
Cox B., 145, 175.
Crawford D., 128, 231-232.
Creighton S.J., 131.
Cruchet T., 61.
Culler M.P., 105.
Cummings E.M., 162-163, 171.
Curtiss L.E., 98.

Daniel P.A., 20.
Dannemiller J.L., 105.
Darby B., 163, 188.
Dasen P., 20, 215.
Day R.H., 165, 173.
Dean R.F., 20.
DeCasper A.J., 118.
DeLoache J.S., 98, 128, 139, 232.
Delucia C.A., 100, 118.
Demany L., 118.
Dember W.N., 128.
Dickie J.R., 222.
Diderot D., 25.
Dipietro J.A., 234.
Doise W., 19, 31, 211, 213-214.
Dollard J., 135-136.
Douin L., 128, 236, 239.
Dreyfus H.L., 35, 37-38.

Earl R.W., 118, 128.
Eichorn D.H., 229.
Eimas P., 100, 205.
Elardo R., 234.
Emory E.K., 234.
Enright M., 118.
Escalona S.K., 66.
Ewy R.D., 209, 221.

Fagan J.F., 98, 101-103, 110, 130, 146, 148, 228, 231-232, 235, 238, 243.
Fagen J.W., 118.
Fantz R.L., 101-102, 113, 128-130, 133-134, 202, 204.
Fazel-Zandy S., 180.

INDEX AUTEURS

Feldman J.F., 103, 141, 236.
Field T.M., 190, 194, 196, 200, 202, 208, 210.
Fifer W.P., 118.
Fillmore E.A., 63, 66.
Fitzgerald H.E., 114, 116-117.
Flament F., 213.
Flieller A., 57.
Fogel A., 194, 216.
Fontaine R., 152, 195-199.
Foster J.C., 61.
Fox N.A., 194, 202, 208.
Frankel D., 153.
Freedman D.G., 206, 210.
Freeman N.H., 166.
Friedman S., 104.

Gaillard C., 101.
Galambos N.L., 220.
Galanter E., 107.
Garber H., 221.
Garcia R., 190.
Gardner H., 50, 196.
Geber M., 20.
Gekoski M.J., 118, 232.
Gelber E.R., 104, 109, 231-232.
Gelman R., 209.
Gerber S.C., 222.
Gerry G., 203.
Gesell A., 59-61, 63-65, 68, 80.
Gibson E.J., 100, 140, 151, 153, 156, 158, 254.
Gibson J.J., 109, 150-151, 153, 155-157, 159, 189, 197, 248.
Gil de Diaz M., 204, 238.
Glaser R., 18.
Gleitman H., 175, 185.
Goldberg S., 127.
Goodenough F.L., 47.
Goodnow J.J., 50, 142, 147, 149-150.
Gordon I.J., 153, 158.
Goren C.C., 207.
Gottfried A.W., 120, 157, 217.
Gottlieb G., 248.
Gouin-Décarie T., 95, 194, 210.
Gould S.J., 30, 33.
Granier-Deferre C., 127, 247.
Gratch G., 163.
Green J.A., 214.
Greenberg D.J., 128, 138, 231-232.
Greenberg R., 190, 194, 196, 208.
Grenier A., 152.
Griesler P.C., 118.
Grings W.W., 115.
Groves P.M., 110.
Guilford J.P., 28, 33-34, 83.
Guillaume P., 15-16, 22, 196.
Gustafson G.E., 214.

Haaf R.A., 129, 203.
Haith M.M., 102, 106, 131-132, 203, 246, 248, 252.
Hamilton J.S., 229.
Harlow H., 206.
Harris P.L., 163, 166-167, 189.
Haskins R., 65.
Hatwell Y., 150, 152, 239.
Hauert C.A., 197, 255-257.
Hay L., 151.
Hayes, 196-197.
Hebb D.O., 135-136, 141.
Heber R., 221.
Held R., 216, 221.
Henker B., 203.
Henry P., 38.
Herrnstein R.J., 147.
Hicks L., 164.
Hierholzer H.M., 61.
Hinde R.A., 194.
Hoc J.M., 23.
Hofsten C. von, 131, 152, 175, 180, 182-183.
Hogan A.E., 235.
Hogarty P.S., 65-66, 229, 234.
Honzik M.P., 65-66.
Horowitz F.D., 98, 105-106, 208, 236.
House B., 241.
Hubel D.H., 132.
Humphreys L.G., 18.
Hunt E.B., 51, 242.
Hunt J. Mc V., 55, 80, 82, 139, 231-232.
Hurlburt N., 65-66, 229, 234.

Inhelder B., 20, 144.
Izard, 61.

Jacobson S.W., 196-198.
Jacquet A.Y., 106.
Jaffe J., 194.
James W., 126.
Jarrett N., 164.
Jeffrey W.E., 108-109.
Jenkins J.J., 51.
Jenkinson J.C., 51, 235.
Jensen A.R., 18, 20, 31, 230.
Jones-Molfese V., 203.

Kagan J., 107, 129, 136-137, 139, 143-145, 149-150, 203-204, 207, 232, 235, 260.
Kagia J., 20.
Kamin L.J., 30.
Kandel E.R., 104.
Karmel B.Z., 129-130, 132.
Kaye K., 196-199, 216, 218.
Kellman P.J., 139, 175, 184-185.
Kennedy C.B., 136.

Kestenbaum R., 175, 183, 188.
Ketron J.L., 20.
Klackenberg-Larsson I., 65.
Köhler W., 28, 53, 122, 175, 191.
Koopman P., 203.
Kopp C.B., 65, 229.
Koslowski B., 211, 218.
Kraemer H.C., 20.
Krasnegor N.A., 248.
Kraut A.G., 104.
Kreutzer M.A., 208.
Kuhlman F., 61.

Lamarre G., 111, 119, 236.
Lamb M.E., 54, 116.
Landier J.C., 56.
Larson S.K., 234.
Lautrey J., 80-82, 194.
Lavallée N., 20.
Lazorthes G., 126.
Leaton R.N., 103.
Lecanuet J.P., 127, 247.
Lécuyer R., 23, 32, 54, 97, 99, 101, 104-106, 111, 119-120, 128, 134, 138, 141, 159, 194, 206-207, 209, 225, 231-232, 236-240, 243, 257, 259, 274.
Lehalle H., 20.
Leiderman G.F., 20.
Leiderman P.H., 20.
Lemaine G., 16, 29-30.
Lemeignan G., 56.
Lerner J.V., 220.
Levine J., 203.
Lewis M., 48, 65, 68, 104, 107, 109, 194, 203, 211, 231, 234.
Lewontin R.C., 30.
Lézine I., 60-61, 63-69, 76, 78, 80-82, 215, 229.
Linfert H.E., 61.
Linn P., 145.
Lipsitt L.P., 118, 247, 270.
Little A.H., 117.
Livson N., 66.
Lloyd S., 166.
Lockman J., 153.
Loveland D.H., 147.
Lowell E.L., 135.
Lucas D., 118.

McCall R.B., 48, 65-66, 106-107, 109-110, 129, 134, 136-137, 139, 227-229, 232, 234, 237, 242-243, 260.
McClelland D.C., 135-136, 212.
McCluskey K.A., 145.
MacFarlane J.W., 65, 205.
McGhee P.E., 107, 137, 229.
McGrath S.K., 231.
McGuire M.D., 105.

McGurk H., 131.
Machida S., 145, 175.
McKenzie B., 118, 165, 173, 196.
Mackworth J.F., 98.
McRoberts G., 153.
Madison L.S., 104.
Main M., 70, 211, 218.
Maisel E.B., 129-130, 132.
Maître G., 236.
Malcuit G., 99, 111-113, 116-117, 119, 127.
Maratos, 196-197.
Markman E.M., 145, 175.
Marquis D.P., 116.
Matalon B., 16, 29-30.
Mathivet E., 204, 238.
Maurer D., 202-203, 207.
Maury L., 152, 162, 165, 172-173.
Mehler J., 95, 100.
Melson W.H., 107, 129, 134, 139.
Meltzoff A.N., 100, 140, 158, 163, 196, 198-199.
Mendelson M., 131.
Menten T.G., 109.
Meyers W.T., 104.
Michotte A., 124, 156, 160-161, 177, 191, 244.
Milewski A.E., 145, 197, 203.
Miller D.J., 105, 107, 231, 236-237.
Miller G.A., 107.
Miller N.E., 135-136.
Miranda S.B., 130.
Mitchell D.W., 236.
Moal A., 127.
Moar K., 133.
Moigne J.L. le, 23, 49.
Montie J.E., 232, 235, 243.
Montmollin M. de, 49.
Moore M.K., 151, 157, 163-164, 175-176, 188, 196, 198-199, 203.
Moore R.W., 128.
Moriarty A., 66.
Morison V., 40, 104.
Moss H.A., 204, 216, 234.
Mounoud P., 51, 95, 151, 197, 199, 244, 250, 254-257.
Mugny G., 19-22, 31, 211, 213-214.
Mundy P.C., 235.
Murphy L.B., 95.
Myers G.D., 163.
Myers R.S., 148.

Nadel J., 196.
Nelson C.A., 106, 208.
Nelson M.N., 104.
Nelson V.L., 66.
Nelson R.W., 133.
Nevis S., 202.

INDEX AUTEURS

Newell A., 35.
Noirot E., 99, 131, 153, 189.
Norcia A., 153.
Nuttin J., 155.

O'Brien, 236.
O'Donnell W.J., 128, 231-232.
O'Savoie T., 234.
Oléron P., 16, 19-20, 24, 28, 31, 38, 46, 51, 189, 211-212.
Olson G.M., 109-110, 116, 127, 137, 216-218, 243.
Olymbios P., 209.
Ordy J.M., 133.
Over R., 196.

Paden L., 105.
Page E.B., 221.
Palmonari A., 214.
Papoušek H., 40, 116-117, 199, 205, 209-210, 218-219, 243.
Papoušek M., 116, 199, 209-210, 218-219.
Parmelee A., 203.
Pascual-Leone, 44, 242, 255.
Paterson J.G., 172, 207.
Pawly S., 194.
Pearce J.M., 147-148.
Pêcheux M.G., 54-55, 95, 97, 99, 101, 104, 106, 111, 119-120, 127, 158, 194, 206, 231-232, 236-237, 239-240, 243, 259, 268.
Perret-Clermont A.N., 31, 194, 213.
Perruchet P., 115.
Perry H., 104.
Pétard J.P., 119.
Petterson L., 153.
Piaget J., 16, 19, 23, 27-28, 30-31, 40-41, 44-46, 55, 58, 60, 64-65, 67-69, 80-81, 83-84, 86-94, 119, 121-126, 135-136, 143-144, 150, 153, 156-157, 160-163, 166-167, 171, 175, 177-178, 180, 184, 189-190, 196-198, 200, 207, 211, 225-229, 232, 242, 244-245, 247, 255, 259, 265.
Piéraut-le Bonniec G., 47, 152.
Pintenat L., 128, 236, 239.
Pitrat J., 35.
Pomerleau A., 99, 111-113, 116-117, 119, 127, 236, 243.
Porges S.W., 234.
Prather P., 184.
Pratt J., 139.
Premack D., 147.
Pribram K.H., 107.
Prigogine I., 29.

Rahn C.M., 219.

Ramey C.T., 65, 209, 216, 234.
Raymond D., 111, 119.
Razran G., 115.
Rebelsky F., 20.
la Recherche, 35, 37, 81.
Reed E.S., 156-157.
Resnick J.S., 144-145, 149.
Resnick L.B., 17-18.
Retschitzki J., 20.
Reuchlin M., 16.
Richard M., 95.
Richards T.W., 66.
Ricks M., 194.
Ries P.G., 105.
Riksen-Walraven, 115, 194, 221-222, 231.
Rissman A.W., 128, 232.
Robson K.S., 204, 216.
Rochat P., 100, 156-157.
Roe K.V., 234.
Rose D.H., 40, 104.
Rose S., 30.
Rose S.A., 103, 141, 157, 234, 236.
Rosenblum L.A., 194.
Ross H.S., 231.
Rovee-Collier C.K., 114-115, 117-118, 247, 270.
Ruddy M., 120, 194, 216, 219-220.
Rudy J.W., 110.
Ruel J., 134.
Ruff H.A., 130, 157.
Russell A., 216.
Ryan E.B., 105.

Saintigny N., 57.
Salapatek P., 130, 133-134, 159, 203-204, 229.
Sameroff A.J., 116, 194.
Sanders L.W., 205.
Sarty M., 207.
Scarr S., 28, 229.
Schaffer H.R., 194, 215, 274.
Schank R.C., 22, 35-36, 38.
Schonen S. de, 94, 96, 152-153, 180-183.
Schuberth R.E., 162-167, 173.
Seibert J.M., 235.
Self P., 105.
Séré M.G., 56.
Shapiro D., 20.
Shepherd P.A., 232, 235, 243.
Sherman T., 116, 127, 137.
Short E.J., 139, 175, 185.
Short K., 105.
Siegel L.S., 234-235.
Sigman M.D., 23, 41, 87, 130, 141, 203, 225, 231-232, 234-236, 242.
Silfen C.K., 101-102, 128.
Simon H.A., 18, 35, 51.
Simon T., 26-28, 61, 66, 82.

Singer L.T., 98, 228, 231-232, 235, 243.
Sinha C.G., 166.
Siqueland E., 109, 118.
Slater A.M., 40, 104, 139.
Smith M.T., 95.
Smith R.S., 66.
Smothergill D.W., 104.
Sokolov E.M., 104, 107, 111.
Sollier P., 26.
Spearman L., 27-28, 34, 83, 228, 230, 242.
Speiker S.J., 208.
Spelke E.S., 103-104, 113, 139-140, 175, 180, 182-185, 187-189, 207, 209.
Spitz R., 206.
Stankov L., 241-242.
Starkey D., 144.
Stechler G., 129.
Stengers I., 29.
Stensson J., 65.
Stern D., 194.
Sternberg R., 18, 20-22, 24, 34, 41-45, 55-57, 87, 89, 141, 214, 225, 227, 231-232, 240-241, 265-266.
Sternfels S., 153.
Stevenson H.W., 51, 194.
Stone N.J., 95.
Stott L.H., 66.
Strauss M.S., 98.
Streri A., 96, 104, 106, 138, 158-159, 172, 175, 237, 239, 268.
Sullivan M.W., 118.

Tagiuri R., 20.
Taine H., 24, 26-27.
Termine N., 175, 183.
Thelen E., 253.
Thomas H., 129, 203, 253.
Thomson R.F., 110.
Thurstone L.L., 28, 34, 83, 228.
Tiberghien G., 23.
Tighe T.J., 103.
Tinberghen N., 200, 206.
Toomey K.A., 234.
Tourette C., 239.
Trevarthen C., 209.
Tronick E.Z., 152, 194, 218.
Turnure C., 131.

Udelf M.S., 133.
Uzgiris I.C., 80, 82, 139.

Vernon P.E., 83.
Vincent J.H., 229.
Vinter A., 195-199, 254-257.
Voss J.F., 18.
Vurpillot E., 45, 98, 101, 106, 118, 127-129, 134-135, 152-153, 191, 245, 255.
Vygotsky L., 122, 214, 259.

Wachs T.D., 65.
Walker A., 100, 140, 158.
Wallace I.F., 234.
Wallon H., 23, 28, 30, 40, 53, 60, 66, 83-85, 87, 89, 91, 124, 196, 228-229, 244-245.
Wasserman S., 175, 187.
Watson J.S., 18, 116, 118, 138, 196-197, 209-210, 221-222, 249.
Weil-Barais A., 56.
Weinraub M., 61, 66-67, 80.
Weizmann F., 139.
Werner E.E., 66.
Werner J.S., 110.
West M.J., 214.
Wetherford M.J., 139.
White B.L., 216, 221.
White R.W., 55, 209, 232.
Wickens D., 116.
Wickens D.D., 116.
Wiesel T.N., 132.
Wilcox B.M., 203-204.
Wilkinson L.C., 211-212.
Willats P., 163.
Wise S., 218.
Wishart J.G., 163, 167-169, 171-173, 182.
Wittig B.A., 194.
Wober M., 20-22.
Wolff P.H., 100.
Woodson R., 194, 196, 208.
Wu P., 207.

Yerkes R.M., 61.
Yonas A., 153, 158.

Zazzo R., 195-196, 200.
Zeaman D., 241.

Table des matières

Préface	7
Introduction	11
De l'intelligence en général	15
1. POURQUOI REANIMER UN CONCEPT EN ETAT DE COMA DEPASSE?	15
1.1. L'intelligence : un nouveau concept	18
2. L'INTELLIGENCE : PETITE HISTOIRE D'UN GRAND CONCEPT	25
3. DE LA NECESSITE DE RECONSIDERER LE CONCEPT D'INTELLIGENCE	33
3.1. L'intelligence artificielle	34
3.2. L'idée d'intelligence des bébés	40
3.3. La théorie de Sternberg	42
a) La théorie contextuelle	42
b) La théorie expériencielle	42
c) La théorie composantielle	43
3.4. La théorie de Case	44
4. UNE DEFINITION, DES CHOIX, DES CONSEQUENCES	46
De l'histoire de l'intelligence des nourrissons	59
1. LES TESTS POUR BEBES	61
2. LES APPROCHES THEORIQUES	82
2.1. Les idées de Wallon	83
2.2. La théorie de Piaget	86
2.3. «The competent infant»	93
Des méthodes d'étude du nourrisson	97
1. LA SUCCION NON NUTRITIVE	99
2. LES TECHNIQUES BASEES SUR LE TEMPS DE FIXATION RELATIF	101

3. L'HABITUATION	103
4. LA REACTION A LA NOUVEAUTE	112
5. LE CONDITIONNEMENT	114
6. LES METHODES D'OBSERVATION	119

Des relations entre perception et intelligence 121

1. PSYCHOPHYSIQUE	125
2. DISCRIMINATION ET CATEGORISATION	127
2.1. Discrimination	127
2.1.1. Optimum de complexité et âge : cognition, motivation ou limites sensorielles ?	128
2.1.2. La théorie de l'optimum de nouveauté	135
2.1.3. La relation entre l'âge et la préférence pour l'ancien ou le nouveau	138
2.1.4. La relation entre préférence pour le nouveau et intelligence	141
2.2. Catégorisation	142
3. LES RELATIONS ENTRE MODALITES SENSORIELLES	150
4. DES OBJETS	160
4.1. L'erreur du stade IV	161
4.2. Les débuts de l'objet perçu	175

De la construction sociale de l'intelligence et de l'intelligence sociale 193

1. L'IMITATION	195
2. L'ETRE HUMAIN COMME OBJET DE CONNAISSANCE	201
3. DEVELOPPEMENT SOCIAL DE L'INTELLIGENCE, DEVELOPPEMENT DE L'INTELLIGENCE SOCIALE	211

De la continuite ou de la discontinuite du développement de l'intelligence 225

1. LA PREVISION DU Q.I.	226
1.1. Le point de vue classique : la discontinuité	226
1.2. L'idée de continuité : sur quelles bases ?	230
2. LES DEBUTS DE L'INTELLIGENCE	243
2.1. Adualisme-dualisme	244
2.2. U ou pas U	250
3. CONTINUITE ET CONTINUITE	257

De l'intelligence des bébés en particulier 263

1. DE L'HISTOIRE	264
2. THEORIES ET INTELLIGENCE DES BEBES	265
3. L'INTELLIGENCE DES BEBES	266
3.1. Intelligence, perception et motricité	267
3.2. L'intelligence de l'autre	269
3.3. Attention ! Mère	270
3.4. Sujet : continuité dans la discontinuité	271
4. POLITIQUE	273

Bibliographie 275

Index Matières 305

Index Auteurs 309

CHEZ LE MEME EDITEUR

PSYCHOLOGIE ET SCIENCES HUMAINES
collection publiée sous la direction de MARC RICHELLE

1 Dr Paul Chauchard: LA MAITRISE DE SOI, 9ᵉ éd.
5 François Duyckaerts: LA FORMATION DU LIEN SEXUEL, 9ᵉ éd.
7 Paul-A. Osterrieth: FAIRE DES ADULTES, 16ᵉ éd.
9 Daniel Widlöcher: L'INTERPRETATION DES DESSINS D'ENFANTS, 9ᵉ éd.
11 Berthe Reymond-Rivier: LE DEVELOPPEMENT SOCIAL DE L'ENFANT ET DE L'ADOLESCENT, 9ᵉ éd.
12 Maurice Dongier: NEVROSES ET TROUBLES PSYCHOSOMATIQUES, 7ᵉ éd.
15 Roger Mucchielli: INTRODUCTION A LA PSYCHOLOGIE STRUCTURALE, 3ᵉ éd.
16 Claude Köhler: JEUNES DEFICIENTS MENTAUX, 4ᵉ éd.
21 Dr P. Geissmann et Dr R. Durand: LES METHODES DE RELAXATION, 4ᵉ éd.
22 H. T. Klinkhamer-Steketée: PSYCHOTHERAPIE PAR LE JEU, 3ᵉ éd.
23 Louis Corman: L'EXAMEN PSYCHOLOGIQUE D'UN ENFANT, 3ᵉ éd.
24 Marc Richelle: POURQUOI LES PSYCHOLOGUES?, 6ᵉ éd.
25 Lucien Israel: LE MEDECIN FACE AU MALADE, 5ᵉ éd.
26 Francine Robaye-Geelen: L'ENFANT AU CERVEAU BLESSE, 2ᵉ éd.
27 B.F. Skinner: LA REVOLUTION SCIENTIFIQUE DE L'ENSEIGNEMENT, 3ᵉ éd.
28 Colette Durieu: LA REEDUCATION DES APHASIQUES
29 J.C. Ruwet: ETHOLOGIE: BIOLOGIE DU COMPORTEMENT, 3ᵉ éd.
30 Eugénie De Keyser: ART ET MESURE DE L'ESPACE
32 Ernest Natalis: CARREFOURS PSYCHOPEDAGOGIQUES
33 E. Hartmann: BIOLOGIE DU REVE
34 Georges Bastin: DICTIONNAIRE DE LA PSYCHOLOGIE SEXUELLE
35 Louis Corman: PSYCHO-PATHOLOGIE DE LA RIVALITE FRATERNELLE
36 Dr G. Varenne: L'ABUS DES DROGUES
37 Christian Debuyst, Julienne Joos: L'ENFANT ET L'ADOLESCENT VOLEURS
38 B.-F. Skinner: L'ANALYSE EXPERIMENTALE DU COMPORTEMENT, 2ᵉ éd.
39 D.J. West: HOMOSEXUALITE
40 R. Droz et M. Rahmy: LIRE PIAGET, 3ᵉ éd.
41 José M.R. Delgado: LE CONDITIONNEMENT DU CERVEAU ET LA LIBERTE DE L'ESPRIT
42 Denis Szabo, Denis Gagné, Alice Parizeau: L'ADOLESCENT ET LA SOCIETE, 2ᵉ éd.
43 Pierre Oléron: LANGAGE ET DEVELOPPEMENT MENTAL, 2ᵉ éd.
44 Roger Mucchielli: ANALYSE EXISTENTIELLE ET PSYCHOTHERAPIE PHENOMENO-STRUCTURALE
45 Gertrud L. Wyatt: LA RELATION MERE-ENFANT ET L'ACQUISITION DU LANGAGE, 2ᵉ éd.
46 Dr Etienne De Greeff: AMOUR ET CRIMES D'AMOUR
47 Louis Corman: L'EDUCATION ECLAIREE PAR LA PSYCHANALYSE
48 Jean-Claude Benoit et Mario Berta: L'ACTIVATION PSYCHOTHERAPIQUE
49 T. Ayllon et N. Azrin: TRAITEMENT COMPORTEMENTAL EN INSTITUTION PSYCHIATRIQUE
50 G. Rucquoy: LA CONSULTATION CONJUGALE
51 R. Titone: LE BILINGUISME PRECOCE
52 G. Kellens: BANQUEROUTE ET BANQUEROUTIERS
53 François Duyckaerts: CONSCIENCE ET PRISE DE CONSCIENCE
54 Jacques Launay, Jacques Levine et Gilbert Maurey: LE REVE EVEILLE-DIRIGE ET L'INCONSCIENT
55 Alain Lieury: LA MEMOIRE
56 Louis Corman: NARCISSISME ET FRUSTRATION D'AMOUR
57 E. Hartmann: LES FONCTIONS DU SOMMEIL

58 Jean-Marie Paisse: L'UNIVERS SYMBOLIQUE DE L'ENFANT ARRIERE MENTAL
59 Jacques Van Rillaer: L'AGRESSIVITE HUMAINE
60 Georges Mounin: LINGUISTIQUE ET TRADUCTION
61 Jérôme Kagan: COMPRENDRE L'ENFANT
62 Michael S. Gazzaniga: LE CERVEAU DEDOUBLE
63 Paul Cazayus: L'APHASIE
64 X. Seron, J.L. Lambert, M. Van der Linden:
   LA MODIFICATION DU COMPORTEMENT
65 W. Huber: INTRODUCTION A LA PSYCHOLOGIE DE LA PERSONNALITE, 2e éd.
66 Emile Meurice: PSYCHIATRIE ET VIE SOCIALE
67 J. Château, H. Gratiot-Alphandéry, R. Doron et P. Cazayus:
   LES GRANDES PSYCHOLOGIES MODERNES
68 P. Sifnéos: PSYCHOTHERAPIE BREVE ET CRISE EMOTIONNELLE
69 Marc Richelle: B.F. SKINNER OU LE PERIL BEHAVIORISTE
70 J.P. Bronckart: THEORIES DU LANGAGE
71 Anika Lemaire: JACQUES LACAN, 2e éd. revue et augmentée
72 J.L. Lambert: INTRODUCTION A L'ARRIERATION MENTALE
73 T.G.R. Bower: DEVELOPPEMENT PSYCHOLOGIQUE
   DE LA PREMIERE ENFANCE
74 J. Rondal: LANGAGE ET EDUCATION
75 Sheila Kitzinger: PREPARER A L'ACCOUCHEMENT
76 Ovide Fontaine: INTRODUCTION AUX THERAPIES COMPORTEMENTALES
77 Jacques-Philippe Leyens: PSYCHOLOGIE SOCIALE, 2e éd.
78 Jean Rondal: VOTRE ENFANT APPREND A PARLER
79 Michel Legrand: LE TEST DE SZONDI
80 H.J. Eysenck: LA NEVROSE ET VOUS
81 Albert Demaret: ETHOLOGIE ET PSYCHIATRIE
82 Jean-Luc Lambert et Jean A. Rondal: LE MONGOLISME
83 Albert Bandura: L'APPRENTISSAGE SOCIAL
84 Xavier Seron: APHASIE ET NEUROPSYCHOLOGIE
85 Roger Rondeau: LES GROUPES EN CRISE?
86 J. Danset-Léger: L'ENFANT ET LES IMAGES
   DE LA LITTERATURE ENFANTINE
87 Herbert S. Terrace: NIM, UN CHIMPANZE QUI A APPRIS
   LE LANGAGE GESTUEL
88 Roger Gilbert: BON POUR ENSEIGNER?
89 Wing, Cooper et Sartorius: GUIDE POUR UN EXAMEN PSYCHIATRIQUE
90 Jean Costermans: PSYCHOLOGIE DU LANGAGE
91 Françoise Macar: LE TEMPS, PERSPECTIVES PSYCHOPHYSIOLOGIQUES
92 Jacques Van Rillaer: LES ILLUSIONS DE LA PSYCHANALYSE, 2e éd.
93 Alain Lieury: LES PROCEDES MNEMOTECHNIQUES
94 Georges Thinès: PHENOMENOLOGIE ET SCIENCE DU COMPORTEMENT
95 Rudolph Schaffer: COMPORTEMENT MATERNEL
96 Daniel Stern: MERE ET ENFANT, LES PREMIERES RELATIONS
97 R. Kempe & C. Kempe: L'ENFANCE TORTUREE
98 Jean-Luc Lambert: ENSEIGNEMENT SPECIAL ET HANDICAP MENTAL
99 Jean Morval: INTRODUCTION A LA PSYCHOLOGIE DE L'ENVIRONNEMENT
100 Pierre Oleron et al.: SAVOIRS ET SAVOIR-FAIRE PSYCHOLOGIQUES
   CHEZ L'ENFANT
101 Bernard I. Murstein: STYLES DE VIE INTIME
102 Rondal/Lambert/Chipman: PSYCHOLINGUISTIQUE ET HANDICAP MENTAL
103 Brédart/Rondal: L'ANALYSE DU LANGAGE CHEZ L'ENFANT
104 David Malan: PSYCHODYNAMIQUE ET PSYCHOTHERAPIE INDIVIDUELLE
105 Philippe Muller: WAGNER PAR SES REVES
106 John Eccles: LE MYSTERE HUMAIN
107 Xavier Seron: REEDUQUER LE CERVEAU
108 Moreau/Richelle: L'ACQUISITION DU LANGAGE
109 Georges Nizard: ANALYSE TRANSACTIONNELLE ET SOIN INFIRMIER

110 Howard Gardner : GRIBOUILLAGES ET DESSINS D'ENFANTS, LEUR SIGNIFICATION
111 Wilson/Otto : LA FEMME MODERNE ET L'ALCOOL
112 Edwards : DESSINER GRACE AU CERVEAU DROIT
113 Rondal : L'INTERACTION ADULTE-ENFANT
114 Blancheteau : L'APPRENTISSAGE CHEZ L'ANIMAL
115 Boutin : FORMATION ET DEVELOPPEMENTS
116 Húsen : L'ECOLE EN QUESTION
117 Ferrero/Besse : L'ENFANT ET SES COMPLEXES
118 R. Bruyer : LE VISAGE ET L'EXPRESSION FACIALE
119 J.P. Leyens : SOMMES-NOUS TOUS DES PSYCHOLOGUES ?
120 J. Château : L'INTELLIGENCE OU LES INTELLIGENCES ?
121 M. Claes : L'EXPERIENCE ADOLESCENTE
122 J. Hayes et P. Nutman : COMPRENDRE LES CHOMEURS
123 S. Sturdivant : LES FEMMES ET LA PSYCHOTHERAPIE
124 A. Pomerleau et G. Malcuit : L'ENFANT ET SON ENVIRONNEMENT
125 A. Van Hout et X. Seron : L'APHASIE DE L'ENFANT
126 A. Vergote : RELIGION, FOI, INCROYANCE
127 Sivadon/Fernandez-Zoïla : TEMPS DE TRAVAIL, TEMPS DE VIVRE
128 Born : JEUNES DEVIANTS OU DELINQUANTS JUVENILES ?
129 Hamers/Blanc : BILINGUALITE ET BILINGUISME
130 Legrand : PSYCHANALYSE, SCIENCE, SOCIETE
131 Le Camus : PRATIQUES PSYCHOMOTRICES
132 Lars Fredén : ASPECTS PSYCHOSOCIAUX DE LA DEPRESSION
133 Mount : LA FAMILLE SUBVERSIVE
134 Magerotte : MANUEL D'EDUCATION COMPORTEMENTALE CLINIQUE
135 Dailly/Moscato : LATERALISATION ET LATERALITE CHEZ L'ENFANT
136 Bonnet/Tamine-Gardes : QUAND L'ENFANT PARLE DU LANGAGE
137 Bruyer : LES SCIENCES HUMAINES ET LES DROITS DE L'HOMME
138 Taulelle : L'ENFANT A LA RENCONTRE DU LANGAGE
139 de Boucaud : PSYCHOLOGIE DE L'ENFANT ASTHMATIQUE
140 Duruz : NARCISSE EN QUETE DE SOI
141 Feyereisen/de Lannoy : PSYCHOLOGIE DU GESTE
142 Florin et al. : LE LANGAGE A L'ECOLE MATERNELLE
143 Debuyst : MODELE ETHOLOGIQUE ET CRIMINOLOGIE
144 Ashton/Stepney : FUMER
145 Winkel et al. : L'IMAGE DE LA FEMME DANS LES LIVRES SCOLAIRES
146 Bideaud/Richelle : PSYCHOLOGIE DEVELOPPEMENTALE
147 Schmid-Kitsikis : THEORIE CLINIQUE ET FONCTIONNEMENT MENTAL
148 Guggenbühl/Craig : POUVOIR ET RELATION D'AIDE
149 Rondal : LANGAGE ET COMMUNICATION CHEZ LES HANDICAPES MENTAUX
150 Moscato et al. : FONCTIONNEMENT COGNITIF ET INDIVIDUALITE
151 Château : L'HUMANISATION OU LES PREMIERS PAS DES VALEURS HUMAINES
152 Avery/Litwack : NEE TROP TOT
153 Rondal : LE DEVELOPPEMENT DU LANGAGE CHEZ L'ENFANT TRISOMIQUE 21
154 Kellens : QU'AS-TU FAIT DE TON FRERE ?
155 Rondal/Henrot : LE LANGAGE DES SIGNES
156 Lafontaine : LE PARTI PRIS DES MOTS
157 Bonnet/Hoc/Tiberghien : AUTOMATIQUE, INTELLIGENCE ARTIFICIELLE ET PSYCHOLOGIE
158 Giovannini et al. : PSYCHOLOGIE ET SANTE
159 Wilmotte et al. : LE SUICIDE
160 Giurgea : L'HERITAGE DE PAVLOV
161 Ionescu : MANUEL D'INTERVENTION EN DEFICIENCE MENTALE
163 Pieraut-Le Bonniec : CONNAITRE ET LE DIRE

164 Huber: PSYCHOLOGIE CLINIQUE AUJOURD'HUI
165 Rondal et al.: PROBLEMES DE PSYCHOLINGUISTIQUE
166 Slukin: LE LIEN MATERNEL
167 Baudour: L'AMOUR CONDAMNE
168 Wilwerth: VISAGES DE LA LITTERATURE FEMININE
169 Edwards: VISION, DESSIN, CREATIVITE
170 Lutte: LIBERER L'ADOLESCENCE
171 Defays: L'ESPRIT EN FRICHE
172 Broome Walace: PSYCHOLOGIE ET PROBLEMES GYNECOLOGIQUES
173 Aimard: LES BEBES DE L'HUMOUR
174 Perruchet: LES AUTOMATISMES COGNITIFS
175 Bawin-Legros: FAMILLES, MARIAGE, DIVORCE
176 Pourtois/Desmet: EPISTEMOLOGIE ET INSTRUMENTATION EN SCIENCES HUMAINES
177 Sloboda: L'ESPRIT MUSICIEN
178 Fraisse: POUR LA PSYCHOLOGIE SCIENTIFIQUE
179 Ruffiot: PSYCHOLOGIE DU SIDA
180 McAdams/Deliège: LA MUSIQUE ET LES SCIENCES COGNITIVES
181 Argentin: QUAND FAIRE C'EST DIRE...
182 Van der Linden: LES TROUBLES DE LA MEMOIRE

Hors collection

Paisse: PSYCHOPEDAGOGIE DE LA LUCIDITE
Paisse: ESSENCE DU PLATONISME
Collectif: SYSTEME AMDP
Boulangé/Lambert: LES AUTRES, L'EXPRESSION ARTISTIQUE CHEZ LES HANDICAPES MENTAUX

Manuels et Traités

2 Thinès: PSYCHOLOGIE DES ANIMAUX
3 Paulus: LA FONCTION SYMBOLIQUE ET LE LANGAGE
4 Richelle: L'ACQUISITION DU LANGAGE
5 Paulus: REFLEXES-EMOTIONS-INSTINCTS
Droz-Richelle: MANUEL DE PSYCHOLOGIE
Hurtig-Rondal: MANUEL DE PSYCHOLOGIE DE L'ENFANT (Tome 1)
Hurtig-Rondal: MANUEL DE PSYCHOLOGIE DE L'ENFANT (Tome 2)
Hurtig-Rondal: MANUEL DE PSYCHOLOGIE DE L'ENFANT (Tome 3)
Rondal-Seron: LES TROUBLES DU LANGAGE (DIAGNOSTIC ET REEDUCATION)
Fontaine/Cottraux/Ladouceur: CLINIQUES DE THERAPIE COMPORTEMENTALE
Godefroid: LES CHEMINS DE LA PSYCHOLOGIE